近代北海道とアイヌ民族

近代北海道とアイヌ民族

狩猟規制と土地問題

山田伸一

北海道大学出版会

近代北海道とアイヌ民族——目　次

付　論

凡　例

一、固有名詞など一部を除き、原則として漢字は新字体に、異体字・略字は通行の字体に改めた。

一、史料名や引用文を除き、年の表記は西暦で統一した。

一、史料名は原則として所蔵機関で用いているものに従った。

一、引用文中等の筆者による註記は〔　〕内に示した。

一、引用にあたって、以下の処理を行った。

・句読点および中黒（・）を適宜補った。

・省略箇所は…で示した。

・抹消箇所は文字上の二重線（消）で表し、抹消後の訂正は右傍に小字で示した。

・挿入箇所は右傍に〔挿入〕と記し、挿入部分を「　」内に示した。また、朱書きの箇所は右傍に〔朱書〕と記し、朱書き部分を「　」内に示した。

・判読困難な文字は□で示した。また、右傍に小字で〔ママ〕としたものは原文のまま、〔■カ〕としたものは引用者の推定した文字を示す。

・変体仮名は仮名に改めた。ただし、助詞として使用された「者」「江」など一部は原文のままとした。また、合字のトキはトキ、トモはトモに改めた。ただし、ゟ（より）、ヿ（コト）は原文のままとした。

・新聞記事の見出し等は改行箇所を／で区切った。

序章

本書は、私がこの一五年ほどの間に書いてきた近代北海道におけるアイヌ政策史・アイヌ史に関する論文で構成した論文集である。序章では、本書の課題とその背景にある問題意識について、先行研究との関係に触れつつ述べ、次いで本書の構成、使用する史料について述べる。

第一節　主題と構成

一　主題と先行研究との関係

大きく言えば、本書の主題は、開拓使以降の諸政策がアイヌ民族をどのように位置づけ、アイヌ民族にどのような影響を与えてきたのか、アイヌ民族はそれらにどう対してきたのかということにある。時期的には明治初期から一部は一九三〇年代に至る。

政策・制度の作成過程とともに、政策の実施現場で具体的に何が起きてきたかの検討に大きな比重を置いていること、個別的な課題を設定し基礎的事実の確定に力を注いでいることが、本書の特徴だろう。制度と実態が本書の鍵となる語だと言い換えてもよい。

もう一つの特徴として、アイヌ民族に対する政策をそれ単独で見るのではなく、関連する他の政策を含めて捉えようとする点が挙げられる。開拓使・三県一局期を中心とした狩猟・漁業を取り上げる第一部については、勧業政策やそれと密接に結びついた生物資源の保護・管理政策、一八九九年制定の「北海道旧土人保護法」による土地下付を取り上げる第二部については、北海道開拓の柱をなすとも言える国有未開地処分制度である。こうした点に努めるのは、近現代のアイヌ政策の基本的性格についての私の見通しによっている。「アイヌ政策」と言うが、開拓使以降の官庁にとってまず問題だったのは開拓、移民の招来、産業振興といった政策課題であって、アイヌ民族についてどう対応するかは、多くの場合付随的な問題でしかなかったのではないかという見通しである。角度を変えれば、アイヌ政策史・アイヌ史に注目する視角から、北海道の近代史を問い直したいのだとも言える。それによって、現在の北海道をより深くから知り、考えることができるようにもなるのではないか。

先行研究について、個別の問題に関するものは各章に譲り、ここではこの間私が主に意識してきた二つの著作に限って述べておく。

一つは高倉新一郎『アイヌ政策史』である。[1]同書については特に一九七〇年代以降、その基盤となる歴史観が「拓殖史観」などとして厳しく批判されてきた。明治以降を扱う部分に限っても、著者自身がアイヌ民族を歴史上の「劣敗者」として見、窮乏に陥った時には農業を恩恵として施し「保護」の対象とすべきだとの考えを抱いており、そうした考えが部分的な論述や全体的な歴史の見通しに大きく影響を与えているという印象が常につきまとう。

歴史観の問題があるのは明らかである。だが、私が徐々に強く意識するようになってきたのは、むしろ史料博捗の広さと読みの精度の問題だった。本書に直接関係する開拓使・三県一局期を例にとれば、ある程度広い範囲にわたって一次史料を読み込んでいると言えるのは、樺太千島交換条約に伴う樺太アイヌの石狩地方への移住に関する部分だけであり、その他は当時の法令集に大きく依拠するか、三県一局期については河野常吉が作成した公文書からの抜粋に依拠している。制度史に限って見ても、管轄官庁による違いや時期による微妙な変遷を正確に把握することや、制度化の具体的な過程を分析することがほとんどできていない。また、対象時期は一八九九年の「北海道旧土人保護法」制定までであり、その後については教育関係を別にすると、土地問題についてやや踏み込んで論じた「アイヌの土地問題」がある程度である。(2) こうした「不満」を募らせては、改めて原史料に一つ一つ当たって実証を積み重ねていくべきだとの考えを深めてきた。

二つ目の著作は小川正人『近代アイヌ教育制度史研究』である。(3) 同書は開拓使期から「北海道旧土人保護法」の制定を経て一九三七年の同法改正までにわたり、関係史料の幅広い調査をもとに、教育制度・政策の策定過程、教育現場や地域の具体的な状況を、行政・父母・教師・児童といった立場の違いやその相互の関係に留意しつつ論じている。同書の特徴の一つは狭い意味での教育に視野を限定せず、各時代のアイヌ政策やアイヌ民族の動向にも広く目配りしていることにあるが、教育以外の分野については一次史料の検討の広さと深さについて乗り越えるべき余地が大きい。私は同書と重なる時期を対象とし、教育以外の分野を自分の「担当」と考えて仕事をしてきたように思う。

同書から私が学び、共鳴を覚えてきたのは、実証の確かさに加え基本的な問題意識に関わる事柄もある。同書は、アイヌ民族の歴史についてしばしばなされてきた〈同化〉対〈抵抗〉という二項対立的な構図を乗り越えることを重要な課題とし、学校建設に積極的だったり日本語を積極的に学びアイヌ語の継承を断念したりするといったアイヌ民族の動向に注目し、そこにアイヌ民族の主体的なあり方を読み取り、さらに一見相互に同調し合っているかに見えるアイヌ民族と官庁側との間にずれや対立を読み取っていく。私が、例えば狩猟方法としての毒矢の禁止と銃の導入という開拓使の政策について、伝統的狩猟方法の否定という側面だけを論じて終わるのではなく、アイヌ民族が銃をいかに受容したのか、それが鳥獣にどう影響を与えアイヌ民族にどう跳ね返ったのかまでを問おうとし、「北海道旧土人保護法」による農耕に目的を限定した土地下付について一方的な農民化政策として断罪して終わるのではなく、アイヌ民族のなかに見られた農業に積極的に取り組もうとする動きやより良好な農地を得ようとする動きにも注目し、それらと北海道庁による実際の法の運用との関係までを問おうとする背景には、こうした問題意識がある。このような問いの設定には、一つ間違えば、それぞれの政策をアイヌ民族も肯定していた、歓迎していたという別の単純な構図による理解につながる危険があり、それを避けるためにも、ある時期のある政策だけに目を奪われるのではなく、他の政策全般によってアイヌ民族の生活環境がどのように変化していったのかにも目配りする視野の広さと、史料の表面だけをなぞるのではない、細やかに粘り強く読む態度が必要となる。

二　構　成

第一部には開拓使(一八六九年七月〜一八八二年二月)とそれに続く三県一局期(一八八二年二月〜一八八六年一月)を主な対象とした論文を集めた。この時期は「北海道」の命名に端的に見るように明治政府によるこの地域の版図化がなされ、制度上アイヌ民族の内国民化がなされた時期であり、アイヌ民族の従来の生業活動や土地利用が大幅に侵害・否定され、生活基盤の急激な破壊がもたらされた時期でもある。ここでは、狩猟(特にシカ猟)と河川でのサケ漁に焦点を当てる。こうした課題設定は、これらの政策がアイヌ民族に与えた影響の大きさを予想してのものだが、人間社会と野生生物ひいては広く自然環境との関係という視角から北海道の近代史を見てみたいとの意図もある。これは多分に個人的な関心ではあるが、自然環境に対する急激な改変は、十九～二十世紀における北海道の歴史において、目立つ現象の一つであり、現代的な課題でもあるだろう。

第一章ではまず、一八七六年秋の「北海道鹿猟規則」と毒矢猟禁止までの過程をたどる。新たな規制導入の主要な動機は、欧米を手本とした生物資源管理制度の導入にあるのだが、毒矢猟禁止強行のかげには新来の和人にとっての危険という実際的な問題に加え、毒矢を野蛮と見る価値観があったこと、禁止に対しては各地のアイヌ民族の強い反発があり、開拓使札幌本庁はそれに一定の理解を示したが、黒田清隆長官の意向が押し切っていくこと、代替措置導入についての十分な準備があったかは疑わしいこと、などが主な論点である。

第二章では、「北海道鹿猟規則」の施行実態とその後の制度改正過程を論じる。一つの焦点は、生物資源の保護・管理を目的としていたはずの同規則施行後に、シカが急減してしまったのはなぜなのかという問題である。これについては、開拓使内部にも規制強化の主張はあったのだが、産業振興重視の主張がそれを圧倒したこと、開拓使が和人狩猟者による「密猟」の横行を防止できなかったことなど、基本的には政策に原因があったことを論じる。アイヌ民族の狩猟活動については、同規則による免許取得者のなかでのアイヌ民族の割合や、毒矢猟禁止の代替措置としての銃貸与の実施状況を検討する。また、同規則制定がアイヌ民族による地域内での自律的な狩猟秩序を破壊する意味をもった一方、大雪の際のアイヌ民族の狩猟活動がシカ急減を助長してしまった側面があったことも重要な論点である。

第三章は、開拓使が「有害」と見なした鳥獣の駆除について設けた報奨金である「獲殺手当」について論じる。オオカミ・ヒグマ・カラス・野犬に対する制度の変遷を比較して述べることで、それぞれの生物と人間社会との関わり方の違いを検討する。これらの制度とアイヌ民族の狩猟活動との深い関連を明らかにするとともに、札幌県の手当支給事例の分析によって当時の狩猟活動の具体的な様子に迫ろうとするものである。

第四章では、開拓使期から一八九〇年代までのサケ漁規制について、石狩川の一支流である千歳川を対象とし、制度の変遷と地域におけるその展開の双方から追う。制度上の重要な画期となるのは、一八七八年十月の支川におけるサケ漁の全面的禁止であり、これはアイヌ民族の漁業活動を制度面で根底から否定した。開拓使・札幌県など行政内部では、アイヌ民族を始めとする地元居住者にどう対応するかの模索が続き、種川制・孵化事業の導入といった各段階で、地元アイヌ民族への一定の配慮はあった。その具体的内容や「密漁」とされた漁業活動がどう継続したのかがここでの検討課題となる。その後のアイヌ政策との関連では、高倉新一郎『アイヌ政策史』が開拓使はアイヌ民族への勧農を図る意図をもっており、その政策姿勢は「北海道旧土人保護法」の枠組みに一貫してつながると理解しているのに対し、本章の分析は、開拓使期の「勧農」は黒田長官が主唱する理念先行のもので、漁業規制の代替措置としてアイヌ民族の生活安定に寄与するものではなく、むしろ規制強化を強行する口実を与える機能を果したことを主張する。

第二部では「北海道旧土人保護法」の施行実態を検討する。近代のアイヌ政策の中核に位置する「保護法」をめぐっては論じられることが多いが、歴史的な評価をするための基礎作業として、実態に踏み込んだ検証がまずは不可欠だろうとの考えからである。同法の主要内容のうち教育については小川正人氏らの研究に譲り、ここでは、農耕を目的とした土地下付とその所有権制限について定めた第一〜三条と、北海道庁長官によるアイヌ民族の共有財産指定と管理について定めた第十条を主に取り上げる。

第五章では、「保護法」による土地下付が実際にどのように行われたのかを、十勝地方を対象にして検討する。重要な論点は、土地下付の対象地は北海道庁が設定した「旧土人給与予定地」に原則的に限定されていたという事実に関わる。この「予定地」は札幌県がアイヌ民族に対する農業教授を実施する際に集住を前提として設定した農耕地、それを下敷きにしつつ一八九〇年代の道庁による殖民地区画測設の際に設定された官有地第三種としての「保護地」を引き継ぐことが多かった。長い時間軸で見ると、一面において「保護法」による下付対象地はアイヌ民族の農耕地として「確保」されていたとも見えるが、より本質的には開拓の基本的前提としての土地処分政策のためにアイヌ民族を「排除」する構造があったことが浮かび上がる。

第六章は、「保護法」第一条による下付地が一五年以内に開墾できなかった場合没収することを定めた第三条の施行実態を検討する。基礎作業として個別事例を集積してその分析をし、何年にどの地域でどれだけの没収がなされたかといった集計を試み、また、開墾状況の検査や没収処分までの手続きがどのようなものであったのかを見ていく。この条文の運用が「北海道国有未開地処分法」の運用に従属しがちであったこと、没収事例の多くは下付地の自然条件や居住地との位置関係において農耕に不適か不可能だったという問題を抱える一方、道庁の対応は弥縫策に終始しがちであったこと、アイヌ民族のなかに、より農耕に適した下付地を得ようとする動きや、農耕不能地を下付しながらその未開墾を理由に没収する道庁の姿勢に対する不満・批判があったことなどを明らかにする。没収事例の分析を通して、土地下付のあり方がもっていた問題点を、地域による違いを考慮に入れながら浮彫りにすることが、本章の一つの目的である。

第七章は、「保護法」第二条第三項が、同法制定以前からのアイヌ民族の所有地にまで譲渡等に際しての道庁長官による許可を得ることを義務づけていた問題を取り上げる。事例分析をするとともに、この条項がアイヌ民族の財産管理能力の欠如を言わば宣言する意味をもった点について考える。「保護法」の本質的な問題点は、アイヌ民族の保護策として十分だったかどうかという点にではなく、強者が「劣敗者」に対して恩恵的に施すという意識の枠組みにあるのではないかという問いに、この条項に切り込むことで迫ろうとするものである。

のこととしたうえで、それ以外の文書にどれだけ目配りし、関連づけて読んでいくかが大きな課題となる。

第二に、個々の文書だけに注目してそのなかの字句を追うにとどまらず、他の文書との関係や文書作成過程に注意を払うことである。そのことによって、政策がどのような経過で決定されたのか、行政内部に存在しながら結実しなかった意見はどう扱われたのか、アイヌ民族の意見をどう捉えそれをどう反映したか(しなかったか)を読み取ろうというのである。このように文書をその機能に注目して読み解き、関連文書をたぐっていく方法については『開拓使文書を読む』『開拓使文書の森へ』など鈴江英一氏の著作に学ぶところが大きい(6)。もっとも、いま読み返してみると本書に収めた開拓使文書を素材とした論文のうち、比較的早くに書いたものについては特に、広い範囲の史料への目配りという点で甘さが目立ち、行政機関の組織機構と文書の作成・伝達・保存過程に理解を深め、さらに文書の森に分け入って史料を探索する必要を痛感している。

本書に使用した公文書の第二は、北海道庁文書である。なかでも「北海道旧土人保護法」第一～三条の運用に際して作成された文書は、第八章を除く第二部各章の叙述の基礎となっている。第六章で論じるように、これらの文書はその運用実態を反映して、同時期の「北海道国有未開地処分法」に関する文書群に従属する傾向を帯びつつ一体的に保存されている。調査に際しては、「保護法」関係であることが目録上分かるものすべてを閲覧し、またこれは「すべて」とは言えないが「国有未開地処分法」関連の文書のなかでも「保護法」関連文書が埋没している可能性が高そうなものは簿冊全体に一通り目を通す方法をとった。これと合せて、北海道庁が殖民地区画測設に際して作成した殖民地区画図を使用した。

付論I第五節で字界地番整理事業におけるアイヌ語地名の扱いを検討する際には、北海道立文書館で閲覧可能な関係文書、および同時期の『北海道庁公報』を調査し、主要史料として使用した。

土地関係を別にすると北海道庁文書の残り具合が悪いなかにあって、数冊が確認できる河西支庁(十勝支庁)のアイヌ「保護」事業に関する簿冊は、第八章の論証において重要な位置を占める。公文書に準じるものとして、統計書その他の官庁刊行物も本書各所で使用している。

ところで、公文書を主要な史料とすることには、官庁作成であることによる偏りや限界をどう考えるかという点に関わる疑問・批判が予想される。官庁が記録するのは、社会のなかで起っている出来事のなかで官庁が関心をもつこと、官庁と接点をもつことに基本的に限られるのは当然予想されることであり、公文書に依拠した歴史叙述に際しては、そこに記録されていない事実や視点があったろうことを常に意識することが不可欠である。

そのことを確認したうえで、公文書の徹底した調査・分析にどんな積極的な意味があるのか、私の考えを三点記しておく。一つには、官庁作成であるからこそ、官庁側がある問題をどう認識し、制度化・政策の実行という形でそれにどう対応したか、行政機構内部でどのような経緯をたどって決定に至ったのかといったことが検討できるという点である。二つには、ある制度・政策について批判的に検討を加えるとき、政策主体内部で作成された文書に依拠して論証することで説得力を高めることができる場合があるだろうという点である。三つには、本書が対象とした時期、特に明治初期に関してはアイヌ民族自らが自分たちの考えを記した文書は極めて限られているなかにあって、アイヌ民族の主体的な動向を読み取り得る史料としての可能性に関わる。請願書や歎願書など官庁への直接的な働きかけを示す文書はもとより、一見したところアイヌ民族が政策の客体としてしか記録されていなかったり、単純な行政的手続きに関するだけに見える文書であっても、それらを集積し、または視点を変えて見ることによって読み取れることがまだまだあるはずである。

公文書の調査に現に取り組んでいる者として、その限界ばかりを言うことにあまり意味を感じず、広い史料漁りと厳密な史料批判を伴った徹底した読み込みを重ねることによって、限界なる地点に少しでも近づきたいと考えているというのが基本的な私の立場であり、本書は現段階でのその中間報告であると言える。(7)

公文書を史料として使用するに際してもう一つ述べておくべきなのは、個人情報の扱いに関する問題である。特に本書第二部各章における「北海道旧土人保護法」の施行実態の検討は、個別の処分(下付・没収・所有地の譲渡許可など)に関する文書の調査を基礎としている。そのことによって、「保護法」の制度と施行実態にどのような問題があったかを、官庁作成の報告書や個別の聞取りにもっぱら依拠するよりも具体的に、より深く切り込もうとの念からのことであるが、本書の刊行がその意図に反して、個人の財産や生活状況についての侵害を招く危険性が絶対にないとは言えない。一方で、典拠史料を明示せずに叙述することもできず、苦慮する点が大きい。結局のところ本書では、これらの史料に依拠する部分については本文・註ともに原則的に個人名への言及を避けるなどの措置をとった。本書引用史料の利用に際しては、読者諸氏の賢明な判断を特に強く望みたい。

二　新聞・雑誌・その他

近現代史の基本史料としての新聞記事の重要性については言うまでもない。本書中では特に、アイヌ民族の共有財産について論じた第八章で『十勝毎日新聞』の記事を主要史料として用いる。また、アイヌ民族による組織的な活動の様子を探った付論IIでは、道内刊行の各紙に加え全国紙の地方版を調査し、複数の記事内容を比較検討することで事実に近づいていく方法をとる。新聞記事の活用には、関連する公文書の残存状況が悪いのを補う意味のほか、官庁とは直接関係が薄い民間での動きや世論を探るといった、より積極的な意味もある。これら以外の各章の叙述においても、直接の言及や引用をしていなくても、新聞記事が叙述を支える部分は少なくない。

雑誌類としては、サケの保護・繁殖事業の地域での実情や全国的な動向との関連などについて北水協会刊行の『北水協会報告』を(第四章)、一九二〇年代の社会事業行政のなかでのアイヌ「保護」事業の経過について『北海道社会事業』を(第八章)、それぞれ重要な史料として用いる。アイヌ民族自身による寄稿を多く含むアイヌ伝道団の『ウタリグス』、「北海(道)アイヌ協会」の『蝦夷の光』などは、アイヌ民族相互の連携や考えを伝える基礎史料として、付論IIを中心に使用する。

私文書はほとんど使用していないなかにあって、極めて重要なのは十勝地方幕別町の吉田菊太郎資料であり、第五章で「北海道旧土人保護法」による土地下付について前史を含めて検討する際に、また付論IIで十勝アイヌ旭明社の活動の様子や「北海(道)アイヌ協会」との連続性について、組織内部の事情から検討する際に、主要史料としている。

なお、史料を論文執筆の素材として利用するのと並行して、私自身史料目録や史料集の編集・刊行に携わってきた。(8) 史料の公共化を進めることは、歴史研究にとっての基本であり、それ自体が重要な意味をもつ仕事であるとの考えからである。この分野においてそうした作業は、公文書も含めてまだまだなすべきことが多く、近年のそうした成果を歓迎するとともに、(9) 今後も自らの主要な仕事の一つに位置づけたいと考えている。

本書は、相互に関連する個別論文を数本ずつ束ねた形をとっており、一つの体系としてのまとまりは強くない。本書がそのような構成となった最大の要因は、全体的な見通しに沿って課題を設定しそれらに順番に取り組んでいく計画性を私が欠いていることにあるが、この分野における近現代史の個別研究の蓄積が乏しい状況にあって、それぞれの時期や課題について踏み込んだ理解をもつことを迫られることがしばしばあり、その都度自分自身で一次史料に取り組む必要があったという事情もある。本書の各所で挙げた「今後の課題」について私自身、仕事を重ねていく考えでいるが、むろん限界があるだろう。本書の刊行が、自ら一次史料を漁りそれを読み込んでいこうとする人を促すことを願う。

（1）高倉新一郎『アイヌ政策史』日本評論社、一九四二年、これに手を加えたものが『新版アイヌ政策史』三一書房、一九七二年である。
（2）高倉新一郎「アイヌの土地問題」『社会政策時報』第二三〇号、協調会、一九四〇年、五一四―五三八頁。
（3）小川正人『近代アイヌ教育制度史研究』北海道大学図書刊行会、一九九七年。
（4）こうした問題意識に連なる論考に、博覧会展示におけるアイヌ民族の位置づけを追いつつ北海道開拓記念館所蔵の民族資料コレクションの来歴を検討した山田伸一「拓殖館のアイヌ民族資料についての覚書」『北海道開拓記念館研究紀要』第二十八号、二〇〇〇年、一七九―一九八頁がある。
（5）近年の研究成果のなかでは、小川前掲書が函館県学事係関係の文書を用いているほか、廣瀬健一郎「開拓使仮学校附属北海道土人教育所と開拓使官園へのアイヌ強制就学に関する研究」『北海道大学教育学部紀要』第七十二号、一九九六年、八九―一一九頁、狩野雄一「開拓使仮学校におけるアイヌ教育」『明治維新の地域と社会』吉川弘文館、一九九六年、一五七―一七六頁が目立つ程度である。樺太アイヌ史研究会編『対雁の碑――樺太アイヌ強制移住の歴史』北海道出版企画センター、一九九二年も注目すべき成果ではあるが、関係文書の残存状況と照らすと利用はごく一部にとどまると言わざるを得ない。
（6）鈴江英一『開拓使文書を読む』雄山閣、一九八九年、同編著『開拓使文書の森へ――近代史料の発生、様式、機能』北海道出版企画センター、二〇〇五年。
（7）開拓使が樺太千島交換条約後に石狩地方の対雁に強制移住させた八百余名の樺太アイヌに漁場を確保するため、一八七六年に石狩アイヌから漁場を取り上げた事実について、一八七六年作成の文書を見ていた際には見逃していたが、札幌県の文書を調査するなかで気づき、公文書の表面に明確には表れない事実を読み取ることの難しさとともに、徹底した公文書調査の必要性と有効性を痛感したことがある。これについては山田伸一「対雁移住樺太アイヌに関するいくつかの史料」『北方文化共同研究事業」二〇〇〇―二〇〇二年度調査報告』北海道開拓記念館、二〇〇三年、八一―九七頁。
（8）小川正人・山田伸一編『アイヌ民族　近代の記録』草風館、一九九八年、幕別町蝦夷文化考古館文書資料調査委員会編『吉田菊太郎資料目録II　文書資料編』幕別町教育委員会、一九九八年、および小川正人・山田伸一編「十勝毎日新聞（一九二〇―一九三九年）掲載アイヌ関係記事――目録と紹介」『帯広百年記念館紀要』第十九・二十号、二〇〇一・二〇〇二年。
（9）近年の成果としては以下のようなものがある。社団法人北海道ウタリ協会アイヌ史編集委員会編『アイヌ史資料編4　近現代史料（2）』北海道出版企画センター、一九八九年、河野本道編著『アイヌ史新聞年表――『小樽新聞』（明治期）編』國学院短期大学コミュニティカレッジセンター、二〇〇四年、同（大正期1）編、同、二〇〇六年、同（大正期2・昭和期1）編、同、二〇〇八年、同（昭和期2）編、同、二〇〇九年、小川正人編「『室蘭毎日新聞』掲載アイヌ関係記事――目録と紹介」『アイヌ民族博物館研究紀要』第八・九号、二〇〇四・二〇〇六年、北海道大学文学部「『樺太日日新聞』掲載のサハリン先住民族に関する記事データベース」北海道大学文学部古河講堂「旧標本庫」人骨問題調査委員会編『古河講堂「旧標本庫」人骨問題報告書II』北海道大学大学院文学研究科・文学部、二〇〇四年、田口正夫編・佐々木亨監修『『北海タイムス』掲載のサハリン及び北海道先住民族に関する記事データベース（一九二六・一二・二五―一九三五・一二・三一）』北海道大学大学院文学研究科、二〇〇六年、田村将人編「『サガレン新聞』（一九二一―一九二四年）掲載アイヌ関係記事――目録と紹介」『北海道開拓記念館調査報告』第四十六号、二〇〇七年、一七九―一八八頁、および北海道立アイヌ民族文化研究センター編・発行『『北東日報』『釧路新聞』掲載アイヌ関係記事（一九〇一―一九四二年）――目録と紹介』（北海道立アイヌ民族文化研究センター調査研究報告6）二〇一〇年。

第一部　明治期の狩猟・漁業規制とアイヌ民族の生業

第一章　「北海道鹿猟規則」の制定過程——毒矢猟の禁止を中心に

はじめに

本章の課題は、開拓使による狩猟規制法規の制定過程においてアイヌ民族がどう位置づけられていたか、それらの法規の制定がアイヌ民族にどのような影響を与え、それに対してアイヌ民族がどう対応したのかという問題である。

開拓使の諸政策がアイヌ民族に与えた影響という大きな課題に向き合おうとするとき、諸問題のなかで私が狩猟を取り上げるのは二つの理由からである。第一に、自家消費用と交換用の双方を含め、狩猟はこの時期のアイヌ民族の生業のなかで重要な位置を占めていたと思われ、その規制が与える影響は大きかったと予想されるからである。第二に、毒矢猟の禁止に対しては、いくつかの地域で禁止実施の延期歎願という形でアイヌ民族による集団での抵抗活動があり、これは今のところ知られる範囲では、開拓使の政策とアイヌ民族の間に生じた摩擦として殊に目立つものであるからである。

もとより、本章でこの課題に関わるあらゆる事柄を論じ切れているわけではない。基本的には一八七六年九月の開拓使札幌本庁布達による管内の毒矢猟全面禁止と同年十一月の「北海道鹿猟規則」の制定までの制度をめぐる議論を検討対象とし、その後の「鹿猟規則」の改正やシカ猟規制の強化、狩猟の実態に踏み込んだ検討は次章に譲る。

先行研究を見ると、俵浩三『北海道の自然保護――その歴史と思想(増補版)』[1]が開拓使・三県一局期の狩猟政策の概略と特徴をまとめており、特にケプロンの助言をもとに導入された、計画的な生息頭数の調整を特徴とする北海道のシカ猟規制が、日本史上異例の近代的なものだったとの指摘には教えられることが多い。

高倉新一郎『アイヌ政策史』は、狩猟政策とアイヌ民族との関わりについて論じたが、この点に関する同書の記述は『開拓使事業報告附録布令類聚』所収の布令類をたどった程度のものにほぼ限られ、アイヌ民族の歎願活動についてもごく簡単に触れるにとどまる[2]。

海保嶺夫『幕藩制国家と北海道』は、一八七五・七六年に発生した和人・アイヌ間の衝突の事例をいくつか挙げたうえで、開拓使による毒矢禁止の強行について「史料的に証明は不可能であるが、開拓使への闘いが高揚したこの段階で、開拓使は抵抗の手段となりうる用具の生産と使用とを禁止してしまおうとしたのではないか」との仮説を提示している[3]。この仮説の当否はその後検討されておらず、本章では現段階での私なりの答えを出さなければなるまい。なお、海保氏が毒矢の性質として自製可能なことと武器に転化可能なことに着目している点は、いずれにしても重要である。

制度の制定過程を検討し、先行研究が含む事実相互の関係把握の粗雑さに批判を加えた百瀬響「開拓使期における狩猟行政」は、本章の叙述と重なる部分も少なくなく参考になるが、史料探索の範囲が狭い点が物足りない[4]。

主題に関係して、アイヌ民族の毒矢猟について民族誌の記述から簡単に見ておく[5]。これはトリカブトの根から採取した毒を矢尻部分に付すもので、この矢を受けた動物はやがて体内に毒が回って死に至る。毒矢の利用には狩猟者が弓を直接手にして用いる方法のほか、仕掛け弓によるものがある。これは動物の通り道に糸を張り、そ

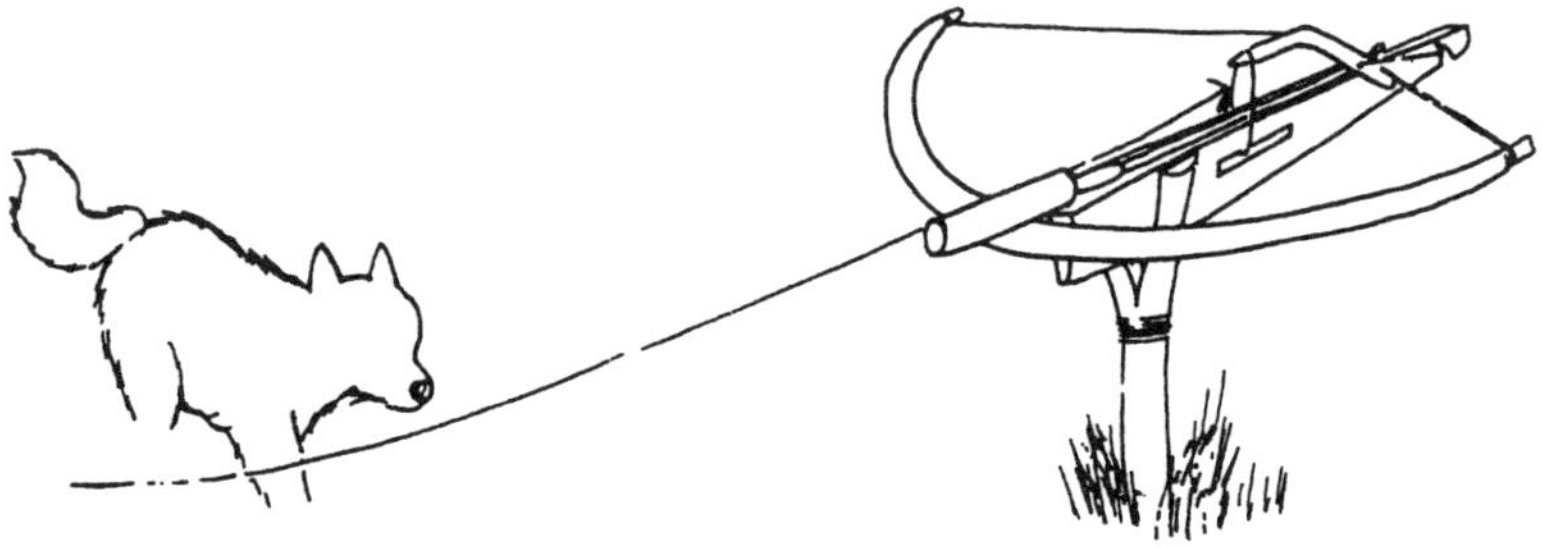

図1-1　仕掛け弓（北の生活文庫企画編集会議『北の生活文庫2　北海道の自然と暮らし』北海道，1997年より）

れに動物が触れると連動して留め鉤が外れ、矢が発せられる仕掛けである（図1-1）。本章で引用する史料に登場するシカ・クマ以外に、キツネなどもその対象としていたようである[6]。クマについては穴グマ猟、シカについては犬を利用した追落し猟など、他の狩猟方法もあるが、アイヌ民族の狩猟活動全体のなかで毒矢猟が占めていた割合をここで具体的に示す準備はなく、むしろ本章の考察自体が毒矢猟の重要性の程度を推測するための素材を提供することになろう。

第一節　狩猟規制法規の制定過程

一　「鳥獣猟規則」施行問題

一八七三年一月二十日、政府は太政官布告によって「鳥獣猟規則」を制定した[7]。これは近代日本における狩猟規制に関する法規の最初に位置するものである。

以後の全国規模の狩猟規制制度の変遷をあらかじめたどれば、「鳥獣猟規則」は一八七七年十二月までの五年ほどの間に四次の改正を重ねたが、規制対象は狩猟のなかでも銃を使用するものに限られていた。唯一の例外は「鳥獣ノ死シ或ハ落酔スヘキ餌或ハ薬品ヲ用ヒテ猟スルコトヲ禁ス」(第二十三条)という条文であるが、これは一八七四年一月の第二次改正の際に削除された。管理・規制の対象が銃猟以外の狩猟にまで拡大されるのは、一八九二年十月五日の勅令第八十四号「狩猟規則」制定による。

「鳥獣猟規則」の内容は、次のように整理することができる。①銃猟を免許制とし、それによって生計を立てる者を「職猟」、遊楽のためにするものを「遊猟」と区分し、職猟に年間一円、遊猟に一〇円の課税をして、免許鑑札を発行する。②一六歳以下の者や「白痴瘋癲等人事ヲ弁セサル者」、過去の狩猟関係法規違反者などを免許対象外とする。③人家のある所などを禁猟域とする。④銃猟の期間を十二月一日から翌年三月中に制限する。⑤銃猟に用いる銃について、和銃については四匁八分以下の小筒、洋銃については「西洋猟銃」とし、軍用銃の使用を禁止する。⑥違反者に罰金刑を科す。

このうち④の猟期については改正のたびに始期・終期とも変化し、⑥の罰則規定にも変化が大きいなど、施行上の混乱を生じるだろうと思われるほど条文の揺れがあるものの、以上の基本的な内容は「鳥獣猟規則」の時期を通じて変わりない。

さて、一八七三年二月五日、「鳥獣猟規則」の制定を受けた開拓使東京出張所は、函館支庁杉浦中判官と札幌本庁松本大判官に対し、「鳥獣猟規則」については「北海道之如キハ迚も実地難被行ニ付、其次第申上別段之御所分相立候様致度」として、実地に照らして施行上の障害を考慮し、対処方法を検討するよう伝えた(8)。この時点の開拓使の主要機構は、道内に札幌本庁・函館支庁・根室支庁、東京に東京出張所があり、黒田長官が多くは在京したこともあって、東京出張所が実質的な本庁の役割を果していたことが知られる(9)。

東京出張所の問いかけに対し、函館支庁は二月二十二日に、札幌本庁は督促を受けた後、翌年七月九日に回答したが(八月十七日に追加回答)[10]、函館支庁が銃猟免税、札幌本庁が職猟・遊猟以外に「余業猟」と「臨時猟」を設けて四段階の課税とするなど内容にずれがあったため、東京出張所は両者間で調整を図ったうえで全道一般に施行すべき「鳥獣猟規則案」を策定し送付するよう求めた(一八七四年八月二十八日付)[11]。東京出張所側は規則案を正院に提出する見通しを述べており、この時点では全国的な「鳥獣猟規則」と別に、北海道のみを施行対象とする規則を制定する考えがあったものと思われる。

一八七四年十一月十日の「鳥獣猟規則」改正が規則案策定作業の停滞を招きもしたが、一八七五年一月、札幌本庁と函館支庁は調整結果を「北海道鳥獣猟規則案」として東京出張所に送った[12]。なお、ここに至る過程で函館支庁が札幌本庁とほぼ対等にやり取りしているのに対し、根室支庁の関与がまったく見られないのは、実態としての両支庁の権限の差を示唆するものとして興味深い。

「北海道鳥獣猟規則案」は「鳥獣猟規則」の文面をできるだけ踏襲しつつ手を加えた形になっている。両者を比較すれば、罰則規定を簡素化している点を除くと、「北海道鳥獣猟規則案」の特徴は次の三点に整理できる。

第一は猛獣対策に関するものである。オオカミ・クマを威しまたは殺すために免許鑑札を取得したうえで玉目一〇匁以下の鉄砲を使用することを認め、これについては無税とした(第三条)。「鳥獣猟規則」の規定する玉目四匁八分を上回る和洋銃(軍用銃を含む)の使用を認めようというのである[13]。この背景には、北海道では特に猛獣対策が必要だという認識と、大型銃が実際に広く行き渡って使用されているという実態があった。

例えば函館支庁が東京出張所に宛てた文書では、道内では猛獣が「田野を蹂躙し牛馬を搗(傷)噬し行旅を悩す等」の猛獣害が多く、それを防ぐために「地方詰合ニ御備銃あり村落ニ拝借銃等アリ」というように、狭い意味での狩猟目的ではない銃の所持が広く見られること、これまで玉目の大小を問わなかったために、所持されている銃は四匁八分玉以上の和銃や洋銃では「ケーヘル」銃などばかりで、これを売却して新たな銃を買おうにも売却先

の当てはなく、西洋銃は高価で入手困難であり、また四匁八分玉以下の和銃では猛獣に敵し得ないことなどを挙げている。(14)

特徴の第二は、銃猟税を「鳥獣猟規則」に比べて職猟は二・五倍の二円五〇銭、遊猟は半分の五円としたことである。この意図はよく分からないが、あえて推測すれば、前者は北海道内は狩猟による利益が多いと判断したため、後者は職猟とは言えないまでも遊楽のためとも言い難い猛獣対策としての狩猟の存在に配慮したものであろうか。

第三に、アイヌ民族の銃猟に関しては、免許鑑札取得を義務づけたが、「但山野未開ノ僻邑ニ居住スル土人銃猟ノ義モ本条ニ依ルヘシ」と第三条に但書を付して、非課税としたことである。

この規則案に対して東京出張所は意見を記した付箋を貼ったうえで、五月八日付で札幌本庁と函館支庁に返送するとともに、次のように伝達した。(15)

鳥獣猟規則其他、御通議之趣ヲ以、取調被遣候ニ付、一閲候処、旧土人ヲ除ク云々有之候得共、右ニ而ハ旧習ヲ脱スルノ期有之間輔〔ママ〕、其他課税玉目等之儀ニ付、当地見込之趣、別紙付箋之上差進候条、猶御通議之否御申越相成度、此段申進候也

明治八年五月十五日

追伸、旧土人毒射ノ義ハ、汚習ニ付廃止可然旨、長官殿被申聞、且ホーレシケプロンゟ兼而建白之趣も有之候間、右写差進候条、実際御調査之上、追テ否御申越相成度、此段も申添候也〔傍線引用者。以下同じ〕

東京出張所側も前年八月二十八日時点ですでに猛獣対策への配慮が必要だという考えを示していたから、(16)この

点に関しては文言の整理を求めた程度で基本的な内容は追認していた。

「旧土人ヲ除ク云々有之候得共」などとあるのは、第二条に「旧土人ヲ除クノ外」と記した箇所に「旧土人ト雖モ、今日ニ至リテハ国民平行ノ権利ヲ有セシムヘシ、除クヘカラス、況ヤ三条但書ニ土人銃猟ノ云々アリ、抑土人ハ昔時弓矢ノミヲ以テ獣猟ス、今時銃ヲ使用スル以上ハ、此規則ニ遵ハシムヘキカ」、および第三条但書に「旧土人タリトモ、漁業既ニ税アリ、獣猟無税ハ不可然歟」とそれぞれ記した付箋を東京出張所が付しているのを見ると、制度上アイヌ民族を例外扱いすべきではないという基本的考えに立って、アイヌ民族の銃猟を非課税にすることに強い疑問を呈したものと理解できる。

「国民平行ノ権利ヲ有セシムヘシ」という国民としての平等の主張は、ここではアイヌ民族に何らかの「利益」をもたらすものではなく、むしろ、同一国民という単一の枠内に押し込めることによって、新たに加わった和人狩猟者と従来からそこに居住し狩猟を生業の一部としてきたアイヌ民族との間にある立場の違いを無視する働きをしている。言わば「国民化」の論理による民族的異質者への抑圧が読み取れるのである。

ある生活習慣なり生業方法なりの転換を政策目標とするにしても、急激な変化に対する抵抗感や負担を緩和するために当面の措置を施すという行き方もあり得るはずだが、「右ニ而ハ旧習ヲ脱スルノ期有之間輔」という言葉にはそれとは逆に、目標の実現をそうした緩和措置自体が妨げるのだという考え方がのぞいていることにも注意したい。

この文書の追伸は、東京出張所が毒矢猟禁止の方針を指示したものとして重要である。「毒射」(毒矢猟)は「汚習」であることを理由に廃止せよとする黒田長官の意見があり、開拓使顧問ケプロンの「建白」も廃止を主張しているというのである。出張所は「建白」の日本語訳の写しを併せて送付している。その内容を次に見たい。

ここでいう「建白」とは、一八七五年二月三日付で黒田長官が「北海道ノ鹿類保存蕃殖ノ為メ、該島ニ施行スベキ方法ノ儀ニ付、欧洲、其他ニ於テ、獣類保存ノ律例等」を質問したのに対し、二月五日付でケプロンが回答したものである(17)。今のところ黒田の質問文の具体的な文面を確認できておらず、黒田の意図の詳細は分からないが、皮・肉・角などが重要な産品となっていたシカを、言わば資源として保護するための保護・繁殖方法のモデルを欧米に求めたものであることは間違いない。シカ皮と角(主に薬用)は道外に運ばれ、この後一八七八年十一月には勇払郡植苗村美々に缶詰所と脂肪製造所が設けられるなど、勧業政策を進める開拓使はシカに大いに注目していた(18)。

ケプロンはここで英国の動物保護法規に簡単に触れ、米国では連邦レベルではバッファロー・シカ・アンテロープなどの有益獣の保護立法はないものの、世間の関心の高まりがあり、州議会では猟期や狩猟法を制限する立法措置がなされていることを紹介する。そして北海道に関しては、シカは漸減傾向にあり、現在の割合で狩猟していては二、三年のうちに絶滅するだろうとの認識を述べて、三つの予防策を示す。

その第一は、猟期制限であり、具体的には、発情期・妊娠中と仔ジカが母シカの保護を必要としないほどに成長するまでの時期、牝ジカの邪魔をしないことである。第二は、猟殺方法の制限であり、毒の使用禁止を内容とする。第三は、猟殺数の制限であり、より困難と思われる米国のオットセイ猟(the seal fisheries in America)に関して正確な年間増加数の見積りがなされていることを挙げ、北海道の場合には年間のシカ皮産出数を把握し、「才智アル猟師(土人)等」(most intelligent Aino hunters)から過去数年と比較した現在の頭数見積りを教えてもらうことで、適切な数値が得られるだろうと見通しを述べている。

第二の狩猟方法制限について述べた部分の原文と日本語訳を次に引く。札幌本庁・函館支庁では伝達されたこの訳文によってケプロンの答申の内容を理解したのであり、答申の政策への影響を検討するには訳文を併せて見る必要がある。

Second.—As to the method of killing. The use of poison—poisoned arrows or otherwise—should be prohibited, as it is not only a wasteful but a barbarous practice; a vast number who are infected with the poison, straggle off into the bamboo undergrowth and are lost. Other methods of killing are less important if the number to be taken each year is limited.

第二（猟殺ノ法）　毒ヲ用ルヲ（毒矢等）禁ズベシ。是レ、費アリテ、且、惨酷ノ慣習ナリ。其毒ニ感ズル者、竹林中ニ入テ斃レ、終ニ之ヲ失フ者多シ。其他ノ猟殺法ノ如キ、其数ヲ限ルニ於テハ、妨ゲナカルベシ。

この訳文は、原文の詳細を正確に伝えるものとはなっていないようである。第一に、傍線の箇所については、何の数を制限するのかが不明確になってしまっている。第二に、毒に触れて笹藪に入って斃れ失われるものを、この訳文だけ見ると人と理解してしまいそうであるが、原文で指しているのはシカのことである。[19]

注目すべき点がいくつかある。まず、「毒矢等」として、文字通りとれば毒矢以外の毒の使用形態を想定していることである。アイヌ民族による毒の使用法としては、毒矢以外にクジラ猟の際に銛先につけるものが知られる。[20]この文面がそうした事例までをよく把握していたことの反映なのか、それとも逆に実情をよく把握していないために曖昧さを残したのか、後者ではないかと疑うが最終的な判断は保留しておく。[21]

毒の使用を禁止すべき理由は、第一に「費アリ」(wasteful)ということである。セミコロン以下に述べている、矢が当たっても行方不明になるシカが大量にいるとの認識に立って、資源の浪費になると判断したものであろう。もっとも、アイヌ民族が狩猟に犬を用いていたことを思うと、この認識自体が実情の正確な理解に基づいているか否かは留保を要する。

禁止理由の第二は、「惨酷」(barbarous)ということである。こうした見方が、合理的な思考の産物というよりは、ある価値観に基づいた、多分に感覚的な判断を含むものであることを指摘しておきたい。重要なことは、次の二つの意味において、こうした視線がケプロン個人のものにとどまらないことである。一つには、ケプロンの価値観は彼が長く社会生活を送ってきた米国社会のなかで形成されたものであるに違いないという意味においてである。もう一つには、先に見た東京出張所の文書に「汚習ニ付廃止可然旨、長官殿被申聞」とあることからは、黒田も「汚習」であることを廃止理由としていると読み取れ、黒田や開拓使幹部はケプロンの指摘を毒矢を「汚習」とする自らの見方に通い合うものとして理解し(実際には、ずれがあったのかも知れないが)、政策上の判断に反映させているという意味においてである。すなわち、開拓使内部において、毒矢猟の問題は単なる狩猟方法の問題としてだけではなく、耳環・入れ墨・言語といった民族的な特徴の抹消を図る政策の一環としての位置を占めてもいたと考えられるのである。(22)

ところで、ケプロンの答申において毒矢の禁止はシカ猟規制の文脈中で論じられていたが、それとは別に、人間への被害の発生が、札幌本庁内で毒矢猟禁止の検討を促していた。

一八七五年二月九日、札幌本庁民事局は管内各出張所に対して次のような文書を送った。(23)

〔朱書〕「第廿四号」

当道旧来之風習ニテ、土人共アマツポート唱フル弾弓ニ毒ヲ貼シ、之ヲ深山鬱林之間ニ張置、獲獣之具トナス、此器械ニ於ル、獣畜ヲ獲ル尤妙ニシテ、若此機ニ懸ル者ハ、立地ニ斃ル、実ニ危難之事ニ有之候、然ルニ近年猟師共多人数入込来、殊ニ開拓進歩ニ随ヘ、採鑛伐木等之タメ深山幽谷遍子ク跋渉スル者モ可有之候処、如此危難之器械無際限相用候而ハ、第一人畜之傷害難計、自然数多之妨碍可不少候条、断然《漸々》停止相成候方可然、去レトモ頑愚〔ママ〕之土人共「ノ義」〔挿入〕、一概説諭難相成次第モ可有之候条、実際ニ就キ篤ト御勘考、此後停止可致方法御取調、否御申越有之度、上局伺之上、此段及御商議候也

明治八年二月九日

仕掛け弓による人畜の傷害を問題視し、それを廃止する方法を実地に即して取り調べて回答するよう求めたのである。この文面を見る限り、禁止の理由には「危険性」の問題のみがあって鳥獣保護の問題はなく、毒矢猟全般ではなく仕掛け弓のみが問題になっている。二月九日という日付は、ケプロン答申の四日後であるが、当時の東京・札幌間の通信手段を考えれば、民事局がケプロン答申を受けてこの文書を発したとは考えにくく、それとは独立に禁止に向けた検討が始まっていたと見てよいであろう。

ここで仕掛け弓の「危険性」について考えを整理しておきたい。銃を含め狩猟具の使用には一般に人間を殺傷する危険が伴うのであり、時に事故は発生するにしろ、狩猟域を往き来する者がある約束事を共有することによって危険を回避することができるものである(「鳥獣猟規則」が銃猟の禁止域を詳細に規定したのを想起しておこう)[24]。ところが、増加してきた和人猟師や、開拓が進むにつれて採鉱・伐木などのために新たに山中を往き来するようになった和人たちは、こうした約束事を共有していない。従来から存在した山林利用の秩序の側から見れば、彼らは「闖入者」と呼ぶべき性格の存在なのである。彼らの登場自体開拓使が担う使命の結果なのだから

当然とも言えようが、札幌本庁民事局は新たな往来者が既存の秩序の側に近づくべきだという発想には立たず、むしろ明治政府が「鳥獣猟規則」などによって銃猟を中心に確立しようとした安全性の秩序を地域内に持ち込もうとする。

ここで民事局が、一方的な禁止をアイヌ民族に「説諭」しても効果がないと認識していることに注意すべきだろう。抵抗感の予想はしているのである。注目したいのは、いったん「頑愚之土人」としてから「頑愚」を抹消している部分である。抹消者と起案者の異同は不明であるが、抹消という行為自体は露骨な差別性を帯びた文言を公文書に入れることを慎む感覚の存在を示すものである。しかし同時に、説諭が困難であることの背景に従来からの生活習慣を一方的に否定されることに誰もが感じるであろう当然の抵抗感があると想像力を及ぼすことをせず、むしろアイヌが無知蒙昧だからだと決めつけて納得してしまう姿勢が、開拓使官吏のなかに入り込みがちだったことを、端的に示していると言うこともできよう。

さて、出張所側からの回答が確認できるのは次の五出張所である[25]。要点のみ引用する(小樽出張所については添付された三月十三日付戸長上申の写しがより詳しいのでそれから引く)。

…当所轄部内ノ如キハ、原来山猟無之場所柄ニ付、右アマツボーハ勿論、毒ヲ用ヒ人畜命ニ害アル猟具一切無之旨、当派出詰所并郡々正副戸長、別帋申出之通ニ候…(室蘭出張所、三月十五日回答)

小樽・高嶋両郡山々ハ、春秋とも人民跋渉之場合ニ付、土人共蝦夷通言アマポウト申猟具相用不申候、尤七ヶ年以前迄用ヒ来リ候得共、其後人口蕃殖ニ付相廃シ、当今ニ至リ候而ハ、唯支業与シテ積雪中深山江獣類巣穴ヲ探リ歩行及候而已、其節蝦夷之弓矢先江毒ヲ付携、并小銃所持ニ而、一月下旬ヨリ山籠いたし候土人、漸々五六名ならて無之、其上三月上旬頃下山仕、強チ山猟ニ而活業仕候者も無之趣、依之海産ヲ以本業いた

し居候而者、アマポウ□〔与カ〕之怪具相用不申段、土人共ヨリ申出ニ付…〔小樽出張所、四月二日回答〕

…余市・忍路両郡ニテ六人有之、尤近来邂逅相用候趣、実功更ニ無之旨、自然廃止ノ姿、旁断然停止相成、不都合無之、土人副総代取締為致候…〔余市出張所、三月十三日回答〕

…当所轄ノ土人共、先年ハ相用候由候得共、近頃ニ至リ曽而相用不申段、届出候ニ付…〔岩内出張所、六月二十日回答〕

…当所轄郡々土人与も、是迄迚も敢テ相用候義承リ不及候得共、尚逸々事実取糺候処、右器械ヲ以獣猟等決テ不致趣、夫々申出候間、詳細御承引相成度…〔古宇出張所、三月二十五日回答〕

出張所の実態把握が十分に行き届いたものであるか否か自体留保が必要だが、全体的には近年の使用停止・使用減少の傾向を述べている。小樽出張所からの回答には、山林内の往来者の増加が仕掛け弓使用の余地を失わせてしまったのではないかと思われる点がある一方で、毒矢とともに銃の使用が見られる点が興味深い。出張所の希望的観測とも思われるが、仕掛け弓の効果への疑念が使用停止の傾向につながっているとあるのも（余市出張所）、あるいはアイヌ民族のなかに銃を受容する動きがあったことを暗示するかも知れない。一八五八年、日高地方のシヤマニ場所でアイヌ民族三名が鉄砲を所持して鳥獣を撃っていたことが判明し、従来通りの使用許可を御用所に出願した記録、一八七二年の長万部村でアイヌ民族四名が和銃一挺ずつを所持していた記録（ただしもっぱら「熊狼相除候用意」のため）など、これに先立つ時期の銃所持を示す記述をいくつか見出すことができる(26)。

いずれにしろ、回答が確認できるのが石狩・後志方面に限られ、アイヌ人口の多い上川・胆振・日高・十勝などの動静を本庁がどう把握していたかが分からないのは気になる点である。

以上のように、一八七五年春の時点で開拓使内部では、①「鳥獣猟規則」の北海道への施行問題（特に猛獣対策との兼合い）、②シカ猟規制の問題、③毒矢猟の禁止、の三つが狩猟政策上の課題となっていた。その後、これら相互の調整を図りながら制度化が検討されていく。

三　「胆振日高両州方面鹿猟仮規則」

案の策定に時間を費やして「北海道鳥獣猟規則」の成立前に猟期を迎えた一八七五年九月三十日、札幌本庁は胆振と日高は主要なシカの生産地であるとして、これらの地域を対象にした「胆振日高両州方面鹿猟仮規則」を制定した[27]（この過程については本書第二章第一節で再説）。シカ猟に免許鑑札制（銃猟に二円五〇銭、矢猟一円二五銭の猟税を課す）と猟期制限（十月から翌年四月まで）を導入したのが、その主な内容である。当面の措置として仮の規則を設けるべきだという考えは、黒田長官以下東京出張所側も共有するものだった[28]。

このなかでアイヌ民族のシカ猟については、第二条と第五条に規定がある。

第二条　矢猟（俗語アマツポト唱ル機械）ノ義ハ、深山幽谷等ニ住居スル旧土人々跡隔絶ノ地ニ於テ相用ル分、前条同様免許鑑札ヲ可受、但機械ヲ設置有之場所ヘハ、遠方ヨリ見分得ヘキ目標ヲ相立置ヘシ

第五条　銃猟矢猟トモ、其年十月ヨリ翌年四月迄ヲ一期トス、依テ免許鑑札ハ五月五日限悉ク返納スヘシ、但旧土人共食料ノ分ハ、其事情ニヨリ一ヶ年ノ鑑札相渡ヘシ

「矢猟」の部分の割註は、ここで問題にしているのが仕掛け弓であることを示しているが、条文は規制対象が

矢猟一般なのか仕掛け弓だけなのか不明確な点を残している。これ以外でも開拓使の公文書中では「アマツポ」を毒矢一般を指す語と理解するか、毒矢の使用を仕掛け弓だけだと理解しているか、もしくはその両方によると思われる混乱がしばしば見られる。

第二条は「危険性」を避けるための条件を付したうえで、仕掛け弓の使用を許容している。しかしこれは、次に引く本庁松本大判官が「仮規則」に添えた上申に見るように、札幌本庁が突然の禁止による生活への影響の大きさを考慮して、授産方法の確立にしたがって徐々に廃止する方針をとっていたものであり、毒矢猟禁止は既定方針となっていた(29)。

> …土人矢猟土人語アマツポー毒矢ヲ用テ猟スルモノノ義ハ、一般可廃止見込ニハ候得共、同地方山谷等ニ居住スル土人等ニ至テハ、多分右業ヲ以生活ノ一助ト致シ居、即今俄然廃止候テハ差向困難可仕、勢不得止情実有之候条、追テ授産ノ方法確然相立ニ随ヒ、漸々廃止可仕筈…

「漸々」というのは程度の問題であり、毒矢猟禁止の既定方針化が本質的には重要だと私は考えるが、その一方で、後に実現した禁止措置に断行の色彩が濃いだけに、「追テ授産ノ方法確然相立ニ随ヒ」という条件付であることにもあえて注意しておきたい。毒矢禁止を前提としつつも急激な実施を避けようとする札幌本庁の態度は、自家消費用食料のためのアイヌ民族のシカ猟については猟期制限を適用しないとする第五条の規定にも表れている。

以上のように、「仮規則」は免許制・猟期制限の導入と、毒矢猟禁止を既定方針化したうえでのアイヌ民族に対する漸進主義的な対応を特徴としていたと言えるだろう。

猟期の途中ではあるが、シカの減少対策を急いだのであろう、札幌本庁は同年十一月八日に「仮規則」を夕張・空知・樺戸・雨竜各郡に(ただし猟期は五月一日から九月三十日まで)、翌年一月十四日に十勝国に適用することとし、適用地域を拡大した[30]。また、根室支庁は一八七六年四月十九日に、第五条の猟期を十月から翌年三月までと四月から九月までの二期とし、それぞれ免許鑑札を取得するよう定めることで禁猟期をなくした以外「仮規則」と同一の「管下鹿猟規則」を布達し、本庁に続いてシカ猟の免許鑑札制を導入した[31]。

しかし東京出張所は、「仮規則」の内容ではシカの保護策として不十分だと評価した。「専ラ獣猟取締之為御設立之事ト相見、札第五百四十七号孕字〔子〕等ノ時ヲ計リ猟法ノ制限ヲ設ケ、予メ後年猟獲衰微ノ弊害ヲ防キ候様、長官殿指令ノ旨趣ト、事実齟齬致候」として、牝ジカの妊娠期などを考慮に入れることと、猟法を制限することを求めたのである(一八七六年三月八日付[32])。猟法の制限とは毒矢猟の禁止にほかならない。

これを受けて札幌本庁は、「鹿猟規則」の文案作成を進め、五月二十日に「北海道鳥獣猟規則」と「鹿猟規則」それぞれの規則案を函館支庁経由で(函館支庁は異議なく合意)東京出張所に送付した[33]。遅くともこの頃までに「北海道鳥獣猟規則」のほかにシカ猟のみを対象とする「鹿猟規則」を制定するという方向性が固まっているのである。

「北海道鳥獣猟規則」案の方は未見であるが、この時点の「鹿猟規則」案と推測できる文書があり[34]、これを「仮規則」と比較すると次の点が目につく。

第一に、「免許鑑札ヲ得ル者ト雖モ、一般毒矢ヲ以テ殺猟スルヲ禁スル事」(第五条)と全面的に毒矢猟を禁止している。「一般」とあるのが、シカ猟以外も含め一般に毒矢猟を禁止する意図を込めたのか、シカ猟を対象に仕掛け弓以外のものを含む毒矢一般の禁止の意味なのかは不明である(この二文字は最終的な制定時には削除)。

第二に、猟期については十一月から翌年二月までとして(第六条)、「仮規則」より短縮する一方で、自家消費用食料のための狩猟に関するアイヌ民族例外規定を維持していた。

送付に際して札幌本庁松本大判官は、規則案策定に当たっては「長官殿御口達并ケプロン氏建言書等夫々照考之レヲ実地ニ検」じたと述べており[35]、黒田の意向とケプロンの考えが制度化の過程で大きな影響力をもっていることは明らかである。松本はまた、各年のシカ猟高と猟業者数を把握・整理したものの、たとえ狩猟者数を制限しても監視が行き届かず「徒法」となること、秋末の懐妊期から仔ジカの成長期までを除外すれば猟期を失することの二点を考慮して、狩猟期の短縮と毒矢の禁止などをあれこれ折衷したと説明している。一連の施策にもかかわらずその後シカの急減を見ることになった事実を考えると(本書第二章第四節参照)、狩猟者数制限を徹底するのが現実には困難だという松本の認識には注目すべきものがある。

東京出張所はしかし、この点も含めさらに注文をつけた(七月二十九日付[36])。①シカの濫殺防止と繁殖を図るためには猟期短縮だけでは不十分であり、鑑札数(狩猟者数)を制限し、各郡ごとに猟獲数に応じて狩猟者数を決めること、②「北海道鳥獣保護規則」に猟期制限がないのは、これによって鑑札を受けた者がシカ猟の禁猟期に狩猟することになるので、猟期を制限するか、シカ猟のある郡では銃猟鑑札を渡さぬようにすること、③毒矢の使用を突然禁止しては猟業によって生計を営むアイヌ民族が「常業」を失って窮迫に陥るのは「顕然ノ勢」なので、禁止前に「期限中猟銃貸渡並授産等ノ方法ヲ立其窮ヲ救候様有之度」と、毒矢猟禁止が与える大きな影響を予想して、その対策として猟銃の貸渡しと授産方法を確立することを指示した。

この後、開拓使は①と③についてはこの年秋、毒矢猟を全面禁止する札幌本庁の布達と「北海道鹿猟規則」を一対の形で制定することにより、制度化を実現する。

四　毒矢猟禁止の本庁布達と「北海道鹿猟規則」

狩猟期が迫った九月になって、札幌本庁は毒矢猟禁止とその代替措置の具体案を作成し、千島行きの途次に札幌に滞在していた黒田長官の裁可を九月二十四日に得た。(37) 本庁の伺の本文部分と布達文は次の通り。

〔朱書〕「天第六十一号」

猟銃御買入之義伺

禽獣保存ノ為メ鹿猟規則創定〔挿入〕「ノ」義、兼テ御達之趣モ有之、夫々取調中ノ処、其大意ハ、出猟ノ期日ヲ減縮シ、或ハ猟者ノ員ヲ限リ、及ヒ毒射ヲ禁スルノ目~~□~~的ニ有之、然ルニ土人ノ習慣、一時常業ヲ失ヒ、必至窮迫ニ陥ルハ、顕然ノ義ニ有之候得共、若禁セサレハ、縦令数年ノ後ヲ待ト雖トモ、決シテ釐正ノ期無之候間、此際断然禁止ノ令ヲ発シ、更ニ猟銃ヲ換用セシメ、或ハ他ノ新業ニ移ルヘキハ之ヲ移シ、指示誘導仕度、依テハ矢猟ノ土人大凡六百名之内ニ充テ、適宜ノ小銃三百挺買入、成規之通改印ヲ鈐シ、且開ノ字ヲ烙記シ、並鑑札ヲ付与シ、望ノ者ヘ貸渡シ、年々取獲ノ鹿皮十分ノ二ヲ収納シ、猟銃代価返償為致度、弾薬之義ハ、札幌・小樽・浦川ニハ売捌所有之候得共、其他購入不便ノ地ハ、各分署ニ於テ適宜払下、猟銃取扱等ハ都テ精密ニ教示致シ、旧習洗除、生活ノ途ヲ為得申度、別記〔挿入〕「布達案并」概算調相副、此段相伺候也

：

〔布達案〕

甲第二十六号　~~各分署~~

当市在
従来土人共、毒弓［矢］ヲ以テ獣類ヲ「射」〔挿入〕殺獲スル風習ニ有之候処、右ハ禽獣［類生息］保存ノ意ニ反シ極メテ残酷濫殺スル者ニシテ将来鹿猟ノ妨害不尠ニ付、断然今［今後堅ク相］禁止候、然ルニ土人ノ旧慣、一時常業ヲ失候［ヒ］姿ニ相成、目下困難ニ陥ル次第ニ付［ノ者可有之］、「他ノ新業ニ移ルヘキハ之ヲ移シ、又ハ矢猟ヲ銃猟ヲ」〔挿入〕右換用スル［セントスル者ヘハ之ヲ］猟銃ヲ貸与シ、年々収獲ノ鹿皮十分ノ二ヲ以テ、漸々猟銃ノ代価ヲ償還可為致候又ハ新業ニ移ルヘキハ之ヲ移シ、将来生計ノ途ヲ失ハシメサル様誘導方厚ク注意可致、尤弾薬購入不便之地ハ、該分署ニ於テ適宜払下取計、且銃砲［器］取扱之義ハ精密教示可致候条此旨布達候事

明治九年九月「廿四日」〔朱書〕　　開拓中判官堀基

ここにも、従来の猟法は「鳌正」「洗除」されるべき「旧習」なのだという視線と、「旧習」の「鳌正」「洗除」のためには禁止の断行こそが有効なのだという考え方が強く見られることを、まず確認しておこう。

二つの代替措置は、先に見た七月二十九日付の東京出張所の指示にそのまま従ったものである。その第一は猟銃の貸与であり、年間に猟獲するシカ皮の一〇分の二の納入によって償還させるものだった。改印・「開」の字の烙印・鑑札の付与とあるのは、銃砲管理の法規である「銃砲取締規則」（一八七二年一月二十九日太政官布告第二十八号）に従って登録手続きをすることを述べたものである。アイヌ民族にとっては自製可能な狩猟具の禁止と同時に、銃器への対応、猟獲物の二割の納入という新しい負担が生じたことになる。この施策がその後どのように実現されたかは次章で検討する。

代替措置の第二は「他ノ新業」への移行である。従来の矢猟従事者を六〇〇名としながら貸与用に準備する小銃を三〇〇挺にとどめた理由としては、すでに所有している銃の使用や銃を用いないシカ猟を意識した可能性も

あるが、銃猟に移行せず狩猟以外の生業に移る者を見込んだことが大きいだろう。後述するように「鹿猟規則」によって導入されたシカ狩猟者数の上限は六〇〇名であり、三〇〇名という数は、予想される和人狩猟者の数をも考慮しつつ設定されたものと思われる。ここで問題なのは、「他ノ新業」への移行が、謳い文句にとどまらない具体的な措置を準備していたものだったかどうかである。その準備がなければ、狩猟免許者の枠から洩れたアイヌ狩猟者は「密猟」するか、自力で他の生計の道を探すかしなければならなくなる。この点については次節で検討する。

「獣類生息ノ妨害不尠ニ付」というこの布達の文面だけを取り上げて、鳥獣保護が毒矢禁止の目的だったと理解してはならないことは、これまでの叙述によって明らかである。毒矢猟禁止に至る背景には、人間への被害防止・「旧習洗除」・シカ猟規制といったいくつかの要素があったのであり、この文面は文案作成がシカ猟規制の制度化作業と一対になってなされたことの反映に過ぎないのである。「獣類」といっても問題になっていたのはシカだけであり、シカの保護だけのためなら「鹿猟規則」中に禁止条項を設ければ十分で、毒矢の全面禁止をする必要はなかったはずである。

十一月十一日、開拓使は「北海道鹿猟規則」を布達・施行した(38)。先の規則案と比べて最も目立つ変化は、年間の狩猟者数を六〇〇名と制限する規定の新設(第四条)である。これによってシカの保護のための規制として、免許制・猟法の制限・狩猟期の制限・狩猟者数の制限が導入され、牝ジカ保護規定の導入は見送られたことになる(39)。アイヌ民族に関しては、「免許鑑札ヲ受ル者ト雖、毒矢ヲ以猟殺ヲ禁ス」(第五条)と毒矢猟の禁止が明文化されたうえ、猟期に関する例外規定は削除された一方で、アイヌ民族のシカ猟について「当分」非課税として(第三条)、例外扱いを辛うじて残した。

東京出張所は「鹿猟規則」を札幌本庁に伝達する際に、「毒矢禁制ニ付テハ、猟銃貸渡不相成土人目下生計ニ困ミ候様ノ義ニ有之候ハヽ、差向臨機ノ御処分相成、後来救助ノ方法等詳細御取調、御伺越相成候様致度」と指示している。[40] 恐らくこれは三〇〇名の銃猟貸渡し枠から洩れて生計困難に陥る者を想定して、臨機の対応を求めたものであろう。猟銃貸与という代替策を講じても毒矢猟の禁止によって生計困難に陥る者がいるという予想が東京出張所にはあったのである。

このようにシカ猟規制と毒矢猟禁止が制度化され、残るのは「北海道鳥獣猟規則」の行方である。その後札幌本庁は、シカの猟期以外の時期すなわち三月一日から十月三十一日を猟期とすることで、「鹿猟規則」との折合いをつけようとしたが、[41] 最終的には北海道独自の規則制定を見送り、「鳥獣猟規則」(一八七七年一月二十三日改正)に道内で使用可能な銃を和銃玉目一〇匁以下、道内のシカ猟に関しては「鹿猟規則」を適用する趣旨の例外規定を設けることで決着した。[42] これは、道内の猛獣対策については「鳥獣猟規則」第二条の「有害ノ鳥獣ヲ威シ或ハ殺スコトハ地方官ノ便宜ニヨリ臨時ノ免許ヲ与フヘシ」という規定によって対応可能だと判断したためであろう。

これによって道内の狩猟規制は、シカを除く鳥獣の銃猟を対象とする「鳥獣猟規則」、シカ猟全般を対象とする「北海道鹿猟規則」、有害鳥獣対策(本書第三章参照)の三つの柱からなることが固まったのである。「鳥獣猟規則」にはアイヌ民族を例外扱いする規定は存在せず、その道内への適用はアイヌ民族が猟銃を受容すると同時に猟期・課税などに関して「和人並み」の規制下に入ることを意味した。アイヌ民族はシカ猟に関しても管理下に置かれたうえ、人数制限の枠内に収められた。毒矢猟の禁止と銃猟への転換に対してアイヌ民族がどう対応したか、節を改めて見ていく。

第二節　毒矢猟禁止に対するアイヌ民族の対応

開拓使札幌本庁は、毒矢猟禁止を定めた一八七六年九月二十四日の布達を各分署を通して各郡のアイヌ民族に伝達した。地域ごとにアイヌ民族の対応を見てみよう。

一　沙流郡・新冠郡・静内郡

十月十八日、静内分署は本庁民事局に対し次のような文書を送った。(43)

〔朱書〕「十ノ二十壱号」

静内分署（印）

民事局

今般甲第二十六号ヲ以、土人旧来之アマツホ猟御禁止相成候ニ付、夫々厳達及候処、一同難渋申立、三郡頭立候者、何レモ当地へ相越、種々申立候故、百方説諭ヲ加ヘ候得共、何分承服不致、尤右申出之次第ハ、此迄矢猟ヲ以衣食共供来候ヲ、一時ニ被廃候而ハ、差向可移新業モ無之、且ハ銃器取扱方熟達候者ハ、未夕百中之二三モ無之、猶今修練致候共、目下飢寒ヲ不免段、其情詞〔功カ〕至切ニ出、到底承服可致様無之、不得已沙流郡土人之内ヘンリウク外両三名出札之上、情願之次第、直ニ本庁ニ於テ陳述為致候間、篤ト御取糺ノ上、何分之御指揮有之候様、御取計有之度、尤右取締之為、同郡土人取締布施忠治出札為致候条、尚委細之儀ハ同

人より御聞取相成度、此段及御依頼候也
明治九年十月十八日

毒矢猟禁止を「厳達」したのに対しアイヌ民族一同が納得せず、三郡の主立ったものが静内分署にやって来て種々訴え、分署も「百方説諭」をしたが承服せず、「土人取締」布施忠治を同道のうえ代表として沙流郡アイヌ「ヘンリウク外両三名」が札幌へ出向いて本庁に直接訴えることを認めたというのである。「ヘンリウク」は平取の有力者で後にジョン・バチェラーの寄宿を受け入れ、言語や生活文化などを広く教えたことでも知られるペンリウクであろう。(44) 布施は出札後はアイヌ民族の意向を本庁に仲介する役割も果したようだが、分署が布施を同道させた背景には、出札するアイヌ民族の行動を監視下に置く目的があったと思われる。

この文書に関して二点を指摘しておきたい。

第一に、高倉新一郎『アイヌ政策史』は毒矢猟禁止に対する日高地方のアイヌ民族の行動のうち沙流アイヌだけに注目していたが、当初禁止に納得せずに分署に詰めかけたのは「三郡」、すなわち沙流郡のほか新冠・静内両郡のアイヌ民族もいたという点である。

第二に、彼らの訴えの内容が、毒矢猟が衣・食の確保のためにもつ意味の大きさを強調するとともに、本庁側が示していた二つの代替措置への批判を含んでいることである。すなわち矢猟に代わって従事すべき「新業」はなく、多くの銃器の取扱い未習熟者が新たに修練しようにも冬を目前にその余裕がない、というのである。

本庁勧業課の記録によれば、(45) 出札した一行は「沙流郡土人伍長トレアン外五名」と付添いの「土人取締」布施忠治で、「願書」を差し出したので十月二十七日に勧業課が一同を呼び出したところ、「申口」が「願書」と齟齬する点があったため、翌二十八日に再び呼び出して尋ねた結果、願意が「願書」の文面通りであることを確認した。しかし、本庁はそのうえで「分署之説諭ヲ用ヘス、直ニ本庁ヘ歎願等致候様ニテハ、此末分署ニ於テ郡民取扱上不都合ニモ可有之哉ニ候間」として、願書は分署経由で提出するよう言い渡して受け取らず、帰郡するよう命じた。

文面から直接うかがえるのは、設置後間もない地方末端の統治機構の権威の低下や機能の空洞化を招くことへの危惧の念である。しかし、本庁の意図の在りかはどうあれ、少なくとも結果としては、地方出先を介在させることで、当事者の訴えを直接受け止める立場に本庁が立つことを避けたことになろう（その意図があったことも大いにあり得る）。直訴を試みたアイヌ民族の側から見れば、政策決定者にごく近い立場の者に直接説明を求め、あるいは政策変更を迫る道を、訴えの内容とは関係のない理由を盾に閉ざされたのである。門前払いである。

この決定を下す際に勧業課が、「布施忠治届書中、沙流郡土人男女老幼トナク其後ハ生業ヲ相休ミ罷在候云々相見候間、巡査ノ内一両名同地方ヘ出張被命、山中土人之景況、篤与探索為致候様仕度」と、状況調査のために巡査を派遣することを提起しているのは注目に値する。沙流郡アイヌが揃って生業を休んでいるという文言が指すのは、どういう事態なのだろうか。残念ながら「布施忠治届書」に該当する文書は未見であるが、自家の労働に手がつかないというだけで巡査に探索させるとは考えにくく、「当包括三郡之如キハ、従来一歳中僅ニ壮年之者漁場持等ヘ被相雇候外、稼業モ無之、総而矢猟を以衣食ニ供来候」という分署の説明を考え合せると[46]、あるいは地域内の雇用労働の集団的な放棄といった事態が生じていたのではないだろうか。

さて、十一月に入り沙流郡アイヌの代表が連名で、分署経由で本庁堀中判官に宛てた「乍恐再三奉歎願書」を提出した[47]。「未夕猟銃之業ヲ得タル者十カ一二」であり、不慣れな銃猟では「男女幼穉之者」を養育しかねるのに加え、九月の大雨で「開墾之田畑」を流失したこと、「近来海山共不猟増」であることを挙げて困窮の状を訴え、六ヶ月間の毒矢猟禁止猶予を求めたものである。猟銃はアイヌ民族の狩猟者の一～二割には受容されているが、八〜九割は毒矢猟を始めとする従来の猟法に大きく依存しているのであろう。注意したいのは、これ以前の歎願では三年間の猶予を求めていたのが却下された後、一同協議して銃猟では当面の食料にも事欠くことになるという切実な思いのすえに六ヶ月間という猶予期間を出したとしている点である。六ヶ月は最大限譲歩した、ぎりぎりの数字なのである。その前の三年間の猶予期間にしても、「不本意ながら禁止されるにしても」という思いが含まれた数字と考えるべきで、単純に禁止自体を納得して受け容れたと見てはならない。

静内分署は歎願通り六ヶ月の猶予を認めるよう意見を添えたなかで、「一時ニ被禁候而ハ、他ノ難渋而已ナラス、終ニ犯罪者ノミ多分出来候而ハ、却而御旨意モ徹底不仕儀ニ付、此迄百方説諭之末、尚亦六ヶ月間願出候上ハ、一応御聞届相成、右期限後断然厳法ヲ以被禁候ハヽ、最早申立之詞モ無之、自然旧習相改候様被存」と述べている。[48] 即時禁止は生活難をもたらすうえ、多くの犯罪者(やむなく毒矢猟をする者を指すのだろう)を生じさせて禁止の趣旨が徹底しない結果になるとしているのは、分署がアイヌ側の主張を受け容れたものである。その一方で、この歎願を容れたならばこれ以上訴える言葉をなくさせるという意見は、「上から」の「説諭」要求と「下から」の延期要求に挟まれた立場で発せられた言葉とは言え、アイヌ民族の反発が猶予期間の妥協という形をとった(とらざるを得なかった)ことによって突き当たった壁を示してもいる。

二　千歳郡・勇払郡

千歳・勇払両郡のアイヌ民族も分署に呼び出され、禁止を申し渡されたが、これに納得せず、伍長らが連名でそれぞれ歎願書を提出し、勇払分署経由で本庁に提出した。[49] いずれも同じ筆跡で文面がほぼ等しく、「仮総代植田総吉」の奥書・奥印がある。「是迄矢猟ニテ多分食料ヲ得生活致来候得者、急速銃猟《マヽ》用ひ方手馴兼候もの半ニ過キ必至与難渋之仕合」(千歳郡)という部分はほぼ同文だが、勇払郡の方は沙流郡と同じく九月に発生した洪水による耕作物の流失を特に挙げて生活難の恐れを主張し、両郡揃って「本年限リ」の猶予を求めている。

ここでも分署が銃器の払下げやその取扱い方法の教示を実施する旨を伝えて「懇篤説諭」したといい(50)、「本年限リ」はそうした「説諭」によってもなお譲れない数字だったと見るべきである。

以上の三郡の歎願書が「鹿猟規則」が定めるシカ猟期である十一月の直前ないしそれに食い込んだ時期のものであることは重要である。時期の切迫は、早期に決着させなければ目前の猟期を逸するという思いにアイヌ民族を追い込み、歎願の実現可能性を少しでも高めるために要求条件を最低限の線にまで引き下げることを迫ったであろう。

シカ猟期の開始から一ヶ月が過ぎた十二月五日、札幌本庁は三郡からの猶予歎願を却下する決定を下した(51)。その理由は、

…一応尤之様ニハ相聞候へ共、本年九月中毒射禁止之御達者、特別之御詮議モ有之、必竟土人後来之営業上ニ於テ、不少鴻益ニモ有之候間、願意御聞届不相成方ト存候、尤地方官ニ於テ猶反復説諭ヲ加へ候様御指令相成、尤今般札第六百四号東京より御照会ノ趣モ有之候間、実以テ銃器取扱不相成土人目下生計ニ困〔ママ〕ミ候様〔ママ〕輩有之候ハヽ、取調伺出候様、且本年九月中鵡川・沙流太河畔洪水ノ為、畑物ヲ流失シ、難渋之旨ハ、非常之天災ニ有之候条、地方官ニ於テ罹災之者取調御救助ヲ別段願出候而可然義ト被存候間、御指令案副、此段相伺候也

というものである。歎願書が大いに不安視していた不慣れな猟銃への適応と「新業」への移行について基本的には再検討はせず、むしろ「必竟土人後来之営業上ニ於テ、不少鴻益ニモ有之」と再度評価して、禁止を強行したのである。猟銃の取扱いに不慣れで生計に苦しむ者や水害による被害者に対する「救助」の道を残している点は、「鹿猟規則」制定の際の東京出張所の指示に依拠しつつ[52]、歎願に対処したものである。一切の例外を認めぬ毒矢猟禁止の断行という点は徹底し、それによって言わば落ちこぼれる人々へは別個に対応する決定である。この決定を最終的に評価するには、生活困難者と罹災者への個別の対応の実施状況の検討が今後不可欠である。しかし、仮にそれらが実施されていたとしても、自力で生計を営み得ていた者から自活のための手段を奪ったのであり、当事者の反発を押し切って生業の転換を権力が一方的に断行したという基本的な性格は動かない。

断行の最大の理由には、即時禁止が黒田長官の決裁を受けた既定方針となっていたことがあるだろうが、それに加え、時に垣間見えていた「断行こそ旧習洗除の最良の手段」という考え方が方針の再考を妨げた面があったかも知れない。また、一八七六年の夏を境に、札幌本庁の最高責任者が、樺太アイヌの対雁への強制移住に反対した松本十郎から、その実施に密接に関わった堀基に交代していることが、ここでの札幌本庁の態度決定に微妙な変化をもたらしたことは十分考えられる[53]。

なお、確認できる範囲では、勇払郡のアイヌ民族からこの後再び歎願書が提出されている[54]。分署が却下決定を「懇々説諭」したところ「健身之者ハ無余義承伏」したが、「郡村之内不具ニシテ、銃砲難用、猶九月ノ水難ニ罹リ、実ニ矢猟御禁止ニテハ、妻子而已ならす更ニ自身ヲ養之目途も無之者」が二〇人おり、彼らから数度の依頼を受けて当年限りの「矢猟」を認めるよう再度の歎願をしたものである。本庁は例外を認めることは「不都合」であるとして却下し、「不具」・水害罹災者は別に「賑恤規則」によって出願するよう分署に伝えた。

三　三石郡・浦河郡・様似郡

浦河分署は十一月二十九日付で管内のアイヌ一同の請書を本庁に提出した。三石・浦河・様似三郡のものはほぼ様式が同じで文面はごく簡単である。三石郡からのものを引こう。(55)

御請書

甲第廿六号ヲ以被　仰出候、従来土人共毒矢ヲ以獣類ヲ射殺スル風習ニ有之候処、右ハ獣類生息ニ妨害不尠ニ付、今後堅ク御禁止之趣、奉拝承候、就テハ御当郡之儀ハ、銘々銃猟不得手ニ付、手飼之猟狗ヲ以獣猟仕、又杣方其外稼業等可仕儀、土人一同熟談仕候間、此段連印、以書付御請仕候也

三石郡役土人
与良久勢(拇印)
遠昆之能(印)
三石郡総代土人取締兼
大嶌邦太郎(印)

明治九年十月

開拓中判官堀基殿

文面は型通りのものであるが、先の歎願書も含め、実際に筆を執るのは総代人や「土人取締」を務める者ないしは分署に在勤する官吏であり、文書上に残るアイヌ側の意思は彼らによる意識的あるいは無意識的の加工を経

たものだという点は常に意識する必要がある。特に、先に見た各郡の事例は分署による強い「説諭」の存在を示していたから、ここに形を残しているのがアイヌ側が発した生の声ではなく「説諭」の結果に過ぎない可能性は高い。実際、様似郡の請書には「毒矢獣猟之儀今後御停止之趣再三御説諭之儀拝承」とあり、ここでもアイヌ側がすぐには納得せず、分署側が繰り返し「説諭」したことは明らかである。

定式化されたこの請書からも読み取れることがある。

まず、今後は銃猟に習熟するよう努力すると決意を表明するのではなく、従来も行っていた猟犬を利用した狩猟に言及しているのは、アイヌ側が銃猟への転換が困難であることを主張したか、分署側がその困難さを認識したか、といった事情を暗示していることである。

もう一つは、毒矢猟に代わる生業として「又杣方其外稼業等」とあるくだりは、本庁布達が謳っていた「新業」への誘導が、開拓使の側が具体的な道筋を示すのではなく、実質的には分署や総代もしくはアイヌ民族自身の努力にそっくり任せてしまうものだったことを如実に物語っているということである。

四 十勝

浦河分署経由で十勝国から提出された請書は、毒矢猟禁止後の生計について、犬によるシカ猟に加えて、この地域では漁場持廃止後に和人商人とアイヌ民族による漁業組合の経営があったという事情を反映して「漁場組合一同一層□〔励カ〕勉、老少保護生計可相営」とあるのが他と目立って異なる。(56) 請書提出に至るまで、十勝でもアイヌ民族は強い抵抗を示した。一八七六年十一月に浦河分署在勤の対馬嘉三郎が広尾郡に出張して毒矢猟を廃するよう「説諭」したのに対し、それではシカ猟ができず、したがって生計の目途が立たないとして六年間は許容するよう求め、「一昼夜ニ及種々歎願」したという行動があったのである。

これ以外の地域のアイヌ民族の対応に関する史料は見出せていないが、以上の地域に関する限り、アイヌ民族は毒矢猟の禁止を重要な狩猟方法の否定と受け止めて、反発とそれによる生活破壊への危惧の念を強めたと言える。「説諭」する分署との対立が各所で生じ、地域によっては分署の壁を突破して直接の札幌行きを含む本庁への歎願行動の形で集団的な意思を表明し、禁止断行に変更を迫ったのである。これに対して開拓使は基本方針を変更せず、禁止を強行した。それによってアイヌ民族の危惧・反発が雲散霧消するはずはなく、それらがどこに赴いたのかは今後の重要な課題となる。

第三節　毒矢猟の一部容認と全道的な禁止へ

一八七六年九月二十四日の札幌本庁布達と同年十一月の「北海道鹿猟規則」によっても、全道すべてで毒矢猟が禁止されたわけではなかった。補論めくが、最後にその問題を整理しておく。

一八八一年十一月五日、開拓使函館支庁地理係は同支庁警察署に宛てて、島牧方面で仕掛け弓が多く設置され山林巡視などの支障になっているとして、仕掛け弓設置禁止の成規告達の有無を照会し、そのような告達はないとの回答を得た(57)。そこで、改めて札幌本庁に照会したところ「ドクヤトウヲモツテトリケモノヲトルコトイツハンニハキンシセス」(毒矢等を以て鳥獣を獲ること一般には禁止せず)との回答を得た(58)。つまり、先の本庁布達は本庁管内だけに施行されるもので、函館支庁管内においてはシカ猟を別にすると毒矢猟を禁止する法令は存在し

なかったのである。(59)

函館支庁は「アマッポ」使用を一般に禁止するよう長官に稟議することを本庁に提起し(十一月十六日)、本庁側の同意(同十七日)を受けて、(60) 早速長官宛の伺案を作成する。以下に引く伺案の起案理由は、禁止の理由として事故による山野通行者の被害と、「毒薬」によって獲られた鳥獣を食することによる人命への危害を挙げている。(61) 後者は恐らく、アイヌ民族によるのではない、「有害」な鳥獣駆除のための毒餌の使用を念頭に置いたものであろう。実際に前月中に島牧・亀田両郡において仕掛け弓による死者が出ていると述べている点は、一連の函館支庁の動きがそれらの被害の報告を受けたものであることを示唆する。この文中にあるのはもっぱら「危険性」の問題であり、シカの保護や「旧習洗除」といった問題は顔を出していない。

〔朱書〕「　　　　十四年十一月十八日　　　　警察係
　　　　　　　　　　　　　　　　　　　　　地理係　調~~(印)~~
上局　　　　　　　　　　　　　　　　　　　考査係(印)
　　長官殿エ伺案　　　　　　　　　　　　　公文係(印)」

~~当道ニ於テ従来毒薬ヲ用ヒ又ハ~~「アマツポ」〔挿入〕「ト唱フル器具ヲ」~~ヲ~~山野ニ設ケ、鳥獣ヲ殺獲~~シ候者往々~~ス慣習有之候処、山野通行ノ者、誤テ右「アマツポ」ニ触レ~~候時~~或ハ毒薬ヲ喰ミ斃レ候鳥獣ノ肉ヲ食スル時ハ、直チニ人命ヲ~~損トシ最モ~~害ヒ頗ル危嶮之モノ~~ナリ~~ニ有之、当管内島牧・亀田ノ両郡ニ於テモ、客月中右「アマツポ」ニ中リ斃死致候者有之、〔挿入〕「今ニシテ御禁止不相成トキハ往々人命ヲ損スル儀ト存」候間、已後右毒薬及ヒ「アマツポ」両様トモ、当道一般〔挿入〕「御」禁止~~致~~相成度、本庁江モ及照会候処、別ニ異存無之趣申来候、依テ御布達案相添、此段相伺候也…

しかし、この伺案の提出は函館支庁内部の検討段階で見送りになったようであり、代わって函館支庁は管内のみを対象とした次のような布達を発した。(62)

従来田畑山野等ニ於テ、「アマツホ」ト唱ル器具ヲ取設、獣類ヲ捕獲スル者有之候処、右ハ危嶮不少ニ付、自今猥ニ相設候儀不相成、尤猛獣等ノ人害ヲ為スニヨリ、不得已「アマツホ」ヲ取設候節ハ、其場ニ於テ人目ニ触易キ目印ヲ立、又ハ縄張等ヲ為シ、人々心附キ不近寄様致置ヘシ

札幌本庁に経過を報告した文書に「稟議致居候テハ、急速相運間敷存候ニ付、不取敢当庁限別紙之通布達致置候」とあるのを見ると、(63)全道一般の規制提案を見送ったのは、支庁の権限の範囲内で当面必要な対処ができると判断して、制定までに時間を要することを避けたためだった。いずれにしても影響が及ばないからだろう、札幌本庁がこれに異議を唱えた形跡はない。

ここで三つのことを問題にしておきたい。

まず、一連の文書で函館支庁が問題にしているのが仕掛け弓だけであり、布達の文面を見る限りでは仕掛け弓以外の毒矢の使用は禁止されていないと解釈できる。これはもっぱら仕掛け弓の「危険性」を問題にしていたためであり、函館支庁が毒矢使用を意識的に許容したわけではないだろう。

二つ目には、この布達では、猛獣の人害対策に限っては「危険性」を排除する措置を義務づけたうえで、仕掛け弓の使用を明確に許容していることである。先に見たように、開拓使の狩猟政策においては猛獣対策が重要課

題の一つの位置を占めており、場合によってはそれを仕掛け弓禁止という政策課題よりも重視することがあり得たのである。

一八八二年九月には札幌県(管轄範囲は開拓使札幌本庁と同じ)管内の余市郡で、猛獣対策としての仕掛け弓使用が、毒矢猟全面禁止の例外として認められた事例がある。戸長の上申に基づいてその経過を紹介すれば、仁木村において数頭のクマが夜ごと出没・横行し、耕地の作物を大いに荒らすうえに、居小屋の戸口にもやって来て、村民が「恐怖戦慄」する有様だった[64]。鳴り物によっても効果はなく、郡内のアイヌ民族に頼って殺獲手続きの出願をしていたが、頭数があまりに多くて着手することが容易ではなく、「尋常弓砲」では効果が期待できないから仕掛け弓によるしかないというアイヌ民族らの判断を受けて、戸長が郡長経由で特例としての仕掛け弓使用許可を願い出たのである。

札幌県は「該地ハ新移ノ村落ニ係リ、僅ニ就業経営ノ場合、斯ク暴害〔ママ〕ヲ受ケ候テハ遂ニ民情ノ如何ニ関シ不容易」として、他の人畜の殺傷を防止する措置を十分とることを条件に二〇日間に限って仕掛け弓設置を認めた。戸長の報告によれば、二〇日間で仕掛け弓により仕留めたクマは一頭、他に九頭に傷を負わせたが、毒が「不出来ニシテ激力ノ乏キ」ためらしく死に至らず、別に銃砲により五頭(十一月にさらに一頭)を殺した[65]。

結果的に毒矢による成果が挙がっていない点など、この事例に関しては興味深い点が多いが、ここでは、開拓に対する阻害要因の除去という目的のためなら、官庁が仕掛け弓の使用を容認する場合があり得たことを確認するとともに、アイヌ民族の狩猟者が銃を狩猟具として受け入れる一方で、仕掛け弓を使いこなすことができ、しかも有効な技術と考えていることを指摘しておきたい[66]。

三つ目に、開拓使の中央集権的性格の弱さから来ていると思われる、毒矢禁止に関する本庁・支庁ごとの制度上のばらつきが、いつ解消されたかの問題がある。根室支庁に関しては「鹿猟規則」制定によってシカ猟に関する毒矢使用が禁止されたのは間違いないが[67]、函館支庁のように毒矢禁止の布達を独自に出した形跡はなく、毒矢ないし仕掛け弓を全面的に禁止する法規は未制定のままだったと思われる。三県一局期・北海道庁初期に関係する法規類は確認できず、確かに言えるのは、「鳥獣猟規則」に代わって一八九二年十月に制定された「狩猟規則」第二条の「暴発物、据銃若クハ危険ナル罠及陥穽ヲ以テ狩猟ヲ為スコトヲ得ス」という規定によって、少なくとも仕掛け弓が違法となり、さらに一八九五年三月の法律第二十号「狩猟法」はこの規定を引き継ぎ、一九〇一年四月の改正によって「劇薬、毒薬」が禁止対象に追加されたことで、狩猟目的のトリカブト毒の利用が完全に違法とされたことである[68]。

おわりに

一八七三年制定の「鳥獣猟規則」施行をめぐる議論から始まった開拓使による狩猟制度の制定作業は、一八七七年十二月時点で一応の枠組みが確定された。シカを除く鳥獣の銃猟を対象にした「鳥獣猟規則」は免許制(課税)と猟期制限を定め、シカ猟全般を対象にした「北海道鹿猟規則」は、免許制(課税)と猟期制限に加え狩猟者数の制限を定めたのである。

毒矢を用いた狩猟は、シカ猟については一八七六年十一月の「鹿猟規則」によって全道的に、札幌本庁管内については同年九月の布達によって対象鳥獣を問わず全面禁止された。「鹿猟規則」制定までの過程で大きな影響力をもったケプロンの答申が毒矢猟禁止に言及していたため、この両者は一対の形で制定に至ったが、その一方で開拓進展による山林内の新たな往来者の安全確保という面からの禁止要求が、現地からの声を吸い上げる形で開拓使内部にあり、さらに毒矢を「排除」すべき「汚習」・「旧習」とする見方が根深く存在して政策決定に影響を与えていた。毒矢猟の問題は一つの狩猟方法の問題にとどまらず、アイヌ民族の民族的特徴の否定、「文明化」政策の一環という性格を併せもっていたという点は、特に強調しておきたい。

「はじめに」で触れた、毒矢猟禁止をアイヌ民族の抵抗のための武器の禁止と見る海保嶺夫氏の仮説に対して、私の判断は否定の方に傾く。禁止に至る過程を追う限りでは、禁止に対するアイヌ民族の抵抗感への開拓使の予想・警戒感はうかがえるにしても、反開拓使感情への警戒そのものが禁止の理由だったとは考えにくい(69)。

狩猟規制の急激な新設・強化がアイヌ民族の生活難を生じさせるという意見は、制度の制定過程で開拓使内部にもあり、一八七五年の「日高胆振両州方面鹿猟仮規則」には猟期・猟法に関する例外規定が盛り込まれたが、その一方で同一国民の枠内での「平等」の論理や、断行によってこそ「旧習洗除」を実現できるという主張を楯に、例外規定に否定的な意見が強く存在し、本章の対象範囲においてはむしろそうした意見の方が押し勝つ傾向があった。結果的に「鳥獣猟規則」にはアイヌ民族を例外扱いとする規定は盛り込まれなかったから、シカ以外の鳥獣に関しては猟銃の使用と同時に「和人並み」の規制下に入らなければならず、「鹿猟規則」には辛うじて「当面」という条件付きでアイヌ民族非課税の規定があるだけだった。数年のうちにアイヌ民族の狩猟活動に加わった規制は非常に大きかったと言うべきである。開拓使によるシカ猟規制が、動物資源保護のための近代的な制度の導入という意味で先進的であったことは確かだが、その評価に際しては、俵浩三氏が指摘するその不徹底と不成功という問題のほかに、アイヌ民族への影響という点を考慮する必要がある。

毒矢猟禁止の代替措置として開拓使が示した二点のうち、有償での猟銃の貸与と使用方法の教授については、アイヌ民族が猟銃を「積極的に」受容した面はなかったのかという問題とともに、次章のなかで考えたい。もう一つの「新業」への移行については、「鹿猟規則」施行の時点で開拓使札幌本庁に何か具体的措置の準備があったわけではなく、謳い文句に終わるかせいぜい地方任せにするだけのものだったという結論を得た。

毒矢猟の禁止と猟銃への転換を断行しようとする開拓使の強い方針に対しては、生計に対するアイヌ民族の大きな不安感と強い反発が広い範囲に見られた。そうした不安感・反発は、目前の猟期を失する懸念の高まりに襲われつつ、開拓使地方出先の「説諭」に対抗し、強硬な態度をとる開拓使本庁が容認する可能性を探るなかで、具体的な行動となっていった。沙流・千歳・勇払三郡および十勝のアイヌ民族それぞれによる禁止実施の延期を求める歎願書の提出は、そのような制約に抗しつつ、最低限の要求を貫こうとした闘いだった。開拓使の一方的な決定に対して、集団で異議申立てをするアイヌ民族の行動があったことは記憶されるべきである。最終的には歎願は却下されたのであるが、こうした闘いの経験がその後のアイヌ民族に何を残したかは今後考えていくべき課題であろう。

ところで、歎願活動が見られた地域とそれ以外の地域との差は何によって生じたのだろう。[70] そうした問いに答えるためには、地域差を視野に入れて、生業のあり方や地域における社会組織のあり方について理解を深めていかなければならない。狩猟の問題一つをとっても、猟獲品の利用のあり方や勧業政策との関わりなど、他の視角からの検討が可能であり、また不可欠である。

(1) 俵浩三『北海道の自然保護――その歴史と思想(増補版)』北海道大学図書刊行会、一九九〇年。
(2) 高倉新一郎『新版アイヌ政策史』三一書房、一九七二年、四四九―四五〇頁。
(3) 海保嶺夫『幕藩制国家と北海道』三一書房、一九七八年、二四六頁。
(4) 百瀬響「開拓使期における狩猟行政――「北海道鹿猟規則」制定過程と狩猟制限の論理」井上紘一編『社会人類学からみた北方ユーラシア世界』北海道大学スラブ研究センター、二〇〇三年、一〇一―一二一頁。
(5) 北の生活文庫企画編集会議『北の生活文庫3　北海道の民具と職人』北海道、一九九六年、一四七―一五二頁。アイヌ民族による毒の使用として他にアカエイの刺針を用いた例も知られる(アイヌ文化保存対策協議会編『アイヌ民族誌　上』第一法規、一九六九年、三二二―三二三頁)。

(6) 例えば、萩原実編『北海道晩成社　十勝開発史』名著出版、一九七四年所収の「開墾雑記」中に、一八八五年一月に「土人狐兎を獲んが為に林中に毒矢を設く。社員の犬之に中りて死す」(一八八頁)とある。キツネに対する使用の例は他の史料にも見えるが、ウサギに対して使用されたかは疑問である。

(7) 「鳥獣猟規則」以降の国の狩猟法規については『狩猟法規沿革』農商務省農務局、一九二四年を参照した。また、関連する制度と政策に関する文献として林野庁編『鳥獣行政のあゆみ』林野弘済会、一九六九年がある。

(8) 一八七三年二月五日付、東京判官より松本大判官宛、同日付、東京判官より杉浦中判官宛(引用は後者より)、「鳥獣猟規則施行并ニ鹿猟規則ノ件」『開拓使公文録　勧業　明治九年』開拓使札幌本庁(簿書六一五五、一二件目)、「鳥獣猟規則、取捨施行ノ件」『開拓使公文録　本庁往復之部　明治七年一月之分』開拓使東京出張所(簿書五七八一、一件目)。以下この二冊の『開拓使公文録』に重複する史料については一方のみ出典を記す。なお、以下、史料名の後に括弧書きで「簿書」として示すのは、北海道立文書館所蔵簿書の簿書番号と件番号である。

(9) 鈴江英一『開拓使文書を読む』雄山閣、一九八九年、一三三―一三六頁。

(10) 一八七三年二月二十二日付、函館中判官杉浦誠より東京詰上局宛、一八七四年七月九日付七ノ三十四号、松本大判官・時任為基より西村少判官・調所幹事・安田幹事宛、同年八月十七日付八ノ八十三号、松本大判官・時任為基より西村少判官・調所幹事宛、いずれも前掲『開拓使公文録　本庁往復之部　明治七年　一月之分』(簿書五七八一、一件目)。

(11) 一八七四年八月二十八日付札函一一〇号、西村少判官より松本大判官・杉浦中判官・時任為基宛、前掲『開拓使公文録　勧業　明治九年』(簿書六一五五、一二件目)。

(12) 一八七五年一月十四日付一ノ四十七号、松本大判官より西村少判官・調所幹事・安田幹事・小牧昌業宛、同日付一ノ二十一号、松本大判官より柳田友卿宛、前掲『開拓使公文録　勧業　明治九年』(簿書六一五五、一二件目)。札幌本庁側は函館は開港場のため別扱いすべきとの考えを述べたが、函館支庁側は区別の必要はないとした(一月二十八日付回答)。

(13) これとは別に、第九条で使用可能な銃を和洋銃とも一〇匁以下とし第三条と内容的に重複していた点について、整理をし第九条を削除するよう東京出張所が意見を記した付箋を貼っている。

(14) 前掲一八七三年二月二十二日付、函館中判官杉浦誠より東京詰上局宛。

(15) 一八七五年五月十五日付札函第一〇〇号、在京判官・幹事より松本大判官・杉浦従五位・時任為基・金井信之宛、前掲

『開拓使公文録　勧業　明治九年』(簿書六一五五、一二件目)。
(16)　註(11)と同じ。
(17)　英語原文は *Reports and Official Letters to the Kaitakushi*, Kaitakushi, 1875, pp. 569-573. 日本語訳は『新撰北海道史』第六巻史料二、北海道庁、一九三六年、四五六—四五七頁所収のものによった。
(18)　開拓使によるシカの利用については、前掲俵『北海道の自然保護(増補版)』八八—九六頁を参照。
(19)　この英文の解釈については、手塚薫氏とR. Siddle氏のご教示を得た。
(20)　前掲『アイヌ民族誌　上』三五七頁。
(21)　これに限らずケプロンが様々な意見を提出する際に素材となった情報について、その質や量、入手経路などを検討する必要があろう。三度の北海道行きの際の直接の見聞の範囲で、アイヌ民族の狩猟の実情を十分に把握できたかどうかは疑問である。ケプロンの北海道滞在中の日記は、西島照男訳『ケプロン日誌　蝦夷と江戸』北海道新聞社、一九八五年を参照。
(22)　開拓使による民族的習慣の禁止令としては、死亡者の居家自焼禁止や女子の入れ墨・男子の耳環禁止、日本語習得の奨励などを内容とする一八七一年十月の開拓使布達のほか、耳環・入れ墨を中心に従来の風習の「洗除」を内容とする一八七六年九月三十日付の開拓使達がある(『開拓使事業報告附録布令類聚』(以下『布令類聚』)上編、大蔵省、一八八五年〈復刻版〉北海道出版企画センター、一九八四年)四四八—四四九頁)。後者が後述する毒矢猟禁止の本庁布達(本書三六—三七頁参照)とほぼ同時期に発せられているのは果して偶然だろうか。
(23)　一八七五年二月九日付第二十四号、民事局より各出張所宛、「従来アイヌ人使用ノ猟器アマッポ停止方ノ件」『開拓使公文録　勧業・雑　明治八年』開拓使札幌本庁(簿書六〇九八、四件目)。
(24)　アイヌ民族が仕掛け弓を設置する際には、人間が誤って掛かることがないように目印を設ける習慣があったとされる(前掲『北の生活文庫3　北海道の民具と職人』一四九頁)。ただし、こうした習慣が本章の対象時期、およびそれ以前からあったのかは確認できていない。
(25)　各出張所の回答は前掲『開拓使公文録　勧業・雑　明治八年』(簿書六〇九八、四件目)。他に関係史料が「土人共ノアマツポー停止可致方法取調方ノ件」『西地戻回達留　明治八年』札幌本庁庶務局(簿書一二一六、二二件目)、「土人達使用ノ鳥獣捕獲用アマツポー禁止方ニ付上申ノ件」『民事局往復留　第壱号　明治八年第一月ヨリ六月』開拓使札幌本庁静内出張所(簿書一二七九、一五件目)にあり、これらによれば石狩・静内・沙流出張所にも照会文書が伝達されたことは確認できるが回答文は未見であり、勇払出張所についても伝達されたと思われるが未確認である。

(26)　「鳥獣猟ニ関スル製《ママ》度并郡村申合慣行取調ノ件」『札幌県治類典　鳥獣猟　第一　自明治十六年十二月至同十七年五月』札幌県勧業課(簿書八七四六、四〇件目)、「鉄炮村民所持調調落ノ件」『長万部往復留　従明治五年至同六年』開拓使札幌本庁民事課(簿書〇七六〇、一一件目)。前者は、一八八三年十二月に農商務省が全国各府県に対し「旧藩ニ於テ鳥獣猟ニ関セシ制度並藩内郡村ノ申合慣行等」を照会したのを受け、札幌県勧業課が管内郡区役所に照会して得た回答を綴ったものである。

(27)　一八七五年九月三十日札幌本庁達。引用は前掲『布令類聚』上編、八〇七—八一〇頁によった。

(28)　一八七五年十一月二十日付札第五四七号、安田少判官・小牧幹事より調所少判官・金井信之宛、前掲『開拓使公文録　勧業　明治九年』(簿書六一五五、一二件目)。この冒頭には「漁猟取締之義者追々全道一般之規則設立之積ニ候処」とあり、狩猟と漁業の双方について将来的には地域差を解消し全道的な統一を図る方針を明確にしている。なおこの文書作成の時点では、十月七日に松本大判官が上申した「仮規則」が東京出張所内で行方不明になっていたため、東京出張所側は「仮規則」がすでに制定されているのを把握していなかった。

(29)　一八七五年十月七日付、札幌在勤大判官松本十郎より長官黒田清隆宛、「胆振日高両州鹿猟仮規則相定メ施行ノ件」『本庁上局往復　第二　明治八年』開拓使函館支庁庶務課(簿書一二八九、八九件目)。これは札幌本庁が函館支庁に送付した写しである。

(30)　一八七五年十一月八日達、一八七六年一月十四日一ノ十三号達、前掲『布令類聚』上編、八一〇—八一二頁。前者については、猟期が「仮規則」とちょうど逆になっている点、および狩猟について言及する際の語が「銃猟」である点が引っかかり、「鳥獣猟規則」が未施行だったために四郡の銃猟全般に関して「仮規則」を準用したのではないかと疑ってみたが結論を出せていない。

(31)　一八七六年四月十九日第二十号布達、前掲『布令類聚』上編、八三六—八三七頁。胆振国のうち山越郡が函館支庁に属するため、その取扱いを札幌本庁が照会したのに対し、函館支庁は同じ胆振国でも「礼文毛越以南」は「鹿産」がまれで村民が年三頭を獲る程度だとして、当面従来のままとする考えを伝えている(一八七六年一月二十九日付第六十号、杉浦誠・柳田友卿より松本大判官・調所少判官・金井信之宛、「日高胆振両国方面鹿猟仮規則更正ノ件」『開拓使公文録　勧業　明治七・八年』開拓使札幌本庁(簿書六一二一、四件目))。

(32)　一八七六年三月八日付札第一二四号、西村中判官・時任五等出仕より松本大判官・調所少判官・金井六等出仕宛、前掲

『開拓使公文録　勧業　明治九年』(簿書六一五五、一二件目)。文中の「札第五百四十七号」は註(28)の文書を指す。

(33)　一八七六年五月二十日付五ノ四十二号、松本大判官より西村中判官・安田少判官・小牧幹事・鈴木大亮宛、同日付五ノ二十一号、松本大判官より杉浦正五位・柳田友卿宛、前掲『開拓使公文録　勧業　明治九年』(簿書六一五五、一二件目)。

(34)　同前所収。

(35)　前掲一八七六年五月二十日付五ノ四十二号、松本大判官より西村中判官・安田少判官・小牧幹事・鈴木大亮宛。

(36)　一八七六年七月二十九日付札第四三一号、西村中判官・安田少判官・小牧幹事より堀中判官・調所少判官宛、前掲『開拓使公文録　勧業　明治九年』(簿書六一五五、一二件目)。

(37)　一八七六年九月(日欠)天第六十一号、札幌在勤開拓中判官堀基より開拓長官黒田清隆宛、「禽獣保存ノ為毒矢ヲ禁ジ猟銃購入方等指示誘導方ノ件」『長官伺録　副本　明治九年』開拓使札幌本庁記録局公文課(簿書一五四八、五二件目)。布達案の引用は、より原本に近い「毒矢ニヨル獣猟禁止ノ件」『開拓使公文録　勧業・文書・会計・地方　明治七・八年』開拓使札幌本庁(簿書六一一一、三五件目)による。この布達は同日甲第二十六号札幌本庁布達として前掲『布令類聚』上編、八一三—八一四頁所収。

(38)　一八七六年十一月十一日乙第十一号開拓使布達、前掲『布令類聚』上編、七九八—八〇〇頁。

(39)　猟法に関しては、免許出願の書式雛形は銃猟のみを想定したものであり、アイヌ民族が従来行ってきた追落し猟など、銃・毒矢ともに使用しない猟法は、禁止されていないにもかかわらず想定から落ちているという不備があった(この点、本書九〇頁参照)。

(40)　一八七六年十一月十七日付札第六〇四号、西村中判官・安田少判官・小牧幹事・鈴木六等出仕より堀中判官・調所少判官宛、前掲『開拓使公文録　勧業　明治九年』(簿書六一五五、一二件目)。

(41)　一八七六年十二月九日付十二ノ五十六号、堀中判官・調所少判官より西村中判官・安田少判官・小牧幹事・鈴木大亮宛、前掲『開拓使公文録　勧業　明治九年』(簿書六一五五、一二件目)。この時点のものと思われる規則案には第六条但書に「旧土人ニ限リ当分納税ニ及ハス」と記した付箋が貼ってあり(同前所収)、アイヌ民族を非課税とする規定が残っていた可能性が高い。

(42)　一八七七年十二月十七日太政官布告第八十五号によって、第九条に「但開拓使管内ニ限リ和銃玉目拾匁以下ヲ用フルヲ得ヘシ」、第十八条に「開拓使管内ニ入リ鹿猟ヲ為ス者ハ該使施行ノ規則ニ遵フヘシ」とそれぞれ追加したものである(『法令全書』第十巻)。

(43) 一八七六年十月十八日付十ノ二十一号、静内分署より民事局宛、「アマッポ猟禁止ノ処、期間ヲ限リ解禁方、勇払・沙流両郡土人歎願ノ件」前掲『開拓使公文録　勧業・文書・会計・地方　明治七・八年』(簿書六一一一、三六件目)。

(44) ペンリウクについてのバチェラーの記載は、仁多見巌・飯田洋右訳編『ジョン・バチラー遺稿　わが人生の軌跡』北海道出版企画センター、一九九三年、ジョン・バチェラー著・小松哲郎訳『アイヌの暮らしと伝承』北海道出版企画センター、一九九九年、その他を参照。

(45) 一八七六年十月三十日付、勧業課「沙流郡土人射猟歎願之儀ニ付伺」前掲『開拓使公文録　勧業・文書・会計・地方　明治七・八年』(簿書六一一一、三六件目)。

(46) 一八七六年十一月十五日付、静内在勤十一等出仕山田謙より開拓中判官堀基宛「土人アマッホ猟六ヶ月間御猶予願ニ付伺」前掲『開拓使公文録　勧業・文書・会計・地方　明治七・八年』(簿書六一一一、三六件目)。

(47) 同前所収。高倉新一郎『アイヌ政策史』日本評論社、一九四二年、五〇六頁は註でこの歎願書の全文を翻刻掲載しているが、矢猟禁止延期期間の部分が原史料では「向三ヶ年之間」とあるのを「向一ヶ年之間」と誤り、本庁の却下決定に関わる文書の引用においても二、三点誤っている。また同じ註で十勝アイヌの歎願する延期期間が史料上は六ヶ年であるのに六ヶ月と誤っている。一九七二年の『新版アイヌ政策史』三一書房、四六九―四七〇頁でも訂正されず、ひろたまさき校注『日本近代思想体系22　差別の諸相』岩波書店、一九九〇年、一四―一五頁はこの新版に依拠したために同じ誤りを含んでしまっている。

(48) 註(46)と同じ。

(49) 一八七六年十月三十日付、千歳郡蘭越村伍長カバリヒセ他四名より開拓中判官堀基宛「矢猟御免許之義千年《ママ》郡土人総代伍長中運《ママ》名奉歎願候書付」、一八七六年十一月一日付、鵡川村字チン伍長ホンレキテ他六名より開拓中判官堀基宛「奉歎願候書付」前掲『開拓使公文録　勧業・文書・会計・地方　明治七・八年』(簿書六一一一、三六件目)。

(50) 一八七六年十一月九日付第一〇九号、勇払分署十二等出仕熱海勝より中判官堀基宛「矢猟免許願之義伺」前掲『開拓使公文録　勧業・文書・会計・地方　明治七・八年』(簿書六一一一、三六件目)。

(51) 一八七六年十二月五日付「土人矢猟御猶予之義ニ付伺」前掲『開拓使公文録　勧業・文書・会計・地方　明治七・八年』(簿書六一一一、三六件目)。

(52) 文中「札第六百四号」とあるのは註(40)の文書を指す。

(53)　樺太アイヌ史研究会編『対雁の碑――樺太アイヌ強制移住の歴史』北海道出版企画センター、一九九二年、一一五―一二四頁。松本が毒矢の即時禁止に批判的だったことは「石狩十勝両河記行」高倉新一郎編『日本庶民生活史料集成　第四巻』三一書房、一九八四年、三六六頁に見える。弓矢に代わる「器械」の給与が必要であることを述べているから、実現された禁止強行と完全に相違するわけではないが、現地の実情や当事者の意向を尊重する態度には明らかに異質なものがある。なお本章全般において開拓使官員の動静について、山田博司「開拓使の組織と職員――勅任官・奏任官の経歴」『北海道立文書館研究紀要』第一三―一五号、一九九八―二〇〇〇年に依拠するところが大きい。

(54)　一八七六年十二月十五日付、アツテクル他二十一名より開拓中判官堀基宛「奉願上候書付」、「勇払郡土人、矢猟免許再願出ニ付勇払出張大久保芳伺出ノ件」『取裁録　明治十年従一月至十二月』開拓使札幌本庁民事局勧業課(簿書A四/三八、三件目)。

(55)　浦河郡のものは、一八七六年十月(日欠)付、浦河郡役土人ヌカルワノ他十二名・浦河郡土人取締金丸福松・同副総代児玉昇・同副戸長山谷覚次郎より開拓中判官堀基宛、様似郡のものは、同年十一月(日欠)付、様似郡役土人之計由久他二名・同郡土人取締矢本蔵五郎・同副総代盛安太郎より開拓中判官堀基宛、いずれも前掲『開拓使公文録　勧業・文書・会計・地方　明治七・八年』(簿書六一一一、三五件目)。

(56)　一八七六年十一月十四日付、当縁郡歴舟村寅吉他十八名・通詞飛内岩五郎より開拓中判官堀基宛「御受書」前掲『開拓使公文録　勧業・文書・会計・地方　明治七・八年』(簿書六一一一、三五件目)。請書提出までの経過は、一八七八年十二月二十日付、当縁郡総代寅吉他六名より開拓大書記官堀基宛「鹿猟之儀ニ付歎願書」、「鹿猟ニ付十勝国ノ内銃猟禁止区域設定ノ件」『本課届録　明治十一年』開拓使札幌本庁民事局勧業課(簿書A四/五一、一六七件目)による。これは、十勝アイヌ一同が十勝国内のシカ猟を「永住旧土人飯料」として他からの狩猟者を排除するよう求めた歎願書である(本書六八―六九頁参照)。

(57)　一八八一年十一月五日付、函館支庁地理係より警察署宛、「アマツホ禁止ノ義ニ付山林監吏ヨリ成規告達ノ有無回答方ノ件」『諸課文移録　明治十四年』開拓使函館支庁民事課地理係(簿書四七八六、一〇三件目)、同年十一月九日付、警察署より地理係宛、「旧土人慣習熊狼殺毒矢ノ義ニ付成規告達有無ノ件」同(簿書四七八六、一〇五件目)。

(58)　(十一月九日)、函館時任より札幌調所宛電信、「山野ニアマツポヲ設ケ毒矢ニテ鳥獣ヲ取獲スルノ件」『札幌・根室文移録　明治十四年』開拓使函館支庁民事課地理係(簿書四七八一、四六件目)、十一月十四日、調所より時任宛電信、「毒薬并アマツポニテ鳥獣ヲ捕獲禁止スルノ件」同(簿書四七八一、四八件目。四四件目も関連)。

(59)　本庁布達の施行範囲の限定について、前掲鈴江『開拓使文書を読む』五〇―五一頁に記載がある。

(60)　十一月十六日、函館時任より札幌調所宛電信、前掲『札幌・根室文移録　明治十四年』(簿書四七八一、四八件目)、十一月十七日、札幌調所より函館時任宛電信、「アマツボ並毒薬禁止ニ関スル件」『取裁録　弐冊之二　明治十四年』開拓使函館支庁民事課地理係(簿書四七九〇、七九件目)。

(61)　前掲『取裁録　明治十四年』(簿書四七九〇、七九件目)。

(62)　伺案見送りについては、決裁欄の「上局」の箇所に捺印がないことから推測できる。この布達は、一八八一年十一月二十九日第七十五号函館支庁布達として前掲『布令類聚』上編、六八三―六八四頁所収。

(63)　一八八一年十二月十四日付第二九四号、函館書記官より札幌書記官宛、前掲『札幌・根室文移録　明治十四年』(簿書四七八一、五二件目)。

(64)　一八八二年九月十三日付丙第八十二号、余市郡仁木邨戸長三谷築より札幌県令調所広丈宛「作物熊害之義ニ付上申」、「余市郡仁木村熊害ノ件」『札幌県公文録　鳥獣猟　第弐号　明治十五年』札幌県勧業課農務係(簿書七三五六、四件目)。

(65)　一八八一年一月二十四日付丙第十四号、余市郡仁木邨戸長三谷築より余市郡長山田謙宛「耕作物熊害ニ付殺獲景況上申」、「余市郡仁木村熊害ニ付毒矢殺獲願ノ件」『札幌県公文録　鳥獣猟　第壱号　明治十六年』札幌県勧業課農務係(簿書七九五三、六件目)。

(66)　生きた技術としての仕掛け弓の継承という点では高橋規「アマッポの原理を利用した銃によるヒグマ猟について」『アイヌ文化』第十九号、一九九五年、四七―五七頁が論じた仕掛け銃がある。すでに一八七八年十一月に茅部郡で「鉄砲アマッポ」でヒグマを狩猟した記録があるが(「落部村支野田追有櫛刀蔵外熊獣捕獲ニ付手当金支給方ノ件」『各区文移録　弐冊之一　明治十一年』開拓使函館支庁民事課勧業係(簿書二六四七、七三件目))、これと従来の仕掛け弓の関係、および本州方面で見られたいわゆる「据銃」との関係については未検討である。

(67)　一八七六年十二月十四日、札幌本庁は根室支庁に対して「北海道鹿猟規則」制定による毒矢猟禁止に伴う銃器貸与のため、「猟業ヲ以テ生計ト致来候土人員数」を調査・報告するよう求めており、シカ猟に関する毒矢猟禁止の伝達が確認できる(十二ノ十二号、堀中判官・調所少判官より根室支庁宛、「鹿猟規則ニヨリ毒矢猟殺禁止ニ付土人共へ銃器貸与ノ件」『本庁来状　共三　第三号　明治九年自八月至十二月』開拓使根室支庁記録課(簿書一八八八、一三二件目)、前掲『開拓使公文録　勧業・文書・会計・地方　明治七・八年』(簿書六一一一、三九件目))。

（68）　各法規の条文は前掲『狩猟法規沿革』によった。なお、規制に対する反発や現実の生活上の必要もあるのだろう、規制を犯して毒矢猟をする者も当然いた。一八九〇年から一九三三年までのアイヌ民族による犯罪件数（起訴件数を指すようである）を収集した鈴木勇七「アイヌの犯罪に就て」『司法研究』第十八輯、報告書集十、司法省調査課、一九三三年によれば、「狩猟法」違犯が二四件あり、主として猟銃・罠などを用いた狩猟に関するものだが、なかには毒矢使用の仕掛け弓によるものもあるという。

（69）　この点、台湾総督府が先住民からの銃器押収を徹底する一方、狩猟目的の銃の貸与を極めて警戒的な態度で実施している（北村嘉恵『日本植民地下の台湾先住民教育史』北海道大学出版会、二〇〇八年、一三二—一三八頁）のと対照的である

（70）　基本的な問題として、歎願活動は禁止の布達が強制力をもつとの認識を前提にするものであり、その認識をもっていなかったゆえに形式上は布達を受け容れた（請書を提出した）可能性もある点、留意が必要である。

第二章　「北海道鹿猟規則」施行後のシカ猟

はじめに

一八七六年十一月十一日、開拓使は「北海道鹿猟規則」(以下「鹿猟規則」)を布達した。シカを重要な生物資源と見なしてその頭数管理を図ることを目的とし、具体的には、北海道内のシカ猟について六〇〇名の人数制限がある免許制を設けて課税対象とし(ただしアイヌ民族は「当面」と条件付きで非課税)、十一月一日から二月末日までを猟期とし、毒矢によるシカ猟を禁止する、といった内容からなる。

本章はこの「鹿猟規則」の施行実態とその後の改正過程を、アイヌ民族との関わりを中心に論じるものであり、同規則の制定過程について毒矢猟禁止の問題を中心に検討した第一章の続編に当たる。

第一章で論じたように、「北海道鹿猟規則」とそれと同時期に道内にも施行された全国的な狩猟規制である「鳥獣猟規則」は、アイヌ民族の狩猟活動に新たに大きな規制を加えるものだった。そのことが極めて大きな意味をもつものであることは言うまでもない。と同時に、新たな制度の枠組みに対し、アイヌ民族がその後どのように対処したのか、また制度の枠組みが現実にはどのように機能したのか、もまた重要な課題である。これらを問わずに過ごしてしまっては、アイヌ史・アイヌ政策史として不十分だろう。この場合、開拓使は毒矢猟禁止の代替措置として、猟銃を貸与し毎年猟獲したシカ皮の一〇分の二の納入によって代価を償還させること、弾薬等の購入が不便な地では分署が適宜払い下げ、銃の使用方法を教授することを掲げていたから、特にそう言える。この代替措置についてはこれまでも言及されているが(1)、実態に即した検討はなされて来なかった。

本章ではもう一つ、野生生物の繁殖保護策としての適切性という視角を重視したい。「鹿猟規則」によるシカの頭数管理は失敗に終わり、シカが急速に減少して、一八八九年三月二十三日には北海道庁が道内のシカ猟を全面禁止するまでに至ったことはよく知られている(2)。シカの生息はアイヌ民族のシカ猟の権利について論じるそもそもの前提であること、また、エゾシカの頭数管理が今日的な課題でもあることが(3)、こうした視角を重視する理由である。こうした視点からの先駆的な研究として、俵浩三氏の研究は重要である。

第一節　自律的な狩猟秩序の破壊

「鹿猟規則」制定過程ではほとんど論議がされなかったが、同規則がアイヌ民族に大きな影響を与えた事柄として、地域外からの狩猟者の流入を認めたという問題がある。第一章でも取り上げた一八七五年九月三十日の「胆振日高両州方面鹿猟仮規則」制定の背景をもう一度見直すことから始めたい。

生物資源の管理・保護策としての「鹿猟規則」制定過程への関心からは見逃しそうであるが、狩猟の現場である胆振(特に勇払郡)の開拓使出先にとってより切実だったのは、乱獲によるシカの激減とは少々異なる問題だったようである。

一八七四年十一月八日、勇払出張所は所轄三郡(勇払・千歳・白老)では「近来各所ヨリ毎年秋末至リ多人数寄留、鹿猟ノ為銃器ヲ携、山中往還ノ区別無之猥ニ発炮致シ、已ニ本年早春流玉ノ為人ヲ誤チ候」こともあったとして、シカ猟者に対して改めて「銃猟鑑札」を渡す考えを本庁に伝えた(4)。外部から多数のシカ猟者が流入し、無秩序な狩猟活動が事故の危険を高め、現に流れ弾による負傷者が出ているというのである。本庁会計局では勇払出張所とのやり取りによって、出張所の言う「銃猟鑑札」が銃の所持を管理する「銃砲取締規則」(一八七二年一月二十九日太政官布告第二十八号)や「鳥獣猟規則」によるものではなく、独自の諸条項によるものであることを確認し、これは「規則」であるから本庁への伺いを経て施行するよう指示した(十一月二十八日付)。それに従って出張所が提出した六項目を、同年十二月二十七日、札幌本庁松本大判官は「鳥獣猟規則」施行問題が結着するまでの間、「鹿猟取締仮規則」として施行することを認めた。その内容は、①シカ猟者への鑑札発行と無鑑札者の銃猟禁止、②一六歳以下の者などへ鑑札を与えぬこと、③街道筋・人家近傍などでの銃猟禁止、④玉目一〇匁以上の銃による獣猟の禁止、⑤鑑札期限(一八七五年四月限り)の設定、などである。

以上の叙述と多少重複するが、こうした規制を必要とする現地の状況を、出張所の説明からより詳しく見てみたい(5)。

…方今当郡江入込候人数概子五百人余も可有之風聞、依而地方見分為致候処、美々東南深山中猟小屋を設候数不少、多人数互ニ鹿を逐ふ勢実ニ戦慄之状態、果テ怪我人も可相出、尤鵡川并厚真川上ハ従来土人食料之鹿を猟スル場ニ而炮発ヲ禁罷在候得共、当時同所江茂多人数踏ミ込逐散し、山中居住之土人食料ニ差支候様可相成苦情申出、或ハ鹿猟之ため土人設置候器械江触傷を被ンモ難斗、且ツ衆多之者寄留届出候ハ十ノ二三ニして他ハ何様之徒ラ者入込居哉茂難計、旁岐度取締相附度…〔傍線引用者。以下同じ〕

五〇〇名もの銃を携えたシカ猟者が入り込んで活発にシカ猟を行うことで事故の危険が高まる一方、従来アイヌ民族が食料用にシカ猟をする場所として銃の使用を禁じていた鵡川・厚真川の川上にも多くの銃猟者が入り込み、食料確保に支障を来たすとアイヌ民族が訴えている、また、狩猟者が仕掛け弓にかかる恐れもある、というのである。流入する銃猟者が和人かアイヌ民族か直接には記されておらず、他地域のアイヌ民族を含む可能性もあるが、食料用シカ猟を営む地元のアイヌ民族と対比した文章からは、少なくともその主要部分は和人ではないかと思われる。

注目したいのは、鵡川・厚真川川上では外部からの銃猟者流入を排除する何らかの規制が働いて来ていたこと、そしてそれが侵害される状況が現に生じつつあることである。この「仮規則」は第三項において「鵡川々上土人家屋稠密之場并厚真川上字あひら広原ノ内アマツホ設置セル場所ニテ銃猟を禁ス」とした。銃の誤射や仕掛け弓による事故の予防の意味もあろうが、主要な意図は食料目的の地元アイヌの狩猟活動への侵害を避けることにあったろう。実効があったか否かは措くとして、地域外からの狩猟者の行動の側を規制する点は、翌一八七五年の「胆振日高両州方面鹿猟仮規則」が仕掛け弓に関して設置者の側に配慮を求めたのとは、大きな隔たりがある。

シカ猟者の流入は日高にも及んでいく。一八七五年七月二十四日、浦河出張所は「勇払方面ゟ於日高国ニ年々鹿業之者相増、緩泉方面ハ警邏を以人員取調候処、猟時ゟ永住寄留雇人凡三四百人も有之由」であり、この七月に同地を巡回した松本大判官が対策として「方法」を立てるべきことを述べたが、所轄内だけでは「無益」であり「全国一般ノ方法」を立てたいとの希望を本庁民事局に伝えた(6)。第一章で述べたケプロンの建白や黒田長官の命といった「中央」からの指示と並んで、出先におけるこうした動きが同年九月の「胆振日高両州方面鹿猟仮規則」につながっていったのであろう。

だが、新しい「仮規則」は地域外からの銃猟者の流入防止のために何の規定もしなかった。この点には、制定当初から沙流郡のアイヌ民族が強い警戒感と批判を示す。十月五日付で静内出張所が札幌本庁民事局に送った文書から引く(7)。

沙流郡鹿猟之義ハ、兼而土人戸数モ多分ニ有之、他郡ゟ猟師入込候而ハ終ニ食料差支之恐ヨリ、昨七年迄元出張処ニ於而差止メ候趣之処、今般鹿猟規則御改正以来、土人共一同他郡猟師入込不致様戸長迄願出候ヘ共、今日ニ於而右様彼是之別無之筈ニ被存候故、一応説論為致候ヘ共、何分承服不致趣、尚戸長共ゟ申出候処、右者御承知之通、土人一千六百余口、多クハ鹿猟ヲ以生活罷在、其余移住人等一郡中十分猟師相充候上、尚勇払郡之如ク数十百人一時入込候而ハ、忽チ土人難渋可及ハ勿論、土地不案内之者必ス毒矢之傷害モ可有之ニ付、右情願ニ任セ当分従前之通他郡入込差止メ申度候処、右ニ而御差支ハ有之間敷哉、其辺上局御稟議之上、至急御回報有之度、此段及御懸合候也

昨年までは他郡からの狩猟者流入を出張所が禁止していたが、新たな「仮規則」がそれを無効化することを恐れたアイヌ民族が、戸長役場に従来の規制の継続を強く求め、それに対し出張所が「説論」したが収まりがつかず、本庁に泣きついた格好である。ここでシカ狩猟者流入過多による弊害発生の前例として勇払郡の名を挙げているのは目を引く。

これに対する本庁民事局の回答は「右ハ適宜撫育之方法ヲ設ケ、他人之自由ヲ妨ケサル様御注意有之度存候」と、明快に沙流アイヌの要望を拒絶するものだった(8)。「胆振日高両州方面鹿猟仮規則」は特定地域における居住者を優先した狩猟活動の秩序を制度上否定し、免許取得者に広域的な狩猟活動の自由を認める意味をもっていたのである。このやり取りを見る限り、札幌本庁はそうした制度上の質的な変化を自覚していたのだと言えるが、

しかし地域の実情やアイヌ民族に与える影響について、どの程度きめ細やかに把握し、見通していたのかとなると怪しいものがある。

開拓使は、浦河出張所を通して届いた沙流アイヌのこの異議申立てを、翌一八七六年十一月の「鹿猟規則」に取り込まなかった。「鹿猟規則」施行後、開拓使出先にも管轄外での免許取得者が管轄内でシカ猟をすることに対し戸惑う声があった(9)。アイヌ民族の側からの動きとしては、一八七八年十二月二十日に十勝地方の各郡総代が連名で提出した歎願書がある。前章では毒矢猟禁止に対する強い抵抗が十勝でもあったことを示す史料として引いたが、歎願の核心部分は、まさに「鹿猟規則」が許容した外部からの銃猟者流入を排除することにあった(10)。

毒矢猟禁止に対する強い抵抗感からその延期を求めたのだが容れられず、やむなく請書を提出した後、十勝地方全体の内部における協議によって、海岸三郡(広尾・当縁・十勝各郡)在住の銃を所持する三〇名は川筋四郡(上川・河西・河東・中川各郡)に入らないこと、銃所持者がいない川筋四郡の住人は犬を用いてシカ猟を行うことを取り決めていた。そこに外部から数十名の銃猟者が流入してはシカが「減少散乱」する恐れがあるゆえ、十勝国内のシカ猟は自分たちの飯料と認め、外部からの銃猟者流入を禁じてほしい、というのがその内容である。

第一に注目したいのは、十勝という地域を単位とした地域内での自律的な狩猟規制を「鹿猟規則」制定以降も維持していることである。それを可能とした条件の一つは、この地域の漁業活動について地元アイヌ民族と和人寄留者が組合員となる十勝漁業組合(一八七五年創立)による独占を開拓使が認めていたことにあったろう(11)。

第二は、銃の使用がシカの「減少散乱」、言い換えれば獲り過ぎによる個体数の減少と生息域の変化(シカの逃避)をもたらすとの認識が見られることである。開拓使が「洗除」すべき「汚習」として毒矢猟の禁止を強行する過程では、シカの生息数を維持・管理するうえで銃が果してより適切な狩猟方法なのかどうかを、突き詰めて考えた気配がないだけに、この点は重要と思われる。

十勝におけるこうした自律的なシカ猟規制の存在を示す史料はほかにもある。一八七六年七月に十勝を踏査した札幌本庁松本大判官は「十勝一ヶ国協議ノ上ニ鉄炮ヲ不用弓ヲ以テ猟ス。何ゼトナレバ、鉄炮ヲ用レバ音ニ驚キ遠ク遁レ、畢竟鹿隣国ニ遠カルト。故堅ク鉄炮ヲ禁ルト云。近来十勝鹿ノ多キハ胆振日高両州猟人多ク炮声喧ナリタル為メト。嗚呼、土人ノ如ク万緒永年ヲ謀テ注意セバ窮亡ノ憂ナカラン。如此遠慮リアルモノヲ一種ノ野蛮民ト看做スハ、実ニ遺憾ノ至極ナリ。呵々」と記す。(12) 活発な銃猟によってシカを追い払ってしまっている胆振・日高と対比しつつ、十勝における銃の不使用に、アイヌ民族が野生生物の利用について長期的な展望をもつことを読み取り、彼らを野蛮視する態度の皮相さを批判している。松本がこの時期、毒矢猟禁止の断行を迫る黒田長官に対し、漸進主義的な姿勢をとっていることを思うと（本書第一章参照）、この批判は黒田を意識してのものと思われる。

後述するように、地域における自律的狩猟秩序を否定する制度の枠組みを、開拓使は一八七九年十一月からは多少改めていく（本書七五―七八頁参照）。重要な転換には違いないが、以上引用してきた諸史料を見ると、これがアイヌ民族の生活破壊とシカの生息数減をもたらした後での遅すぎた転換だったのではないか、という疑問を抱かざるを得ない。

る。

第二節　その後の「北海道鹿猟規則」の改正

一　一八七八年の改正

一八七八年六月二十九日、開拓使は「北海道鹿猟規則」を改正した。[13] 制定後二度の猟期が終わった時期に当たる。

主な改正点は、①それまで職猟しか認めていなかったのを改め遊猟を新設したこと（税額は職猟二円五〇銭に対し五円）、②全道で六〇〇名だった免許者の定員を、札幌本庁管内職猟五〇〇名・遊猟三〇名、函館支庁管内職猟一〇〇名・遊猟一〇名、根室支庁管内職猟一三〇名（夏猟一〇〇名・冬猟三〇名）・遊猟一〇名（夏猟五名・冬猟五名）としたこと、③十一月一日から翌年二月末日までだった猟期を、根室国と北見国のうち網走・紋別・常呂・斜里の四郡は五月一日から十月三十一日に（夏猟）、その他は九月一日から二月末日まで（冬猟）としたこと、④鑑札を与えない者の条件、銃猟禁制の場所・罰則などについて「鳥獣猟規則」に準拠するものとしたこと、である。アイヌ民族に対する「当分」の非課税、毒矢猟の禁止については変更はない。[14]

シカの保護・繁殖という観点から見れば、狩猟者の定員を全体で一八〇名も増して七八〇名とし、猟期を基本的には二ヶ月間延長して六ヶ月間としたこの改正が、狩猟頭数増（生息数減）の方向に働くことは容易に予想できる。なぜそうなったのか。改正までの過程をたどってみたい。

開拓使の内部で最初に改正が検討課題となったのは、根室支庁管内の猟期の問題だった。「鹿猟規則」制定後の最初の猟期中である一八七七年一月十日、根室支庁は「昨八年中」の管内での鹿猟鑑札発給数を本庁が問い合せたのに対し、一名もいなかったと回答するとともに、同規則第七条が規定する猟期では、釧路国は問題ないが、根室・北見両国については「凡ソ八十八夜頃ヨリ二百十日頃迄者鹿迹も有之候得共、其季外ニ及テハ総テ釧路・十勝之方面ニ退逃」するため、シカ猟ができないという事情を述べ、配慮を求めた。(15)「鹿猟規則」が全道一律に規定した猟期では、シカの季節的移動に対応できず、シカ猟が成り立たないというのである。この問題は根室支庁折田少書記官がこの年十月末まで東京に滞在した際、東京出張所在勤の書記官と協議をし、翌年一月、根室国と北見国のうち同支庁に属する四郡についてのみシカ猟期を五月一日から八月三十一日とする旨を伺い出た。(16)

それから遠くない時期に作成された早い時期の改正案なのだろう、東京出張所が現行の「鹿猟規則」に朱筆を入れた文書では、この点のほか、免許者の定員を一〇〇〇名に改め、第八条以下を「鳥獣猟規則」に準拠するよう整理している。(17)遊猟の新設、他の地域の猟期延長は盛り込まれていない。

一八七八年三月二十八日付で東京出張所記録課考査係堀貞亭四等属が起案した「鹿猟規則改定ニ付本庁御通知案」(18)を見ると、添付されているはずの改正案そのものは残念ながら見出せていないものの、この頃には最終的な改正案にかなり近づいていることが分かる。この通知案ではまず、根室支庁の伺書が求めた五月一日から八月三十一日の夏猟期では「一般ノ期限ト長短アル」ことを理由に五月一日から十月三十一日までに改定するとしている。つまり、この時点でそれ以外の地域における猟期を九月一日から二月末日までの六ヶ月間とする案が固まっており、それと揃えて六ヶ月間としようというのである。さらに遊猟新設を第四条に盛り込んだこと、根室支庁管内の免許者数については夏猟と冬猟の区分に関する支庁の意向が不明なので「三十名程増加夏冬ノ区別」を立てる考えを本庁に説明する。この文書に付された考査係による付箋(三月二十八日付)には、「先般ノ改定案」

で猟者一〇〇〇名と記載していたが、猟期を延長するので定員を六〇〇名のまま据え置くとの趣旨が記されている。猟期の延長による生息数への打撃を狩猟者数の据置きによって抑制しようというのである。だが、これは貫徹しない。

改正案作成のために東京出張所が管内発行の鑑札数の見通しを電報で問い合せた(三月二十九日)のに対し札幌本庁は、前の冬には函館支庁の提案により六〇〇名の定員のうち四〇〇名を本庁に、両支庁に一〇〇名ずつを割り振り、不足が生じた場合は相互に融通していたことを述べ、以後も同様とするかもしくは本庁への割当分を五〇〇名とすることを新規則に明記するよう求めた[19]。東京出張所考査係は本庁の前年の発行実績が五〇一枚だったことを重視し、各庁間で「流用」のためのやり取りに手数がかかることを嫌って、定員増を選択する[20]。実は、これまで二度の猟期とも札幌本庁の鑑札発行数は四〇〇枚を上回り支庁に融通を求めていた。札幌本庁が添付した書類によれば、一八七六～七七年の猟期に計四四四枚(浦河分署へ一七五枚、第二十二大区へ一一七枚、第二十一大区へ一五二枚)、一八七七～七八年の猟期に計五〇一枚(同じく一四三枚、一六六枚、一九一枚、第一大区へ一枚)という発行状況である[21]。

狩猟者増につながるもう一つの要因である遊猟新設は、東京出張所上層部が主導したものだった。「十一年五月二日」の日付がある考査係作成の「鹿猟規則中遊猟ノ件ニ付見込」と題する文書は[22]、「鹿猟規則」と並立の位置にある「鳥獣猟規則」と同じく遊猟・職猟の二本立てとすることの適否を検討し、「妄猟濫殺」を禁止し「後来物産衰退ノ憂ヲ予防」するという「鹿猟規則」の主旨は「鳥獣猟規則」と異なるとし、「濫殺ノ弊」につながる恐れのある遊猟新設に否定的な意見を記す。だが、これに貼られた付箋には「鑑札税ヲ重クシテ遊猟ヲ許ス／但其鑑札ノ数ヲ限ルヘシ」と記され、東京出張所在勤書記官である西村・小牧・金井・安田の捺印がある。遊猟希望者の存在を予想し、税収増もにらんで遊猟新設を進めたのだろう。

以上を見ると、狩猟者増に対しては改正案作成を担当した東京出張所考査係内には慎重な意見もあったものの、十分な歯止めとはならなかったと言える。

なお、夏・冬猟をそれぞれ何名とするか根室支庁と詰める時間的な余裕がないまま、夏猟期前の改正実現を図ったため、夏猟一〇〇名・冬猟三〇名として布達したのだが、新しい規則を受け取った根室支庁は「冬期ハ皮角ヲ鬻ク猟者ノミナラス土人共食料ニ取獲セント出猟スルモノ多数」であるとして、夏猟三〇名・冬猟一〇〇名と改めるよう長官に求め(九月三日付)、九月十八日に開拓使はその通り改正を布達した。[23]

次に猟期開始日の九月一日への変更について。これは本・支庁の要望を受けてのものではなく、東京出張所が主導したものと見られる。

一八七八年三月八日付で東京出張所考査係堀四等属が起案した「鹿出猟期限ノ義ニ付本庁へ御照会案」という文書がある。[24] これは、三月五日に東京出張所が、シカの妊娠時期はいつか、九、十月頃出猟しても妊娠時期に支障はないかを電信で問い合せたのに対し、本庁が翌日、九、十月頃に妊娠し翌年五、六月頃に出産すると回答したのを受けて作成されたものである。[25]「御照会案」は妊娠期について照会した理由を「九十月比猟獲セル鹿ハ脂肪多クシテ味美ナルニ付、管詰〔ママ〕ノ義ハ該季節ニ製造致候方可然旨、長官殿御内達ノ趣」があったためだと記す。黒田長官の指示により、缶詰の原料用により良質の肉を得るため九、十月にシカを猟獲したいが、その時期は「鹿猟規則」の猟期外であるという悩みを東京出張所は抱えていたのである。東京出張所は本庁の回答からこの悩みを解消する道を直ちに見出した。本庁からの電信の上にこよりで綴られた紙には「…本庁回答ノ趣ニ拠レハ、現今出猟期限ノ義も孕季ニ相当リ候故、右期限御更正相成候も実地得失ハ有之間敷、併又容易ニ御改定可相成義ニも無之、且右季節も目今差迫リ候義ニも無之候付、旁本庁御照会ノ上御議決相成可然哉ニ被存候ニ付、別紙御照会案取調相伺候也」と記され、安田・金井・小牧・堀の捺印がある。現行でも妊娠期のシカを狩猟対象にしているのだから、猟期の開始を早めても同じことだとし、本庁の意向を確認するために照会案を作成したのである。

これだけ見ればもっともな理屈のようにも見えるが、狩猟規制によるシカの保護・繁殖策を開拓使に説いたケプロンが、妊娠・哺育期の牝ジカの保護を具体策の柱の一つに挙げ、「鹿猟規則」制定過程において東京出張所がその制度化を札幌本庁に繰り返し促していたこと（本書第一章第一節参照）を思うと、東京出張所の姿勢がシカの頭数管理よりも物産振興の側に大きく傾いている印象は強い。一八七七年十月に石狩に開設した缶詰所で主製品であるサケ・マスとともにシカ肉缶詰の試製をしていた開拓使は、一八七八年十月には勇払郡美々にシカ肉缶詰所を開設する。[26]「鹿猟規則」改正案が検討されていた時期、黒田長官らにとって缶詰製造事業をどのように進めるかは大きな関心事だったのだろう。この年七月には、東京出張所と札幌本庁の間で、原料であるシカ肉の運送費節減等を考慮しつつ建設地の選定を進めるやり取りが進んでいく。[27]

ただし、この「御照会案」に盛り込まれているのは、猟期の開始と終わりをともに一ないし二ヶ月早める案だった。狩猟期間は四ヶ月間のままなのであり、狩猟過多に陥らないための一定の歯止めは効いているのである。それが六月に実現した改正では、猟期の終了は二月末のままで、狩猟期間は六ヶ月間に延長されることになる。なぜか。

「御照会案」では、決裁欄の一番上が「書記官」と記され、安田・小牧・金井三名の捺印があるものの、欄外に「此公文ハ取消ノ事」と墨で書き込んである。これが誰による書込みかは不明だが、書記官らが捺印済みであることを考えると、黒田長官の意向が働いている疑いは濃い。本庁側がこの文書を受け取ったことは今のところ確認できず、発信自体が見送られたのではないかと思われる。猟期の終わりを十二月もしくは一月としたとき、多くの地域において「鹿猟規則」以前からの主要な狩猟期が除外されることになると思われ、そうした点に配慮したのであろうか。あるいは、この年の猟期開始までには時間的な余裕があるとの当初の見通しが、根室支庁管内での夏猟新設に間に合せることを意識したときに覆り、制度化を急いだといった事情があるのかも知れない。

改めてまとめれば、一八七八年の「鹿猟規則」改正は、同規則施行後に本・支庁の運用現場で生じていた不都合を調整するとともに、シカの産物としての利用(特に缶詰)を強く意識して、狩猟者数増と猟期延長を図ったものだと言える。改正案作成を主導した東京出張所には、運用上の不都合を解消する際に、狩猟者の定員を抑制するために本・支庁に働きかけるといった動きは見られず、シカの保護・繁殖のための配慮は後景に退いていた。俵浩三氏がこの改正について「この時点で、野生生物保護政策は産業開発政策に一歩を譲ることとなったのである」と総括しているのは正鵠を得ている。(28)

二 規制の強化

一八七八年の「鹿猟規則」改正案作成が進む時期、開拓使内部においてシカの減少を危惧する立場から改正を主張する動きがあった。一八七八年二月六日、函館支庁民事課勧業係在勤の等外一等出仕佐久間千代美は同支庁権大書記官時任為基に建言書を提出する。(29)

この建言書で佐久間は、近来シカが減少しており、この年札幌本庁管内のシカ猟出願者が五〇〇名を超え、全道で狩猟者数が六〇〇名の定員に達する見通しで、「莫大ナル高ヲ殺猟」していては「保存繁殖」の時がなく、数年を待たずシカが絶滅するのは疑いないとし、具体的対策として狩猟者の定員削減、猟期の短縮、増税による狩猟者数の減を主張する。佐久間の意見は、彼が「鹿猟規則」の運用現場の最前線にいる人物だけに注目すべきものがある。函館支庁がこの建言書の写しを札幌本庁に送ったことは確認できるが(二月七日付)、組織としての開拓使は少なくとも直接的にはこの意見を生かすことがなかったと思われる。

これとは別に、改正後最初の猟期中である一八七九年一月、札幌本庁記録局考査課が新しい改正案を作成し庁内に回覧して意見を求めた(30)。その内容は全体として規制を強化し、シカの保護の徹底を図るものだった。具体的には、①狩猟者の定員を本庁管内職猟二五〇名・遊猟三〇名、函館支庁管内遊猟一〇名、根室支庁管内職猟一〇〇名(夏猟三〇名・冬猟七〇名)、遊猟一〇名(夏猟五名・冬猟五名)と大幅に削減する、②勇払郡近辺・幌泉郡・釧路国の一部(31)について禁猟とする(ただしアイヌ民族には住居地より二里四方を職猟場として認める)、③職猟・遊猟ともに税額を五円、鑑札料を二五銭とする、④牝ジカの銃殺を全面禁止する、というものだった。回覧を受けた者の意見は、「瑣末ノ差閊」に拘泥して簡単に改正しては人民の信用に影響する、禁猟域の境界が漠然としている、牝ジカ猟禁止は実効に欠ける、といった否定的なものが大勢を占めており、改正作業はこれ以上進展しなかったと思われる。この改正案作成に至る経緯については、これへの付箋に「金井氏起案」と記され「鈴木」の捺印があって、それぞれ金井信之、鈴木大亮と推測できる程度で、佐久間の建言との関係を含め不明である。粗削りな部分が多く、数ヶ月前の改正とは方向性が逆であり、実現は困難な案だったと思われるが、シカの減少を危惧する意見が札幌本庁内部にもあったことは読み取ることができる。

こうした規制強化の方向性をもった改正を開拓使が実際に行ったのは、一八七八～七九年の猟期終了後のことだった。

一八七九年十一月十七日、開拓使は「鹿猟規則」第四条に「但シ十勝国一円并ニ胆振国勇払郡植苗村字美々ヨリ四方へ四里宛ハ、鹿種蕃息ノ為該地在籍旧土人ノ外ハ当分出猟スルコトヲ許サズ」とつけ加えることを布達した(32)。十勝全域と美々周辺について地元アイヌ民族以外禁猟としたのである。この年九月十五日、東京出張所は「鹿猟規則追加」について「長官殿御検印相済候ニ付」としてその写し(未見)を札幌本庁に送り、禁猟域の範囲を里数で示すか地名で示すかについて意見を求めた(33)。その追伸には「美々方面禁猟之義ハ実際至難之趣兼テ承知致居候得共、右ニ付長官殿内命之次第モ有之」とあり、少なくとも美々周辺の禁猟については黒田長官の命によるものだったことが分かる。本庁は美々を中心として四里四方を禁猟とする方を選び、翌年一月には四ヶ所に境界を示す標木を設置するため勧業課員を派遣した(34)。

この改正理由を直接記した文書は見当たらないが、一つには前年から同年初めにかけての冬にシカが大量死したことがあったろう(本書九一—九五頁参照)。もう一つ、特に十勝に関しては、それに加えてアイヌ民族の生活破壊への対策という目的もあったのではないかと推測する。推測の一つの根拠は、翌一八八〇年二月二十五日に開拓使が釧路国を地元居住アイヌ民族を除いてシカ猟禁止とした経緯にある(35)。

釧路国禁猟のきっかけとなったのは、同年一月に厚岸分署が根室支庁に対してシカの減少について「猶繁殖之法ヲ謀ラサレハ自然該種ヲ減シ、終ニ山間居住之旧土人等食料ニ差支困難可致ニ付」として十勝と同じく禁猟とするよう上申し、これを受けた支庁が長官に伺い出たことにあった(36)。シカの減少がアイヌ民族の食料不足を生じさせることへの開拓使の危惧が表層だけのものではないことは、開拓使が一八七八年十月に釧路国内のアイヌ民族が取獲するシカの角・皮の買入れについて、従来海浜居住の和人漁民らとの間に不平等があったとの考えから、広業商会に独占させる措置をとっていたことにも現れている(37)。十勝においてはやや遅れて一八八〇年七月、広業商会にアイヌ民族が取獲した海産物、シカの角・皮の独占的な買入れを認めたことを合せて視野に入れると(38)、十勝・釧路における居住アイヌ民族以外のシカ禁猟には、アイヌ民族の生計維持への開拓使の配慮が働いていたものと思われる。ただし、広業商会による独占的な産物買入れがアイヌ民族の生計維持に有利に働いたかは疑問である。具体的な検討は別の機会に譲り、ここではこの措置について考える際に留意すべき点として、①対清輸出振興のための国策会社である広業商会に安定的な商品の仕入れをさせる目的もあったこと、②広業商会自体がアイヌ民族にとって不公正な取引を行うことを許した面があること、③独占によって産物買入れから排除される地元居住和人からの強い反発があり、実際には彼らの商業活動を排除し切れたとは思われないこと[39]、の三点を指摘するにとどめたい。

なお、十勝における域内居住アイヌ民族を除くシカ猟の禁止は、本章第一節で見た一八七八年十二月の十勝各郡総代連名の歎願内容そのものであり、両者には何らかの関係があるのではないかと思われるが、この歎願書は勧業課の簿書の巻末に何の書込みも関連文書もなくぽつんと綴られているだけであり、今のところ札幌本庁がこれをどう受け止めたのかについて手掛りがない。釧路も含め、地元のアイヌ民族の活動が政策に与えた影響の検討は今後の重要な課題である。

第三節　「北海道鹿猟規則」の運用状況

一　アイヌ民族への銃の貸与・払下げ

一八七六年十月十三日、札幌本庁から依頼を受けた東京出張所は陸軍省に対し、「北海道土人猟用」として「弐ツバンドミニーヘル銃三百挺附属品共、弾薬六万発、雷管拾万顆」の譲渡を依頼した[40]。その後、陸軍省からの返事を受けて砲兵工廠との交渉に移り、十一等出仕永田盛信が出張して十一月十一日までには長・中・短の三種があるうち短施条銃を譲り受けることに話がまとまった。すでに「鹿猟規則」が定める猟期に入っている点、注意しておこう。十一月十八日には開拓使側が引渡し日時を打診していることが確認できる。

十一月二十四日、東京出張所は札幌本庁に対して、陸軍省から譲渡された銃三〇〇挺のうち一三〇挺と弾薬六万発・雷管一〇万個ほか附属品を玄武丸便で小樽に送ると伝えた(41)。残りの銃の送付を後便に回すことにしたのは、陸軍省から引渡しの際に「銹生シ等」があって手入れに時間を要したからだった。

一方、十二月二十一日には、札幌本庁勧業課が勇払分署に対して、毒矢に「換用」すべき猟銃が函館に着き、十九日から同分署に向けて陸路逓送するはずであること、受け取ったら札幌から送付する改刻印を用いて一一九三号から一三六二号まで「改刻」すべきことを伝えた(「銃砲取締規則」に従って刻印することを指示したもの)(42)。この番号を見ると函館から勇払に送られた銃は一七〇挺と見られる。

一三〇挺が小樽に着いたことを直接裏付ける史料は未見であるが、東京からは第一便として一三〇挺を小樽へ、第二便として一七〇挺を函館へ送ったものと今のところ考えておきたい。

一つ注意しておきたいのは、これら三〇〇挺の行き着く先が札幌本庁管内に限られている点である。毒矢猟禁止の代替措置としての銃の貸与・払下げは、全道を対象にした開拓使布達である「北海道鹿猟規則」によってではなく、シカ猟に限らず毒矢の使用を全面禁止した九月二十四日の札幌本庁布達によって規定されていた。本庁布達の効力は函館・根室両支庁管内には及ばない。ただし根室支庁は一八七六年十二月二十六日に、毒矢猟をしてきたアイヌ民族に銃器を貸与するとして、猟業で生計を営む者の数を取り調べて報告するよう達している(43)。具体的な経緯が把握できていないが、本庁布達と連動する動きがあったことがうかがえる。もっとも、その後実際に銃の貸与がなされた事実は未確認であり、今後の調査の余地がある。

さて、十二月十五日、静内分署は本庁勧業課に対し、九月の毒矢猟禁止布達後、静内・新冠両郡のアイヌ民族五十余名がすでに猟銃貸与を出願しており、さらに沙流郡において出願が見込まれる分と合せて差し当り一〇〇ないし一五〇挺ほどを送付するよう求めた(44)。勧業課は他地域に回す分もあることを理由にとりあえず一〇〇挺を送り、出願者について事情をよく取り調べ、「無拠分へ御下付」するよう指示した(十二月二十三日付)[45]。これらの運送は鵡川と沙流川に薄氷が張っていたため渡河が滞り、翌年一月九日にやっと静内分署に到着した[46]。

札幌本庁は一八七七年一月二十日、三〇〇挺の銃の分配を、静内分署管内一〇〇挺、勇払分署管内七〇挺、浦河分署管内七〇挺、石狩その他各郡用六〇挺とすることを決め、勇払分署に対し、送付した銃のうち七〇挺を浦河分署へ、三〇挺を札幌へ送り、残る七〇挺を管内用とするよう指示した[47]。二月二十日までには札幌本庁に三〇挺が到着したことが確認できる[48]。勇払分署は浦河分署へも本庁の指示通り七〇挺を転送していよう。小樽に届いた一三〇挺のうち一〇〇挺を静内分署に送り、残り三〇挺を札幌に留めたとすれば全体の辻褄は合う。

次に、各分署からアイヌ民族への銃の引渡し状況を見ていく。

静内分署では、分署廃止に伴って二月十日頃に区長に一五挺を引き渡しており[49]、それまでに八五挺が三郡内のアイヌ民族の手に渡っていたようである。

勇払分署では一八七七年二月六日に、銃七〇挺・雷管一万四〇〇〇個弱その他を勇払郡総代と副戸長に預けている[50]。静内分署と同じく分署廃止に伴う措置と思われる。この時点までアイヌ民族の手には一挺も渡っていないと見ていいだろう。

浦河分署については、一八七七年一月二十六日に「土人取締」金丸福松が同郡アイヌ民族への三五挺と玉薬三五〇〇発分の拝借願を提出したのに応えて貸与を実施したことが確認できる[51]。願書に、毒矢猟禁止に伴う銃器貸与の話があった当初、銃砲に不慣れであるため飼犬を用いて狩猟をするつもりだったが「当年者近年稀ナル薄雪ニテ、山奥ト雖雪地之場所無之故、逐犬鹿狩ハ思ふ通リ不捗」という事情で方針を改めたと記しているのは、アイヌ民族が銃を取り入れていく一つのきっかけを示していて興味深い。深雪中の行動を苦手とするシカの生態に適応した犬を用いた狩猟が薄雪時には機能せず[52]、隔たった位置からの猟獲を可能とする銃の特質が魅力となったのだろう。

一八七七年十月九日、浦河分署は三石郡アイヌから二〇挺の拝借出願があり、分署には一八挺が残っているが、その後の出願を見越して二〇挺を新たに送付するよう求め、勧業課は十一月二日に二〇挺・弾薬四〇〇〇発分その他を送付した(二十日受領)[53]。この二〇挺は石狩郡ほかの地域への貸与用に札幌本庁に回しておいたが出願者がなくそのままになっていた六〇挺の一部らしく、本庁は同年十一月に静内・新冠両郡の一八名が「銃炮拝借」を出願したのを受けて、翌月、静内区務所へ別に二〇挺と附属品を送付した[54]。さらに翌一八七八年十月には浦河分署に「払下残九挺」と附属品を送った[55]。三石郡アイヌからの一五挺の払下げ出願を受けた分署が、その後の出願も考慮して二〇挺の送付を求めた(九月十三日付)のを受けたもので、前年送付した残りの一六挺を「損所」を修理して対応するよう指示している。

以上から特に二つの点について考えておきたい。

第一に、払下げ用とする銃の準備の遅さである。毒矢猟禁止の本庁布達が九月二十四日、毒矢猟禁止下のシカ猟期の開始が十一月一日であるのに対し、各分署への銃の到着は十二月末から翌年一月である。各地のアイヌ民族が繰返しの「説諭」を受けて最終的には毒矢猟禁止に対する請書を提出した理由の一つには、開拓使が代替措置として銃を貸与・払い下げると約束していたことがあったろうから、この遅れは軽視できない。

第二に、アイヌ民族による銃の受容について考えたい。三〇〇挺の銃の貸与・払下げは一八七六年十二月から始まり七八年十月頃までの間に徐々に進んだものと見られる。毒矢猟禁止という新しい制約の下でやむを得ない選択として銃を受容した場合もあれば、毒矢とは異なる面において特長をもつ銃に魅力を見出して、より「積極的に」受容した場合もあったのではないかと思われる。

一八七七～七八年の猟期における沙流・静内・新冠三郡のアイヌ民族によるシカ猟免許出願とその許否の決定

表 2-1　シカ猟免許出願者の使用銃(1877～78 年猟期)

(挺)

	西　洋　銃					和銃	計
	1063～1192 番	1193～1362 番	他の番号	無号	不明		
静内郡	47	10	36	1	3	−	97
新冠郡	20	7	5	−	−	2	34
沙流郡	33	12	12	−	−	2	59
計	100	29	53	1	3	4	190

出典)『各郡文移録　明治十一年』開拓使札幌本庁民事局勧業課，北海道立文書館所蔵(簿書 A4/48)

過程に関する開拓使の原文書がある程度まとまって残されており、(56) そこから出願者の使用する銃の種類・刻印の番号に注目して表2-1を作成した。前述した通り本庁は勇払分署に対し、送付した銃一七〇挺に一一九三～一三六二番の刻印をするよう指示していた。これに対し小樽経由分の一三〇挺について刻印の番号は不明だが、これらの銃の到着時期の前後関係や三郡からの願書中に記された番号の集中具合から、これに先行する一〇六三～一一九二番であったことが有力と推定する。その推定のうえに立つと、一〇六三～一一九二番の銃は札幌本庁から静内分署を経て三郡のアイヌ民族に渡ったことになる。一方、一一九三～一三六二の番号のある銃は、いったんは勇払分署に送られたものであり、具体的な流れは把握できていないが、これらはいずれも一八七七年十一・十二月に三郡のアイヌ民族が銃の「拝借願」を提出して払下げを受けたことが確認できる。以上が政策的な貸与・払下げ品であるのに対し、他の番号をもつもの(いずれも六〇〇番台未満)の西洋銃と和銃はそれ以外の経路で入手したものである。願書にはこれらの銃について「所持之銃」と記すものが多い。この時期、正規には札幌・函館に官からの免許を受けた銃砲・弾薬商がおり、これらから直接・間接に入手したもののほか、所持者から(時には法令の範囲外の経路で)入手したものもあったろう。(57) 開拓使の払下げ用銃の準備の遅れや猟獲したシカ皮の一〇分の二の納入による代金の償還といった制約を嫌ったことが、こうした経路での入手を促した面もあるかも知れない。札幌本庁が払い下げた銃と附属品の代金の合計額一四〇〇円は、札幌本庁が負担し東京出張所が一八七八年一月に砲兵工廠に支払っていることを確認できるものの、(58) 代金償還のためにアイヌ

表 2-2　開拓使札幌本庁のシカ猟税収入状況

	1875〜76 (明治 8〜9)			1876〜77 (明治 9〜10)			1877〜78 (明治 10〜11)		
	人数	税額	税計	人数	税額	税計	人数	税額	税計
銃猟税	313	2.50 円	782.50 円	58	2.50 円	145.00 円	15	2.50 円	37.50 円
矢猟税	677	1.25 円	846.25 円	84	1.25 円	37.52 円			
計	990		1628.75 円	142		182.52 円	15		37.50 円

		1878〜79 (明治 11〜12)			1879〜80 (明治 12〜13)		
		人数	税額	税計	人数	税額	税計
銃猟税	職猟	15	2.50 円	37.50 円	1	2.50 円	2.50 円
	遊猟	2	5.00 円	10.00 円	3	5.00 円	15.00 円
矢猟税							
計		17		47.50 円	4		17.50 円

註）1876〜77 年猟期の矢猟税の合計額が合わない事情については本文参照
出典）『租税ニ関スル件　明治十三年・同十四年』開拓使札幌本庁会計局租税課徴税係，北海道立文書館所蔵（簿書 4645）

民族が本庁にシカ皮を納入した具体的な様子を知り得る史料は残念ながら今のところ見出せていない。また、本庁布達が記していた弾薬購入のための取計らい、銃の取扱い方法の教示の実施状況についても、各分署に銃とともにそれ相応の量の弾薬その他の物品が送付されていたこと、それとは別に商人が日高・胆振などで弾薬・雷管等の売捌きに乗り出す動きが見られること[59]を指摘できる程度にとどまる。これらについては今後の調査が必要である。

以上を見ると、この時期、少なくとも日高・胆振のアイヌ民族が急速に銃を受容していったように見える。それは一面において事実に違いないが、免許鑑札取得者の概要を見渡すことで、もう少し広い視野から考えてみたい。

二　免許鑑札取得者の内訳

まず、一八七五〜七六年の猟期における「胆振日高両州方面鹿猟仮規則」による免許鑑札の取得状況を見たい。表2-2は、札幌本庁租税課の把握によるシカ猟税の収入状況である。この猟期の矢猟免許者六七七名は制度上の制約

表 2-3　1875～76 年猟期のシカ猟免許鑑札発行数

（枚）

		銃猟	矢猟	計
室蘭分署		0	0	0
勇払分署		（内訳不明）		248
静内分署		55	428	483
浦河分署	三石郡	4	4	8
	浦河郡	25	86	111
	様似郡	8	38	46
	幌泉郡	（内訳不明）		73
	十勝国	3	18	21
計		95	574	990

出典）『開拓使公文録　勧業・文書・会計・地方　明治七・八年』開拓使札幌本庁，北海道立文書館所蔵（簿書 6111），『各郡文移録　明治十年従十月至三月』開拓使札幌本庁民事局勧業課，同（簿書 A4/29）

から全員がアイヌ民族のはずであり、銃猟免許者三一三名にも一部アイヌ民族が含まれていると思われる。「鹿猟規則」制定後、地域ごとの鑑札分配数を決めるため、札幌本庁は一八七六年十二月十二日、前の猟期における鑑札発行数を各分署に問い合わせた[60]。その回答をまとめたのが表2-3である。残念ながら勇払分署管内と幌泉郡について矢猟・銃猟の内訳が不明だが、総計は表2-2の数値と合致し、概略の見当をつけることはできる。何と言っても目につくのは、全体の人数が九九〇名で「鹿猟規則」の免許者定員六〇〇名より大幅に多いことである。

次に「鹿猟規則」制定後について。同規則がアイヌ民族の免許鑑札を非課税としたため、税収に関する表2-2からはほとんど情報を得られない。一八七六～七七年の欄にアイヌ民族からの税収（矢猟税）が記載されているのは、「鹿猟規則」の分署への到達が[61]「仮規則」の定めるシカ猟期開始後で、すでに免許取得者がいたため、税額を月割して課税したものである。

「鹿猟規則」による免許者数の全体像を示す史料としては『開拓使事業報告』（以下『事業報告』）第参編所収の表がある（表2-4）。この表でまず戸惑うのは、例えば「明治十年」欄の意味する範囲が一八七七年一月から十二月なのか、一八七六～七七年の猟期なのか、一八七七～七八年の猟期なのかが不明確な点である。また、各国・郡が、狩猟者の住所なのか免許鑑札の発行地なのかも明確ではない。前者の点については、『事業報告』の函館支庁分の原稿に「無税鑑札員数ヲ掲載セサルハ旧土人ノ出猟ナキカ為ナリ、且本表年度ハ出猟期限ニヨル」とあ

表 2-4　開拓使本・支庁管内のシカ猟免許鑑札下付状況

札幌本庁

国	郡	1877 (明治 10) 有税	1877 (明治 10) 無税	1878 (明治 11) 有税	1878 (明治 11) 無税	1879 (明治 12) 有税	1879 (明治 12) 無税	1880 (明治 13) 有税	1880 (明治 13) 無税	1881 (明治 14) 有税	1881 (明治 14) 無税
石狩	札幌	0	0	4	0	0	0	0	0	0	0
胆振	虻田	0	0	0	40	0	0	0	0	0	0
	有珠	0	0	0	24	0	0	0	0	0	0
	室蘭	0	0	0	14	0	0	0	0	0	0
	幌別	0	0	0	20	0	0	0	0	0	0
	白老	0	17	0	56	0	0	0	6	0	0
	勇払	21	129	5	83	1	36	0	19	0	0
	千歳	0	11	1	17	0	0	0	0	0	0
日高	沙流	0	0	1	87	0	79	0	84	0	0
	新冠	0	0	0	1	0	23	0	5	0	8
	静内	0	0	0	4	0	83	0	49	0	23
	三石	0	0	0	29	0	29	0	0	0	0
	様似	0	0	0	18	0	12	0	29	0	0
	浦河	0	0	0	60	0	79	0	74	0	0
	幌泉	0	0	4	8	2	0	0	0	0	0
十勝	広尾	0	0	0	17	0	0	0	0	0	0
	十勝	0	0	0	3	0	0	0	0	0	0
	中川	0	0	0	1	0	0	0	0	0	0
計		21	157	15	482	3	341	0	266	0	31

函館支庁

国	郡区	1876 (明治 9)	1877 (明治 10)	1878 (明治 11)	1879 (明治 12)	1880 (明治 13)	1881 (明治 14)
渡島	函館	0	0	0	0	0	5
	亀田	7	3	9	8	25	30
	上磯	1	0	0	0	2	0
	松前	2	6	7	9	10	10
	茅部	0	2	6	1	2	3
	檜山	2	1	3	3	6	8
胆振	山越	0	0	0	0	0	3
計		12	12	25	21	45	59

根室支庁

国	郡	1877 (明治 10) 有税	1877 (明治 10) 無税	1878 (明治 11) 有税	1878 (明治 11) 無税	1879 (明治 12) 有税	1879 (明治 12) 無税	1880 (明治 13) 有税	1880 (明治 13) 無税	1881 (明治 14) 有税	1881 (明治 14) 無税
根室	根室	0	0	0	0	11	0	0	0	0	0
釧路	釧路	8	0	26	79	5	115	0	37	0	31
	白糠	0	0	0	0	0	0	0	35	0	26
	川上	0	0	0	0	0	0	0	14	0	12
	阿寒	0	0	0	0	0	0	0	9	0	7
	足寄	0	0	0	0	0	0	0	5	0	4
	厚岸	0	0	0	0	0	0	0	0	0	20
北見	網走	0	0	0	0	0	0	0	0	4	15
計		8	0	26	79	16	115	0	100	4	115

出典）『開拓使事業報告』第参編，13-14，103，175 頁

り、同支庁について例えば「明治九年」とあるのはその年から翌年にかけての猟期を指すと判断できる[62]。

それらの点に留意しつつ、ざっと見渡すと次のような点に気づく。

①札幌本庁・根室支庁管内では、無税の者(アイヌ民族)の割合が圧倒的に多く、本庁管内ではそれが特に際立っている。これに対し、先に引いた『事業報告』原稿の記述を信じれば、函館支庁管内ではアイヌ民族への免許鑑札発行が皆無だった。

②免許者数が最大になるのは、札幌本庁管内では一八七八年(四九七名)、根室支庁管内では一八七九年(一三一名)であり、本庁管内においてはその後急激に減少する。特に胆振では一八七八年と翌年の数値に大きな落差がある。

③一八七七年の日高、一八七八年を除く十勝、一八七八年から七九年の釧路郡と根室郡を除く根室支庁管内では免許者数がゼロである。この時期これらの地域でシカ猟が行われていないはずはない。統計に洩れがあるのか、無鑑札でシカ猟をしていたのか。

まず①について検討する。本庁管内において和人の免許鑑札取得者がごく少なかったことは、表2-2からも確かめられる。また、表2-5は、本庁租税課が管内各郡について一八七八、七九、八〇年のシカ猟免許発行数・「輸出人」ごとのシカの角・皮などの産出高などを取りまとめた文書をもとに作成したものである。勇払分署からの報告中にはアイヌ・和人の内訳の記載を欠いているため、添付されている「鹿猟人名調」(免許取得者の人名一覧)[63]中の和名の者を「和人」として数えた。表2-4と比べると、勇払郡以外の胆振国各郡、日高国のうち新冠郡、十勝国については数値を欠いている点、注意が必要である。これらからも札幌本庁管内では「鹿猟規則」による免許取得者中にアイヌ民族の占める割合が圧倒的に高かったと見て間違いあるまい[64]。

この背景には、例えば政策的にアイヌ民族への免許を優先させたといった事情があったのだろうか。この点で一つ気になるのは、「鹿猟規則」による最初の猟期における本庁租税課の静内分署への指示である。静内分署が先に送付を受けた鑑札一一七枚のうち一〇九枚は「下渡済」で不足を生じる懸念があるとして五〇枚の追加送付を求めたのに対し、租税課は二月二日に五〇枚を送付するとともに、アイヌ民族で「目下難渋之者等」がいる場合は「和人猟業ヲ節減候トモ旧蝦夷人ニハ猟業差許候様致度」と、一時的にシカ猟を出願する和人寄留者よりも、アイヌ民族を優先すべきことを指示した。[65] 静内分署がこうした措置を実際にとったのかは不明であり、また、他の分署に対して同様の指示をしたことを示す史料は見出せていない。

表2-5　開拓使札幌本庁管内のシカ猟免許者数

（名）

国	郡	1878（明治11）		1879（明治12）		1880（明治13）	
		アイヌ	和人	アイヌ	和人	アイヌ	和人
胆振	勇払	74	6	187	2	25	0
日高	沙流	66	0	66	0	80	0
	静内	1	0	61	0	47	0
	三石	87	0	87	0	85	0
	浦河	73	0	73	0	73	0
	幌泉	6	5	7	11	–	–
計		307	11	481	13	310	0

註）勇払郡は名前によってアイヌ・和人を分けた
出典）表2-2と同じ

表2-6　開拓使函館支庁管内のシカ猟免許鑑札取得者数

（名）

猟期	アイヌ	和人	計
1876～77（明治9～10）	0	13	13
1877～78（明治10～11）	0	15	15
1878～79（明治11～12）	4	26	30
1879～80（明治12～13）	13	25	38
計	17	79	96

出典）函館支庁民事課勧業係の簿書（北海道立文書館所蔵）

なお、租税課がこの文書の前半部分で、分署に分配する鑑札数の基準を「〔明治〕八年」（一八七五年）の免許者数五五名と記しているのは目を引く。これは「仮規則」による銃猟免許者数であり、矢猟免許者四二八名の銃猟への移行を考慮に入れていないのである。

一方、函館支庁管内において、免許鑑札を受けたアイヌ民族がいないというのは事実に反する。表2-6は、同支庁民事課勧業係の簿書から四猟期分についてシカ猟免許の出願・許可に関する個別事例を収集して作成したものである。少なくとも一八七八～七九年の猟期に四名、一八七九～八〇年の猟期に一三名のアイヌ民族の免許取得者がおり、この点は『事業報告』の遺漏と確認できる。注目したいのはこの両期とも長万部村の三名が提出した願書中には、成規に従い納税するとの文言があることである。一八七九年十一月提出分については、支庁が納税を命じる文言を付して免許した後、翌年一月に戸長役場がアイヌ民族は非課税であることを指摘したために訂正したことが確認できるが、(66)前年出願分については関係史料を見出せておらず、(67)誤って課税された疑いを払拭し切れていない。

なお、函館支庁では「鹿猟規則」布達後に出願者が相次ぎ、一八七六年のうちに五名、翌年に入って一月十五日までに一名、二月十六日までに計一二名の出願者に対し許可を与えた。しかし、鑑札の雛形が不明なために鑑札の発行ができず、本庁に再三問い合せたが、前年までの「仮規則」に従うことを本庁が返答したのが一月二十七日付と遅かったため、結局函館支庁ではこの猟期にシカ猟の免許鑑札を発行せずじまいだった。(68)結果的に特に支障はなかったようだが、「鹿猟規則」が準備不足のまま施行されたことがここからもうかがわれる。

次に②について。前述したように表2-4の国・郡の欄が狩猟者の住所なのか鑑札発行地なのか不明確だが、一八七七、七八年の胆振、特に勇払郡の数値の多さは、この地域におけるシカ猟が殊に活発だったことを暗示する。

先に引いた勇払郡の分の「鹿猟人名調」を見ると、苫小牧村寄留者が目立って多い。一八七八年には五四名（うち和名の者六名）、一八七九年には一〇五名（同じく三名）に上る。特に同村十八番地寄留と記される者がそれぞれ四一名、一〇〇名と異様に多い。厳密な照合はできていないものの、一八七九年の同番地寄留者のうち二、三〇名は静内郡のアイヌ民族のようである。(69)一つの可能性として、この時期勇払郡でのシカ猟が非常に加熱し、周辺地域のアイヌ民族を含めて多くの狩猟者が流入していたことが考えられる。一転してこの地域の狩猟免許者数が減る背景には、一八七九年十一月の美々周辺の禁猟と、一八七八〜七九年の冬におけるシカの急減(次節参照)があったろう。

ところで、表2-4の札幌本庁・根室支庁の狩猟者数最多の年には、それぞれの管内の狩猟者定員に迫っているように思われる。この時、どんな事態が生じていたのか。

札幌本庁民事局勧業課の『各郡文移録　明治十一年従七月』中には、一八七八年秋からの猟期のためのシカ猟免許出願とその決定に関する原文書が綴られている。(70) これによると、十二月十二日から二十六日の間に、すでに定員に達していることを理由に本庁が六〇名のシカ猟免許出願を却下している。氏名不明の者を含むので民族別の内訳を厳密には把握できないが、仮に「旧土人〇〇外〇名」といった書き方をしているものをすべてアイヌ民族であるとすると、六〇名のうち三四名(幌泉郡一名・千歳郡一六名・白老郡九名・静内郡八名)がアイヌ民族である。翌年一月以降の同種の簿書は見当たらないが、他の支庁や他の年における出願時期の傾向を考え合せると、一月以降にも出願を却下したものがあったと思われる。

根室支庁については、一八七九年四月三十日付の標津村アイヌ一名の出願を、五月五日にやはり「満員」を理由に却下したことが確認できる。(71) これは夏猟三〇名への出願だったろう。

免許者数を制限する目的は狩猟者過多によるシカの頭数減を抑制することにあるのだから、定員を超えた出願の却下はその目的にはかなっていると言えようが、アイヌ民族の出願却下は、従来の狩猟活動の継続を権利のうえで実際に否定するものであり重要な問題を含んでいる。免許発行をアイヌ・和人の区別なく先着順としたこと、定員を従来存在した狩猟者数より少なく設定したこと、「鹿猟規則」制定過程で黒田長官ら開拓使首脳部がこれを機にアイヌ民族のある部分に関しては他業へ移行させるとしながら具体策を施さなかったこと(本書第一章参照)、などの問題点について改めて考える必要がある。

③について。一八七七年の日高における免許者数がゼロというのは表2-1を見ると統計の洩れと考えられる。根室支庁については一八七六〜七七年の猟期の免許発行者数は九名程度だったとあり[72]、当初は少数にとどまっていたと思われる。前述した猟期とシカの季節的移動のずれに加え、行政の未浸透といった事情があったのだろう。

十勝については、先に見た一八七八年十二月の各郡総代の歎願書に、海岸部では二十余名の銃砲所持者が「願之上免許鑑札頂戴」していたと見える。裏付けとなる史料は見出せていないが、「鹿猟規則」による免許鑑札取得があったのではないか。一方、銃猟者と対照的に記される飼犬を用いたシカ猟については鑑札取得に関わる文言が歎願書中に見えない。断定はできないが、十勝に限らず銃を用いないシカ猟は、実際のところ免許鑑札を取得せずに行われていたのではないだろうか。

「鹿猟規則」第一条の文言だけ見ると、同規則の規制対象は銃猟に限らずシカ猟一般であると理解できるが、指定の願書書式は銃猟を前提としたものである。これは恐らく開拓使が「鹿猟規則」の制定過程でアイヌ民族の狩猟方法としては毒矢猟にのみ注目してこれを禁止する一方で、他の猟法についてあまり意識しなかった結果であろう。開拓使文書中で見ることができる出願許可手続きに関する文書もすべて銃猟を前提としたものであり、「鹿猟規則」制定後においても開拓使内部でこうした狩猟方法を「鹿猟規則」の運用上どう位置づけるか議論された形跡はない。「鹿猟規則」と並立関係にある「鳥獣猟規則」が銃猟のみを規制対象としていたことが、「鹿猟規則」の運用のあり方にも影響していたのではないか。

以上の検討を考慮に入れながら、改めて毒矢猟に替わるアイヌ民族への銃の浸透という問題を考えると、札幌本庁における一八七五〜七六年猟期の矢猟免許者のうち控え目に言っても三割程度は「鹿猟規則」による免許を取得していないと見られる点が非常に気になる。銃猟への移行をしないか、できなかった者がそれだけいたのは確かだと言えよう。

第四節　シカの急激な減少

一　雪害の影響をめぐって

一八八〇年一月、勇払郡美々の缶詰所では、原料であるシカ肉の入手が計画を大幅に下回る事態が生じた。一月二十三日、美々に主張中の物産局製煉課員が報じるには、[73]この年缶詰製造に供するシカ肉買上げを運送請負人西村伝兵衛なる人物に申しつけたが、前年十二月から二月までに三〇〇〇頭を納付するはずが、一月二十一日までにわずか二〇頭分の納付にとどまっていた。西村を呼び出して調べたところ、本年は「意外ノ薄猟」で、殊に例年猟獲が見込める勇払郡厚真川上字幌内近辺には目下シカの姿が見えない、とその地に出向かせている猟師たちが報せてくるという。

西村が、密猟取締りのために派遣されてきた二名の巡査とともに現地を巡回した報告は、状況をより具体的に伝える。[74]

…御巡回ノ乍御供土人村々并ニ鹿猟之場所筋勇払郡厚真《アツマ》川上ニ於テ字幌内并ニソリマ〇〔ママ〕シヨ〳〵シト申所ハ鹿猟見込ノ場所ニテ、年来鹿ノ集居スルヶ所ニ付、兼テ右地へ猟師小屋弐拾ヶ所余掛ケ置キ、猟師モ数十名登山為致置候得共、本年ニ限リ鹿ノ足形五六頭ならで相見得不申候故、更ニ猟業ニ不相成、本月十九日迄ニ鵡川并ニ沙流郡猟師共不残引払候次第ニ御座候。且鵡川土人村々并山々見届候処、植苗村ゟ十里余御座候鵡川筋仁鬱村ト申処ゟ二里程川下ニ於テ鹿ノ足形少々相見へ申候近方ニ足形相見へ不申、右川上山中迄村々土人共へ猟業之都合相尋候処、当分ニテハ鵡川筋ニ於テ猟業ニ不相成由申聞、沙流郡ノ山中へ猟師弐拾名差向置候ニ付、召遣清次郎ト申者本月十日植苗村出立ヲ様子見届ケ候処、沙流川上ニ於テ鵡川累標ゟ八里程十里余ノ山中へハ鹿少々集居スル由ニ御座候得共《バ》、猟モ可有之ト被存候得共、此所へハ馬足等ハ不相立、去トテ人夫ヲ以テ運送スル時ハ賃銭モ多分ニ相嵩ミ候義ニ御座候。且絸沙流ゟ東南ノ方、里程四里程ノ場処ニテモ鹿少々相見得候由ニ御座候得共、是以テ運賃ハ前同様之次第ニテ旁々当惑仕候…

これらの史料は、缶詰製造の原料の入手経路を垣間見せる点でも貴重である。シカ肉の買上げを西村伝兵衛という人物に任せ、西村が狩猟者たちを狩猟の見込まれる場所に配置していること、沙流・鵡川の猟師（アイヌ民族か？）が出向いてシカ猟に臨んでいることなどが分かる。沙流川筋においては猟獲が期待できるが、運賃がかさむことが買入れを躊躇させている点からは、缶詰所の原料入手がある程度限られた範囲でしか行い得なかったことを読み取ることができよう。

次の猟期においても十分な量の原料用シカ肉を入手できる見通しは立たなかった。買上げ価格が高騰する一方、売価を上げては売れる見込みがなく、開拓使は一八八〇年十二月、美々でのシカ肉缶詰製造見合せを決定する[(75)]。缶詰の卸売りを中心になって担ってきた東京の開拓使物産取扱所によれば、シカ肉缶詰はサケ・マス缶詰ほど「売口」も多くなく、それまでに届いた四万七六五六本のうち贈進・試験を含めて売却分が二万一一一六本で二万六五四〇本が残っていたという[(76)]。それだけ多くの在庫があることが、この年無理に製造を進めなくてよい理由とされているが、シカ肉缶詰の販売が順調ではなく、したがって値上げが現実的ではなかったことがよく分かる。

さて、勇払において一八八〇年一月の時点でシカが姿を消していたのはなぜなのか。札幌本庁の文書には「客年大雪之為メニ多数之鹿ヲ斃セシ等ノ源因」であったと見える。[77]「等」が気になるところだが、一八七九年初めの大雪を主な原因と考えているのは明らかである。

俵浩三氏がこの時期のシカの減少について引く諸史料からは、一八七九年二月の大雪による大量死、雪で身動きができなくなったシカをアイヌ民族が撲殺したこと、幌内鉄道開通がシカの生息域を狭めたこと、などが読み取れる。[78]ここでは、大雪による大量死を原因とするだけでは理解として不十分なのであり、開拓使の政策を背景とした狩猟活動が大きな影響を与えていたことを改めて確認しておきたい。

まず、それまでのこの地域における活発な狩猟活動がシカの頭数を減らすとともに、生息域に大きな影響を与えていたことがある。一八七九年五月二十日に札幌を発ち日高を経て十勝の広尾に至った開拓使御用係酒井忠郁は次のように記す。[79]

> …当国ハ土人ノ猟獲ノミニテ銃殺セシヿナシ。然ルニ隣国ニ於頻ニ銃殺ノ甚シキ、其音ノ盛ナルヨリシテ、群集ナセシモノト想ハル。然ルニ本年ノ如キ、其群来セシヲ聞伝エ、各所ノ銃猟人夥多入来ナセバ、果シテ如斯猟獲高ヲ見ルヿ近キニ勿ルヘシト云リ

十勝ではシカの銃猟をしなかったのに対し、銃猟を盛んに行った近隣地域から逃れてきたシカが大量に流入しているとの観察は、第一節で引いた松本大判官の記述と共通している。さらに、シカを追って今度は狩猟者が流入して来ることを酒井は予想している。引用されることの多い『札幌県勧業課第一年報』も室蘭新道の開設が後押しした狩猟の活発化が千歳・勇払・白老各郡のシカを域外へ追いやり、そこへ一八七九年の大雪が襲って十勝

表 2-7　1877〜82 年のシカ猟獲高

（頭）

国名	1877（明治 10）	1878（明治 11）	1879（明治 12）	1880（明治 13）	1881（明治 14）	1882（明治 15）
胆振	5,588	8,647	7,589	733	2,565	5
日高	29,068	15,649	9,051	11,656	5,780	133
十勝	14,710	45,200	15,071	15,458	16,667	15,291
合計	49,366	69,496	31,711	27,847	25,012	15,429

出典）『札幌県勧業課第一年報』札幌県，1882 年

でもシカが大量に死んだとする[80]。もっとも同書所収の猟獲高を示す表2-7からは、この冬を境に十勝でシカの生息数が急減したことを読み取ることはできない。胆振などから流入したシカがそれほど多かったということか、判断に迷う。

もう一つ、開拓使のお雇い外国人エドウィン・ダンが次のように記していることに注目したい[81]。

一八七八年から七九年にかけての冬は非常に厳しかった。北海道中、海岸線まですっかり雪が積もった。それでも、もし邪魔されないですんだならば、鹿は大した損害なしにこの難局を切り抜けたであろう。しかし不幸にして、その当時は鹿の皮と角に対する需要が非常に大きかった。先見の明のない哀れなアイヌ人達は、目の前の欲得の誘惑にたえ切れなかった。鹿は最も良い避難場所の谷や沢へ幾千頭も集まって来た。そこでは雪が深いために、雪靴をはいたアイヌ人達はやすやすと鹿を襲い、犬と棍棒とで何万も打ち殺すことができた。たて十五マイルによこ五マイルくらいの鵡川地区だけでも七万五千もの骸骨が、春に政府から鹿の損害を確かめるために派遣された人々によって数えられている。この同じ政府は、翌年もまた鹿の殺害が繰返されるのを防ぐための何の手段もとらなかったのである。

シカは大雪それ自体によって大量死したのではなく、商品としての皮と角に対する

高い需要を背景としたアイヌ民族による撲殺と、それに対する政府(開拓使)の無策が大きかったとダンは見ているのである。アイヌ民族以外による撲殺もあったのではないかとの疑問は残るし、ダンの記述にはアイヌ蔑視が絡みついている点に注意が必要であるが、雪中のシカ撲殺という出来事を経済的な背景と政策上の不行届きとともに把握しているのは鋭い認識と言えよう。

二 「密猟」の問題

ここまで主に見てきたのは、「鹿猟規則」の枠組みとその枠内での狩猟の問題だった。だが、この規則によるシカの頭数管理の行方を左右する要素として、制度の枠外でのシカ猟、すなわち密猟の問題は非常に重要である。その性質上、密猟の全体像を公文書から捉えるのは難しい。周辺事情としてまず、開拓使が把握し切れていない銃所持があったことから見ていこう。明治政府は一八七二年一月に「銃砲取締規則」を布告し、民間人が所持する銃の掌握を図った。だが、全国的にも同規則による銃の管理がすぐに徹底したわけではなく、一八七五年十二月に罰則規定の適用を実質的に猶予する期間を設けるなどして届出を促している(82)。北海道においても基本的な状況は同様で、例えば根室支庁は一八七九年四月の時点で「管内僻隅ニ散在ノ旧土人及ヒ寄寓ノ者」には不徹底で規則違反に陥る者が少なくなく、これを直ちに処罰しては数十名にも及ぶとして、改めて罰則適用の猶予期間を設けて取調べを徹底することを黒田長官に提起している(83)。

次に見ておきたいのは、「鹿猟規則」による免許を取得していなくても、合法的に銃による狩猟に従事する者が少なからずいたことである。一つは銃を用いた狩猟一般を対象とする全国規模の法令である「鳥獣猟規則」による場合で、この免許には遊猟(税額一〇円)と職猟(税額一円)があり(人数制限なし)、猟期は十月十五日から翌年四月十五日までと規定されていた。[84] もう一つは「有害鳥獣」駆除を目的としたもので、免許は非課税で猟期制限・狩猟者の定数ともになかった。[85] 開拓使期におけるこれら両制度による免許取得者数に関するまとまった統計類は見当たらないが、これらの出願・許可に関する文書が比較的揃って残っている函館支庁の簿書から事例を拾ってみると、例えば一八七八年中にはシカ猟免許二三名・鳥獣職猟一七名・「有害鳥獣」銃猟二九名(すべてカラス)、一八七九年中にはシカ猟一一名・鳥獣猟一七名(うち二名遊猟)・「有害鳥獣」銃猟一六名(すべてカラス)となっている。[86]

「鳥獣猟規則」ないし「有害鳥獣獲殺」の免許をもっているだけではシカ猟をすることは制度上許されないのだが、銃を携えて山野に入ってシカに出くわしたとして、それを決して撃たなかったと考えるのは現実的ではあるまい。

特に「鳥獣猟規則」の免許取得者がシカをも狩猟対象とすることはしばしばあったのではないかと思われる。故意による違反を問題にする以前に、銃猟一般を許す「鳥獣猟規則」による免許が北海道内のシカ猟を例外とするという制度上の線引きが、どの程度周知されていたのかを考えるべきだろう。「開拓使管内ニ入リ鹿猟ヲ為ス者ハ該使施行ノ規則ニ遵フヘシ」との規定は、一八七七年十二月十七日に太政官布告第八十五号によって「鳥獣猟規則」末尾の第十八条につけ加えられたものだった。[87] 一見して分かりやすいとは言えまい。そのうえ、一八七八年三月二十二日に内務省が開拓使管内用として札幌本庁に送付した鑑札(職猟二〇〇枚・遊猟五〇枚)の裏面には「鳥獣猟規則」の全条文が掲載されていたが、前年十二月の改正内容を反映していなかった。[88] 札幌本庁は東京出張所にこの点を指摘し、道内では不都合と思われるが追加の公布は「一般之掲示」によって人民が認知しているのでそのまま鑑札を下付していいかと問い合せて同意を得(五月二十一日)、函館支庁に職猟一〇〇枚・遊猟二五枚、根室支庁に職猟二五枚・遊猟一〇枚の鑑札を送付した(六月二十日)。これに対しては函館支庁が「一般掲示により人民が熟知するというのはすべての法令に共通のことで、特にこの免状の裏面に規則を印刷するのは、猟者の遵守を求める考えからのものであるのに、追加規定を記載しないのでは過誤を招き、違反者を出す恐れがある」として再考を求め(七月四日付)[89]、札幌本庁と連名で東京出張所に対して、その不都合を指摘し、余白に加筆して対応すべきだとの意見を提出して返答を求めた(同二十四日付)[90]。これに対する東京出張所の返答は見出せておらず実際にどう対応したかは不明なのだが、本庁と東京出張所のあまりに御都合主義的な当初の対応を見ると、法令の周知にどれだけ力を注いだのか疑問を抱かざるを得ない。

和人狩猟者の活動範囲の拡大については、本書第三章第三節で見るように、一八八二年から八六年の間に、十勝川河口の大津に寄留する本州以南出身者がクマ二二三頭、オオカミ七七頭を猟獲し手当を受けている事実がある。彼らがどんな種類の免許鑑札を所持していたのか不明だが、十勝では地域内のアイヌ民族以外のシカ猟が禁止されていた時期であり、いずれにしても彼らがシカ猟をすることは制度上できなかった。だが実際には彼らのなかにはシカを獲る者もいたに違いないと考えるのは、猜疑心が過ぎるだろうか[91]。

一方で、開拓使は密猟防止のためにどれだけ有効な取締りができていたのかという問題がある。

一八七六年十二月十四日、静内分署はシカ猟取締りをしたいが多用中で分署詰合や村吏においても山間の見回りまで行き届きかねるとして、十二月から二月頃まで警察課から邏卒二、三名を派遣するよう本庁に求めた[92]。だが警察課は「当課此節人少」を理由に「繰合次第」追って巡回させると答えるにとどまった。この回答の決裁には一月には巡査二、三名を静内から浦河、十勝国まで巡回させたいとの意見を記した付箋が貼付されているが、これが実施されていたとしても、時期的に大きく立ち遅れており、十分な効果は期待できそうもない。

一八七八年十一月には、密猟取締りのため札幌本庁が勇払・千歳方面と沙流・静内方面に二名ずつの巡査を派遣し、十勝国を含む浦河分署所轄内については「人少」(警察の人手不足の意?)を理由に幌泉出張巡査に取締りをさせることを決定している(93)。

翌年一月には、シカ猟取締りと野営演習を名目に黒田長官自らが屯田兵を引き連れて植苗村美々方面へ向かった(94)。札幌を三日に発ち十一日に帰札する日程で、士官四名・下士官五名・兵卒二〇名(他に喇叭伍長・同卒各一名)が参加し、猟獲したシカ一五丸(他に予備四丸)・脚五三本・カモ二羽を天皇以下の皇族のほか三条・岩倉以下政府高官の面々に玄武丸便で送って進呈したものだった。近世大名の鹿狩りめいたこの催しには、日数からも内容からも密猟取締りとしての効果は乏しいように思われる。なお、屯田兵による勇払方面における演習兼シカ猟取締りを、開拓使が一八八〇年二月にも実施したことが確認できる(二月二日出発、十六日帰着、二分隊による(95))。

以上のほかにも取締りのための巡視などは行われていただろうが、狩猟活動の場の広さを考えると、密猟を効果的に押え込むのはかなり難しかったのではないか。

根室支庁については密猟者の横行ぶりを示す史料をいくつか見出せる。釧路国は一八八〇年三月以降、地域内のアイヌ民族を除いてシカ禁猟だったが、「他府県ヨリ一時出稼ノ輩」多数が、「鳥獣猟規則」による免許を取得して山野を跋渉し実際にはシカ猟を行った(96)。一八八一年三月二十九日、根室支庁はこのまま放置してはシカが絶滅することを危惧し、釧路国における「鳥獣猟規則」による銃猟期を四月十五日から九月十五日に改めると布達した(97)。だが、農商務省は他の有益鳥獣の生息を妨害するとしてこれを認めず、シカ密猟対策には他の方法を設けるよう指示した(十月二十五日付)。開拓使は再度事情を説明し理解を求めたが(十二月八日付)、農商務省はこれを受け容れず(同二十四日付)、根室支庁は翌八二年三月、猟期変更を撤回する(98)。「鳥獣猟規則」の免許鑑札を隠れ蓑にしたシカ猟が可能だったのは、その規定する猟期がシカ猟期とほぼ重なり、積雪があることでシカ猟に好適な環境下にあったことに加え、狩猟地が「広漠タル原野多ク就中深山幽谷数十里ニ渉リ」、取締りが極めて困

難だという事情があった。(99)

これとは別に根室支庁は一八八一年二月四日、無鑑札でシカ猟をする者がおり、捕えて尋問すると「免許鑑札ノ義ハ追テ其筋ヘ請願送致」すると雇主が言うのを信じた者であることが判明したと札幌本庁に伝え、その場合被雇用者に罰金を科すべきか否かを照会した。(100)本庁はこれらの者を罰せざるを得ないと回答する(三月七日付)。支庁からの照会文書中には、根室支庁管内に本庁管内でのシカ猟免許取得者が入り込んでシカ猟をしていたことを示唆する文言も見える。

以上を見ると、一八八三年四月発行の根室県の『勧業雑報』が掲載した「釧路郡況」が、例年最もシカが群集する足寄・阿寒両郡とも本年の猟獲が数頭に過ぎない、などと薄猟ぶりを報じ、その原因を「土人等連年山野ヲ跋渉シ猥リニ銃殺多獲ヲ事トスルニ依リ、頓ニ此衰耗ヲ致セシナラン」ともっぱらアイヌ民族の狩猟活動に帰し、多数流入していた和人密猟者に言及していないのは、(101)一面的であると言える。

なお、間接的な密猟防止の手立てとして猟獲品の流通経路を絶つことが考えられる。この点に関しては、開拓使札幌本庁が一八七七年九月二十二日、シカ禁猟期のシカ肉売買を禁じる達を発しているのが知られる程度である。(102)仲買人の対応を考えてみれば、無免許の狩猟者による猟獲品であれ一定の価格・品質で買入れができるのであれば、取締りの目が及ばない限り、買入れをあえて控えたとは考えにくい。

おわりに

本章ではまず、開拓使によるシカ猟規制がアイヌ民族に与えた影響として、第一章で論じた以外に、地域内において狩猟者の範囲や狩猟方法を自律的に規制する秩序を侵害し、破壊したことを明らかにした。この問題に対しては早い段階から勇払・沙流・十勝などのアイヌ民族から批判があったが、開拓使は免許取得者の活動の自由を理由にそれを取り入れず、ようやく一八七九年以降、恐らくシカの激減を機に、胆振の美々周辺・十勝・釧路において地元アイヌ民族以外のシカ猟を禁止する。

開拓使廃止後、全道各地でのアイヌ民族の深刻な窮乏化への対応が政策課題となったとき、シカ猟の衰退はサケ漁規制と並んでその主な原因に挙げられることを思うと、開拓使がシカの頭数維持に失敗した事実のもつ意味は重い。官庁による大規模なシカの頭数管理は初めての試みであり、それゆえの困難は多かったろう。密猟者の横行に有効な取締りを徹底するのは難しく、大雪をきっかけにしたシカの死や大量の撲殺などは予測が難しかったと言えるかも知れない。だが、一八七八年の「鹿猟規則」改正過程を見ると、生物資源としてのシカの頭数管理という同規則の目的は、それと表裏の位置にあるシカの産業利用という目的に引きずられがちであった。全体として言えば、開拓使にはシカの急減への警戒をもって、頭数管理のあり方を慎重に点検しつつ模索する姿勢・体制が欠けていたと言わざるを得まい。

「鹿猟規則」による免許取得者の多くを占めたのはアイヌ民族であったが、先着順の人数制限という制度の枠組みのなかで、出願しながら免許を得られない事例があったことを確認した。毒矢猟禁止に対しては、公文書上に顕在化しないが銃猟に移行しないか、できないアイヌ民族が一定の割合でいたこと、その一方で札幌本庁による貸与・払下げを踏み台に、あるいは自力での入手によって銃を受容する動きがこの時期見られることを確認した。その背景には、そうせざるを得ない環境を開拓使が与えたという面があるのは無論である。と同時に、銃の特質に注目しての積極的な受容という部分も含まれているはずであり、そこに伝統的狩猟方法の剝奪といった面のみを見るのは適切ではあるまい(103)。

この時期に猟獲されたシカの何割が「鹿猟規則」の枠内でのものか、何割がアイヌ民族によるものかといった問いに答えようはないが、シカの商品化を背景にした狩猟熱の高まりや銃受容の広がりが、アイヌ民族がシカの狩猟過多に少なくとも結果的には加担してしまうことにつながった面がある。政策・制度の問題に再び向き合えば、銃の普及を図ることがシカの頭数管理のために適切だったのか、この時期のシカの商品化とは具体的にはどのようなものだったのか、さらにはシカ猟に限らずこの時期のアイヌ民族の生活環境の変化全体を改めて問うことへと踏み込んでいくことが必要になろう。

(1) 例えば、高倉新一郎『新版アイヌ政策史』三一書房、一九七二年、四五〇頁は「不馴な猟銃は一時アイヌを当惑に陥れ、また高価な猟銃代は年産額の二割という部分をその支払のために割かねばならなかった」とする。
(2) 一八八九年三月二十三日北海道庁令第二十二号『北海道立文書館史料集 第十六 北海道庁例規集 第I期 庁令等布達編(三) 明治二二年』北海道立文書館、二〇〇一年、一八―一九頁。
(3) 俵浩三「開拓使時代の鹿の保護政策」『林』一九七六年五月号、三八―四四頁、同『北海道の自然保護――その歴史と思想(増補版)』北海道大学図書刊行会、一九九〇年。北海道のシカと人間の関係史全般にわたる重要な先行研究に、犬飼哲夫「北海道の鹿とその興亡」『北方文化研究報告』第七号、一九五二年、一―四五頁がある。現在の北海道におけるシカをめぐる状況・諸問題について梶光一「エゾシカの個体群動態と管理」湯本貴和・松田裕之編『世界遺産をシカが喰う――シカと森の生態学』文一総合出版、二〇〇六年、四〇―六四頁を、エゾシカを含むシカの生態について高槻成紀『シカの生態誌』東京大学出版会、二〇〇六年を参照。
(4) 以下この件については「勇払外二郡鹿猟ノ者へ銃猟鑑札下渡シノ件」『開拓使公文録 舟車・地方・会計・非常・雑 明治七年』開拓使札幌本庁(簿書五九六九、一件目)。以下、史料名の後に括弧書きで「簿書」として示すのは、北海道立文書館所蔵簿書の簿書番号と件番号である。
(5) 一八七四年十二月二十二日付十二ノ二十号、勇払出張処より本庁会計局宛、同前所収。
(6) ここで言う「全国」とは「日高国」を指すものだろう。一八七五年七月二十四日付七ノ五十号、浦河出張所より民事局宛、「全国一般ヘ鹿猟規則施行、並ニ無益ノ物品ニテ土人ト鹿皮交換禁止ノ件」『開拓使公文録 勧業 明治七・八年』開拓使札幌本庁（簿書六一二二、一二件目）。

（7）一八七五年十一月五日付十一ノ五号、静内出張処より民事局宛、「沙流郡鹿猟ノ義、他郡ヨリ入込差止ノ件」『開拓使公文録　勧業・雑・地方・職官・戸籍・外事・会計・文書・兵制　明治八年』開拓使札幌本庁（簿書六〇九〇、四〇件目）。

（8）一八七五年十一月十五日付十一ノ三十六号、民事局より静内出張所宛、同前所収。

（9）一八七八年十月十九日付十ノ四十二号、第二十一大区区務所より勧業課宛、「幌別郡旧土人共勇払郡ニ於テ鹿猟ノ件」『各郡文移録　明治十一年従七月』開拓使札幌本庁民事局勧業課（簿書Ａ四／四九、一〇〇件目）ほか。

（10）一八七八年十二月二十日付、当縁郡総代寅吉他六名より開拓大書記官堀基宛「鹿猟之儀ニ付歎願書」、「鹿猟ニ付十勝国ノ内銃猟禁止区域設定ノ件」『本課届録　明治十一年』開拓使札幌本庁民事局勧業課（簿書Ａ四／五一、一六七件目）。長くなるが重要なので全文を引く（戸長・副総代による奥書は略）。

鹿猟之儀ニ付歎願書

本使本年乙第弐拾号御達北海道鹿猟御規則御取設ニ相成候ニ付テハ、御免許鑑札処持之者ニ有之候得ハ本庁御管下何レノ地ヲ問ハス鹿猟仕不苦儀ニテ、既ニ御当国ヘ鹿猟出稼出願之者ヘハ出稼旅行御差許ニ相成候趣、承知仕候処、御当国之儀ハ、兼テ御見聞之通、海産場至テ不足、御国界ヨリ々迄海岸筋里程弐拾四里余之処、僅広尾郡内里程四里ニ不満、一郡民之生計ニモ難相成程之義ニ付、且ツ漁場之義ハ私シ共ニ容易ニ不相成候得ハ、願之上寄留人等ト国中人民ト組合営業仕、右営業之為メ多クハ三四十里遠隔ノ処、四月上旬ヨリ十一月下旬迄、漁業働キ方相当ノ者男女不残浜方ヘ相下リ営業仕居、又鹿猟ハ私共第一ノ衣食料ニ有之候得ハ、鹿猟御規則ニ基キ銃炮処持ノ者弐拾余名、願之上免許鑑札頂戴仕居候得共、其実ハ漁業済十二月上旬ヨリ鹿猟ニ着手仕、殊ニ銃炮多分ニ相用ヒ候得ハ忽減少散乱仕候ニ付、何分銃炮ハ不相用様仕、犬及夫々無音ノ器械俗ニ唱ル落シヲ以テ鹿猟罷在、最モ従前ハ俗ニアマツホト唱ヒ矢猟仕居候処、先年右アマツホ御禁制ニ相成候ニ付、去ル明治九年十一月中浦河御分署御在勤対馬嘉三郎様広尾郡ヘ御出張ニ相成、右矢猟相廃シ候様御説諭ニ相成候節、私共右矢猟相廃シ候テハ迚モ鹿猟不相成、随テ生計ノ目途無之ニ付、向六ヶ年間右矢猟御差許被成下度、御聞届被成下候上ハ六ヶ年間ノ内ニハ如何様ニ歟他業相営候様勉励可仕ト、既ニ一昼夜ニ及種々歎願仕候得共、御聞届難被成下御説諭ニ付、素ヨリ一般ノ御規則ニ悖リ候義ハ不相成ニ付、奉承服、銘々家畜ノ犬ヲ以テ鹿猟可仕義ニ御受申上、右矢猟相廃シ、爾後国中脇〔協〕儀〔ママ〕之上、海岸筋三郡広尾当縁十勝之内銃炮処持ノ者僅ニ三十名程有之ニ付、是ハ川上家畜ノ犬ヲ以テ鹿猟ノ場ニ於テ銃猟致シ候得ハ忽減少一同ノ迷惑ニ相成候ニ付、不相入事ニ定約取極メ、且ツ鹿肉ノ義ハ私共第一等ノ飯料ナレハ、永ク其産ヲ失ナハサル様国中互ニ深ク注意罷有、最モ川筋四郡上川河西河東中川ノ者戸数百七拾七戸人員千百四十余人ニ有之候処、只今ニ銃炮処持ノ者壱人モ無之、右家畜ノ犬ヲ以テ鹿猟罷有候処、今般他ヨリ数十名進入、縦横炮発銃猟被致候テハ、忽減少散乱無疑、其節ニ至リ今日ノ活計ニ固〔困〕窮仕ハ必然ノ義ニ有之、且ツ御当国ノ義ハ他国ニ比シヘカラサルノ極寒国ニテ、飯料ニ致〔ママ〕シヘキ穀物ハ熟実無之、然シ追々耕地モ取開キ度見詰〔ママ〕ニ候得共、則今ノ事ニハ難相成、甚タ難渋仕合ニ有之候処、夫々銃猟御規則モ有之内、願上候モ至極恐多奉存候得共、前条ノ次第深ク御洞察被成下、当分ノ内十勝国ノ義ハ永住旧土人飯料トシテ、西ハ幌泉郡界鐚多貫ヨリ広尾川迄右川ヲ界トシテ凡海岸里程四里ノ間、山方ハ右広尾川界トシテ山奥一円、東ハ釧路国界直別ヨリアフナイ川迄海岸里程凡弐里ノ間、山方ハ右アフナイ川界トシテ山奥一円、各経界トシテ夫ヨリ内ヘ不入来様、何卒御憫察御所分被成下置度、此段国中一同挙テ奉歎願候、以上

当縁郡総代
歴舟村第壱番地
寅　吉（爪印）
河東郡総代
美蔓村第壱番地
波宇計安伊農（爪印）
中川郡総代
止若村第弐番地
安不爾加安伊農（爪印）
上川郡総代
人舞村第壱番地
志留牟計安伊農（爪印）
広尾郡総代
茂寄村第五番地
三次郎（爪印）
河西郡総代

上帯広村第壱番地
摩宇加安伊農（爪印）
十勝郡総代
生剛村第五番地
遠登和（爪印）

明治十一年十二月廿日
開拓大書記官堀基殿

(11) この件についてはとりあえず本書第五章を参照。先回りして記せば、一八八〇年の組合解散は、こうした条件を切り崩したと思われる。

(12) 松本十郎「石狩十勝両河記行」高倉新一郎編『日本庶民生活史料集成』第四巻、三一書房、一九六九年、三六五頁。松本のこの記述については前掲俵「開拓使時代の鹿の保護政策」がすでに指摘している。

(13)『北海道立文書館史料集　第十　申奏録(四)　明治十一年』北海道立文書館、一九九五年、六〇―六二頁。ただし同書およびその底本（簿書一〇七五〇、五二件目）は、その後の改正により追加された第四条但書を、特に区別なく示しており注意を要する。

(14)『開拓使事業報告附録布令類聚』（以下『布令類聚』）上編、大蔵省、一八八五年（〈復刻版〉北海道出版企画センター、一九八四年）八〇四―八〇五頁所収の改正後の規則中で、アイヌ民族非課税を規定する第三条但書を欠いているのは、編集上の誤りである。

(15) 一八七七年一月十日付一ノ六号、根室支庁より堀中判官・調所少判官宛、「北海道鹿猟規則ニ付免許鑑札下渡ノ員数取調方ノ件」『本庁往書　明治十年自一月至八月』開拓使根室支庁記録課（簿書二三二六、三件目）。

(16) 一八七八年一月十六日付第五号、根室支庁在勤少書記官折田平内より長官黒田清隆宛「根室北見両州鹿猟期限御更正之義伺」、「鹿猟規則並ニ鳥獣猟規則中更正ノ件」『本支庁文移録　来　明治十一年自三月至六月』開拓使東京出張所記録課公文係（簿書二九六四、六一件目）。

(17) 同前所収。

(18) 同前所収。

(19)　一八七八年四月十一日付四ノ三十五号、札幌書記官より東京書記官宛、同前所収。
(20)　同前所収。
(21)　第二十一大区の範囲は幌別・白老・勇払郡、第二十二大区は沙流・新冠・静内・三石郡、第一大区は札幌郡である。
(22)　前掲『本支庁文移録　来　明治十一年自三月至六月』(簿書二九六四、六一件目)所収。
(23)　一八七八年九月十八日開拓使乙第二十一号布達。「根室支庁管内鹿猟夏冬ノ二期猟業可差免人員ノ件」、「本年乙第二十号ヲ以テ管内鹿猟規則更正中根室支庁管内職猟人員ノ件」『長官滞在中書類　第壱号ノ二　丙一ノ五　明治十一年』開拓使札幌本庁記録局公文課(簿書二四〇八、七一・七三件目)による。
(24)　前掲『本支庁文移録　来　明治十一年自三月至六月』(簿書二九六四、六一件目)。
(25)　往復の電文は『本庁電信録　明治十一年』開拓使東京出張所記録課公文係(簿書二九六八)にあり。本庁は差し当たり電報で返事をした後、勇払郡等を管轄する第二十一大区区務所に実情に詳しい者に尋ねるよう求め、苫小牧村在住の佐藤喜左衛門の「毎年七八両月ニ者、数多之男鹿昼夜ヲ不分声ヲ発シ、女鹿ヲ尋ンカタメ山野ヲ走廻リ、其節苗《ママ》ヲ以テ呼寄セ候得者直ニ走来リ候儀ニ付、必其節ニハ孕妊、十ヶ月目ニテ翌年五六両月之間ニ出生候儀ニ御座候」という回答を得、四月五日付でこの写しを東京に送付した。この経過について、前掲『本支庁文移録　来　明治十一年自三月至六月』(簿書二九六四、六一件目)、「野鹿孕妊並出生期節ニ付回答ノ件」『東京文移録　往　丙一ノ三　明治十一年自一月至六月』開拓使札幌本庁記録局公文課(簿書二四〇二、二四五件目)、および「鹿孕妊ノ月並ニ出産ノ月取調ノ件」、「鹿孕妊及ビ出生ノ時節取消ノ件」『各郡文移録　明治十一年』開拓使札幌本庁民事局勧業課(簿書A四／四八、四四・六九件目)を参照。
(26)　『開拓使事業報告』第参編、七八七頁。開拓使の缶詰製造については『別海町郷土資料館企画展「☆開拓使別海缶詰所」展示解説書』別海町郷土資料館、二〇〇四年が詳しい(のち、戸田博史「☆開拓使別海缶詰所」『北海道大学大学文書館年報』第三号、二〇〇八年、四三―八七頁に収録。また、別海町役場がインターネット上でも公開している)。
(27)　(一八七八年)七月八日付七ノ九号、札幌書記官より東京書記官宛、「鹿肉管《ママ》詰製処建設地ニ付取調上申方照会越ノ件」『東京文移録　往　丙一ノ三　明治十一年自七月至十二月』開拓使札幌本庁記録局公文課(簿書二四〇三、九件目)ほか。
(28)　前掲俵『北海道の自然保護(増補版)』九四頁。ただし、俵氏が猟期の延長について言及していない点、背景として缶詰工場への原材料補給の円滑化のみを挙げている点は、十分とは言えない。
(29)　この建言書の提出および写しの札幌本庁への送付については「鹿殺猟成《ママ》限ニ付建言ノ件」『本支庁　管外各分署　諸課文

移録　三冊之弐　明治十一年』開拓使函館支庁民事課勧業係（簿書二六三六、五六件目）。
（30）この件については「鹿猟規則改正ノ件」『擬案録　明治十二年』開拓使札幌本庁記録局考査課（簿書三〇八六、一六件目）。
（31）正確には「石狩国札幌郡島松駅ヨリ胆振国千歳郡ヲ経勇払郡苫細駅ニ至ル往還中央ヲ境ヒ海岸弐里ヲ除キ東北ノ方石狩国夕張郡迄東ハ日高国沙流郡ヲ境界トス」「日高国ノ内幌泉全郡」「釧路国ノ内白糠郡海岸ヨリ西北ヘ弐里ヲ距リ阿寒郡足寄郡ニ跨リ西北十里四方」。
（32）一八七九年十一月十七日開拓使乙第六号布達『北海道立文書館史料集　第十一　申奏録（五）　明治十二年』北海道立文書館、一九九六年、一二一頁。
（33）一八七九年九月十五日付札第四七五号、東京三等出仕・書記官より札幌書記官宛、「鹿猟禁猟区域制定ノ件」『東京文移録来　丙一ノ六　明治十二年』開拓使札幌本庁記録局公文課（簿書三〇三二、三八一件目）。
（34）一八七九年十月十三日付十ノ四十三号、札幌書記官より東京三等出仕・書記官宛、「鹿猟規則中第四条改正追加ノ件」『東京文移録　往　丙一ノ六　明治十二年自七月』開拓使札幌本庁記録局公文課（簿書三〇二九、二五九件目）、「勇払郡植苗村ヘ線内標木建築ノタメ松浦七等属ヘ出願被命方ノ件」『黜陟上申録　明治十三年自一月至十二月』開拓使札幌本庁記録局履歴課（簿書三八一九、一五件目）。
（35）一八八〇年三月五日開拓使乙第二十七号布達『北海道立文書館史料集　第十二　申奏録（六）　明治十三年』北海道立文書館、一九九七年、二二三―二二四頁。
（36）一八八〇年一月十日付、厚岸分署在勤四等属石井武雄より開拓権大書記官折田平内宛、「釧路国一円該地旧土人ヲ除クノ他当分鹿猟禁止ノ件」『諸課伺届録　共二　壱号　明治十三年自一月至九月』開拓使根室支庁記録課（簿書四三七〇、二件目）、同年一月二十六日付天第二号、根室支庁在勤開拓権大書記官折田平内より開拓長官黒田清隆宛、「鹿猟規則中釧路国旧土人ヲ除クノ外鹿猟禁止方ノ件」『取裁録　十三年』開拓使根室支庁記録課公文係（簿書四三五六、二件目）。
（37）「釧路国旧土人取獲ノ鹿角皮広業商会ニテ買入ノ件」『長官出張中根室支庁伺上申録　明治十一年八月ヨリ十一月マテ』東京出張所上局（簿書二九六二、三件目）ほか。
（38）一八八〇年七月九日本庁達甲第五十六号、「広尾外六郡旧土人需用諸物品仕入及収穫諸産物販売方取扱申付ノ件」『部下達書録　達丙　明治十二年』札幌本庁記録局公文課（簿書三七八九、八一件目）。
（39）例えば釧路では、一八七九年九月、米町在住の渕沢文蔵他四三名の代人が札幌本庁に広業商会の独占による「頗ル困難ノ情況」を歎願に及び、早くも同年十一月には広業商会以外との取引を実質的に容認している。これについては「釧路国白糠外四郡旧土人猟獲獣皮角ノ類同地方商人売買ニ付広業商会ト同一売買差許ノ件」、「釧路国旧土人猟獲獣角皮売買方ニ付渕沢文蔵ヨリ出願ノ件」『本庁来書 共二 十二年自七月ヨリ十二月迄』開拓使根室支庁記録課公文係(簿書三六六〇、五七・一〇四件目)。なお、百瀬響「開拓使期における狩猟行政――「北海道鹿猟規則」制定過程と狩猟制限の論理」井上紘一編『社会人類学からみた北方ユーラシア世界』北海道大学スラブ研究センター、二〇〇三年、一〇一―一二一頁は、開拓使が「不公正」な取引の対価として禁止した物品中に、漆器や刀剣などアイヌ民族にとっての威信財が含まれること、ここには開拓使の認識とアイヌ民族の価値観の間のすれ違いがあることを指摘している。興味深い指摘であるが、不公正な取引を問題視する史料が多数存在することを考えると、これらの物品の仕入れ値やアイヌ民族側の産品の売却額など取引全体を視野に入れた検討にまで踏み込む必要があるのではないかと考える。

(40) 以下、陸軍省とのやり取りは「北海道土人猟用トシテ、エンヒール銃等譲渡ノ件」『開拓使公文録 陸軍省往復 明治九年自一月至十二月』開拓使東京出張所(簿書五八三〇、一〇件目)。

(41) (日付欠)札第六一七号、西村中判官・安田少判官・小牧幹事・鈴木六等出仕より堀中判官・調所少判官宛、一八七六年十一月二十四日付、東京会計課用度係より本庁会計局用度課宛、「北海道土人猟用銃及ビ弾薬、陸軍省ヨリ譲受、願出土人へ貸与ノ件」『開拓使公文録 勧業・文書・会計・地方 明治七・八年』開拓使札幌本庁(簿書六一一一、三七件目)。

(42) 一八七六年十二月二十一日付諸第五五二号、勧業課より勇払分署宛、同前所収。

(43) 一八七六年十二月二十六日開拓使根室支庁第七十四号達『開拓使根室支庁布達全書』巻上、七三八―七三九頁。

(44) 一八七六年十二月十五日付十二ノ四十一号、静内分署より勧業課宛、前掲『開拓使公文録 勧業・文書・会計・地方 明治七・八年』(簿書六一一一、三七件目)。

(45) 一八七六年十二月二十三日付諸第五五三号、勧業課より静内分署宛、同前所収。

(46) 「土人へ払下ノ小銃到着ノ件」、「静内外二郡旧土人拝借願出ノ銃器、鵡川並ニ佐瑠太川解氷次第継立ノ件」『各郡文移録 明治十年従一月至三月』札幌本庁民事局勧業課(簿書A四/二九、二二・一二〇件目)。

(47) 「矢猟廃業ノ土人へ払下ノ小銃各地方配賦ノ件」『取裁録 明治十年従一月至十二月』開拓使札幌本庁民事局勧業課(簿書A四/三八、一〇件目)、「函館ヨリ勇払分署へ逓送ノ土人払下銃器ノ配分方ノ件」前掲『各郡文移録 明治十年従一月至三月』(簿書A四/二九、三七件目)。

(48)「勇払分署廃署ニ付銃器並ニ銃炮検査極印引渡ノ件」前掲『各郡文移録　明治十年従一月至三月』(簿書A四／二九、九七件目)。
(49)「静内外二郡土人へ払下銃器ノ残余分処分方ノ件」前掲『各郡文移録　明治十年従一月至三月』(簿書A四／二九、九五件目)。
(50)「銃炮其外、勇払郡土人へ払下ノ分、同郡副戸長植田甚蔵預リ証送付ノ件」前掲『各郡文移録　明治十年従一月至三月』(簿書A四／二九、九九件目)。
(51)「浦河郡土人共矢猟禁止ニ付鹿猟銃器火薬共拝借願ノ件」前掲『取裁録　明治十年従一月至十二月』(簿書A四／三八、一四件目)。
(52) シカが深雪中の行動を苦手とすることについて、前掲高槻『シカの生態誌』一一四―一一九頁を参照。
(53)「三石郡旧土人ヨリ猟銃貸与願出ノ件」、「旧土人へ払下ノ猟銃附属品共領収ノ件」前掲『各郡文移録　明治十年従十月至十二月』(簿書A四／三二、三二・五七件目)。
(54)「静内新冠両郡旧土人ヨリ猟銃払下願出ノ件」前掲『各郡文移録　明治十年従十月至十二月』(簿書A四／三二、五九件目)。
(55)「三石郡旧土人共ヨリ鹿猟用西洋銃拝借願ニ付回致ノ件」『各郡文移録　明治十一年従七月』開拓使札幌本庁民事局勧業課(簿書A四／四九、九二件目)。
(56)「静内外二郡旧土人鹿猟営業鑑札付与人員取調ノ件」、「静内、新冠、沙流三郡人民ヨリ鹿猟営業鑑札下渡出願ノ件」、「沙流郡平賀村世利末津古呂外二十名ヨリ銃砲払下願出ノ件」前掲『各郡文移録　明治十一年』(簿書A四／四八、二四・五五・五六件目)。
(57) 例えば「消印必要ノ虻田郡旧土人所持和銃、千歳郡旧土人へ譲渡済ノ件」『各郡文移録　明治十年従四月至六月』開拓使札幌本庁民事局勧業課(簿書A四／三〇、三九件目)に、一八七六年七月頃に虻田郡のアイヌが忍路郡のアイヌから和銃を譲り受け、さらに千歳郡のアイヌに譲渡した記録がある。
(58) 代金請求・支払いの経緯は「土人猟用二ツバンド施条銃其外ノ代価陸軍省へ照会ノ上回答方ノ件」『略輯旧開拓使会計書類　第四号第九百四十五冊』開拓使東京出張所会計課用度係(簿書六八三六、六一件目)。
(59) 函館の免許商人による胆振・日高・石狩でのシカ猟者への弾薬売捌き許可願について「井上嘉助火薬買受並ニ売捌方願出ノ件」『評議留　明治九年』開拓使函館支庁民事課勧業係(簿書一七二四、一〇件目)。沙流郡在住の無免許者による出願について「鹿猟営業者へ弾薬其他払下ニ付沙流郡総代高野千代之助外二名ヨリ願出ノ件」前掲『各郡文移録 明治十年従十月至十二月』(簿書A四/三二、六〇件目)。

(60) 「鹿猟規則改正ニ付明治八年中鹿猟鑑札付与人員取調ノ件」前掲『開拓使公文録 勧業・文書・会計・地方 明治七・八年』(簿書六一一一、三八件目)、「勇払分署八年分鹿猟鑑札下渡高取調ノ件」、「八年浦河下付銃猟鑑札差出ノ件」前掲『各郡文移録 明治十年従一月至三月』(簿書A四/二九、八三・一〇九件目)。

(61) この件に関しては『会計局往復留 明治十年一月ヨリ』開拓使札幌本庁静内分署(簿書二〇四三、九九・一一〇・一一二・一三〇・一五〇・一六〇件目)による。例えば静内分署の場合、「鹿猟規則」の到達は十二月十四日だった。

(62) 『開拓使事業報告書 乾 函館支庁』大蔵省開拓使会計残務整理委員(簿書七一八九)。札幌本庁と根室支庁についても同じと考えていいかは留保を要する。前掲俵「開拓使時代の鹿の保護政策」がこの点を考慮せずに集計し、定員超過がないといった議論を進めているのは適切ではない。

(63) 「鹿猟調書ノ内鹿角、鹿皮差出人等ノ件」、「明治十一十二十三年分日高国沙流郡鹿猟鑑札料猟業人鹿皮調ノ件」『租税ニ干スル件 明治十三年・同十四年』開拓使札幌本庁会計局租税課徴税係(簿書四六四五、三五・三六件目)。

(64) 榎森進『アイヌ民族の歴史』草風館、二〇〇七年、三九六―三九八頁が開拓使期のシカ猟規制について論じるなかで論証なしに「狩猟者の人数が北海道全体で六〇〇名に限定されたため、アイヌはこの六〇〇名の中に入ることは不可能であった」としているのは誤りである。

(65) 一八七七年一月二十一日付一ノ二十四号、静内分署より租税課宛、「鹿猟鑑札五十枚回致方ノ件」前掲『会計局往復留 明治十年一月ヨリ』(簿書二〇四三、一〇件目)、一八七七年二月二日付租第一二〇号、租税課より静内元分署宛、「鹿猟鑑札五十枚回致ノ件」同(簿書二〇四三、五七件目)。

(66) 「所轄内人民ノ鹿猟並ニ鳥獣猟願許可ノ人名報知ノ件」、「長万部村旧土人椎久芳三外二名鹿職猟納税ニ関スル件」『管内郡区役所文移録 戸長役場属之 三冊之壱 明治十三年』開拓使函館支庁民事課勧業係(簿書四〇五一、六・一七件目)。

(67) 『願伺届録 明治十一年 弐冊之弐』開拓使函館支庁民事課勧業係(簿書二六五五、一五九件目)。

(68) 「鹿猟免許鑑札聞届ノ者及此上出願ノ者取調等ノ件」『本支庁上局往翰 壱 明治十年』開拓使函館支庁記録課公文係(簿書二〇六七、三二件目)、「鹿猟免許ノ者へ下渡スベキ鑑札雛形ノ件」、「八年中函館支庁管内郡民へ下附ノ鹿猟鑑札取調送致方ノ件」『鹿猟関係書類 但警察係ヨリ引継書 明治十年』開拓使函館支庁民事課勧業係(簿書二一三五、五・六件目)、および

「鹿猟規則布達ノ処鑑札雛形本庁へ照会中該猟満期ニ付不相渡件」『取裁録　明治十年』開拓使函館支庁会計課租税係（簿書二二七五、三八件目）ほか。

(69) 静内郡のアイヌ民族の名前との照合は「静内外二郡旧土人鹿猟営業鑑札付与人員取調ノ件」、「静内新冠沙流三郡人民ヨリ鹿猟営業鑑札下渡出願ノ件」前掲『各郡文移録　明治十一年』（簿書A四／四八、二四・五五件目）による。

(70) 前掲『各郡文移録　明治十一年従七月』（簿書A四／四九）。

(71) 「標津郡旧土人宮本半蔵鹿猟営業願出ノ件」『取裁録　明治十二年』開拓使根室支庁民事課勧業係（簿書三三五六、三七件目）。

(72) 一八七八年一月十六日付、根室書記官より札幌書記官宛「明治九年開拓使鹿猟規則中第四条根室管内猟者百名並ニ鹿猟期間更正ノ件」『根室文移録　明治十一年』開拓使札幌本庁公文課（簿書二四一七、一〇件目）。

(73) 一八八〇年一月二十三日付、勇払郡美々出張内藤兼備より（物産）局長宛、「美々製煉場管《（ママ）》詰用鹿肉払底ニ付状況報告開申方ノ件」『本庁文移録　明治十三年従一月至八月』開拓使東京出張所記録課公文係（簿書四四三一、三三件目）。

(74) 一八八〇年一月二十二日付、苫小牧村西村伝兵衛より物産局製煉課宛「鹿猟ノ近況奉申上候書付」同前所収。

(75) 「本庁管下鹿薄猟生肉騰貴ニ付貯蔵モ有之製造見合方ノ件」『鑵詰類集　十三年』開拓使物産取扱所販売科（簿書四四六四、二三件目）。「本年ニ限リ」との決定だったが、美々ではその後シカ肉缶詰の製造は再開されなかった。

(76) 「鹿鑵詰代価ノ義ニ付見込」同前所収。

(77) 一八八〇年一月二十六日付号外、札幌書記官より函館出張調所大書記官宛、前掲『本庁文移録　明治十三年自一月至八月』（簿書四四三一、三三件目）。

(78) 前掲俵『北海道の自然保護（増補版）』九五―九六頁。

(79) 『酒井忠郁北地履行記』（写本）、北海道立文書館所蔵（旧記一二四〇）による。

(80) 『札幌県勧業課第一年報』札幌県、一八八二年、一四六―一四八頁。

(81) エドウィン・ダン（高倉新一郎編）『エドウィン・ダン　日本における半世紀の回想』エドウィン・ダン顕彰会、一九六二年、八六―八七頁。原文は、西出公之・川端喬・九津見明『農・畜産関係お雇い外国人教師研究モノグラフ9　Edwin Dun: Reminiscences of Nearly Half a Century in Japan（校訂）』文部省科学研究費補助金研究成果報告書、一九九三年、七〇―七一頁。

(82)　一八七五年十二月十日太政官布告第一八九号。その開拓使札幌本庁管内での実施について、一八七六年三月四日札幌本庁甲第三号布達、前掲『布令類聚』下編、四九四―四九五頁を参照。
(83)　この件に関しては「銃砲弾薬検査延期ノ儀ニ付伺」『開拓使公文録　明治十二年　本庁往復』開拓使東京出張所(簿書A四／三一一、四八件目)。東京出張所は今さら表立って処理するために太政官に稟議をする「不体裁」を避け、早々に係官を派遣して「検査改印」をするよう指示した(六月九日付)。
(84)　一八七七年一月二十三日太政官布告第十一号「鳥獣猟規則」。一八七四年十一月十日太政官布告第一二二号を改正したもので、一八九二年十月五日勅令第八十四号「狩猟規則」により廃止。これら狩猟制度の変遷については『狩猟法規沿革』農商務省農務局、一九二四年を参照した。
(85)　これについては本書第三章参照。
(86)　一八七八年の分は『願伺届録　弐冊之壱　明治十一年』開拓使函館支庁民事課勧業係(簿書二六五四)、『願伺届録　弐冊之弐　明治十一年』同(簿書二六五五)、一八七九年の分は『願伺届録　明治十二年』同(簿書三三四七)による。シカ猟と鳥獣猟についてはは年をまたぐため、一八七八年のシカ猟について一名、鳥獣猟について一名が、一八七九年の鳥獣猟について一名が単年内に二度出願・許可を受けている。また、一八七八年には三種の免許を重複して取得した者が一名、シカ猟と「有害鳥獣」銃猟の重複取得が一名、一八七九年には鳥獣猟と「有害鳥獣」銃猟の重複取得が一名いる。重複取得者の存在は、それぞれの免許が許容する狩猟の範囲がそれだけ周知され、守られていることを示唆しよう。
(87)　同時に使用可能な猟銃の大きさを規定した第九条に「但北海道開拓使管内ニ限リ和銃玉目十匁以下ヲ用フルヲ得ヘシ」と追加した。この事情について本書第一章第一節参照。
(88)　この問題に関しては前掲『本庁文移録　明治十一年』(簿書二九六四、六一件目)、「鳥獣猟免状職猟遊猟受取方ノ件」『東京文移録　明治十一年自一月至六月』(簿書二四〇二、三〇〇件目)、および「鳥獣猟免状へ布告追加規則掲載不要ノ件」、「東京ヨリ送致ノ鳥獣猟免状函館・根室両支庁へ差立ノ件」『東京各支庁文移録　明治十一年』開拓使札幌本庁民事局勧業課(簿書A四／七二、一五六・一七八件目)を参照。
(89)　一八七八年七月四日付第三〇二号、函館書記官より札幌書記官宛「鳥獣猟免状ノ件」、「鳥獣猟免状ノ義ニ付裏面規則ニ付今一応東京へ照会上否通相成度件」『本支庁　管外各分署　諸課文移録　三冊之壱　明治十一年』開拓使函館支庁民事課勧業係(簿書二六三五、一七件目)。

(90)　一八七八年七月二十四日付七ノ五十七号、札幌書記官・函館書記官より東京書記官宛、前掲『本庁文移録　来　明治十一年自三月至六月』(簿書二九六四、六一件目)。

(91)『斜里町史』斜里町役場、一九五五年、三〇一—三〇二頁は岩手県気仙沼郡出身の鈴木養太という人物について、札幌開府のとき、大工を連れて札幌建設に参加し、その後シカ皮の買入れをしている実兄を頼って十勝に来、実兄の事故死後は足寄方面に移ってシカ猟をしていたが、斜里方面にシカが多いと聞いて一八七七年に斜里に入ったと紹介する。一方、札幌県の記録からは鈴木養太(もしくは養太郎)という人物が、一八八三年三月に十勝の中川郡でオオカミ一頭、一八八四年一月に河西・河東・上川各郡でオオカミ一頭・クマ八頭を猟獲し手当を受けていることが分かる(『札幌県公文録　鳥獣猟　第弐号　明治十六年』札幌県勧業課(簿書七九五四、一九件目)、『札幌県治類典　鳥獣猟　第一　自明治十六年十二月至同十七年五月』同(簿書八七四六、二〇件目))。これらの猟の時はシカを獲らなかったと考えれば『斜里町史』の記述と矛盾はしないが、かえって不自然な解釈ではないだろうか。鈴木養太については宇仁義和氏のご教示を得た。

(92)　分署は「旧土人共アマツホ猟御禁止之際一層取締仕度」と記しており、仕掛け弓禁止徹底の意図がうかがわれる。これについては「静内郡へ鹿猟取締ノ為メ巡査出張ノ件」『開拓使公文録　職官　明治九年』開拓使札幌本庁(簿書六一五三、三四件目)。

(93)「勇払静内方面ニテ鹿密猟取締ノタメ巡査出張ノ件」『取裁録　明治十一年一月ヨリ』開拓使札幌本庁民事局警察課(簿書二四九五、一三四件目)。

(94)　この時の取締り兼野営演習については「野営演習ヲ兼鹿猟取締ノ為兵員差出ニ付費用出方ノ件」『長官滞札中書類　乾　明治十一年』開拓使函館支庁記録課公文係(簿書二五七三、六件目)、「鹿猟取締並野営演習ノ者へ慰労金下賜ノ件」『上局親展書類　明治十一年自一月・十二年至十二月』開拓使札幌本庁上局(簿書二三九六、四五件目)、「鹿猟取締並ニ野営演習ノ節、黒田長官出張捕殺ノ鹿献上及贈進其他ノ件」『開拓使公文録　本庁往復　明治十二年』開拓使東京出張所(簿書五八九六、一一件目)、および「鹿猟取締並ニ野営演習ノ為長官始准陸軍士官等勇払郡美々方面ニテ猟獲ノ鹿聖上両皇后宮其他へ差出方ノ件」前掲『東京文移録　来　丙一ノ六　明治十二年』(簿書三〇三一、三九件目)。

(95)「野営演習ヲ兼ネ鹿猟取締ノ為屯田兵勇払方面へ出張ノ件」、「鹿猟取締ノ為野営演習ヲ兼勇払方面へ出張ノ兵員帰田ノ件」『上局公文仮綴　十三年』開拓使札幌本庁民事局地理課(簿書三八五六、五・一七件目)。

(96)　以下この件に関しては「釧路国ニ於テ鳥獣期限交換ノ件」『根室支庁文移録　明治十四年』開拓使東京出張所記録課公文

係（簿書五〇七九、九三件目）、「釧路国鳥獣猟規則中期限改正申出ノ件」『東京文移録　明治十五年』開拓使残務取扱所旧根室支庁民事課勧業係（簿書五四四三、五件目）による。
(97)　一八八一年三月二十九日甲第二十一号布達『開拓使根室支庁布達全書』巻上、五四七頁。「鳥獣猟規則」第十条に「但地方ノ景況ニヨリ已ムヲ得ス此期限ヲ伸縮スル時ハ其理由ヲ農商務省ヘ届出ツベシ」とあるのに根拠を求めた措置だったが、農商務省はこの但書は年度をまたぐ猟期の変更を許したものではないとの見解を示す。
(98)　一八八二年三月十五日旧開拓使根室支庁残務取扱甲第十八号、「鳥獣猟期限更定布達ノ件」前掲『東京文移録　明治十五年』（簿書五四四三、一〇件目）。
(99)　引用は一八八一年十二月八日付第一五九九号、開拓長官黒田清隆より農商務卿西郷従道宛、前掲『根室支庁文移録　明治十四年』（簿書五〇七九、九三件目）より。
(100)　この件については「開拓使ノ禁令ヲ犯シ無鑑札ニテ鹿猟処分ニ付明示方ノ件」『本庁往書　明治十四年』開拓使根室支庁記録課（簿書五〇二三、一〇件目）、「鹿猟規則違犯者処断ノ義ニ付問合越ノ件」『本庁来書　明治十四年』同（簿書五〇二一、四五件目）。
(101)　釧路通信委員佐々木与兵衛「釧路郡況」『勧業雑報』第参号、根室県勧業課、一八八三年四月。
(102)　一八七六年九月二十二日札幌本庁丁第四十五号達、前掲『布令類聚』上編、八一六頁。
(103)　海保嶺夫「火縄銃と蝦夷地の歴史」『日本北方史の論理』雄山閣、一九七四年、二二七―二四三頁が、シャクシャインの戦いの際には見られたアイヌ民族による火縄銃の使用がその後姿を消す問題を論じているのは、示唆に富む。

第三章　オオカミ・ヒグマ・カラスに関する「有害鳥獣獲殺手当」

はじめに

二〇〇一年四月二十八日から五月二十七日まで、北海道開拓記念館では第一三〇回テーマ展「開拓使とエゾオオカミ」を開催した。本章は、その準備過程とその後の調査による成果を、「有害鳥獣獲殺手当」と呼ばれた報奨金制度を軸に構成したものである。この展示会は、北海道立文書館所蔵の開拓使・三県の公文書と、統計類の整理によって作成した図表を中心に、剝製や猟銃、写真を交えながら、明治初期の北海道における野生生物と人間との関係を、オオカミに焦点を当てて考えようというものだった。

すでに絶滅してしまった北海道のエゾオオカミに対する関心は高く、多くの文献が取り上げてきたが、それらのほとんどは一九三三年の犬飼哲夫「北海道産狼とその滅亡経路」（以下、犬飼論文）に依拠している。(1) 犬飼論文は、エゾオオカミについて基本的な事実を整理した点で貴重であり、動物学者ならではの切り口をもった味わい深い文献であるが、改めて検討すべき問題をいくつも残しているように思われる。

近年、Brett Walker 氏は *The Lost Wolves of Japan* のなかで、エドウィン・ダンによるオオカミ毒殺の実施や報奨金制度など開拓使のオオカミに対する対応を論じている。(2) 本章と重なる部分も多く、明治期における畜産を含む近代農業の導入が日本人のオオカミ観に大きな転換を生じさせたという指摘など広い視野での議論は刺激的であり、欧米の事情との比較にも教えられるところが大きい。だが、北海道についての記述は開拓使期に限定されている点、地域ごとの制度の違いが整理し切れていない点など不十分な点も少なくない。

テーマ展「開拓使とエゾオオカミ」でそうしたように、本章ではオオカミを「主役」としつつもヒグマとカラスを「準主役」として扱う。「獲殺手当」が主に対象にしていたこの三種の動物を併せて考えることで、それぞれの動物が人間との関係において当時置かれていた位置が、より見えやすくなるだろう。私の潜在的な関心はオオカミに限らず、広く言えば歴史のなかで人間の営為が自然環境に与えた影響という問題にある。特に「開拓」という人間の営為は、野生生物の生息域への人間の侵入という側面を必然的にもつから、近代北海道を対象にした歴史研究にとって、こうした課題がもつ意味は大きいに違いない(3)。

三種の動物と人間との関係をたどるとき、ウマ・ウシ・ヒツジといった家畜、野生と家畜のはざまにいるイヌ、その他シカやバッタ、ニシンといった多くの生物が登場してくる。それらも視野に入れ、人間と動物、動物相互の関係を多少なりとも浮彫りにしてみたい。

同時に、「人間」と一括りにすることの危うさを指摘しておくべきだろう。言い換えれば、官と民、民衆のなかの生業や居住地の違い、そして民族の違いといった多様性を見据え、「人間」を社会として捉えていくことの重要性である。この点については、アイヌ民族の狩猟活動との関係に関して多少の問題提起をしたくらいで、実際に狩猟活動に携わった個々人の動機や社会背景など、今後の課題としているものが多い。

第一節　「獲殺手当」の導入

一八七七年九月八日、開拓使函館支庁は、「熊狼ハ人民之耕作物及牛馬ノ害ヲ為スヿ少ナカラサルニ付」と耕作物と家畜への害に言及して、ヒグマ・オオカミを猟獲し証拠として両耳を添えて届け出た者へは、一頭につき二円を給すると定めた。(4) これを札幌本庁に伝えた文書は、管内各村において「近来熊狼ノ為農馬数十頭殺傷セラル、ニ付」と述べ、同時に警察係の者を「茅部・山越ノ両郡ゟ鶉山道・知内山道」へ派遣したことを伝えている。被害の多発が制度化を促したことがうかがわれる。これにならったのだろう、九月二十二日には札幌本庁が同内容の布達を発した。(5)

　被害の発生が報奨金制度に直結するとは限らない。開拓使はその発想をどこから得たのだろうか。残念ながら今のところ断定はできないが、お雇い外国人の助言による可能性が大きい。

　第一の可能性は、B・S・ライマンの提言である。ライマンは、根室から宗谷を経て東京に至る調査旅行の報告書を、一八七四年十一月二十三日付で開拓使顧問H・ケプロンに提出したなかで次のように述べている。(6)

> The presence of bears and wolves in the mountains (through far less numerous than the deer) will perhaps be some hindrance to the introduction of sheep and even larger cattle; and perhaps it will be thought necessary to encourage still further their extermination by offering bounties, as is done in other countries.
>
> 熊、狼ノ山中ニ群集スル(鹿ヨリハ少キヿ万々ナルモ)恐ラクハ牛、羊ノ移畜ニ妨碍アラン。依テ、此種ノ獣ヲ殺シ尽サン為メ、他国ノ方法ニ拠リ、之ヲ捕獲スル者ニハ、賞金等ヲ与ヘ、尚一層、鼓舞セラレンヿ緊要ナランカ

ヒグマとオオカミを牧畜への阻害要因と見、その絶滅をも目指した報奨金制度の導入を提唱するライマンの念

頭に、彼の祖国米国を始め西欧諸国の前例があったことは明らかである。(7) この提言が開拓使内部で報奨金制度への関心を高めたことは確実と思われるが、一八七七年九月のヒグマ・オオカミ獲殺手当制定までに三年近い時間が開いていることを考えると、制度化の直接のきっかけと断定するには躊躇を覚える。

もう一つ検討しておくべきなのは、札幌農学校の初代教頭W・S・クラークの提言との関係である。一八七六年六月二十九日に横浜に上陸し、七月三十一日に札幌に着いたクラークは、黒田清隆開拓長官らに札幌の官園を荒らすカラスへの対策を相談され、米国マサチューセッツ州では「毒薬ヲ用へ〔ママ〕又ハ銃殺シ人民ヨリ鴉首十箇ヲ差出タル者ニハ一箇ニ付若干銭ノ褒美ヲ与フルノ方法」を実施していることを紹介した。(8) これを受けた開拓使東京出張所は、人民に対して誤って毒薬に触れぬよう注意を促し、毒餌使用を禁止する旨をあらかじめ布達することを条件に、札幌と七重の官園でのカラス毒殺実施を指示した。その害としては、「耕作ヲ損害スル」ことと漁獲物を食べてしまうこと(具体的には身欠鰊の損害を試算している)が挙げられている。早速札幌の官園では毒餌によるカラス毒殺を実施し、七重の官園でも実施の準備をした(英国領事館などの反対により直前に中止)。クラークは毒薬名やその使用法も助言している。

一方、翌一八七七年三月十日、札幌本庁はカラスを捕獲して各分署(分署のない地域は区戸長)に持参した者へは一羽につき四銭の手当を支給することを定めた。(9) 前年のニシン漁期に銃猟者三名を雇って石狩でカラスを銃殺させたが、費用がかさむため、民間人への奨励に切り換えるという判断が働いていた。前年に銃殺したカラス三四八羽、その経費五九円二八銭で、一羽当たり一七銭余であったという。函館支庁は翌一八七八年一月に、根室支庁は五月に、同じ内容の布達を発した。(10)

カラスの「獲殺手当」導入はヒグマ・オオカミ対策のそれより六ヶ月早いのである。報奨金制度がヒグマ・オオカミにも有効だとまでクラークの話が及んだというのは、まったくあり得ないことではあるまい。少なくとも、彼がカラスの報奨金制度を具体化させる直接のきっかけをもたらしたことが、ヒグマ・オオカミへと拡大する呼び水になった可能性は高いだろう。

以上は、「獲殺手当」の起源を欧米の先例の摂取に見る考え方であり、私はこれが有力だと考えている。実際、その後も開拓使がこれらの鳥獣への対処法の見本を欧米に求め続けたことを示す史料は少なくない(11)。その一方で、国内の先例が示唆を与えたと考える余地も残っている。岩手県では、一八七七年九月八日に、牛馬被害対策への対策として、オオカミ牡一頭殺獲につき七円、牝八円、仔二円を給するとした(12)。宮城県でも一八七六年頃から牡七円、牝七円五〇銭、仔二円の報奨金を出していたことが確認できる(13)。開拓使がこれらの先行事例についての情報を入手していた証拠はないが、あり得ないことではない。最終的な結論は今後の調査にまつべきだろう。

ところで、ヒグマ・オオカミによる家畜の被害状況を示す数字として、開拓使函館支庁が各郡役所に調査させた一八八〇年一月から九月までの管内被害状況一覧がある。残念ながら牛馬の区別が明示されていないものがあるが、函館支庁がそれらをウマと見なして集計しているらしいことを参考に整理し、表3-1を作成した(14)。ヒグマによる死傷は牛馬合せて三五六頭、六五〇五円、オオカミによるものは八二頭、一一八一円五〇銭というすさまじさである。牛馬の所有者にとってはヒグマ・オオカミによる危害が、心理的な恐怖と経済的な打撃の両面で生活を脅かすものだったことが想像できる。なお、図3-1は牛馬の違いを無視して、月ごとの両獣による被害状況を示したものである。参考までに掲げておく。

ところで、オオカミとヒグマはこれまで引いた開拓使の公文書中で当然のように一括りにされているが、それが大型の家畜に危害を与える恐れのある「猛獣」という、人間の側の関心によるグループ化の結果であることを見逃してはなるまい。両者の間には、何を食べるか、集団で行動するか否か、冬ごもりをするか否かといった点で、小さくない違いもある。しかし、こうした相違はともすれば無視されがちだったのではないだろうか。オオ

表 3-1　ヒグマ・オオカミによる牛馬の被害
（1880 年 1～9 月，開拓使函館支庁管内）

		ヒグマによる被害			オオカミによる被害			合計		
		死傷	頭数（頭）	被害額（円）	死傷	頭数（頭）	被害額（円）	死傷	頭数（頭）	被害額（円）
渡島国	亀田郡	馬　死	73	1,022	馬　死	11	119.5	馬　死	84	1,141.5
			(6	109)					(6	109)
		牛　死	8	135.5		–		牛　死	8	135.5
	上磯郡	馬　死	27	452	馬　死	3	9	馬　死	30	461
		傷	2	48				傷	2	48
		牛　死	21	816		–		牛　死	21	816
	茅部郡	馬　死	92	1,544	馬　死	19	125.5	馬　死	111	1,669.5
			(25	340)		(10	53.5)		(35	393.5)
		傷	4	103	傷	12	259	傷	16	362
						(11	241)		(11	241)
	福島郡	馬　死	20	254	馬　死	20	428.5	馬　死	40	682.5
			(18	221)		(20	428.5)		(38	649.5)
		傷	5	153	傷	4	90	傷	9	243
			(5	153)		(4	90)		(9	243)
	津軽郡	馬　死	–		馬　死	4	49.5	馬　死	4	49.5
						(1	7)		(1	7)
		傷	–		傷	4	57	傷	4	57
						(4	57)		(4	57)
	檜山郡	馬　死	31	643.5	馬　死	3	32.5	馬　死	34	676
	爾志郡	馬　死	35	438	馬　死	1	6	馬　死	36	444
後志国	久遠郡	馬　死	1	50		–		馬　死	1	50
	寿都郡	馬　死	1	15		–		馬　死	1	15
	太櫓郡		–			–			–	
	瀬棚郡		–			–			–	
	奥尻郡		–			–			–	
胆振国	山越郡	馬　死	35	791	馬　死	1	5	馬　死	36	796
		傷	1	40				傷	1	40
計		馬　死	315	5,209.5	馬　死	62	775.5	馬　死	377	5,985
			(49	670)		(31	489)		(80	1,159)
		傷	12	344	傷	20	406	傷	32	750
			(5	153)		(19	388)		(24	541)
		牛　死	29	951.5	牛　死	–		牛　死	29	951.5
総　計			356	6,505		82	1,181.5		438	7,686.5

註）馬の死傷頭数・被害額の（　）内は，そのうち典拠史料に牛馬の別が明示されていないもの

出典）『管内郡区役所文移録　戸長役場属之　三冊之三　明治十三年』函館支庁民事課勧業係，北海道立文書館所蔵（簿書 4053，59 件目）

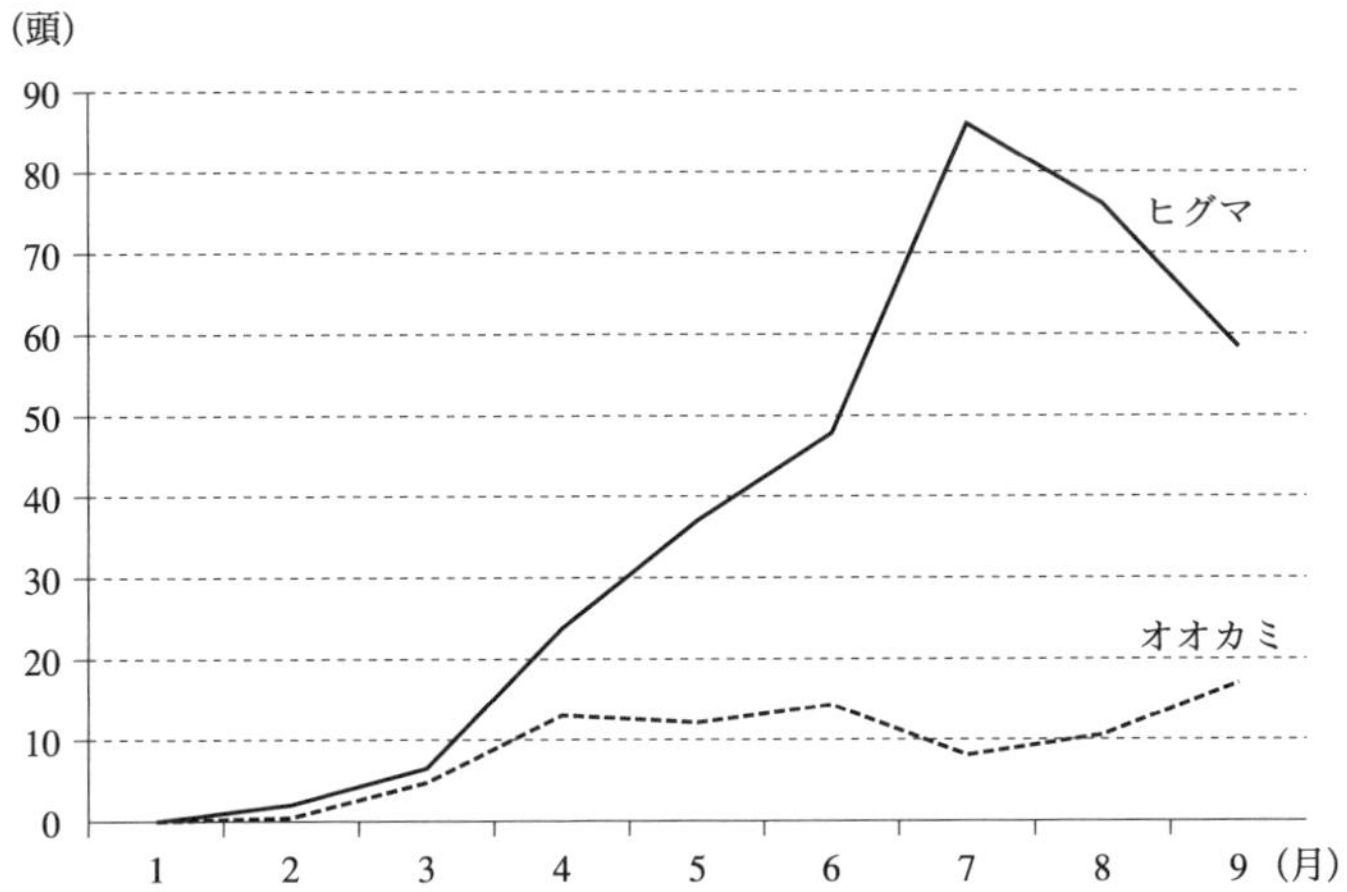

図 3-1　月別のヒグマ・オオカミによる牛馬の被害
(1880 年 1～9 月，開拓使函館支庁管内)

出典）表 3-1 と同じ

カミによる耕作物の食害や人間に対する直接の危害を伝えるこの時期の史料は見当たらないのだが、両者を一組に論じる公文書中には「耕作物及牛馬ノ害」あるいは「人畜」への危害の恐れといった文言がしばしば見られる。一八八三年に札幌県が各郡区役所を通して実施した「有益有功有害鳥獣」調査のなかに「熊ハ人或ハ馬ヲ害スルヿアリ、狼ハ人ヲ害スルヿ概シテナシ」(札幌区役所)と両者を区別したものがあるのは、むしろ異例に属すると言える。(15)

同じことは「烏鴉」と一括りにされたハシボソガラスとハシブトガラスにも言えるかも知れない。

第二節　手当制度の変遷

一　狩猟制度全体のなかの位置

「有害鳥獣獲殺」と呼ばれたオオカミ・ヒグマ・カラ

スを対象とする狩猟は、当時の狩猟制度全体のなかでどのような位置にあったのだろうか。

明治政府は一八七三年一月の「鳥獣猟規則」によって銃を用いた狩猟に免許取得を義務づけ、「遊猟」と「職猟」に二分して課税し、猟期を冬期に限定した。[16]「鳥獣猟規則」の北海道への施行に関しては猛獣対策との兼合いやアイヌ民族への対応をめぐって開拓使内部で議論になり、シカ猟について猟法を問わず狩猟者数を限定した免許制(課税)、猟期制限などを内容とする「北海道鹿猟規則」を制定する以外は、「鳥獣猟規則」を施行することで一八七七年末頃までに整理がついた。「鳥獣猟規則」は銃を用いない狩猟をそもそも規制対象としておらず、また、「有害鳥獣」の銃猟についても「有害ノ鳥獣ヲ威シ或ハ殺スコトハ地方官ノ便宜ニヨリ臨時ノ免許ヲ与フヘシ」(第二条)と別扱いを容認していた。

開拓使の「有害鳥獣獲殺」制度は、当然この枠組みに従っている。前述したカラス捕獲の手当を定めた布達は、毒殺を除くあらゆる狩猟方法を容認し、銃を用いる場合のみ分署へ出願して免許鑑札を受けることを義務づけた。ヒグマ・オオカミに関しては一八八〇年八月(函館支庁)と翌年四月(札幌本庁)に「有害鳥獣銃殺及威銃免許手続」が定められるまでは、手続きに関する明文規定がないままほぼ同様の取扱いがなされていたようである。[17]この「手続」はこれら三種の動物の銃殺・威し銃を希望する者には、郡区役所から鑑札を受けるよう定めた。重要なのは、この場合の銃猟は非課税で、猟期制限も免許発行数の上限もなかったことである。この免許鑑札所持者が他の鳥獣を銃殺することは禁じられた。一方で、「鳥獣猟規則」と「北海道鹿猟規則」による免許取得者には、この三種の動物を銃殺し手当を受けることが認められていた。制度の上だけで見ると、他の鳥獣と比べてヒグマ・オオカミ・カラスは、圧倒的に多くの狩猟者の銃口に向き合わされたと言えよう。

なお、念のため書き加えれば、「獲殺手当」は、実際に人畜に危害を加えるか差し迫ってその恐れがある個体を猟獲した場合でなくても区別なく支給された。狩猟者が人間の生活圏とはかなり距離がある山中に出向いて殺した場合でも一向に構わないのである。

二　ヒグマとオオカミ

ヒグマとオオカミの手当額の変遷を図3-2にまとめた。最初どちらも一頭当たり二円だったが、開拓使は早くも翌一八七八年、ヒグマ五円、オオカミ七円に引き上げた。この年二月、札幌本庁は函館・根室両支庁にその理由を次のように説明して理解を求めた。(18)

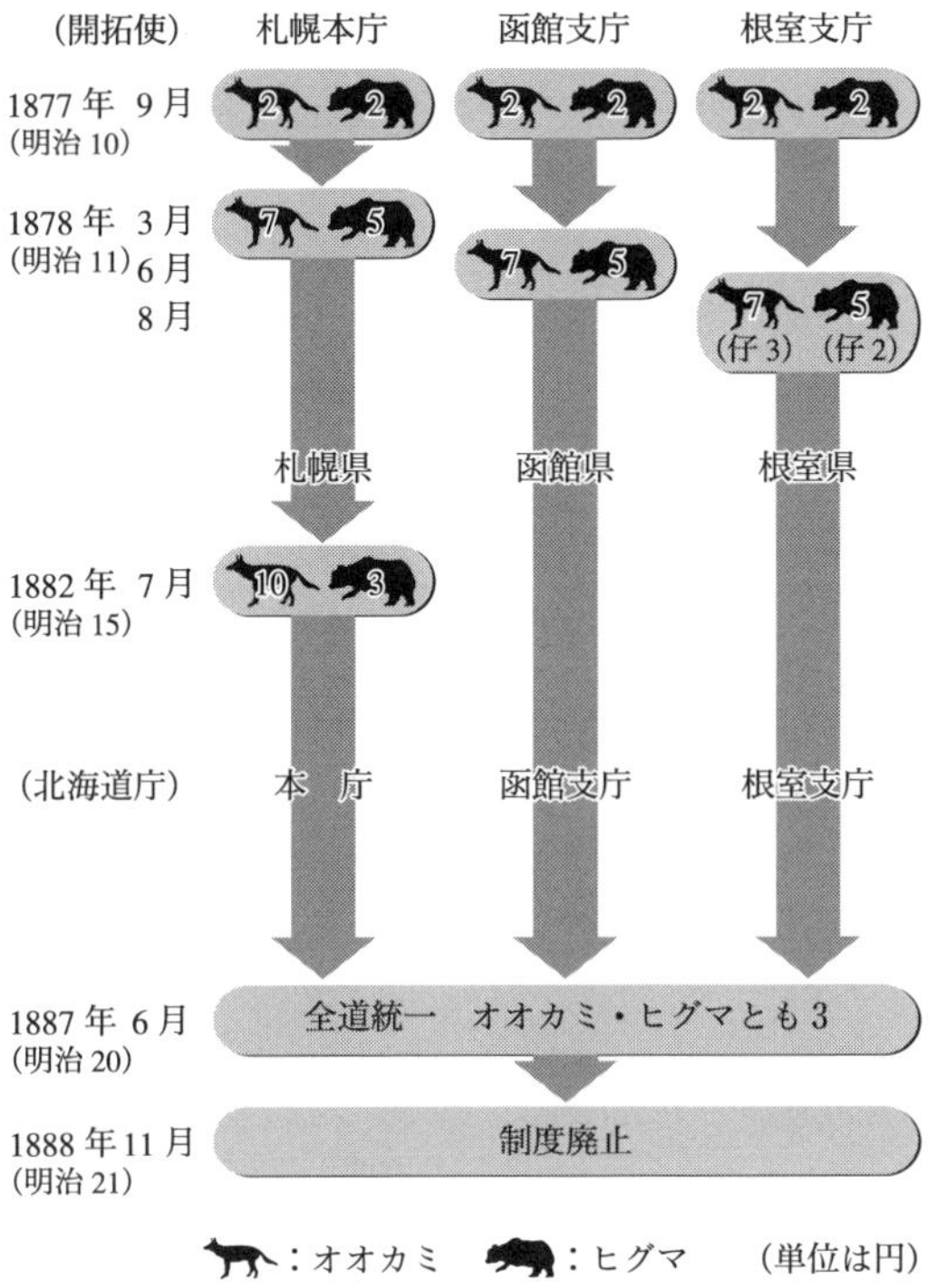

図3-2　オオカミ・ヒグマ「獲殺手当」額の変遷

当道殖民ノ日尚浅キ、野獣猖獗ヲ極メ人畜ヲ残害スル不尠、牧民上不可黙視義ニ付、客年九月甲第四十二号ヲ以、熊狼ヲ猟殺スル者ヘ為手当金弐円ツヽ給与候旨布達及置候処、右ハ賞金ノ寡少ナルヨリ自然勉励必獲ニ従事スル者無之、到庭《底》有名無実ニ属シ、既ニ這般当庁下山鼻村ニ於テ老羆人ヲ貪餮シ、尋テ丘珠邨ニ於テ挙家死傷ヲ被ルモノ有之、又新冠其他各牧場ニ於ケルモ羆狼ノ為メ年々馬児ヲ残害セラル、実ニ夥多ニシテ、人畜生ヲ聊モセサルノ景況ニ付、別紙伺書ヲ斟酌考案スルニ、羆狼交モ害ヲ逞フスルモ、羆ハ狼ノ狡怜出没其躯ヲ潜匿スルノ巧ミナルカ如クナラス、随ツテ之ヲ猟殺スルモノモ一ヶ年平均三十余頭ニ至ル、唯猟〔狼〕ハ不然、置使已来害ヲ被ルモノ少カラサルモ、之ヲ猟殺スルモノ最稀ニシテ年々其害ヲ増シ、頗ル殖民上ニ妨害ヲ極メ候ニ付、当分ノ内羆ヲ獲ルモノハ〔ママ〕金五円、狼ヲ獲ルモノヘハ同七円ヲ給与之積リ改正布達及度、右ハ自然全道一般ニ関渉スル事件ニ付、御意見承知致度、此段及御協議候也

基本にあるのは、手当額が低いためにヒグマ・オオカミの狩猟意欲を引き出せていないという認識である。札幌郡山鼻村・丘珠村でのヒグマによる死傷者の発生と、新冠牧場などの牧場で多くの仔ウマが殺されている事実が危機感を募らせていることが読み取れる。そしてオオカミの手当額をより高く設定する理由には、何より狩猟例がまれで年々被害が増えているという現実があり、狩猟がより困難であるという判断がそれと結びついていた。

牧馬改良を目的に一八七二年に開拓使が開設した新冠牧場では、ヒグマ・オオカミに加え野犬とアイヌ民族の飼犬が、生まれた仔ウマを襲って殺してしまうことが、事業上の大きな障害となっていた。特に深刻だったのはオオカミとイヌによる危害だったようだ。開設時から鉄砲を備えつけ、巡回の強化、夜間の炬火や空砲による威し、規模の縮小による管理強化など、種々の対策を講じたが十分な効果がなかったという[19]。一八七八年五月、牧場在勤の岩根静一九等属は、その様を「狼犬年ヲ追テ増加シ殆ント児馬ヲ以テ夏間ノ食物トナスカ如ク」とまで述べ、対策として木柵の新築・修築や畜犬禁止の徹底（本書一三二頁参照）などを具体的に提起した[20]。しかし、「数百ノ群獣[21]」とあるのは過大だろうが、仔ウマが囲いの中に飼い置かれた状態は、オオカミ・イヌにとって絶好の捕食環境となったのだろう。勧業課では「野獣防御者」二名を月給五円で雇い入れ、さらに七月一日から九月十

日まで場内に硝酸ストリキニーネを仕込んだ肉を撒いて毒殺を試みた。この経緯を記した文献としてしばしば引かれるエドウィン・ダンの回想では、カラスやキツネ、「アイヌのはぐれた犬」(Ainu stray dog)が避け難い巻き添えであったかのように記されているが[22]、少なくともイヌはもともと毒殺の対象に含まれていたはずである。

さて、札幌本庁の手当額引上げ提案に、両支庁とも特に異論はなかったが、函館支庁からは猟獲の証拠品を「両耳」から「四掌」に変更するよう提案があった。「熊皮之儀ハ当道産物之一部ニ属スル者ナレハ、両耳ヲ断裁候テハ人ノ請求ニ因テ疵皮抔ト称シ、夫レカ為価格モ下落致候テハ売買上不都合ノ次第モ有之」というのがその理由である[23]。札幌本庁・根室支庁ともこの提案に従った。クマ皮の商品価値に傷をつけることを避ける配慮から、オオカミも殺害後耳ではなく足先を切られることになったのである。「其皮肉ハ捕者ノ自由販売ニ任セ」と明示したのも、商品価値を利用して狩猟促進を狙う意図を込めたものだった[24]。

根室支庁も両獣による被害の大きさを挙げて札幌本庁の方針に賛同したが、管内のヒグマ・オオカミの狩猟数が少なくないという独自の事情を挙げ、本庁が提案した額では「少シク過賞」と思われるとしてオオカミ一頭七円五〇銭(仔三円)、ヒグマ一頭五円(仔二円)とする考えを伝えた[25]。以後の支給実績を見ると正式に改定する際には、オオカミの成獣は一頭七円としたようである[26]。

一八八〇年十二月には、函館支庁が手当額引上げを札幌本庁に提起した。この年のヒグマ・オオカミによる被害の激化が背景にあったようだ[27]。札幌本庁は、管内では両獣の猟獲が増加傾向にあり、被害の程度も甚しくないとして賛同しなかった。両者の違いは、本庁管内にはアイヌ民族が「各地ニ散在シ専ラ殺獲ニ従事スル」のに対し、函館支庁では「専ラ銃猟ニ従事スルモノ両三名ニ過キス」という、狩猟専業者の多寡によると理解している。函館支庁は、他に狩猟促進策を設け、夏期には「牧者ニ諭シテ一層防禦ノ策」を設けさせることとし、引上げを断念した。

次の二つの事例に見るように、函館支庁が財源確保に悩みながらも、しばしば狩猟者を直接雇い入れているのは、自発的な狩猟者の不足と関係しているのかも知れない。一つは、一八七七年九月に亀田村の三上秀綱を日給八〇銭(旅費を含む)、その人夫として四名を日給四二銭で雇い、ヒグマ・オオカミ猟に従事させたものである。(28)もう一つは、表3-1で被害状況を示した一八七九年のこと。この年五月から七月までに亀田郡各村でヒグマとオオカミによって数十頭の牧馬が危害を被り、亀尾村(現函館市湯川町)では村民が隣村からの加勢を得て、「砲鎗其他ノ猟器」を手に山狩りをしたが猟獲がなかった。そんな状況を見かねた七重勧業試験場からの提案を受け容れ、支庁は落部村・長万部村のアイヌ民族四名を雇い入れ、銃器を貸与して駆除に当たらせた。(29)その報酬は日給三〇銭を目安に「米酒等」を現品で給与するというものだった。ここで支庁が、狩猟に熟練し、かつ給与が安くて済むことを理由に、雇入れの対象をアイヌ民族に限定していること、雇入れではあったが「更ニ給与無之テハ奨励ノ途ヲ欠キ不都合」との配慮から、猟獲があった場合は通常の半額ながら獲殺手当を支給するとしているのは興味深い。なお、この二つの事例とともに、銃以外に仕掛け弓を用い、後者では毒矢により牝グマ一頭を猟獲した。(30)

一八八二年七月、開拓使札幌本庁を引き継いだ札幌県は、オオカミの手当額を一頭一〇円に引き上げる一方、ヒグマの手当額を一頭三円に引き下げ、提出すべき証拠を「四掌及舌尾」に変更した。(31)手当額変更の理由は「当管内ノ如キハ旧土人モ多ク、殊ニ熊ハ皮肉胆共需用者有之、縦令手当金ヲ減額スルモ敢テ獲殺ノ減却ハ有之間敷、狼ハ皮肉共需用者乏シクシテ殺獲ノ困難亦熊ノ比ニ無之、而シテ家畜ニ防害《ママ》ヲ与フル「尤」《挿入》甚シキモノニ付」というものである。ここでも、ヒグマの商品価値、狩猟者の多寡、狩猟の難易、被害の大きさなどが問題となっている。決定に際して添えられた書類に、一八七九年から八一年までの三ヶ年の手当支給実績をもとにした試算があり、従来の一年当たり約二八六五・〇円が二六・五％減の約二一〇五・七円になるという数値が示されている。

財政負担の軽減がこの変更の狙いの一つだったのだろう。

ヒグマの皮や胆が蝦夷地・北海道の重要な産品であったことを示す史料は多い。肉はアイヌ民族が食用にしたものが多かったろう。対するオオカミは、開拓使が設立した製革所の加工品のなかにごく少ないながらオオカミ皮が見え、まったく利用されなかったわけではないことが分かる(32)。しかし、全般的には利用価値・交換価値ともに低かったことは間違いない。札幌県の「有益有功有害鳥獣」調査でオオカミの「利用目的」欄には「ナシ」(増毛・幌別・有珠各郡)、あるいは「肉ハ食スト雖トモ佳味ナラス、皮ノ如〔キ〕モ敢テ効用ナシ」(室蘭第二組戸長役場)などとある(33)。

もう一つの変更点、証拠品に舌と尾を加えた理由を直接記した史料は見当たらないが、オオカミに関して誤りや偽りの出願があったことへの対策ではないかと思われる。しばしば引用される犬飼論文の「後に狼が少なるに従ひ或る者は、アイヌ犬を買ひ集めて賞金を詐取し、又ある時は狸の仔を狼と称して持参し、一々鑑定に物議を起してゐた」という記述(典拠の記載なし)のうち、イヌを用いた詐取については具体的な史料を見出せていないが、次のような史料に接すると、十分あり得ただろうと考える。

一八八〇年七月、札幌区長兼石狩外十三郡郡長山崎清躬は、「自他ノ人民根室其他ノ地方ニ於テ旧土人等猟殺セシ熊狼ノ四掌ヲ低価ニ買入セシヲ、此地ニ於テ自身猟殺セシモノ、如ク届出」、戸長や郡区役所で発覚した場合にどうすべきか本庁に照会し、警察署へ引き渡すべしとの回答を得ている(34)。このような他人の獲物による出願はその後も絶えなかったのか、一八八二年五月には札幌県が各郡区役所に「中ニハ他ヨリ熊狼烏鴉ノ掌嘴ノミヲ得テ」手当を要求する者がいるかも知れないとして、届出があったときはよく確認するよう注意を促した(35)。郡役所から札幌県に送られた書類のなかには、提出済みの証拠を焼き捨てたり土に埋めたりして処分していることを明記するものがあり(36)、同じ証拠による手当の二重取りを警戒しているものと思われる。

こうした不正はヒグマ・オオカミともに共通するものだが、特にオオカミの幼獣はタヌキやイヌなど他のイヌ科動物と区別しにくいため厄介だったようで、札幌郡発寒村で捕獲して届け出たものを博物場が鑑定しイヌの仔と判明した事例がある(37)。

そうした事情を背景にしたのだろう。一八八六年五月、北海道庁札幌本庁は提出すべき証拠品をオオカミについてのみ「頭骨四掌及其尾ヲ全備シタル毛皮」に変更し、郡区役所で「四掌及其尾」を切断して毛皮を本人に下付するよう改め、十一月に函館支庁、十二月に根室支庁が同様の変更をした(38)。この根室支庁の庁令中には従来の手当額がヒグマ一頭当たり三円、オオカミ七円であったととれる文言があるが、これが単なる間違いか、あるいはこれ以前に改定がなされているかは確認できていない。一八八三年当時の手当額が一八七八年の布達のままなのは統計から確認できるので(39)、仮に改定があったとしてもそれ以降である。

一八八七年六月には、本支庁ごとにばらつきがあった手当額を、ヒグマ・オオカミとも全道一律に三円と改め、翌年十一月には手当制度自体を廃止した(40)。廃止の理由を『北海道庁第三回勧業年報』は「猟者年《ママ》ニ増シ獣害随テ減シタルニ因ルナリ」(三一七頁)とのみ説明している。

三　カラス

カラスの獲殺手当を受けるための証拠品について、函館・根室両支庁では「両足」、当初明確な規定がなかった札幌本庁では一八七九年一月に「頭部」と指定した(41)。後の札幌県に対する狩猟者からの届出書には「嘴」と記したものが見られる。現場では規定とは多少異なる取扱いがなされていた場合もあったのだろう。鳥類のカラスならではと言うべきか、札幌本庁は一八七八年三月に、函館支庁は同年四月に、カラスの卵に対しても一個当たり四銭の手当を支給することとした。[42] 成鳥を駆除するより容易で、かつ予防的な効果が期待できるという考えからだろう。カラスの駆除には網も用いられたが、大量の捕獲に効果的な反面、頭がいいカラスは網への対処法をすぐに覚えてしまうという問題もあったようだ。[43] 札幌県の「有益有功有害鳥獣」調査で「駆除ノ見込」欄に次のように記したものがある。

巣ヲ探リ卵ヲ取ルニ若カス。其生長《ママ》ニ至テハ銃殺ト網獲ナリ。其網ハ四方ニ木ヲ付ケ、長四間巾三間許ノ両端ニ適度ノ縄ヲ結ヒ、其中央ニ深サ壱尺位ノ穴ヲ掘リ、其中ニ魚類ヲ置キ、鳥ノ輻輳スル度ヲ量リ其縄ヲ引キ以テス。鳥ハ勿論卵ト雖トモ捕獲スレハ官之レニ手当金ヲ給ス。然レトモ功ヲ奏セス〔古平外二郡役所〕

駆除ハ従来産卵ヲ捕獲シ、烏鴉ヲ銃獲シテ駆除スルヲ第一トス。網等ニテ捕獲スト雖モ、性狡猾ニシテ二タヒ罹ルヿナシ〔室蘭第二組戸長役場〕

「狡猾」という語は、同調査のなかではカラスについて最も多く使われ、キツネがそれに次いでいる。これも頻出する「人ヲ恐レス」とともに、現代のカラス像に通じるものがある。

駆除されたカラスはどう扱われたのだろう。一八七八年五月、室蘭分署は有珠・室蘭・虻田各郡で卵の捕獲が、手当支給開始から一〇日以内に三〇〇〇粒に達したことを伝え、試食したところ捨て難い味わいがあったとして、有用の使い道があったら急ぎ教えるよう本庁に依頼した。[44] これに対する返答については関係史料を見出せていない。また、函館支庁では一八七八年三月、証拠品である足を懲役場に引き渡し「公園樹木ノ肥料」に供することを決定した。[45] しかし、成鳥の体の主要部分・卵ともに組織的に利用された形跡はない。「食料工業愛翫等ニ用ユル能ハス、只羽毛ヲ取テ鳥鴉防御ノ案山子トナスノミ、他ニ目的ナシ」(室蘭第二組戸長役場)という何とも素っ気ない記述まである。(46) だいたいは駆除自体の効果と手当を目的に捕獲されたのだろう。

カラスの手当は、ヒグマ・オオカミより早く、函館県では一八八二年十一月、札幌県では一八八三年十二月限りで廃止された。(47) 廃止理由にはそれぞれ興味深いものがある。

函館県の場合、「経費限リアリ到底定額内ヲ以流用支弁ノ目途無之、去迚方今財政御多端ノ折柄別途請求モ難相成」という財源不足に直面し、「烏鴉野犬ハ熊狼ノ年々数百頭ノ牛馬ヲ斃シ剰ヘ其害ヲ直接人類ニ及スニ比スレハ間接ノ障害ニ属」するという判断で、カラスと野犬(本節四参照)に対する手当を廃止した。(48) 財政上の制約のなかで、ヒグマ・オオカミ対策を優先したものである。

札幌県では、一八八〇年八月以来連年大発生し農作物に大きな被害を与えた蝗(トノサマバッタ)への対策を探る過程で、カラスを「有害」と断じることへの批判が生まれてきた。カラスの手当を廃止する理由を、起案者である御用係渡瀬寅次郎は、蝗害に対し農商務省が巨万の金員を費やして実施している駆除法が、未だ功を奏していないことを指摘したうえで、次のように記す。(49)


…然リ而シテ烏鴉ノ如キハ其性虫類ヲ嗜ミ、駆蝗ニ大効アルハ曽テ蝗虫駆除ニ従事セシ者ノ皆実視スル所ナリ。凡ソ世間ノ事物ニハ利害相伴フハ自然ノ理ニシテ、烏鴉ノ如キハ其害アリト雖モ近年ノ如ク蝗族夥シク蕃殖スルノ場合ニ於テハ、其功ハ遥ニ其害ヲ償フテ尚ホ大ニ余アリ、是ヲ以テ今造化ノ生々相傷フノ妙工ヲ仮リ、烏鴉ノ蕃殖ヲ促シテ蝗虫ノ増殖ヲ防遏スヘキハ、農務上緊要ノ義ト確信仕候

蝗害という別の問題の発生をきっかけに、カラスの捕食対象が、「有害」と決めつける時に見えていた農作物や漁獲物だけではなく、多くの虫類も含むのだという事実を再確認し、蝗害対策としてカラスの捕食活動に期待

しようというのである。積極的に殺していたのを一転して「蕃殖」までしようということを、人間の甚しい身勝手であると言うこともできるだろう。しかし一方で、この渡瀬の文章には、自然界の生物相互の関係を、実態に即して多面的に観察する態度があることに注目しておきたい。

札幌県の「有益有功有害鳥獣」調査で「有益」とされる鳥類は、もっぱら「害虫」の捕食をその理由とされている。鳥類の捕食活動が人間にとって時に有益であるという発想は、新しいものではなかったのだろう。カラスは「有害鳥」の部にのみ登場するが、なかには「鴉ノ如キハ能ク保護ヲナセハ或ハ害虫ヲ啄セシムルノ用トナスヲ得ヘシ」(当別村)、「偶々蝗虫ヲ啄食スルヿアレトモ該虫寡少ナレハ未タ著キ功用ヲ見ス」(浜益郡各村)という記述も見える。(50) また、蝗害対策として開拓使札幌本庁が一八八〇年十一月に策定した「蟲螽駆除法」は、第一条「害虫ヲ啄ム鳥類ノ保護」とあるなかに「平常動植物ニ有害ノ禽獣ト認ル鳥鴉鷹及野犬ノ如キモ、蟲螽ヲ啄ムノ功ハ時トシテ遠ク其害ヲ超ル事アルナリ」としている。(51) 駆除奨励とは異質のカラスへの態度が、この時点ですでに制度化されていたのである。

四　イヌ

テーマ展「開拓使とエゾオオカミ」では、「獲殺手当」の対象となった動物としてヒグマ・オオカミ・カラスだけを取り上げた。しかし実はもう一種、イヌがいる。

一八七七年三月、岩内分署在勤の水野義郎は、カラス「捕獲手当」にならい、野犬を殺した者へも手当を支給することについて開拓使札幌本庁に了承を求めた。(52) 水野が問題にしていたのは、野犬による漁獲物の食害だったようだ。本庁では、犬皮は札幌の官営製革所でも「必用之品」であるとし、手当支給ではなく、皮を上等一枚一五銭、中等一二銭五厘、下等一〇銭で買い上げるよう返答するとともに、これを管内一般に施行する方針を固めた。皮の買上げには、手当支給による財政負担を避ける狙いもあったかも知れない。翌年六月の布達では、野犬を「撲殺」した者に対し一頭につき五銭を給し、皮を大・中・小の三段階に分けてそれぞれ一枚当たり一五・一二・一〇銭で買い上げることとしている。(53) その理由として「野犬ノ農家耕作物、漁家収獲物、其他家畜ノ大害ヲナスノミナラス、其甚シキニ至リテハ盛夏炎熱ノ候ニ際シ風犬狂奔人ヲ嚙ムニ至ル、実ニ不容易次第ニ付」とあり、農業・漁業への被害に加え、狂犬病対策の目的があったことが分かる。一八七七年六月には、札幌郊外の牧羊場を「悪犬」が襲うことへの対策として、勧業課は「悪犬狩取」を検討し、手不足でそれが困難と見ると毒殺実施のため病院係に対してストリキニーネの譲渡を申し入れている。(54)

野犬の撲滅と一体をなしていたのは、飼犬の管理である。新冠牧場では、アイヌ民族の飼犬と野犬による仔ウマへの危害に対して、一八七八年一月、野犬の「撲殺」に一頭当たり一二銭を給するとともに近傍での「畜犬」を禁じた。(55) しかし、アイヌ民族の多くはこれに抵抗感をもち、説得に従わなかったようで、牧場側がアイヌ民族の移住を構想するまでに至った。(56)

同じく一八七八年一月、札幌本庁は「畜犬規則」(一八七三年五月二十五日達)を改定し、「畜犬及野犬官園ノ綿羊及人民ノ家畜ヲ害スルヲ以テ」(第一条)として、イヌを飼う者は警察署に届け出て木札を受け取り、それを首輪に付けることを義務づけた(三月一日から施行)。(57) 詳細は省くが、函館・根室両支庁管内でも、ほぼ同内容の飼犬管理と野犬駆除促進策が定められた。(58) 同じイヌという種のなかで飼犬と駆除すべき野犬の明確な区分が図られたのである。

札幌県は一八八四年二月限りで、野犬の手当支給と犬皮買上げを廃止した(59)(函館県については本書一三〇頁参照)。さほど実益がなく、「畜犬規則」で十分なこと、犬皮の払下げ希望者を得るのが難しいことがその理由である。

イヌが「有害」とされたのは、イヌの存在の仕方が従来の状態から大きく変化したためではなく、ヒグマ・オオカミと同様、特に牧畜の登場によって人間の生産活動と新たな摩擦が生じたことに原因があった。その結果、民衆がイヌとの付合い方に一方的に変更を迫られる場面までが生じた(60)。こうした軋轢は、都市部の民衆以外に、特に牧場近くのアイヌ民族にとって深刻なものだったと思われる。

第三節　狩猟数統計の分析

一　全体的な傾向

表3-2は、ヒグマ・オオカミ・カラスのそれぞれについて、「獲殺手当」の支給状況をまとめたものである。数字はいずれも個体数(頭・羽・個)である。一八八一年までは『開拓使事業報告』第弐編が郡単位で記載している数値を、道庁期との比較を意識して国ごとに集計した。同書は一八七七年の札幌本庁と根室支庁の欄を欠いている。この年の札幌本庁のオオカミ狩猟については、翌年の手当額改定時の文書に「既ニ前号布達已降末夕狼ヲ獲ルヲ訴ヘス」とあること、ヒグマについては「之ヲ猟殺スルモノモ一ヶ年平均三十余頭ニ至ル」とあるのが推定の材料になる(61)。同年の根室支庁のヒグマ・オオカミについては、翌年以降の数値を見れば、手当支給はごく少数ではないかと思われる。

三県一局期のうち一八八二・八五年の函館県と一八八四・八五年の根室県の分は、残念ながら今のところ依拠

表 3-2 「有害鳥獣獲殺手当」の支給状況

(1) ヒグマ

	1877（明治10）	1878（11）	1879（12）	1880（13）	1881（14）
渡島国	16	51	24	92	38
後志国	5	16	33	44	66
胆振国	13	29	124	183	240
石狩国	?	52	78	79	85
日高国	?	53	99	104	210
十勝国	?	0	0	40	71
天塩国	?	4	1	54	0
北見国	?	0	13	1	0
釧路国	?	16	43	10	7
根室国	?	0	2	0	6
千島国	?	0	0	0	0
計	34	221	417	607	723

	1882（15）	1883（16）	1884（17）	1885（18）
函館県	?	151	247	?
札幌県	414	611	911	454（後志 18、胆振 196、石狩 20、日高 220、十勝 0、天塩 0、北見 0）
根室県	0	13（北見 ?、釧路 2、根室 11、千島 ?）	?	?
計	414	775	1,158	454

	1886（19）	1887（20）	1888（21）	計
渡島国	92	90	191	594
後志国	50	88	100	420
胆振国	143	176	168	1,272
石狩国	111	133	162	720
日高国	42	29	14	771
十勝国	227	140	10	488
天塩国	66	78	60	263
北見国	19	172	184	389
釧路国	4	52	44	178
根室国	1	14	18	52
千島国	0	14	33	47
計	755	986	984	7,528

(2) オオカミ

	1877（明治10）	1878（11）	1879（12）	1880（13）	1881（14）
渡島国	12	16	1	9	7
後志国	0	0	0	0	0
胆振国	0	12	23	30	13
石狩国	?	3	16	9	3
日高国	?	7	17	21	56
十勝国	?	0	0	3	10
天塩国	?	0	1	0	0
北見国	?	0	0	0	0
釧路国	?	0	0	0	10
根室国	?	0	1	4	22
計	12	38	59	76	121

	1882（15）	1883（16）	1884（17）	1885（18）
函館県	?	31	28	?
札幌県	63	92	122	50（後志 0、胆振 24、石狩 5、日高 21、十勝 0、天塩 0、北見 0）
根室県	3（北見 ?、釧路 3、根室 0）	14（北見 0、釧路 9、根室 5）	?	?
計	66	137	150	50

	1886（19）	1887（20）	1888（21）	計
渡島国	48	106	107	306
後志国	43	213	193	449
胆振国	6	14	0	122
石狩国	263	33	7	339
日高国	2	1	0	125
十勝国	59	1	15	88
天塩国	0	0	0	1
北見国	1	0	0	1
釧路国	0	6	0	28
根室国	0	0	0	32
計	422	374	322	1,827

すべき材料を得ていない。札幌県に関しては『札幌県勧業年報』掲載の数値によったが、別に手当の支給に関する勧業課の原文書（簿書九冊）が、幸運にも一揃い残っており、そこから判明する個別事例をデータベース化したのをもとに表3-3を作成した。『札幌県勧業年報』の数値と比較すると多少把握洩れがあるようだが、おおよその傾向を理解するには十分であろう。何よりこれらの簿書には、手当支給を求める届出書が少なからず綴られており、そこから得られる狩猟鳥獣の種類・数、狩猟年月日・狩猟場所、狩猟者の住所・氏名といった情報

(3) カラス

	1877 (明治10)	1878 (11)	1879 (12)	1880 (13)	1881 (14)	1882 (15)	1883 (16)	計	
渡島国	0	7,719 (899)	10,727 (3,390)	9,467 (3,104)	9,938 (1,404)	函館県 ?		37,851 (8,797)	渡島国
後志国	?	2,362 (216)	3,650 (1,498)	1,244 (800)	2,382 (264)			9,638 (2,778)	後志国
胆振国	?	405 (108)	3,046 (1,924)	5,378 (3,646)	3,500 (1,580)	札幌県 10,426 (2,819)	15,398 (4,022)	12,329 (7,258)	胆振国
石狩国	?	1,628 (0)	2,079 (650)	1,854 (73)	450 (12)			6,011 (735)	石狩国
日高国	?	890 (540)	3,910 (1,158)	3,185 (354)	2,230 (439)			10,215 (2,491)	日高国
十勝国	?	167 (167)	0	0	0			167 (167)	十勝国
天塩国	?	117 (16)	510 (203)	86 (86)	0			713 (305)	天塩国
北見国	?	0	0	0	0	根室県 59 北見 ? 釧路 ? 根室 59	440 北見 34 釧路 ? 根室 406	34 (0)	北見国
釧路国		0	0	1 (0)	375 (0)			376 (0)	釧路国
根室国		0	0	0	0			465 (0)	根室国
計	0	13,288 (1,946)	23,922 (8,823)	21,215 (7,063)	18,875 (3,699)	10,485 (2,819)	15,838 (4,022)	103,623 (28,372)	

註) 1. 数字は，ヒグマ・オオカミは頭，カラスは羽(カッコ内はそのうち卵の個数)
2. 総合計は横計の合計で，縦計の総合計と一致しない。1882〜85年の数値のうち，国ごとの内訳が不明なものは加えていない

出典) 1. 1877〜81年は『開拓使事業報告』第弐編
2. 1882〜85年の札幌県は『札幌県第四回勧業年報』
3. 1882・83年の根室県(釧路・北見・根室)は『北海道史料一　根室県史政治部』(国立公文書館内閣文庫〈北海道立文書館に複製〉所蔵)
4. 1883・84年の函館県は『函館新聞』1885年3月6日付
5. 1886〜88年は『北海道庁勧業年報』

は、この時期の狩猟活動の有様を考えるうえで非常に貴重な素材である(62)。

　道庁設置後の一八八六〜八八年の分は、『北海道庁統計書』にも記載があり、一八八八年の分は『北海道庁勧業年報』掲載の数値とは大きく異なるが、記載内容を比較検討して『勧業年報』の方が信がおけると判断した(63)。

　言うまでもなく、この表が示すのは手当が支給された猟獲に限られており、官による毒殺・銃殺はもちろん、民間による狩猟のなかにも洩れているものがあるはずである。また逆に、不正行為による「水増し」もあり得る。この点、統計資料の限界として念頭に置いておく必要がある。

　そのうえで、表3-2からどんなことが読み取れるだろうか。全体としてはその狩猟数の多さに注目したい。最

低でもヒグマ七五二八頭、オオカミ一八二七頭という数字は、それぞれの動物の生息数に大打撃を与えたことを推測させる。一八八八年の手当廃止が被害発生の減少を理由にしていたことを考え合せれば、人間社会が自らの生活圏を築くために、これらの動物を殺害しその生息圏を奪っていったのだと言えよう。カラスについても、少なくとも一時的には一定地域の生態系のバランスを崩すことがあったと思わせる数字である。開拓が進んでいたことと対応するのか、渡島など道南部でのカラス捕獲が殊に多い。

表 3-3　札幌県での「有害鳥獣獲殺手当」支給状況

(1) ヒグマ

国＼年	1882	1883	1884	1885	1886	計
後志	70	65	25	16	−	176
胆振	70	196	181	167	−	614
石狩	122	87	195	23	−	427
日高	110	74	107	43	6	340
十勝	62	164	421	150	−	797
天塩	−	−	3	−	−	3
不明	7	−	−	−	−	7
計	441	586	932	399	6	2,364

(2) オオカミ

国＼年	1882	1883	1884	1885	1886	計
後志	−	2	1	−	−	3
胆振	4	4	5	7	−	20
石狩	5	7	7	19	3	41
日高	41	11	14	6	−	72
十勝	25	66	86	22	−	199
天塩	−	−	−	−	−	−
不明	1	−	−	−	−	1
計	76	90	113	54	3	336

(3) カラス

国＼年	1882		1883		計	
後志	1,887	(196)	2,036	(56)	3,923	(252)
胆振	2,784	(1,791)	5,092	(2,209)	7,876	(4,000)
石狩	3,271	(33)	6,635	(0)	9,906	(33)
日高	1,743	(386)	801	(2)	2,544	(388)
不明	1,171	(13)	−		1,171	(13)
計	10,856	(2,419)	14,564	(2,267)	25,420	(4,686)

註）数字は，ヒグマ・オオカミは頭，カラスは羽(カッコ内はそのうち卵の個数)

出典）『札幌県公文録』北海道立文書館所蔵(簿書 7356，7357，7952，7953，7954)，『札幌県治類典』同(簿 書 8745，8746，9529，10202)

ヒグマ・オオカミに共通して、狩猟数が全体として増加傾向にあることを指摘できる。開拓の進展による野生生物との対立の激化と狩猟者の増加がその主な理由だろう。オオカミについては、狩猟地の重心が初期の胆振・日高から一八八〇年代後半には渡島・後志・石狩方面へ移動したことを、犬飼論文がシカの減少・移動と関連させて説明している。ここでシカの生息域の変化に関して踏み込むことはできないが、一八八〇年代になってから深刻化したシカの減少が、オオカミを家畜がいる地域へと追いやる要因となったことは十分考えられる。天塩・北見でのオオカミ狩猟数が少ない点については、米田政明氏が多雪地帯でシカが冬期に食べる草がなかったため、シカとそれを食べるオオカミの分布がそもそも少なかったのではないかと指摘している。(64)

表3-3を見ると、札幌県の時期には十勝におけるオオカミ狩猟の多さが目立つ。その要因として、一つには開拓使期における狩猟活動の活発化によって日高・胆振地方でシカが急減し、十勝方面へと逃避したことを記した記録がいくつかあり（本書六九・九三―九四頁参照）、オオカミがそれに伴って移動した可能性がある。もう一つ、この時期、十勝への移住が本格化したこととの関係が挙げられよう。個別事例をめくっていて目につくのは、東北地方など道外に本籍をもち、十勝大津に寄留して多くのヒグマ・オオカミを狩猟する和人の存在である。特に狩猟数の多い者を挙げれば、西田幸次郎（岩手県東閉伊郡和井内村）は一八八三年八月から八五年八月までにヒグマ四三頭、オオカミ一二頭を、重永徳造（佐賀県三根郡江見津村）は一八八四年七月から八五年十月までにヒグマ三四頭、オオカミ三頭を、平田松次郎（青森県三戸郡名久井本村）は一八八四年十二月から八五年七月までにヒグマ二五頭、オオカミ三頭を、それぞれ猟獲し手当を受けている。手当を受けた者が単独で狩猟をしているとは限らないが、これらの事例からは、和人移民のなかに狩猟専業もしくは狩猟にかなりの重きを置く者が存在したことが読み取れよう。このようなヒグマ・オオカミ狩猟に見られる和人の動向が、間接的にシカ狩猟の動向をうかがうのに役立つ可能性がある（本書九七頁参照）。なお、彼らの狩猟地が十勝川流域の広い範囲にわたる傾向がある

ことにも注意しておきたい。

カラスについては、数羽・数個単位の届出もあるが、一人で数百、数千の規模で捕獲する者がいることが注目される。なかにはカラス猟専業なのではないかと思われる人物すらいる。埼玉県北埼玉郡上ノ村に本籍をもつ成塚文次郎は、一八八二年十月から翌年十二月までの間に石狩郡と後志の小樽・高島両郡で少なくとも二八六七羽のカラスを、また同県北足立郡吹上村に本籍をもつ細井政吉は、一八八二年八月から十二月までの間に少なくとも二八八一羽を、それぞれ捕獲して手当を受けている。こうした大量捕獲者の登場は、手当支給以外の開拓使による狩猟奨励策にも影響を受けた可能性がある。札幌本庁は民間への払下げ・貸出し用に二連銃や弾薬等を各分署に備えたほか、一八七九年には黒田長官の指示で、元鷹匠だった人物二名を雇い入れてニシン漁期の石狩海岸でカラス猟に従事させるなど、積極的にカラス猟を推進している[(65)]。

二　アイヌ民族の狩猟活動との関わり

札幌県の事例分析から、アイヌ民族の狩猟活動に関して二つの問題を考えておきたい。札幌県が函館県と比べてアイヌ狩猟者の割合が高かったと思われることに、あらかじめ注意を促しておこう。

第一の問題は、ヒグマ・オオカミ狩猟に占めるアイヌ民族の割合である。これまで引用した史料のなかには、ヒグマ狩猟者としてのアイヌ民族の存在感の大きさを暗示するものが見られた。そこで札幌県の個別事例を、狩猟者の名前がアイヌ名か和名かを基本的な指標にして区分してみた（表3-4）。和名であっても「旧土人」といった明記がある場合や他の史料からアイヌ民族であることが分かる場合は「アイヌ名」に分類した。この方法では、「アイヌ名」の比率は実際のアイヌ民族の比率よりも低目になる。さらに、この時期、十勝・日高のアイ

表3-4　民族別の「有害鳥獣獲殺」支給事例(1882〜86年，札幌県)

	ヒグマ		オオカミ		カラス		カラス卵	
	(頭)	(%)	(頭)	(%)	(羽)	(%)	(個)	(%)
和　名	640	27.1	107	31.8	15,856	76.5	484	10.3
アイヌ名	1,445	61.2	222	66.1	584	2.8	202	4.3
不　明	278	11.8	7	2.1	4,294	20.7	4,000	85.4
計	2,363	100.0	336	100.0	20,734	100.0	4,686	100.0

出典）表3-3と同じ

ヌ民族にはアイヌ名と和名が混在(アイヌ名が多い)しているのに対し、石狩・後志ではすべて和名であり、これらの地域の「アイヌ名」の割合は特に低目になると予想できる。

狩猟頭数で見て「アイヌ名」の割合は、ヒグマ六一・二%、オオカミ六六・一%である。ヒグマに関しては一割程度狩猟者名不明のものがあり、各国ごとにこれを案分すると、ヒグマ・オオカミとも全体で六七〜六九%程度という数値が得られる。ただ、ヒグマの方が石狩・後志での狩猟事例が多いから、実際にアイヌ民族が占める割合は、ヒグマの方がオオカミよりも幾分かは高いと思われる。いずれにしても、アイヌ民族による狩猟の割合が控え目に見ても七割近いことは間違いない。先に和人狩猟者の流入を指摘した十勝についても、頭数比でヒグマの約七一%、オオカミの約六一%は「アイヌ名」による狩猟である。

ヒグマについては、アイヌ民族がもともとヒグマ猟を活発に行っていたことを思えば、さして不思議ではない数字である。一方のオオカミについては、近世の文献資料を本格的に調査する作業はしていないが、アイヌ民族にとってオオカミの利用価値・交換価値が高かったとは考えられず、従来オオカミを積極的な狩猟対象にしてはいなかったのではないかと思われる[66]。つまり、札幌県のオオカミ狩猟に占めるアイヌ狩猟者の意外な多さは、アイヌ民族が「獲殺手当」を目的にオオカミを積極的に狩猟するようになったことの反映であると理解すべきだろう。一八七二年に南部から胆振の千歳に移住した神保福治の次のような回想は、こうした推測を支えるものである[67]。

明治五年千歳ニ入レリ。南部ヨリ直ニ叔父(神保鉄蔵)ヲタヨリテ来ル。時ニ会所、倉庫三棟、鮭塩切小屋一棟、土人使役小屋一棟アリ、弁天社一棟アリ

：

狼ハ多ク居レリ。鹿ナクナリテ漸次減ス。馬ヲモ取レリ。夜モ昼モ人ヲ見レハ「ウナル」ト。沢山集リ来リ人ヲ取マキ、頭ヲ揚ケテ見テ居テ後去ルナリ。熊ニ逢フヨリモ気持悪シ。百頭以上数ヘキレヌ程集ルヿアリ。里ノ犬ハ迚モ敵スル能ハス、狼ハ里犬ノ足ニ嚙付クナリ「アイヌ」モ狼ヲ嫌ヘリ。唯官ニテ一頭分七円ヲ与ヘシ故トリシノミ。会所ニテモ勧メテ打セタリ。打テハ必ス火ヲツケテ焼カシメタリ。サスレハ他ノ狼ハ集ラズ(傍線引用者)

神を「送る」儀礼をきちんと行うならば、猟獲したヒグマ・オオカミによって現金を受け取ること自体は、アイヌ民族の宗教観と特に矛盾を生むことはないように思われる。とは言え、生息数に大きな影響を与えるような活発なオオカミ猟に対し、個人の内面で、あるいは集団の内部で何の抵抗感もなかったのだろうかという点は、気になる問題である。

ヒグマについても同じ疑問が残る。一八八五年一月、札幌郡役所はアイヌ民族には「熊児ヲ生捕リ之ヲ二三ヶ年間蓄養之後弓矢ヲ以テ射殺スルノ慣行」(仔グマ飼育とイオマンテの習慣)があり、この場合にも手当を支給すべきかどうか札幌県に問い合せた(68)。これが「もしも」の話ではなく、実際に申し出た者がいることを追記している点に注目したい。その回答は、そのような理由を記して届け出た前例はないが、単なる「獲殺」として届出書を提出したら手当を支給して差し支えないというものである。地域や届出時期を考えると、札幌郡対雁に強制移

住させられた樺太アイヌのうち五名が前年十二月十四日から二十三日の間に各一頭を「殺獲」したとして届け出、三月五日に手当を受けているのがこれに当たると思われる。(69) これをどの程度一般化できるかは分からないが、宗教儀礼を尽したうえで、得られる経済的な利益は得ようという姿勢がうかがわれて興味深い。なお、カラスについては前述した大量捕獲者が個体数比では大部分を占め、アイヌ民族によるものはごく少ない。

第二は、狩猟地域の問題である。石狩地方のヒグマ・オオカミ狩猟事例のなかには、日高の沙流郡、胆振の勇払郡に住所を置くアイヌ狩猟者によるものがかなり多く見受けられる。石狩におけるヒグマ狩猟事例四二六頭(うち狩猟者名不明二二〇頭)のうち沙流郡「アイヌ名」によるもの一〇一頭、勇払郡「アイヌ名」によるもの八頭、同じくオオカミ四一頭(うち狩猟者名不明二頭)のうち、沙流郡「アイヌ名」によるもの一八頭、勇払郡「アイヌ名」によるもの七頭が確認できる。次いで、胆振・日高に住所をもつ「アイヌ名」の者の狩猟事例を、狩猟地の国・郡ごとに整理すると(表3-5、3-6)、他地域(他国・他郡)での狩猟が見られるのは、岩内郡での勇払「アイヌ名」による一頭と余市郡での浦河「アイヌ名」による一頭を例外として、石狩における沙流・勇払両郡「アイヌ名」によるもののみであること、沙流郡「アイヌ名」による狩猟事例のうち実に三分の一を石狩でのものが占めることが読み取れる。

石狩は当時、移民の流入・開拓が活発に進んでいた。野生動物との衝突の多発と居住するアイヌ民族の数が比較的少なかったことが、外部からの狩猟者を引きつけたのだというのは、それ自体はそう無理のない説明であろう。しかし、アイヌ民族が居住地から遠い地域での狩猟を従来していなかったのか、この史料からは狩猟事例が自郡内に限られているように見える他郡のアイヌ民族と沙流・勇払両郡のアイヌ民族との間に、実際に狩猟活動のあり方に違いがあったのかとなると、容易には説明できない。

十勝に住所をもつ「アイヌ名」の狩猟事例を同じように整理したのが表3-7である。十勝川流域各郡(十勝・

表 3-5　胆振に住所をもつ「アイヌ名」の者の狩猟地（1882〜86 年，札幌県）

（頭数）

狩猟地＼住所			虻田郡	有珠郡	幌別郡	白老郡	勇払郡	千歳郡	計
胆振国	虻田郡	ヒグマ	7						7
		オオカミ							0
	有珠郡	ヒグマ		2					2
		オオカミ							0
	幌別郡	ヒグマ			1				1
		オオカミ							0
	白老郡	ヒグマ				28			28
		オオカミ				1			1
	勇払郡	ヒグマ					71		71
		オオカミ					7		7
	千歳郡	ヒグマ						363	363
		オオカミ						8	8
石狩国	石狩郡	ヒグマ					4		4
		オオカミ							0
	札幌郡	ヒグマ					4		4
		オオカミ					7		7
後志国	岩内郡	ヒグマ					1		1
		オオカミ							0
計		ヒグマ	7	2	1	28	80	363	481
		オオカミ	0	0	0	1	14	8	23

出典）表 3-3 と同じ

中川・河西・河東・上川各郡）居住者について見ると、それぞれ自郡内に比重を置きながら、十勝川流域の広い範囲において狩猟活動を行っている一方、流域を異にする広尾・当縁両郡や他国での狩猟事例は確認できない（もっとも東隣の釧路国は根室県に属するので狩猟活動が及んでいてもここでは捉えられない）。それに対して、広尾・当縁両郡居住者は、自郡内の狩猟事例の割合が圧倒的に高いものの、そこで完結せず、双方の間あるいは少数ながら十勝川流域に出向いての狩猟が見られる。

今踏み込んだ議論をすることはできないし、これらの史料がどれだけ実態を捉えたものであるかも問題であるが、以上のような傾向は、アイヌ民族の狩猟活動の範囲や空間利用のあり方を考えるうえで、貴重な素材を提供するのではないかと思われる[70]。

表 3-6　日高に住所をもつ「アイヌ名」の者の狩猟地(1882〜86 年，札幌県)

（頭数）

狩猟地＼住所			沙流郡	新冠郡	静内郡	三石郡	浦河郡	様似郡	計
日高国	沙流郡	ヒグマ	208						208
		オオカミ	44						44
	新冠郡	ヒグマ		27					27
		オオカミ		7					7
	静内郡	ヒグマ			3				3
		オオカミ			7				7
	三石郡	ヒグマ							0
		オオカミ							0
	浦河郡	ヒグマ					17		17
		オオカミ							0
	様似郡	ヒグマ						5	5
		オオカミ							0
	不明	ヒグマ					1		1
		オオカミ							0
石狩国	石狩郡	ヒグマ	24						24
		オオカミ	15						15
	札幌郡	ヒグマ	32						32
		オオカミ							0
	不　明	ヒグマ	31						31
		オオカミ	3						3
後志国	余市郡	ヒグマ					1		1
		オオカミ							0
計		ヒグマ	295	27	3	0	19	5	349
		オオカミ	62	7	7	0	0	0	76

出典）表 3-3 と同じ

三　狩猟の季節性と狩猟方法

オオカミに関して犬飼論文は、「その捕獲は主として冬期で、これ一に夏期は北海道の山野は著しく草木が繁茂し跋渉困難なところが多いが、冬期は積雪のためと又草木凋落し到るところの山野を歩き得るからである」とし、さらにヒグマと比較しつつ、冬ごもりしないことと冬期の集団行動がオオカミの生存にとって不利だったと述べている。

これを検証するため、札幌県の事例を月ごとに集計し、さらに通年の数値が得られない一八八二年と八六年を除く三年分について各月の猟獲数を積算して

表3-7　十勝に住所をもつ「アイヌ名」の者の狩猟地(1882～86年，札幌県)

（頭数）

狩猟地＼住所		十勝郡	中川郡	河西郡	河東郡	上川郡	広尾郡	当縁郡	計
十勝郡	ヒグマ	9	1		3				13
	オオカミ	8	1						9
中川郡	ヒグマ	55	72	8	9				144
	オオカミ	7	14		5				26
河西郡	クマ	4	8	30	7			1	50
	ヒグマ	2	1	6	2				11
河東郡	ヒグマ	25	20	10	85	6	2		148
	オオカミ		5	3	9	2			19
上川郡	ヒグマ	13	14	1	19	51			98
	オオカミ		1			7			8
広尾郡	ヒグマ						59		59
	オオカミ						27	2	29
当縁郡	ヒグマ						21	22	43
	オオカミ						6	8	14
中川郡・上川郡	ヒグマ			5					5
	オオカミ			4					4
不　明	ヒグマ		2	2					4
	オオカミ	1							1
計	ヒグマ	106	117	56	123	57	82	23	564
	オオカミ	18	22	13	16	9	33	10	121

出典）表3-3と同じ

掲げた(表3-8)。狩猟月日の明記を欠くために届出の月を代わりに用いたものが多少あるが、それを除いても各年の分布傾向に基本的な変化はないことを確認している。オオカミ・ヒグマともに狩猟数の季節分布は年によってかなり違う。

　オオカミに関しては、全体に共通するのは、九～十二月に狩猟数が少ない傾向があると言えそうな程度である。三年分の集計で山をなしている一、七、八月はそれぞれ一八八四、八三、八四年の狩猟数の多さに影響されたもので、どの年にも共通してその頃が多いとは言えない。詳細な分析には狩猟地、その年の気候、オオカミの行動による人間の生活域との距離の変化、狩猟者の動向など、いくつもの要因を視野に入れる必要があるだろう。犬飼説の検証に問題を絞れば、「主として冬期」は言い過ぎにしろ、確かに一～三月の狩猟数が多い傾向

表 3-8　月別のヒグマ・オオカミの狩猟事例(1882〜86 年，札幌県)

(1) ヒグマ　(頭数)

	1月	2月	3月	4月	5月	6月	7月	8月	9月	10月	11月	12月	不明	計
1882	−	−	48	16	35	44	38	9	11	33	11	33	163	441
1883	10	20	15	20	100	49	63	54	17	16	50	19	153	586
1884	71	51	84	53	41	65	54	66	61	96	76	69	145	932
1885	49	73	47	50	41	11	49	33	9	13	20	4	0	399
1886	3	3	−	−	−	−	−	−	−	−	−	−	−	6
1883〜85 計	130	144	146	123	182	125	166	153	87	125	146	92	298	1,917

(2) オオカミ　(頭数)

	1月	2月	3月	4月	5月	6月	7月	8月	9月	10月	11月	12月	不明	計
1882	−	−	12	3	11	11	6	3	7	3	4	7	9	76
1883	11	1	1	8	13	5	19	9	6	3	2	4	8	90
1884	18	9	16	6	10	4	7	25	7	1	1	1	8	113
1885	3	11	10	2	5	0	8	2	2	1	9	1	0	54
1886	1	2	−	−	−	−	−	−	−	−	−	−	−	3
1883〜85 計	32	21	27	16	28	9	34	36	15	5	12	6	16	257

出典）表 3-3 と同じ

はあり、オオカミにとって冬期は狩猟者に狙われることが多い季節だったとは言える。ただし、ヒグマと比べて特に不利だったかとなるとやや疑問である。

ヒグマに関しても年・地域ごとの詳細な分析が必要だが、この表から際だって狩猟数が多い時期・少ない時期を指摘することは難しい。ヒグマについては、アイヌ民族が冬ごもり中に穴の出口を塞いで狩猟する方法が知られている。それが比較的安全で、かつ得られる毛皮の状態がよいため、ヒグマ猟の中心だったように記した文献も少なくない[71]。表3-8から冬期の猟がヒグマ猟の中心だったとは言えないまでも、冬期のヒグマ猟の割合は決して低くはなく、オオカミとの比較において冬ごもりが人間の狩猟活動の対象となる機会を減らす意味をもったとは必ずしも言えないように思う。

オオカミの集団行動についてはどうだろうか。手当支給の届出書には、猟獲時の動物の状況が直接書かれておらず、銃殺されたオオカミが集団行動をしていたのかどうかは分からない。そこで、かなり粗い検討しかできないが、オオカミが一日に何頭猟獲されているかを見るために、届出書

表 3-9　1日に捕獲されたオオカミの頭数(1882〜86 年，札幌県)

(件数)

月	1 頭	2 頭	3 頭	4 頭	5 頭
1	18	4	1		
2	11		1	1	
3	6	1	1	1	
4	7	1			
5	6	3	3		1
6	7	2			
7	21	3	1		
8	20	6	1	1	
9	8	4		1	
10	5				
11	7				
12	7	1			
計	123	25	8	4	1

出典）表 3-3 と同じ

に月日までを明記している事例を抜き出して整理してみた(表3-9)。この数字をどう評価するかは私の手に余るが、少なくとも犬飼論文から群をなすオオカミが次々に撃ち殺される情景を思い描いたなら、かなり実情からは遠いとは言えそうである。なお、官庁による毒餌の使用に対しては、集団行動が不利に作用したと見てよいだろう。

ところで、狩猟方法は手当支給の可否に関係がなかった(ただし毒餌は全面禁止)。多くはないが、届出書のなかには狩猟方法を直接ないし間接に記すものがある。そのほとんどは「弾殺」「銃殺」といった銃殺を示すものである。その他、ヒグマについては山中を歩いていて不意を襲われたため携行の「鐇《おの》」で殺したとするもの二件(三頭)、「平落仕掛ケヲ以テ」と記すもの二件(二頭)が見られる。ヒグマについてはワナ猟も一部行われていたのだろう。また、開拓使札幌本庁・札幌県で禁止されていた毒矢による猟獲を記した届出書は当然ながら見当たらないが、実際には毒矢によるヒグマ猟がまったくなかったとは考えにくい(法的に禁止されていない開拓使函館支庁・函館県などでは間違いなくあったろう)。オオカミのワナ猟に関する記述は見出すことができない。ワナが使われた可能性はあるが、ほとんどは銃殺だったと思われる。

いずれにしても、銃の普及がヒグマ・オオカミの大量殺害に道を開く役割を果したことは間違いない。

おわりに――博物学的関心のあり方

最後に、開拓使の博物館政策とオオカミとの関わりについて述べ、結びとしたい。

オオカミやヒグマに対して博物学的な関心の目を向け、標本その他によってその存在を記録し、北海道独自の文物として広く紹介することは、積極的な殺害と特に矛盾なく両立し得るものだった。

開拓使の博物館政策は、全国的にも先進的なものだったことが知られている(72)。開拓使は一八七五年八月に芝公園の東京出張所構内に北海道物産縦観所を(翌年一月に東京仮博物場と改称)、一八七七年に札幌仮博物場を、一八七九年五月に函館仮博物場を、それぞれ開設した。これらの施設の陳列品のなかには、ヒグマとオオカミがしばしば登場する。例えば、一八七五年八月に物産縦観所が札幌本庁に対し、陳列用に収集・送付するよう求めた次のような物品名一覧がある(73)。

獺虎《ラッコ》　牡牝一匹ずつ、海豹《アザラシ》　一匹(別に皮一枚)、魋《シャクマ》　皮一匹、膃肭臍《オットセイ》　一匹(別に皮一枚)、トヾ　一匹、花金鼠《シマリス》　一匹(別に皮一枚)、鹿　牡牝一匹ずつ(別に極大皮角一揃)、鮭(大なるもの)　一尾、鱒(同)　一尾、鱈《タラ》(同)　一尾、鯡《ニシン》(同)　一尾、帆立貝　二、三枚(大中小)、厚岸大牡蠣《カキ》　同前、鮑《アワビ》　同前、海参《イリコ》(同)、狼　一匹、狸　一匹、鷲　一匹、狐　一匹(別種の皮あらば二、三枚)、栗鼠《リス》　同(別に皮一枚)

オオカミと並んでいるアワビ・イリコ(干ナマコ)などの海産物は、当時北海道の代表的な産品の一つだった。産業上重要なことと、北海道に特徴的なことを主な基準に収集がなされていることがうかがわれる。

函館仮博物場もオオカミを収集した。根室支庁は一八八一年一月に、根室郡内で取獲した牡オオカミ一体を剝製にし、牝の「生皮」一枚とともに仮博物場での陳列用に函館支庁に送付した[74]。函館側の依頼に応えたものだろう。これらは積み込んだ船が沈没して剝製が破損したが、技術者不在のため未修理のまま七月に改めて送付された。これとは別に、一八八一年四月、函館仮博物場では、亀田村の鈴木長八が茅部郡戸井村山中字瀧ノ上で猟獲した牝オオカミの剝製を、陳列用に三円で買い上げている[75]。

こうした標本収集と並んで注目すべきなのは、東京の仮博物場構内に檻を設けて、生きたオオカミを観覧用に飼育していたことである。その記録としては、東京仮博物場が雇い入れた絵師沼田正之(荷舟)が描いた二枚の絵が知られている(現物は現在所在不明)[76]。「明治八年旧開拓使庁ニ生虜シテ之ヲ飼フ所」のものを、それぞれ生存中とその死後に描いたものであることを伝える書込みがあるという。この「明治八年」が正確かどうかは疑問の余地があると思われる。次に見るように、それより後に生捕りにしたオオカミを東京に送ったことを示す史料があるからである。

函館支庁は一八七七年六月に二頭の仔オオカミを、翌七八年六月には三頭を東京仮博物場に送った[77]。前者は江差で生捕りにしたもの、後者はオオカミ・ヒグマ駆除のために函館支庁が雇い入れた三上秀綱らが、五月九日に駒ヶ岳で親オオカミを銃殺し、牡牝合せて七頭の仔を生捕りにしたうちの生残りだった。東京仮博物場では「白熊」(アルビノのヒグマ?)を飼っていた木製の檻を修繕して、仔オオカミ用に充てている。

ところで、北海道のエゾオオカミの剝製は、北海道大学植物園の四体のみが現存し、うち比較的保存状態がよい二体は明治十年代に札幌郡白石村と豊平村で捕獲されたものとされ、札幌仮博物場から引き継いだ建物内に現在も展示されていて、その姿はよく知られている。残る二体については、札幌農学校博物館時代の原簿に「北海道産東京飼育」の牡と牝と記されており、今述べた開拓使期に東京仮博物場で飼育していたものを死後剝製にし

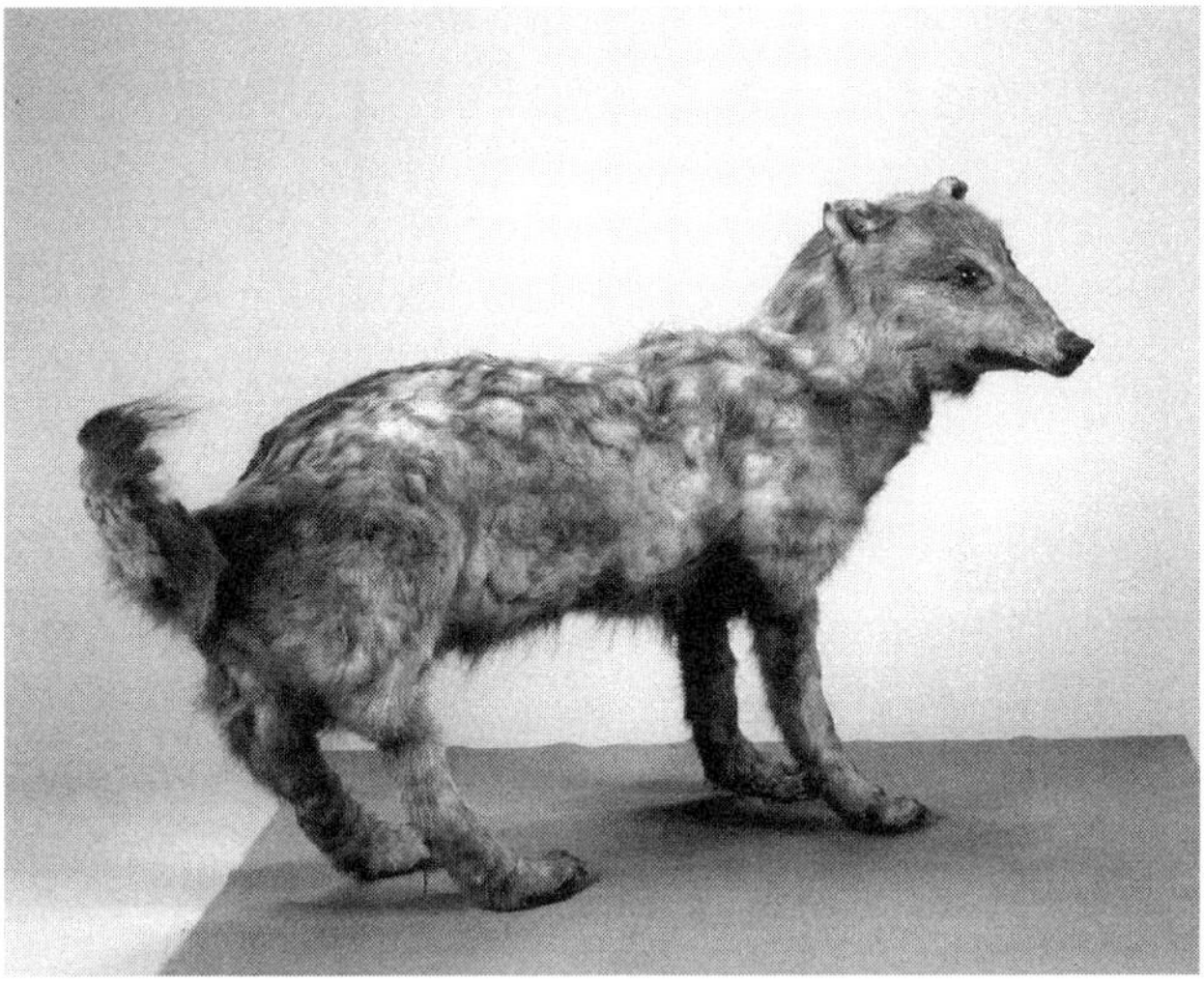

図3-3　「北海道産東京飼育」のオオカミ剝製（北海道大学植物園所蔵）

たものと思われる。[78]作製者の腕が悪かったのか顔が妙に細長く、保存状態もかなり悪いが、それらの点も含めて開拓使とオオカミとの関わりを物語る非常に貴重な資料である[79]（図3-3）。

開拓使の博物館事業があったからこそ、絶滅したエゾオオカミの剝製が残ったのは確かである。けれども、それを開拓使の功績であると評価して満足してはなるまい。開拓使における博物学的な関心が、オオカミ・ヒグマの容赦のない殺害を進める政策姿勢に、何らかの影響を与えるような形では存在していなかったことは、確認しておく意味があるように思う。

オオカミに関する開拓使・三県の文書を読んでいて感じることの一つは、その生態に対する関心の低さである。オオカミがなぜ家畜を襲うのかを問いかけ、改めて考えるという姿勢はまったく現れない。犬飼論文以降エゾオオカミの絶滅について論じる際には、シカの減少がオオカミに与えた影響が必ず言及されてきたが、当時の公文書でシカとオオカミの関係に触れたものには今のところ出合っていない。蝗（トノサマバッタ）の大発生に対しては、その繁殖や移動経路などについて広域にわたって詳細な調査が行われ、報告書が刊行されているのとは対照的である。

「獲殺手当」支給の対象となった動物のうち、財政的な事情は別にして、唯一「待った」がかかったのは、蝗害の際に捕食活動が「再発見」されたカラスだった。ヒグマは複雑だが、カラスにとってのバッタに当たるものは、オオカミにとってはシカであろう。しかしこの時期、シカは農作物を荒らす「有害獣」という面は官庁内ではほとんど問題にされず、皮・肉・角その他が産業上非常に有益な動物として積極的な狩猟の対象になり、その保護・管理を人間(開拓使)自身が行おうとしていた(本書第一・二章参照)。オオカミの生存にとって、そしてこの島の生物の多様性の保持にとって、不運な巡り合せだったと言えるだろう。

(1)　犬飼哲夫「北海道産狼とその滅亡経路」『植物及動物』第一巻第八号、一九三三年、一一一―一八頁。この論文には興味深い事実が多く記されているが、典拠の明示を欠き困惑を覚えることが少なくない。北海道のオオカミの絶滅時期を推測する鍵となるためしばしば引用される「明治廿九年に函館の毛皮商松下氏が狼皮を若干輸出したことが記録に残る」という記述もその一つである。論文末尾の参考文献一覧を手掛かりに検討した範囲では、これは『殖民公報』第十七巻、北海道庁拓殖部拓殖課、一九〇三年十一月掲載の「函館に於ける製革業」の記述をかなり強引に要約したものではないかと思われる。この記事は函館区末広町の毛皮商松下熊槌を紹介し、松下は「元と帝国水産株式会社社員たりしか明治二十九年之を辞し其後一個独立以て毛皮業を営まんと欲して同年毛皮を英国倫敦《ロンドン》の市場に直輸して販売を試み」たこと(六一頁)、松下が優良品を未製のままロンドンへ直輸し、製品を函館区末広町の自店で販売していたこと、その原料の毛皮には「本道産」と「露領産」があり、双方に「狼」を含むこと(六三頁)を記している。この記述を信じれば、一八九六年から一九〇三年までの間に同店が北海道産オオカミの皮を加工・販売したことになる(輸出したとは言い切れない)。

(2)　Brett Walker, *The Lost Wolves of Japan*, University of Washington Press, 2005(浜健二訳『絶滅した日本のオオカミ――その歴史と生態学』北海道大学出版会、二〇〇九年)。なお、Walker 氏が使用する開拓使文書は、著者が言及しているように田辺安一氏の調査成果に全面的に依拠したものである。これらの文書は、その後田辺氏自身によって翻刻・刊行された(田辺安一編『お雇い農業教師　エドウィン・ダン――ヒツジとエゾオオカミ』北海道出版企画センター、二〇〇八年)。同書は、本章に引く文書の多くも収録している。

(3) 関連する文献として、藤原英司『北加伊エゾシカ物語――北海道の環境破壊史』朝日新聞社、一九八五年、俵浩三『北海道の自然保護――その歴史と思想(増補版)』北海道大学図書刊行会、一九九〇年。

(4) この布達と札幌本庁への伝達は、一八七七年九月八日開拓使函館支庁第九十九号布達「熊狼農馬殺傷ニ関シ布達並ニ係員派遣ノ件」『函館文移録　来　丙一ノ一　明治十年自七月至十二月』開拓使札幌本庁記録局公文課(簿書一九三四、八二件目)による。以下、史料名の後に括弧書きで「簿書」として示すのは、北海道立文書館所蔵簿書の簿書番号と件番号である。『開拓使事業報告附録布令類聚』(以下『布令類聚』)上編、大蔵省、一八八五年(〈復刻版〉北海道出版企画センター、一九八四年)六七一頁では九月十日付。

(5) 一八七七年九月二十二日開拓使札幌本庁甲第四十二号布達、前掲『布令類聚』上編、六五八頁。

(6) ライマンのこの提言については、前掲俵『北海道の自然保護(増補版)』一〇九頁がすでに指摘している。英語原文は *Reports and Official Letters to the Kaitakushi*, Kaitakushi, 1875, pp. 452-453. 日本語訳は『新撰北海道史』第六巻史料二、北海道庁、一九三六年、三五五頁所収のものによった。

(7) 欧米におけるオオカミ・コヨーテなどを対象とした報奨金制度について、前掲B. Walker, *The Lost Wolves of Japan*, pp. 167-168(日本語訳一八三―一八六頁)を参照。

(8) この件については「烏鴉毒殺ノ件」『開拓使公文録　本庁往復　明治七年』開拓使東京出張所(簿書五八一八、一七五件目)を参照。クラークの動静は『北大百年史　通説』一九八二年、三二頁によった。クラークの提言と開拓使によるカラス毒殺については、田辺安一「「烏鴉毒殺ノ件」　クラーク博士の進言とその結末」『黎』第八十四号、一九九七年、四六―五四頁に詳しい。

(9) 「人民捕獲ノ烏鴉買上ノ件」『取裁録　明治十年自一月至十二月』開拓使札幌本庁民事局勧業課(簿書A四／三八、二四件目)。一八七七年三月十日開拓使札幌本庁丙第三十七号達、前掲『布令類聚』上編、六五七頁。

(10) 函館支庁については、一月二十九日付第七号布達、前掲『布令類聚』上編、六七一―六七三頁。根室支庁については前掲『開拓使事業報告』第弐編、五〇三頁。

(11) 一八七九年八月、榎本武揚の自宅を訪れた黒田長官は、席上に掛けてあった「魯領西伯利地方狼猟ノ景況ヲ示セル額面」

について榎本から説明を受け、北海道での実施を構想し、この「額面」と「捕熊ノ図」を借り受けて模写を札幌本庁へ送らせた。榎本が一八七五年に領土交渉のためシベリア経由でペテルブルクまで往復した際に入手したものだろうか。翌年三月に新冠牧場でのオオカミ毒殺用ストリキニーネ送付を求めた本庁からの文書に「魯国ニ於テ豚児ヲ餌シ山狼ヲ殺獲スルノ図画」とあるのがこれであろう。この時本庁はこの方法を実施する計画を伝えている（実施の有無は不明）。黒田自身がオオカミ・ヒグマの危害に強い関心をもっていたこと、開拓使が米国以外の国からも先例の摂取をしていたことがうかがわれて興味深い。以上は「魯領西伯利地方狼猟ノ景況額面到達ノ件」『東京文移録　往　丙一ノ六　明治十二年自七月』開拓使札幌本庁記録局公文課（簿書三〇二九、一三五件目）、「本道狼害惨酷ニ付殺獲ノ為ストリキニー子購求ノ上送致方ノ件」『東京文移録　往　丙二ノ二　明治十三年一月』同（簿書三七七四、二〇七件目）。

(12)　一八七七年九月八日岩手県布達番外第一六〇号（第十二より第十六大区および第二十三大区までの各町村宛）『巖手県布達全書』岩手県第一課、一八七八年、岩手県立図書館所蔵。また、一八七七年一月十八日に岩手県庁が岩手・紫波・稗貫・和賀・閉伊・九戸六郡各区正副戸長に宛てた坤番外第六号布達からは、「一昨八年番外第百六十号」（未見）で「狼獣獲殺」者への手当金支給について達したこと、一八七六年六月までの殺獲数は牡二〇頭（一頭当たり手当七円）、牝一〇頭（同八円）、仔四七頭（同二円）だったことが分かる。獲殺数五〇頭以下の手当は管区内が「現在牛馬ノ角蹄ノ数」に応じて負担し、それ以上は県庁が負担するとしていた。『明治十年　番外達綴』岩手県庁所蔵による。

(13)　宮城県については「宮城県下獲狼者賞与ノ件」『公文録　明治十三年七月　内務省之部五』国立公文書館所蔵（2A―〇一〇―〇〇・公〇二八七六一〇〇）。

(14)　函館支庁による整理は「熊狼獲殺者手当金増加ニ付協議方ノ件」『本支庁上局文移録　明治十三年』函館支庁民事課勧業係（簿書四〇四七、一〇〇件目）。表3-1とは多少数値の違いがある。

(15)　「有功有害鳥獣調書進達ノ件」『札幌県公文録　鳥獣猟　第三号　明治十六年』札幌県勧業課農務係（簿書七九五二、二件目）。同年四月に農商務省が「鳥獣ノ有功ナルモノヲ保護シ、其有益ナルモノ、繁殖ヲ謀リ、有害ナルモノヲ駆除スルハ、農務上ノ要点」であるとして、各府県に調査・報告を求めたものである。札幌県が集約したのは、札幌に比較的近い石狩（上川を除く）・後志・胆振各国からだけであり、管内の全地域を網羅してはいない。他県の同調査報告との比較を一部試みた論考として、山田伸一「「オオカミ、ヒグマ、カラス」のその後」『挑水』第二号、地域の情報を語る会、二〇〇四年、四三―四八頁がある。なお、よく似た性格の史料に、『北海之殖産』第四十一―四十三号、一八九三―九四年掲載の「本道有害有益鳥獣」

一覧（北海道庁調査）がある。

(16) 以下、狩猟制度に関しては、本書第一章、林野庁『鳥獣行政のあゆみ』林野弘済会、一九六九年を参照。

(17) 一八八〇年八月二十五日開拓使函館支庁第六十四号布達、一八八一年四月十六日開拓使札幌本庁達甲第六十二号、前掲『布令類聚』上編、六八一・六八二、六六八・六六九頁。

(18) 引用は、一八七六年二月（二日）付二ノ九号、札幌書記官より函館書記官宛、二ノ六号、札幌書記官より根室書記官宛「猛獣猟殺手当金ノ義ニ付函館根室ヘ御協議案伺」、「猛獣猟殺手当給与ニ付函館根室両県《（支庁）》ト協議ノ件」『東京各支庁文移録　明治十一年』開拓使札幌本庁民事局勧業課（簿書Ａ四／七二、二四件目）。この時の手当額変更は、開拓使札幌本庁布達甲第十四号、前掲『布令類聚』上編、六五八頁、「熊狼抔猛獣猟殺ノ件」『取裁録　明治十一年』開拓使札幌本庁民事局勧業課（簿書Ａ四／五四、四八件目）、および六月函館支庁第五十八号布達、前掲『布令類聚』上編、六七一頁。根室支庁については、前掲『開拓使事業報告』第弐編、五〇四頁。

(19) 一八七八年五月二十七日付、静内郡出張先勧業課農事係二等属細川碧より勧業課長宛、「新冠牧場産殖ノ児馬熊狼等ノ被害防除ノタメ洋銃弾薬送致ノ件」『本課届録　明治十一年』開拓使札幌本庁民事局勧業課（簿書Ａ四／五一、七二件目）。

(20) 一八七八年五月十一日付、新冠在勤九等属岩根静一より佐藤権少書記官宛、「夜中牧馬ヲ追入レル木柵築造外四廉ノ件」前掲『取裁録　明治十一年』（簿書Ａ四／五四、一二一件目）。

(21) 一八七八年六月二十日付、二等属細川碧起案「新冠牧場内ニ於テ野獣毒殺ノ義伺」、「新冠牧場内ニ於テ野獣毒殺ノ件」前掲『取裁録　明治十一年』（簿書Ａ四／五四、五四件目）。

(22) 原文では〈Hundreds of dead foxes, crows and occasional Ainu stray dog were found near our plants, which was, of course, unavoidable.〉西出公之・川端喬・九津見明『農・畜産関係お雇い外国人教師研究モノグラフ9　Edwin Dun: Reminiscences of Nearly Half a Century in Japan（校訂）』文部省科学研究費補助金研究成果報告書、一九九三年、五二―五三頁。日本語訳はエドウィン・ダン（高倉新一郎編）『エドウィン・ダン　日本における半世紀の回想』エドウィン・ダン顕彰会、一九六二年、六九―七一頁を参照。

(23) 一八七八年二月十五日付第六十二号、函館書記官より札幌書記官宛、「猛獣猟殺ニ関シ熊及狼獲殺賞金増加ノ件」『函館文移録　来　丙一ノ三　明治十一年』開拓使札幌本庁民事局勧業課（簿書二四一四、五三件目）。

(24) 札幌本庁の布達案起案理由に「其皮肉等ハ猟者ノ自由販売ニ任セ候ハ、頗フル猟殺方ニ尽力スル者モ可有之」とある（前

掲『取裁録　明治十一年』（簿書A四／五四、四八件目））。

(25)　一八七八年二月二十七日付二ノ三十六号、根室書記官より札幌書記官宛、「熊狼ヲ猟殺スル者へ手当金ノ儀ニ付来意ノ通リ速ニ施行相成度件」『根室文移録　来　丙一ノ四　明治十一年』開拓使札幌本庁記録局公文課（簿書二四一七、五〇件目）。なお、札幌本庁が両支庁に手当額引上げを提案して実際に送った文書中では、新しい手当額をオオカミ一五円、ヒグマ七円五〇銭（本庁内で検討段階での数値？）と誤記したらしく、根室側の回答に多少の混乱が見られる。

(26)　前掲『開拓使事業報告』第弐編、五〇四頁。

(27)　この経緯については「有害獣獲殺者手当金増額ノ義見合方ノ件」『取裁録　明治十四年ヨリ同十五年三月函館県引継ノ分属之』旧開拓使函館支庁会計課（簿書四七六六、五八件目）、「熊狼獲殺者へ手当金増額方照会ノ件」『本支庁往・来文移録　明治十四年より同十五年三月中函館県引継迄ノ分属之』旧開拓使函館支庁民事課勧業係（簿書五三二九、四九件目）。

(28)　「亀田村平民三上秀綱熊狼狩トシテ雇入ノ件」、「狼熊狩トシテ雇入ノ三上秀綱外四名ノ者帰函復命ノ件」、「熊狼狩ノ為雇入ノ三上秀綱外四名ヨリ弾丸及管ハ官ヨリ下渡旅費手当等願出ノ件」、および「熊狼狩雇三上秀綱熊狩ノ際山中案内ノ為雇入ノ人夫相馬耕治外一名へ手当支給ノ件」『取裁録　明治十年自第九月至第十月』開拓使函館支庁会計課（簿書二二六一、二・六三・一四〇・二一〇件目）。

(29)　「熊狼駆除ノタメ旧土人白鳥礼助外一名雇入効果ヲアゲ解任ノ件」、「熊外駆除雇土人板本三松外一名熊二頭ヲ猟獲ノ件」、「亀田郡山野ニ熊狼出没ニ付駆除施行方ノ件」『七重文移録　弐冊之二　明治十二年』開拓使函館支庁民事課勧業係（簿書三三二九、八六・一三七・一五九件目）、「熊狼出没ニ付駆殺ノ為旧土人雇入方ノ件」、「牧馬ヲ傷害スル熊狼駆除ノ為獲殺ニ熟練ノ旧土人雇入方ノ件」『各分署文移録　明治十二年』同（簿書三三四〇、一一七・一七九件目）、および「猛獣殺獲ノ為雇入ノ土人ニ止宿料等現金渡方ノ件」、「亀田郡山野ニ出没ノ熊狼駆除ノ為土人四名雇入ノ件」『取裁録　三冊之三　明治十二年』同（簿書三三四六、三〇・八八件目）。

(30)　仕掛け弓使用について、前者では史料中に「俗ニアマホウ」とあることによって推測したが、これが銃を用いた仕掛けである可能性もなくはない。後者では、仕掛け弓設置箇所から一〇間ほど手前に長さ二尺、幅五寸の白布を目印として付すことを指示している。この時期、函館支庁管内では全道的に毒矢猟が禁止されたシカ猟を除くと、毒矢猟は禁止されていない（本書四八―四九頁参照）。

(31)　『明治拾五年　札幌県布令全書』札幌県、一八八五年、一一四頁。以下この決定過程に関しては、「熊狼殺獲手当額改正ニ

付区役所へ届出方ノ件」『札幌県公文録　鳥獣猟　第壱号　明治十五年』札幌県勧業課農務係(簿書七三五七、四一件目)。

(32)「明治十三年五月～十一月中諸革製造及売捌高並ニ依頼諸革製造毛皮鞣員数報告ノ件」『取裁録　弐冊之二　明治十三年』開拓使函館支庁民事課勧業係(簿書四〇六二、八八件目)など。

(33) 前掲「有功有害鳥獣調書進達ノ件」『札幌県公文録　鳥獣猟　第三号　明治十六年』(簿書七九五二、二件目)。

(34)「札幌区長兼郡長山崎清躬ヨリ熊狼捕殺届ノ節取扱方伺出ノ件」『勧業課公文録　雑部ノ雑　明治十三年』開拓使札幌本庁民事局勧業課(簿書A四／一〇三、三七件目)。

(35) 一八八二年五月(五日)付勧第三十六号、札幌県勧業課より各郡区役所宛、「有害鳥獣殺獲手当金ノ義ニ付実際ノ景状等取糾ノ上手当金請求スル様注意方ノ件」前掲『札幌県公文録　鳥獣猟　第壱号　明治十五年』(簿書七三五七、一二件目)。

(36) 例えば「有害鳥獣殺獲手当金ノ義ニ付浦河郡役所へ往復ノ件」『札幌県治類典　鳥獣猟　合二冊　第二　明治十七年自四月至十一月』札幌県勧業課(簿書八七四五、一〇件目)。

(37)「発寒方面ニ於テ捕獲ノ獣児狼児ニアラズノ件」前掲『札幌県公文録　鳥獣猟　第壱号　明治十五年』(簿書七三五七、三六件目)。

(38) 一八八六年五月十四日北海道庁本庁乙第十一号布達、同年十二月九日根室支庁甲第三十一号布達『北海道立文書館史料集第十四　北海道庁例規集　第I期　庁令等布達編(一)　明治一九年～明治二〇年』北海道立文書館、一九九九年、二六・七二頁、同年十一月十三日函館支庁告示第六十号『明治十九年　北海道庁函館支庁布達々全書』二九八—二九九頁。

(39)『北海道史料一　根室県史政治部　県治・拓地・勧業・工業』国立公文書館内閣文庫所蔵。ここでは、北海道立文書館所蔵の複写を使用した。

(40) 三円への統一は一八八七年六月二十二日北海道庁令第七十二号、前掲『北海道庁例規集　第I期　庁令等布達編(一)』一六二頁。手当の廃止は一八八八年十一月二十二日北海道庁告示第七十七号『北海道庁第三回勧業年報』三一七頁。ただし前者は前年の布達・告示の廃止を内容とし、三円への改定については触れていない。『北海道庁第三回勧業年報』三一七—三一九頁掲載の一八八八年の手当支給実績表からは、オオカミについても一頭当たり三円が支給された事例があることを読み取れるから、恐らく未確認の他の告示があるのだろう。

(41) 札幌本庁については前掲『布令類聚』上編、六五七頁。

(42) 札幌本庁甲第六号達。前掲『布令類聚』上編、六五七頁の頭註は本庁達を一八七七年三月のこととしているが、「鳥ノ巣ヲ探リ卵ヲ捕獲ノ者ヘモ手当金給与ノ件」『東京・各支庁文移録　明治十一年』開拓使札幌本庁民事局勧業課(簿書A四／七二、一二六件目)によってこれが誤りと分かる。函館支庁については一八七八年四月函館支庁第三十九号布達、前掲『布令類聚』上編、六七二頁。根室支庁について『開拓使事業報告』第弐編、五〇三頁は当初から卵でも可としていたかのように記しているが、これは疑問である。

(43)　前掲「有功有害鳥獣調書進達ノ件」『札幌県公文録　鳥獣猟　第三号　明治十六年』(簿書七九五二、二件目)。

(44)　一八七八年五月三日付五ノ九号、室蘭分署より警察署宛、「烏鴉捕獲ノ件」前掲『取裁録　明治十一年』(簿書A四／五四、四四件目)。

(45)　「烏鴉銃猟等届出ノ節副届ノ両足懲役場ヘ引渡肥料供用方ノ件」『取裁録　明治十一年』開拓使函館支庁民事課勧業係(簿書二六五〇、九〇件目)。

(46)　前掲「有功有害鳥獣調書進達ノ件」『札幌県公文録　鳥獣猟　第三号　明治十六年』(簿書七九五二、二件目)。「利用目的」欄に記載。

(47)　一八八二年十一月一日函館県布達甲第三十五号『明治十五年　函館県布達々全書』六三頁、一八八三年十二月六日札幌県布達甲第七十二号『明治十六年　札幌県布令全書』一七四―一七五頁。根室県の廃止時期は確認できていない。一八八三年には支給事例があり(表3-2-(3))、札幌県の廃止後早い時期に廃止か。

(48)　一八八二年八月二十六日付元第三十二号、函館県令時任為基より農商務卿西郷従道宛、『函館県(雑記)』北海道史編纂掛、北海道大学附属図書館北方資料室所蔵(道写本三〇三)。閲覧は北海道立文書館所蔵のマイクロフィッシュ(F一／九九五)を利用した。

(49)　「烏鴉殺獲手当金支給方廃止ノ義伺」前掲『札幌県公文録　鳥獣猟　第三号　明治十六年』(簿書七九五二、一三件目)。渡瀬は札幌農学校の一期生で、一八八〇年同校発行の『農業叢談』第二号に「虫を啄む鳥類の功用并に其保護の必要なるを論ず」と題した文章を掲載している(前掲『北大百年史　通説』六四頁)。

(50)　前掲「有功有害鳥獣調書進達ノ件」『札幌県公文録　鳥獣猟　第三号　明治十六年』(簿書七九五二、二件目)。

(51)　一八八〇年十一月十二日札幌本庁丁第一一〇号達、前掲『布令類聚』上編、六六一頁。

(52)　これについては「人民捕獲ノ野犬買上ノ件」『取裁録　明治十年自一月至十二月』開拓使札幌本庁民事局勧業課(簿書A四／三八、三三件目)。

(53)　一八七八年六月六日札幌本庁甲第十六号布達「狂犬ヲ殺シタル者エ手当被下ノ件」『本庁部下布達録　甲号　明治十一年』開拓使札幌本庁記録局公文課(簿書二四一九、一六件目)。

(54)　「悪犬渡島通綿羊牧場ニ飛入綿羊ヲ噛殺ス程ノ始末ニ付懸念ノ件」、「ステレキニーネ入用ノ件」『諸課文移録　明治十年従五月至八月』開拓使札幌本庁民事局勧業課(簿書A四／二四、八四・八七件目)。同場では、二年後の一八七九年九月、夜間来襲するオオカミ対策として、周囲の板塀に「忍ヒ返シ」をつけ、再び毒殺実施のためにストリキニーネを取り寄せている(「牧羊場へ夜間襲来ノ狼毒殺施行ノ件」『勧業課公文録　牧畜之部　羊豚　明治十二年』同(簿書A四／八一、二四件目))。野犬とオオカミの行動の類似、それへの対策の連続性がうかがわれる。

(55)　前掲『開拓使事業報告』第弐編、四八七頁。この前年一八七七年六月、勧業課は新冠牧場から「猟捕之犬皮七拾枚」の送付を受けている(「新冠牧場ニ於テ猟捕ノ犬皮送致ノ件」『課中文移録　明治十年従五月至八月』開拓使札幌本庁民事局勧業課(簿書A四／二七、一二四件目))。

(56)　註(20)に挙げた、一八七八年五月十一日付、岩根静一九等属より佐藤権少書記官宛のなかに次のように記している。

第二条　畜犬撲滅ノ方法ヲ設ケ度件

牧場近接ノ村落ニ於テ畜犬ハ之レヲ禁シ、其野犬ノ如キハ之レヲ鏖殺云々、本年丁第六号ヲ以テ布達セラレタリ。然レ共牧場ノ近隣タル新冠郡泊津・姉去・滑若ノ諸村毎一家猶数頭ノ畜犬アリ、静内郡民ニモ亦畜犬ナシトセス。玆ヲ以テ静内区務所ニ之レヲ談スルモ、如何セン土人等竊ニ之レヲ畜ヒ厳ニ説諭ヲ加フレハ山谷ニ蔵ス等ノコアリ、更ニ令ヲ奉セス、又犬皮ハ其品位大小ヲ問ハス之レヲ買上ルノ事アルモ、決シテ撲殺ヲ好ムモノナシト。右ノ事情ヨリシテ推考スルニ、更ニ殺犬者ヲ定ムルカ、土人ヲ無害ノ地ニ転居セシムルノ二途ニ出テサルナリ。若シ然ラスンハ日々其害タル多クシテ殆ント防害ノ術アラス、現時生殖ノ児馬喫食セラル丶モノ既ニ数十頭ニ及ヘリ、依テ殺犬者両三名ヲ雇入銃器弾薬トヲ貸与シ、専ラ之レヲ撲殺セシムルヲ目下ノ急トナス

(57)　一八七八年一月二十八日札幌本庁達丁第十号「明治十一年旧開拓使本庁甲第十六号布達廃止ノ義伺ノ件」『札幌県治類典　鳥獣猟　第一　自明治十六年十二月至同十七年五月』札幌県勧業課(簿書八七四六、一〇件目)。木札の有効期間は一年、その発行には一枚一〇銭(職猟者は二銭)を必要とした。なお、「狂犬」による人間への危害への対策として飼犬に鑑札を付すことを義務づける動きは、一八七三年九月宮城県無号布達、一八七四年七月二十九日秋田県触示第四一五番など、他府県にも見られる。『自明治六年至同十年　宮城県布達撮要』宮城県公文書館所蔵(明治一〇—二—〇〇八五)、『秋田県布達集6』秋田県

立公文書館所蔵を参照。

(58)　前掲『開拓使事業報告』第弐編、四九七、五〇三―五〇四頁。

(59)　一八八四年二月五日甲第六号、前掲「明治十一年旧開拓使本庁甲第十六号布達廃止ノ義伺ノ件」『札幌県治類典　鳥獣猟第一　自明治十六年十二月至同十七年五月』(簿書八七四六、一〇件目)。根室については、開拓使根室支庁が一八八〇年十月に廃止(前掲『開拓使事業報告』第弐編、五〇四頁)。

(60)　近世から近代にかけての日本社会のイヌとの付合い方の変化について、塚本学「江戸時代人のイヌとのつきあい」国立歴史民俗博物館編『動物と人間の文化誌』吉川弘文館、一九九七年、一八―四五頁を参照。この論文が引く下総御料牧場における牧場周辺四里以内の野犬の獲殺に関する千葉県の指示(一八七六年)は、お雇い外国人の関与があることも含め、北海道の事例と似通っており興味深い。

(61)　一八七八年五月二十九日付「猛獣獲殺之者へ手当金下賜之義ニ付再伺」、「猛獣猟獲者へ手当金給与ノ件」前掲『取裁録明治十一年』(簿書Ａ四／五四、四九件目)、前掲一八七八年二月二日付、札幌本庁より函館・根室書記官宛『東京各支庁文移録　明治十一年』(簿書Ａ四／七二、二四件目)。

(62)　ただし、これらの情報については記載内容の精粗の差が小さくない。また、次のような事情により、綴られている届出書には地域的な偏りがある。狩猟者は届出書と証拠を戸長役場に提出し、戸長は奥書のうえ郡区役所へ送る。郡区役所は真否を確認して手当を支給し、届出書とともにその分の送金を求める文書を札幌県勧業課に送るのだが、勧業課が処理後に届出書を郡区役所に返送してしまったために、勧業課の簿書には狩猟内容の概略しか記録されていない場合がある。こうした事例は、特に石狩・後志の郡区役所に多いようである。したがって、以下このデータベースを使用する場合、この両地域については網羅の度合が低いことに留意が必要である。

(63)　オオカミの狩猟数を検討する際に利用されることの多い犬飼論文の表と比べると、犬飼論文の誤植・計算ミスと思われるものを除き、一八八二年の全道で九五頭という数値(典拠不明)だけが表３-２-(2)よりも多い。また、門崎允昭氏はオオカミの手当支給数について統計類を独自に集計して表を作成しているが(「積丹半島の動物相――哺乳類・爬虫類・両生類」『北海道開拓記念館研究報告』第十二号、一九九二年、四四―四五頁、『野生生物痕跡学事典』北海道出版企画センター、一九九六年、二四四―二四七頁)、残念ながら元号を西暦に置き換える際の読み間違いその他の誤りを含み依拠できない。

(64)　朝日稔編『滅びゆく動物たち』東海大学出版会、一九八三年、一一〇―一一一頁。

(65)「二連鳥打銃及ビ弾薬等旧土人小俣助蔵ヨリ代価年賦上納払下願出ノ件」前掲『取裁録　明治十一年』(簿書A四／五四、九九件目)、「烏鴉捕獲ノ術ニ巧者ナル広沢徳辰外一名雇入ノ件」『長官滞札中書類　第弐号　丙一ノ八　明治十二年二月』開拓使札幌本庁記録局公文課(簿書三〇五一、五六件目)。

(66)　アイヌ民族のオオカミ観については、更科源蔵・更科光『コタン生物記Ⅱ』法政大学出版局、一九七六年、二八九―二九四頁を参照。文献資料に見られる蝦夷地の動物関係の記録を集めた関秀志「蝦夷地の動物について記した文献」『北海道開拓記念館調査報告』第三十八号、一九九九年、九六―一〇八頁によれば、蝦夷地の産物としてオオカミを挙げているものも少数ながらあるようである。

(67)　河野常吉『胆振国』北海道立図書館北方資料室所蔵(河野常吉資料、H〇九四―Kｏ―一二六)。河野常吉が一九二二年に当時六八歳だった神保福治から聞き取った記録。直接的な危害がなくても、オオカミの行動に対する恐怖感が存在することを示す点でも興味深い史料である。シカの減少とオオカミの消滅の関連づけも目を引く。

(68)　一八八五年一月十日付郡勧第三十号、札幌郡役処より(札幌県)勧業課宛、同年一月十三日付勧第五十六号、(札幌県)勧業課より札幌郡役所宛、「各郡区役所ヨリ熊獲殺手当金請求ノ件」『札幌県治類典　鳥獣猟　合三冊　第三　自明治十七年十一月至同十八年四月』札幌県勧業課(簿書九五二九、七件目)。

(69)「有害獣獲殺届ノ件」前掲『札幌県治類典　鳥獣猟　合三冊　第三　自明治十七年十一月至同十八年四月』(簿書九五二九、一七件目)。

(70)　アイヌ民族の空間利用に関しては、河川流域を単位とした排他的な領域があったと論じられることが多いが、歴史的な変化や地域による差異を視野に入れて、それを実証的に検証する作業が十分に行われてきたとは言い難い。この点、奥田統己「アイヌ史研究とアイヌ語――とくに「イオル」をめぐって」北海道・東北史研究会編『場所請負制とアイヌ』北海道出版企画センター、一九九八年、二三六―二六一頁の問題提起は重要である。

(71)　例えば、北の生活文庫企画編集会議『北の生活文庫2　北海道の自然と暮らし』北海道、一九九七年、八四頁。出利葉浩司「近世末期上下ヨイチ場所におけるアイヌの毛皮獣狩猟活動とその周辺――クマはどれだけ狩猟されたか・文献史料による一考察」『北海道開拓記念館研究報告』第十三号、一九九三年、三一―六〇頁は十九世紀前半の上・下ヨイチ場所における季節ごとのヒグマ狩猟数とその背景を考察している。

(72)　明治期の北海道における博物館については、関秀志・中田幹雄・千代肇「明治期における北海道の博物館(1)」『北海道開拓記念館調査報告』第二十九号、一九九〇年、一一三―一三九頁、関秀志「明治期における北海道の博物館(2)」同、第三十号、一九九一年、九一―一一八頁を参照。この文献が掲載する各施設の収蔵品一覧にもオオカミ標本が見える。開拓使の各地の博覧会への出品について論じたものとして、三浦泰之「明治初期の地方博覧会と開拓使――開拓使、北海道はどのように「見られていた」のか?」『北海道開拓記念館研究紀要』第二十八号、二〇〇〇年、一五三―一七八頁、同「ウィーン万国博覧会と開拓使・北海道」同、第二十九号、二〇〇一年、一七七―二〇六頁がある。

(73)　表記は読みやすいように手を加えた。鳥獣は「薬込」として製造すること、魚類はアルコール漬にし、貝類は破損しないよう注意するよう指示している。「北海道物産縦覧所へ陳列ノ為奇品等蒐集方其外ノ件」『物産局往復留　明治八年自一月』開拓使札幌本庁静内出張所(簿書一二八一、一三一件目)。なお、この他にも鉱物やアイヌ民族の木彫りなどを取り寄せている。

(74)　「根室郡内ニ於テ取獲ノ狼皮送致ノ件」前掲『本支庁往・来文移録　明治十四年より同十五年三月中函館県引継迄ノ分属之』(簿書五三二九、二二件目)、「根室郡内ニ於テ取獲ノ牡狼剝製ノ上送致ニ付仮博物場へ展示方ノ件」、「取獲狼剝製ノ分相損ノマ、送付ノ件」『函館支庁往書　明治十四年』開拓使根室支庁記録課公文係(簿書五〇二四、六・五五件目)。

(75)　「牝狼剝製ノ上仮博物場へ陳列ニ付買上方ノ件」前掲『取裁録　明治十四年ヨリ同十五年三月函館県引継ノ分属之』(簿書四七六六、八五件目)。

(76)　この絵については、平岩米吉『狼――その生態と歴史』(新装版)、築地書館、一九九二年、二四一―二四二頁、直良信夫『日本産狼の研究』校倉書房、一九七〇年、口絵・二一〇頁を参照。前掲 B. Walker *The Lost Wolves of Japan*, p. 155(日本語訳一七一頁)も写真を転載し、紹介している。

(77)　前者については「江差ニテ生捕シ狼児弐疋東京出張マデ輸送諸事懇切被取扱度件」『諸課七重文移録　明治十年分』開拓使函館支庁会計課用度係(簿書二二九四、一九六件目)。後者については「駒ヶ嶽ニテ捕獲ノ狼児三頭送致ノ件」、「九重丸便送致ノ狼児捕獲諸入費ノ件」、「黒熊檻設置ノ件」『文移録　明治十一年第一月』開拓使東京出張所勧業課仮博物場係(簿書二九八四、七一・七三・七九件目)。

(78)　『札幌農学校所属博物館標本原簿壱』北海道大学北方生物圏フィールド科学センター植物園(北海道大学植物園)所蔵。この史料の調査については、同園加藤克氏のご協力を得た。

(79)　テーマ展「開拓使とエゾオオカミ」ではうち一体を借用、展示したが(図3-3)、来観者のなかにはこれを本物のオオカミとは信じず、抗議の声をアンケートに記された方が二名おられた。無理もないかとも思うが、残念である。

第四章　千歳川のサケ漁規制とアイヌ民族

はじめに

千歳川は支笏湖を源として東へと流れ下り、石狩低地帯に入ると長都川・漁川・夕張川などを合せながら北へと流れ、やがて石狩川に注ぎ込む川である。本章ではこの千歳川に注目し、開拓使・札幌県・北海道庁によるサケ漁規制の展開とこの地域に住むアイヌ民族との関わりについて考える。時期的にはほぼ一八六〇年代末から一八九〇年頃までを対象とする。

全体史への「貢献」ということを抜きにして、地域史の研究にはむろんそれ自体の意味がある。そのことを確認したうえで、アイヌ史・アイヌ政策史の研究という視点から見れば、対象地域を絞ることには次のような意味があると考える。一つには、官庁が定める様々な法規をたどるのにとどまらず、それが実際に地域社会に与えた影響、または逆に地域社会の事情が政策に与えた影響を視野に入れた考察がしやすくなるという意味である。二つには、地域差を意識した歴史叙述に道を開く意味である。特に、この時期の河川でのサケ漁規制については、現場での展開においては言うまでもなく、制度面においても地域による差が大きいと思われ、今の段階では結論を急がず、比較を意識しつつ個別地域の具体的な歴史像を描く作業を積み重ねることが大切だと考える。(1) こうし

して重要である。[2] 北海道内の他の河川と比較するとサケ漁規制の強化が相対的に早く、しかも徹底してなされたこと、一八八八年に官営の鮭鱒人工孵化場が道内で最初にこの川に設置されたことも、こうした個性に関わっている。また、開拓使期にサケ漁・シカ猟規制強行の代替措置として勧農政策の実施が具体的に検討されたことも注目される点である。

開拓使・三県一局期を中心にサケ漁規制がアイヌ民族に与えた影響については、高倉新一郎『アイヌ政策史』[3] 以来多くの文献が論じているが、実態に踏み込んだ議論は深まって来なかった。近年の研究では、百瀬響氏が開拓使期の河川漁に関する布達類を整理しその特徴や背景を検討した作業には、示唆を受ける点がいくつかあるが、残念ながら小論であり、実態分析の入口段階にとどまっている。[4] また、岩崎奈緒子氏は「〈歴史〉とアイヌ」において、道東の西別川を対象に近世から開拓使期までのサケ漁をめぐる権利関係の変化を一次史料によってたどり、近世において場所請負人や幕藩権力によっても「疑われることのないアイヌの権利」として認められてきた、食料の確保を主たる目的とする飯料取としてのアイヌ民族のサケ漁が、開拓使によって全面否定されたとして、近世から近代への移行期における断絶性を強調する。[5] 学ぶべき点の多い議論であり、私もこの時期の基本的な断絶性を重視する点は同意見であるが、岩崎氏の議論は、先行研究の歴史像を批判することに力点を置くためか、「断絶」を強調するにあまりに急で、近世の場所請負人がアイヌ民族の自主的な生業活動を侵害した側面への留意が薄く、また、「断絶」に至る過程もしくはそれ以後にアイヌ民族がどう生きたかという視点が欠落しがちであるように思う。本章では近世史料の分析に基づいて近世の状況を論じることはないが、近代の史料の側からそれ以前の様子を伝える手掛りを拾って今後の課題を示し、制度上の権利否定後については、「密漁」とされたサケ漁の継続に注目してみたい。

第一節　開拓使によるサケ漁規制

一　「テス網」・夜漁の禁止

千歳郡の支配は一八六九年から高知藩に任されていたが、一八七一年八月に開拓使に引き継がれた(6)。漁業経営については一八六九年の場所請負制廃止後、旧請負人山田文右衛門の女婿である榊富右衛門が漁場持となり、一八七一年には石山専蔵と山口安五郎がこれに代わったが、一八七六年には漁場持が廃止となる。一八七一年頃の千歳郡のアイヌ民族の居住状況を見ると、会所があった辺りに特に集中して居住するほか、河川に沿って広く散らばっているようである(表4-1)。注目したいのは一戸平均で二反弱の畑の耕作が見られることである。一八五七年にこの地域を旅した松浦武四郎の日記にも粟・稗・豆類・馬鈴薯などの耕作に関する記録があり(7)、十九世紀半ばにはこの地域のアイヌ民族が小規模な農耕を生業の一部に組み込んでいたことが分かる。この地域のアイヌ民族が農耕に無縁だと考えてはならないこと、とは言え農耕は部分的なのであり、農耕中心の生活への転換が容易であったと考えてはならないことを指摘しておきたい。

さて、サケ漁に関して開拓使が設けた種々の規制のなかで、千歳川流域に関わるものとしては、全道を対象に「テス網」漁と夜漁を禁止した一八七六年八月二十八日開拓使乙第九号布達が重要である(8)。

表 4-1　1872 年の千歳郡アイヌの戸口および開墾地

	戸数（軒）	人口（人）	（男・女）	畑（反別）
千歳村*	25	97	（49・48）	38 反
チルサタリ村	1	6	（3・3）	2 反
ランコウシ村	5	22	（13・9）	5 反 7 畝
ヘサ村	5	27	（15・12）	8 反 6 畝
ユウナイ村	2	12	（5・7）	3 反 5 畝
ルヱン村	1	5	（4・1）	2 反 3 畝
フヱラ村	4	22	（14・8）	8 反
ヲサツ村	9	35	（23・12）	16 反
イサリフト村	3	18	（11・7）	6 反 8 畝
イサリ村	4	15	（8・7）	10 反 5 畝
計	59	259	（145・114）	10 町 1 反 4 畝

註）＊原史料では「千歳郡住居」とある
出典）「千歳郡土人開墾地并家数調書」『勇払・千才両郡引継書類』開拓使札幌本庁庶務掛，北海道立文書館所蔵（簿書 0441）

　鮭漁中テス網ヲ以川流ヲ張切候義ハ、上流漁業ノ妨タルハ勿論、魚苗減耗ノ大害ニ有之、既ニ一般差止置候処、根室支庁管下ハ未夕更正無之趣ニ付、自今テス網張切並夜中ノ鮭漁ハ一切禁止候条、此旨布達候事

「テス網」はアイヌ語の「テシ」(tes)に由来する用語で、川の流れを遮るように木を柵状に組み、遡上するサケの行方を阻んで捕獲する漁法である(9)。この布達は、直接には、すでに禁止したはずの「テス網」漁が根室支庁管内においてなお行われていることを受けて発せられたもので、黒田長官の命に従って開拓使東京出張所が、札幌本庁・函館支庁に対しても管内の「人民一般」に達するよう指示した(10)。札幌本庁ではこの布達とこれに伴う黒田の告諭書を九月七日付で各分署・市在各村に達し、管内人民への周知を図った(11)。「既ニ一般差止置候処」とあるが、同様の布達類は豊平・発寒・琴似・篠路諸川について「杭木取立張網致俗ニウライ網ト唱へ候」ものを禁じた一八七三年十月三日札幌本庁無号達(12)などいくつかあるものの、千歳川流域、さらには全道一般を対象にした禁令はこれが最初のものだった。「テス網」禁止の理由としては、「上流漁業ノ妨」であること、「魚苗減耗ノ大害」であることの二点を挙げている。夜漁に関しては文脈上は明瞭ではないが、サケ資源の保全目的であることは間違いない。刺突具であるマレク（図 4-1）を用いた漁やテシ漁などアイヌ民族による小規模

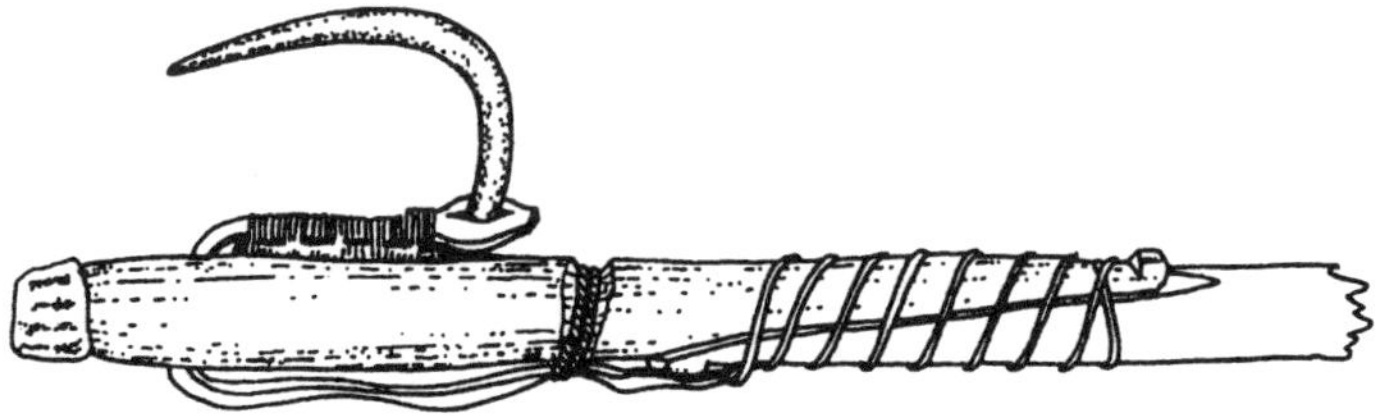

図 4-1　マレㇰの先端部分（右側，柄の部分は略）（北の生活文庫企画編集会議『北の生活文庫 2　北海道の自然と暮らし』北海道，1997 年より）

なサケ漁は夜間や明け方に行われることが多かったようである。[13] 河川の流路を遮る漁法によるサケ漁の禁止は、近世においても例えば秋田藩の町触れにも見えており、[14] 発想としては開拓使や黒田独自のものではないが、他ならぬこの時期の北海道において禁令が発せられた背景には、開拓使による勧業政策のなかでのサケ漁の重視があったと考えるべきだろう。

この布達は千歳川流域のアイヌ民族にどのような影響を与えたのだろうか。一八七八年になってから札幌本庁と東京出張所の間で交わされたやり取りを見よう。

この年一月十五日付で札幌本庁書記官が東京出張所書記官に宛てた文書は、千歳・漁の両川では、許可を得て漁網を設けている者以外に、「下リウライ網及差網鍵曳等」をしている者が数十名いるとし、「下リウライ網」一円五〇銭、差網・鍵曳は五〇銭ずつを徴収して鑑札を発行することにしたいと提起した。[15] 鍵曳とはマレクや鉤による漁業だと思われる。一般の通り現品検査をして収獲物の一割二分の現物納を課す措置をとらないのは、これらは「貧窶無資」の者で、「日々獲ル所直チニ飯料ニ換へ」て生活しているという事情からだという。鑑札税額案は、十一月から翌年一月中旬までの漁期のうち風雪などによる漁業不能日を除く四五日間の収獲を、「下リウライ網」が一日平均一四尾で計三一束五分（代価二二円五銭）、差網・鍵曳が一日平均五尾で計一一束二分五厘（代価七円八七銭五厘）と見込み、その六分八厘余と六分三厘余を想定したものである。

東京出張所は本庁に電信で照会して（二月二十三日）、千歳郡での「ウライ網」が川幅の三分の一を開けておくものであることを確認し（二月二十五日）、五月末に東京出張所会計課は、本庁の鑑札税新設案を承認し、さらには千歳郡に限らず「河岸居住ノ者」に限り「河源」でのこれらの漁法によるサケ漁を鑑札税を課して認める回答案を作成した(16)。だが、これは決裁を得られなかった。東京出張所は六月十四日、「新規徴税等之方法」を設けて公然と許可を与えるのは一八七六年八月の布達の旨趣にもとり不都合であり、そのような「姑息之処分ニ不渉、一層厳密ニ取締可相立旨、長官殿猶又御厳達」があったと回答した(17)。流路を完全に遮らなくても、先に禁じた「テス網」に当たるという判断であろう。ここで東京出張所が却下の方針を決定したのは、黒田長官の強い意向に基づくことが明らかである。

これに対し札幌本庁は七月九日、千歳川は水中に岩石が多く曳網を施し難く、また、設置している「ウライ網」は「中流ニ網ヲ立、両岸ニ沿ヒテ幾分之河流ヲ除ク」もので、川幅全体を横断しサケを網羅し尽す性質のものではなく、一八七六年の布達が禁じた「テス網」とは異なると主張して再検討を求めた(18)。注目すべきは、千歳郡は「遠ク海辺之地ヲ離レ山間ニ僻在シ、余産之生計ヲ助クルナク、僅ニ川漁等ヲ以テ糊口ノ之資《マヽ》トシ」と、河漁以外での生計維持が困難であるという現実認識を記している点である。そのうえで本庁は、従来サケ漁を許可し収獲の一割二分を課税してきた漁業者の一覧を別紙「甲号」として添付し（表4-2）、彼らに使役されているアイヌ民族も「其利潤ヲ分チ生活ヲナスモノ」であり、禁止の徹底はその「興廃」に関わる容易ならぬ問題であると述べる。

「甲号」の表題に「上リウライ網並差網鮭漁業人名簿」とあるのを見ると、「網種類」欄に「ウライ網」とあるのは上流へ向かうサケを捕る「上リウライ網」のようである。札幌本庁は一月十五日付の文書では、「ウライ網」のうち「下リウライ網」のみを問題にしていたのだが、ここではその辺りの区別がやや曖昧で、千歳川について和人二名が五件の許可を得、アイヌ民族を雇用して漁業を営んでいた「上リウライ網」についても許容するよう求めているとも受け取れる。一方、新規に課税対象にしようという分のうち「下リウライ網」については、添付書類の「乙号」に「千歳川下リウライ網鮭漁業人名」の表題で「明治十年漁業人」としてアイヌ民族一四名、和人一名の名が見える(表4-2)。残る曳網・鍵曳漁業者のうち鍵曳漁業者については、別の史料から同じ一八七七年に千歳川六九名、漁川三六名という数字が得られる(和人・アイヌの別は不明)[19]。この地域のアイヌ民族のサケ漁は、「下リウライ網」やマレクなど小規模漁法による自営と、和人が営む「上リウライ網」に雇用されてのものがあったことがうかがえる。

だが、東京出張所は次のように述べてこれをほぼ全面的に退けた[20]。

表4-2　千歳川その他の河川におけるサケ漁の状況

甲号	上リウライ網並差網鮭漁業人名簿	
網種類	漁場地名	漁業人名
千歳郡		
ウライ網	千歳川字シコウス	高野正造
同	同字チライウス	同
同	同字イザリブト	同
同	同字シマヽツブト	同
同	同字マシチスクワイ	高橋源治郎
小計	此取獲凡700石内外	5人
勇払郡		
同	勇払川字イヌンナイ	植田礼吾
同	同字ヲタケシ	同人
同	同字ウツナイ	高田伊勢松
同	同字バンケナイ	葭谷善兵衛
差網	同字ビヽ	千葉菊次郎
ウライ網	同字バンケナイ	同人
同	同字ビヽブト	井上利三郎
同	厚真川	竹野弁蔵
同	苫小牧川	植田礼吾
同	錦多峰川	同人
小計	此取獲凡300石余	10人
沙流郡		
同	厚別川	中村与吉
	此取獲凡30石余	
乙号	千歳川下リウライ網鮭漁業人名	
明治十年漁業人		
「土人」	ロクスケ	
同	コトランケ	
同	イタキレ	
同	イタカントク	
同	チヤニクル	
同	グトシラ	
同	トロプヌ	
和人	新保鉄蔵	
「土人」	イタクモト	
同	キスケ	
同	ヤヱトモツ	
同	サレアンクル	
同	フクスケ	
同	サバニウヱン	
同	サモヨシ	
計		15人

出典)『本庁往復　明治十一年従一月至十二月』開拓使東京出張所会計課租税係，北海道立文書館所蔵(簿書2979，111件目)

…右ハ先便ニも縷述および候通、仮令テスアミト其漁猟方法異ナリ候トモ、畢竟該業似寄之事ハ魚苗減耗之基ニシテ、弊害不尠候間、断然禁止候方将来之良法ニ可有之、尤該業禁止候時ハ、従前許可を与へ置候者、及右ニ関スル土人等ニ至ル迄、忽チ就産糊口之道越失ヒ候様御申越之趣、一応事情御尤之様ニ者候得共、尚一歩越退キ熟慮候得ハ、~~尤来如此僅々タル川漁之業越許ストモ不許トモ於而開~~~~該地~~~~拓之盛衰移民之休戚ニ関スル次第無之~~「〔挿入〕該地方」一二人民之都合ニ拘泥シ、将来増殖一之物産トナルヘキ処之魚苗を減耗セシムルハ、全体之得失ニ於而如何可有之歟、右を禁止シ絶テ他ニ就産之方法無之トキハ格別、該地方之如キ往々該業越禁スルモ、農事或ハ其他ニ於而就産糊口之道充分方法相立可申候間、御再考夫々余業を以テ就産ニ赴カシムル様、厚ク御~~示~~誘導有之候様致度、且又土人ト雖モ同様ニシテ、既往年旧来之慣習鹿猟ニ毒~~矢~~箭を用ユルノ弊害を禁止~~シタル之~~シラレ候余例も有之、奨励ニ寄リ敢テ該業ニ従事セサレハ、活路不相立儀ニも有之間布、□〔乍カ〕去土人ニ於而者少敷情態も異ナリ候~~得者~~事故、一時俄ニ禁止シ就業之目途不相立御懸念も有之候得は、不得止「〔挿入〕候間」、本年限リ従前許可を与へシ者而已差許シ、~~漸次透導~~明年「〔挿入〕ヨリ」~~者~~断然禁止シ、農事其他営業ニ従事可致「〔挿入〕候様、漸ヲ以テ其」~~北~~方法御取設ケ相成、仮令「〔挿入〕此際」一時救助~~ナルモ~~「〔挿入〕之方法ヲ施スモ」、将来之弊害越掃蕩シ、良全之仕法相設ケ候方可然、呉々姑息之慈恵ニ不渉、断然タル御処置有之様致度、~~到底再答之趣長官殿ヘ再申候トモ御許可有之間敷ト存候条~~、尤右者~~□□~~下官共ノ見込迄ニ而、此度幸「〔挿入〕長官殿」其地御出張ニ候得は、篤ト御再考、実地ニ付キ御稟議可有之候、此段回答旁申進候也〔傍線引用者〕

本庁の主張を考慮して妥協したのは、アイヌ民族についてやや事情が異なることを配慮して、すでに許可した者にのみこの年限り漁業を許すとした点だけである。千歳川での「ウライ網」と布達のいう「テス網」との間に相違があったとしても、所詮は「魚苗減耗」の原因となる類似の漁法であるとして許容しない。それによって生業を奪われる者がいることは認識しているが、「全体之得失」を考慮した時にはそうした少数者の被る影響は無視して構わないという姿勢が明瞭である。(21)この態度決定の重要な論拠となっている、この地域ではサケ漁によらなくても農業その他によって生計可能だという見通しが、先に見た札幌本庁の現実認識と大きく隔たっている点は見逃し難い。この見通しが、本庁よりも詳細で確実な現地についての情報をもっていたことに基づくとは考えられず、むしろ、サケ漁制限の強化を優先に考え、それを正当化する理由として後から現地についての「判断」がつけ加えられている風である。アイヌ民族のある生業活動を否定する際に、さしたる裏付けもなく他の生業で生計が立つだろうという見通しを開拓使がもち出すのは、一八七六年十月に根室支庁管内西別川での漁場割渡しに際してアイヌ民族からの出願を却下した時にも、(22)また同年九月の「北海道鹿猟規則」の制定と毒矢猟禁止（本書第一章参照）の時にも見られ、この時期における開拓使のアイヌ政策の本質につながっていると思われる。

以上見た範囲では、東京出張所も「下リウライ網」を一八七六年八月布達で禁止した「テス網」に含まれるのだと当初から断定し切ってはいなかったようである。だが、一八七九年二月二十一日付で開拓使は、札幌本庁租税課在勤中に「下リウライ網」の出願許可指令案の伺いをした羽山光知開拓一等属（当時根室支庁在勤）を、それが「布達ノ主意ヲ誤認」したものだったとして譴責処分とした。(23)河川を張り切らないこの種の漁法も異論の余地なく禁止対象であるという見解の徹底であり、在来の小規模漁業を大幅に制約する方向で法令の施行規準の明確化を図ったものと言えよう。

ところで、引用部分の末尾に見えるように、東京出張所幹部は本庁の再検討要請を黒田長官が到底受け付けないことを見越し、最終的な決定は近く札幌を訪れる予定の黒田長官との協議に譲った。黒田は八月八日に東京を発ってウラジオストクに出張、(24)札幌滞在を挟んでサハリン島コルサコフを訪れ、十二月十日に札幌着、翌年三月十一日に東京に向けて出発する。札幌滞在中の黒田は、サケ漁規制の代替措置として勧農策の具体化を指示することになる。だが、この問題の検討に入る前に、一八七八年秋のさらなるサケ漁規制の強化について述べなければならない。

二　支川でのサケ漁全面禁止

一八七八年十月二十日開拓使乙第三十号布達は「鮭鱒河漁ノ義ハ自今曳網ノ外都テ差止候。尤曳網タリトモ夜中及支川ニ於テハ一切相成ラス」と規定した。[25]川での漁法を曳網以外禁止し、曳網でも夜漁を禁止、さらに支川においてはサケマス漁を全面禁止としたのである。千歳川とその支流もこれによってサケマス漁が全面禁止とされた。

この布達の制定過程に関する一次史料は未見であるが、支川の全面禁漁がサケマス種苗保護を徹底する意図に基づくことは間違いない。これと重複する内容を含む十二月十七日開拓使札幌本庁甲第四十三号布達からは、サケマスを北海道物産のなかでも最大級の利益を生むものと捉え、その繁殖・保護のため「魚苗」の生育地としての支川の漁業規制に乗り出したことが読み取れる。[26]

鮭鱒ハ北海道物産ノ最鴻益ノ者ニ付、益其繁殖ニ注意シ、予メ之ヲ保護セサル可ラス。然ルニ魚苗ノ生育スヘキ支川ニ於テ漁業候テハ、遂ニ其種類ヲ減耗シ繁殖ノ道ヲ失〔フ〕ノ基ニ付、漸次漁業制限可相立筈ニ候得共、差向札幌郡内諸川ニ鮭鱒漁獲一切差止

一八七六年八月の「テス網」漁・夜漁禁止布達が、その理由の一つに上流の漁業への配慮を挙げていたことを

思うと、上流部に他ならない支川での禁漁は、一見これと矛盾するように見える。ここでは資源保護の論理が上流の漁業への配慮よりも優先されたと考えるか、もしくはそもそも配慮すべき上流の漁業にこれらの小規模漁業は含まれていなかったと考えるべきであろう。しばしば指摘されているように[27]、サケマスの「保護繁殖」を唱える開拓使は、河口部や沿岸での漁に制約を加えはしなかった。サケマスの一生を考えたとき、その繁殖を図るには、生殖・産卵行動を行う上流部分の保護に重点を置くのが効率的だとは言えそうである。だが問題は、上流部（ここでは支川）に「魚苗」の繁殖地という役割をもっぱら割り振ったとき、そこでの漁業活動が犠牲にされる点である。

この布達は、支川でのアイヌ民族のサケ漁の権利を全面的に否定し、従来からの漁業活動を違法化したものであり、歴史的に見てここでの断絶の意味は極めて重い。この決定が一方的なものであり、現地住民の同意を経たものでないことは、改めて銘記しておくべきであろう。その一方で、それを指摘するにとどまって、地域の実情の側からこの布達の影響を問う作業を放置してはなるまい。千歳川で取獲されたサケの売買をめぐる一件に関する本庁会計局租税課の文書から、この点に関わる事実を中心に抽出してみたい[28]。

千歳郡千歳村の本間熊吉他六名の和人が、一八七八年秋からの漁期に同郡のアイヌ民族が取獲したサケを、買入れ、または「米酒」との交換で入手して小樽郡の内山儀平に売却し、内山が川船に積んで石狩郡まで運搬したところ、収税のための現品検査が未了だったため官吏に見咎められた。本間らは一八七九年七月に提出した歎願書で、全三四五石のうち四六石は支川サケ漁禁止の布達前に「鍵曳漁業」で取獲したもの、二九九石は布達後に「裏居網」廃止により意外に多くのサケが遡上し「斃死堆ヲナシ」たものをアイヌ民族が拾い取ったものだと説明し、届出を怠たり事前検査未了だった非を認め、石狩での早急な検査を求めた。

租税課の認識では、千歳郡のアイヌは「上流疲斃《〔ママ〕》シ殆ト死ニ瑧ル鮭ヲ拾取各自賄料」としてきたもので、官は従来こうした漁業に「無頓着」であったが、「一昨年」(一八七七年)に石澤十等属が巡回した際、ここでの漁獲が多量であることを知り、とりあえず各自に「仮鑑札」を渡した。しかし一八七八年は鑑札下付の出願をしたものの許可を得ぬまま漁業をしていた、という。租税課はこの件が一八七八年九月の本庁乙第二十二号布達[29]に違反すると判断し警察課に送ったが、警察課がこの布達は「海産物」のみに関するもので河川などでの漁業には該当しないと指摘したために咎めようがなくなり、内水面漁業への課税に関する法令の不備が露わになるに至った。結局、租税課は関係者に脱税の意図がなかったことを認め、歎願通り石狩で現品検査をする方向で処理を図ろうとするのだが、「死鮭ハ喰スルニ害アル趣キ長官殿ノ御咄シ」もあると指摘する者(森長保)も現れて、一八七九年八月時点で本庁内の決裁が下りなかった。最終的にどう処理されたか不明だが、暑さのためもあって肝心のサケ(塩漬だったらしい)の腐敗が進んだことが記されており、うやむやになった可能性が高い。

本章の課題にとって大事なのは次の四点である。

第一に、千歳川上流においては、産卵を終えた時期のサケ漁の権利が、アイヌ民族に属するものとして扱われてきたとの記述があることである。もっとも、簡単な記述でもあり、ここから従来認められていたのが産卵後のサケを対象とした漁だけだったとまで読み取るのは危険であろう。

第二に、取獲したサケを「米酒」などとの交換で和人に売り渡していることから、規模や時期については留保を要するが、この地域のアイヌ民族によるサケ漁が自家消費とともに交易を目的としていたと思われる点である。

第三に、この数年の間にこの地域のアイヌ民族による小規模なサケ漁を、開拓使が課税対象として掌握しつつあった点である。前述した一八七七年の文書で千歳・漁両川で「ウライ網」や鍵曳漁に「鑑札税」と付記されているのは[30]、この史料にいう「仮鑑札」だったのだろう。『開拓使事業報告』第五編に、千歳郡で一八七七年に限り「鮭ウラヘ網」に七五銭、「鮭鍵曳」に五〇銭の鑑札税を課したが、翌年漁場廃止により廃止した、とあるのもこれと合致する。[31]なお、千歳に限らずこうした河川上流部での小規模漁業に対する鑑札税賦課について、札幌本庁はアイヌ民族と和人とを区別しなかったようである。一八七八年三月に根室支庁が管内住居のアイヌ民族のなかに「諸川之水源或ハ小川等ニテ全ク各自食料ニ供スル為メ鮭ヲ取獲スル者」がままあり、これに「成規之如ク課税スルモ事実穏当ナラサル様」考えられるとして、本庁に管内での取扱い状況を問い合わせた。これに対し本庁は、管内には「土人一方ノ漁場無之多クハ入交リノ漁業ニ付区別取締難相立、鍵引漁ノ如キハ自他ノ別ナク鑑札税金壱円内外ヲ課収」してきた、と回答している。[32]

第四に、開拓使内には、アイヌ民族が実際には支川での禁漁後にサケ漁をしているのではないかという疑念があった。租税課は当初、「拾ヒ魚」が三四〇石余にも及ぶのは「疑点無シトハ難申」としながらも、今さら確かめようがないと記している。鈴木大亮記録局長はまた、本間らの説明する経緯を認めては、将来「拾ヒ取鮭」であることを口実に密漁をする者が出ることを危惧し、すべて布達前の漁獲であると歎願書を書き直させて本間らに再提出させることを提言している(不採用)。[33]この疑念が疑念だけにとどまらず、具体的な取締りの強化につながったことは重要である。一八八〇年九月二十日、本庁租税課は「千歳砂《漁》両川昨十一〔ママ〕年中鮭密猟庁下及小樽市街へ搬送売捌候者」があるやに聞いているとして、その対策として警察署に命じて漁期に「一二次臨時出張該川筋巡回取締」をするよう求め、これを受けた開拓大書記官調所広丈は、十月六日、漁期に「両三次」巡査を派遣させるよう警察課に命じたのである。[34]

以上を見ると、全面禁漁の布達が直ちにサケ漁の余地を一切奪うとは言えないけれども、規制による圧迫が確実に強められていくだろうことは十分予想できる。

ところで、本書第一章で見たように一八七六年秋の毒矢猟禁止の制度化に対しては、十勝・日高と並んで千歳・勇払両郡のアイヌ民族から猶予歎願という形をとった強い抵抗が見られたことを思うと、支川のサケ禁漁に対して同様の動きがあってもよさそうに思うが、今のところこの地域に関しては関連史料を見出せていない。これが史料の散逸や史料探索の不足による可能性も十分にある点を確認しておきたい。『千歳市史』によれば一八八一年六月に千歳村の和人一〇名が禁漁による困窮を訴え、烏柵舞・漁太間の漁場でサケ・マスの鉤漁に限って許可するよう歎願した(35)。和人移住者もまた、サケ漁に大きく依存し、禁漁の影響を被っているのである。なお、同書はこの歎願が許可されたと記すが、その典拠は不明であり今後の検討を要する。一八七九年頃の千歳郡の和人・アイヌの戸数は表4-3の通りである。

表 4-3　1879 年頃の千歳郡各村戸数

	和　人	アイヌ
千歳村	11	28
漁村	11	6
島松村	4	-
長都村	-	14
蘭越村	-	14
烏柵舞村	-	16
計	26	78

出典)『千歳市史』千歳市，1969 年，179-182 頁

三　勇払・千歳両郡での勧農策の具体化へ

一八七八年末から翌年初めの札幌滞在中、黒田長官はアイヌ民族に対する勧農策について指示を与えた。本庁勧業課はそれに従って全六条からなる「千歳外壱郡旧土人農業教授之順序」と向こう三ヶ年間の経費概算を作成し、一八七九年二月には黒田の「允裁」を得た(36)。細川碧一等属起案による「順序」案の伺いによれば、その趣旨は、アイヌ民族が生計の重要な資としてきた漁猟による収獲が、「戸口之増殖」につれて減少する見通しで、特に勇払・千歳方面は「専ラ鮭鹿ヲ漁猟シ闔郡ノ食料ニ供スルヨリ種苗歳月ヲ逐フテ減耗スル」のが予想できるとして、麻・亜麻・「菓樹」の農業を教授しようというものだった。この計画の直接の背景としてサケとシカの漁猟およびその減少が並記されている点、注意しておきたい。全六条の概略をまとめれば、①「課員及現術生徒樹芸取扱人」からの派遣による麻・亜麻・果樹類の植栽、②この事業による開墾・伐木などへのアイヌ民族の使役、

将来の収穫物の売却金による経費の償却、③種苗の無代価下渡しと専務者による植栽・培養の指導、④主要な肥料として地場産鰯粕・鮭腸・獣骨類の使用、⑤鎌・鍬など農具の貸与、⑥麻・亜麻の買上げと加工場へのアイヌ民族の雇用と製法の教授、である。各戸の自営ではなく官主導事業への雇用という形であること、耕作物として商品作物を想定していることが特徴的である。

注目すべきことに、細川の伺いは事業の見通しについて、島松以南千歳近傍までは耕作に足る地味があるが、勇払・苫小牧などは「砂石堆積地質磽确」で地質条件が農耕に不適であり、耕作の成果が得られない懸念が少なくないとしつつも、それを理由に事業の見直しを促すことはせず、「実地ニ臨ミ其成否ヲ経験セサレハ確定シ難キ」と続け、実行へと突き進んでいる。このように実現の可能性を慎重に問い返す姿勢の放棄が現れるのは、勧農策が黒田長官の厳命による既定路線だったからであろう。

同年四月十七日、本庁の調所大書記官から在京中の黒田長官に宛てた伺いは、明治十一年度から十四年度まで五ヶ年間の経費予算書を添えて、今年と翌年度は経費五九八六円二二銭五厘を勧業課定額外に別途交付し、それ以降は勧業課定額内に組み込むことで着手したいとし、今や雪解けに臨み、農業着手の機会を失すると「無用之冗費ヲ要スル」として至急電信で裁可するよう求めた。[37]二月に黒田の決裁を得ながらこの時点で事業の着手に至っていないのは、二月の決裁の際に、決裁後にこの年六月までに支出を要する金額と翌年度予算を取り調べて再度伺い出るよう検査課が意見を朱書していたためである。つまり、実施のための経費支出の決裁は未了だったのである。

だが、東京出張所からの返答はすぐには得られず、本庁は六月九日に電報で催促をし、[38]結局同月中に、伺書を返送するとの回答を得た。[39]支出は認められなかったのである。その主要な理由は、「御伺書長官殿へ進達候処、右ハ将来授産ノ基礎ニ供スル為、目今ヨリ漸次着手致シ置ヘクトノ意ニシテ、僅ニ両郡旧土人ノ為当期六千円ニ近キ巨多ノ費用ヲ支出スル如キ見込ニ無之」という部分にある。札幌滞在中にアイヌ民族への勧農策を指示したのは、将来を見通して今から徐々に着手せよとの趣旨であって、二郡のアイヌ民族のために巨費を投じる考えではなかった、と黒田長官が言っているのである。この二郡だけを対象とすることは、黒田自身が二月に裁可した「順序」中に明確なのであり、この言振りには本来自分の考えの変更であるものを、自分の意思を理解しなかった部下の責任に転嫁する響きがあるが、それは措くとして、二郡を突出して優先することと大きな財政負担への懸念が計画見直しの要因になったと見てよいだろう。この文書はさらに、植栽対象に桑を加えること、果木は室蘭・札幌間の駅に植栽すること、必要な種子・果木などは札幌官園から回すなどして簡易に着手できるよう再検討することを指示した。

『開拓使事業報告』第弐編は、この一八七九年五月の項に「胆振国勇払千歳両郡旧土人農業ヲ勧誘シ毎村各一町歩ト仮定シ現術生徒及樹芸取扱人ヲ派遣シ開墾セシメ、之ニ従事スル各戸ニ農具ヲ給シ、専ラ麻亜麻果木ヲ栽培セシム」と、両郡での勧農策が実施されたものとして記しているが[40]、以上の経緯を見ると五月に着手したという点は明らかに事実に反する。では、本庁は改めてより広範囲のアイヌ民族を対象とした案を作成し実施したのだろうか。その痕跡は確認できず、開拓使期には実現せずに終わったのだろうと思われる。つまり『開拓使事業報告』第弐編の記述は、二月の決裁の事実を事業実施にまで拡大して記してしまった誤りだろうというのが私の理解である。

本章の課題にとって重要なのは、支川でのサケ漁全面禁止が十分な見通しをもった代替措置の準備を待ってなされたのか、という点である。この答えは明らかに否である。時間的な前後関係だけを見ても、黒田長官が「順序」を決裁した一八七九年二月は、禁漁布達の二ヶ月後であり、それも結局は実施されずにしまうような計画性のなさだった。現地の実態把握に基づいて実現の可能性を吟味し、計画を策定したとは到底言えないのであり、その内容が勧農のみだった点も含め、黒田の強い意向に引っ張られた、理念先行の傾向が非常に強かったと言うべきである。

代替措置なしにサケ漁全面禁止の制度化だけが実現した千歳川流域で、アイヌ民族を始めとする住民はどうするのか。続く時期の焦点となるのは、取締りをかいくぐってのサケ漁の継続、すなわち「密漁」の問題である。

第二節　札幌県の対応

一　札幌県勧業課御用係内村鑑三の復命書

一八八二年二月の開拓使廃止と三県設置により、千歳郡は札幌県に属することになった。同県勧業課は、支川でのサケ密漁取締りのため、この年九月二十日以降六名の監守人を雇い入れて豊平・発寒・琴似の三川に派遣した(41)。県が定めた七項目からなる監守人の「心得」は、昼夜とも巡回すること、夜陰・黎明の時間を特に注意すること、密漁者を捕えた時は住所・姓名を問い質し札幌警察署に告発することなどを定めている。

千歳川については、札幌県はこの年十一月十四日から二十一日にかけて勧業課御用係内村鑑三と課雇十河定道を「千歳川鮭魚産卵地及石狩川鮭漁ノ景況実地視察」のためとして千歳方面に派遣した(42)。内村は一八八一年七月に札幌農学校を卒業後開拓使に勤務し、当時は札幌県において水産行政の第一線に身を置いていた(43)。十二月七日付で内村が調所県令宛に提出した復命書は(44)、千歳川流域におけるサケの生態とサケ漁の実態を詳しく述べ、サケ全面禁漁の見直しに踏み込む内容をもち、札幌県内部に政策見直しへの動きを生じさせたものであり、重要な意味をもっている。

この復命書で内村は、今回の巡視が「産卵期節」ではなかったため「蕃殖地ノ実況」を知り得なかったとし、サケ漁再開の可否についての最終的な判断は保留し、十二月下旬に漁猟科員一名を改めて出張・調査させて決定すべきだと断りつつ、とりあえずの意見を別紙として提出した(45)。内村は、したがってこの年については例年通り禁漁の場と見なすべきだが、現実に存在する密漁者については「若シ之ヲ厳禁セハ該地旧土人をして饑餓ニ落陥スルハ憐然之至リ」であるから黙認し監守などを要しない、と意見を述べている。

別紙部分は内容から全体に二つに分けられる。前段は千歳川の自然環境とサケの遡上・産卵などとの関係、および漁業の歴史からなり、後段は仮に千歳川のサケ漁再開を認める場合の具体案である。そして前段はさらに、三つに分けられる。

「第一水流」は、「千歳湖」(支笏湖)から流れ出て三つの滝を下り、江別太で石狩川に注ぎ込むまでの流れを上流からたどり、それぞれの地点における屈曲の状態、川幅の広狭、水流の緩慢、川底の状況、沿岸の地形や植生などの特徴を記す。

「第二産卵地」は、長都沼より下流は「濁リ水底磊礫ナク或ハ砂或ハ泥アリテ鮭ノ産卵スル処ナシ」、上流は「澄清水底砂礫ナルヲ以テ処々産卵スヘキ所ノ地アリ」と概括し、「流清瀬急ニシテ淀澱シ其水底砂礫ト岩片ノ混合シタル処ヲ好ンテ多ク産卵スル」サケの性質から、千歳駅逓より上流が産卵地であると見、アイヌ民族や長く居住する和人に尋ねてこれを確認したことを記す。一方産卵地の上限について、駅より約二〇町遡った「ヤンゴウシ」(ランコウシの誤り)の「コタン」から二里半ほど上流にある「末瀑」がサケ遡上の限界であり、産卵の盛期は「十二月中旬ヨリ一月中旬」であるとする。彼があえてサケ漁再開を想定した意見を記す動機となったと思われる「密漁」の実態については、「此川禁漁地ナルモ往々密漁ヲナスモノアリ、聞ク土人・和人等毎年密カニ漁鮭スル高大約千五百石ナリト、既ニ不肖等経歴セシトキモ亦往々乾鮭ノ屋下ニ吊掛スルヲ見ル」と、伝聞と実見の内容を並べて記している。

「第三漁業歴史」では、文化期以降、山田文右衛門がもっぱらこの川の漁業を経営していた時期の事柄を記す。なかでも注目すべきなのは、上流部を「鮭産卵蕃殖場」として密漁の監視をしていたとの記述である。

> 松前侯所領中、文化年度ヨリ山田文右衛門ナルモノ、専ラ此川ノ漁業ニ従事シ、鮭ヲ獲テ「毎年」〔挿入〕之ヲ箱館ニ輸送シ、当地ノ一産物トナシタリ。其時今ノ千歳駅即チ千歳橋ヨリ上流、ヤンゴウシ〔ママ〕ヨリブイラツプノ上末瀑迄ヲ、鮭産卵蕃殖場トナシ、文右衛門番人ヲ置キ、其蕃殖場ニ於テ密カニ漁猟ヲナスモノヲ監視シタリ。之ヲ監視スル番人ハ三人「ニシテ」〔挿入〕（和人一人、土人二人）、之レニ給スルニ賃銀ヲ以テセスシテ、代フルニ鮭ヲ以テス。其法番人一人ニ十五束（一束二十尾也）ノ漁鮭ヲ許シ、之ヲ其給料トス
>
> 其橋ヨリ下流、千歳ヨリ漁太迄ヲ漁場トシ（此間冬季凍ルヿナシ）、長都沼ノ上三統、カマツカ一統、漁太二統ノ建網ヲ施シ、漁獲ス。漁期ハ十二月二十日ヨリ施行シ始メ、一月（翌年）ニ終ル。而シテ建網ノ使用法ハ、川ヲ両岸双方ヨリ斜メニ横断シテ、中央ニ袋網アリ、鮭入レハ之ヲ取揚テ又袋網ヲ付シ、不断ス〔ママ〕之ヲ施ス（魚来網《ウライアミ》ト唱フルモノカ）。昼ハ之ヲ施サス、夜ハ火ヲ点シテ之ヲ施ス。亦偶々漁時中ニ、下不漁ニシテ上盛漁ナルヿアリ〔傍線原文〕

「産卵蕃殖場」の下流側の区切りは「ヤンゴウシ」だともとれるが、後段の記述を見ると千歳駅（橋）だと見られる。和人一名・アイヌ二名の番人を置き、給料として一五束分のサケの漁獲権を与えた。千歳橋より下流を漁場とし、長都沼の上に三ヶ統、「カマツカ」一ヶ統、漁太二ヶ統を設けた(46)。漁は「ウライ網」を用いて夜に火を

灯して実施し、漁期は十二月二十日から翌年一月までであった、というのである。

場所請負制下における千歳川上流の指定域での禁漁については、『札幌県勧業課第一年報』にも記述があるが、これは内村復命書の要約であり、『北海道漁業志稿』の記述もごく簡略で直接または間接にこれらに依拠したものと思われ、今のところこれ以外の史料は把握できていない。(47) そもそも禁漁が本当に実施されていたのか、実施されていたとしてどの程度徹底したものだったか、そこでの請負人・アイヌ民族・和人出稼人相互の関係はどのようなものだったかなど、それ自体としてはもちろん、近代における漁業規制の意味を考えるためにも検討すべき点は多い。このうち徹底度については内村の復命書に「当時ノ漁鮭二千三百石ニシテ又漁場外ニ漁鮭スルモノヲ合セテ大約三千石」とあるのを信じれば、前記の漁場以外に七〇〇石は漁獲があり、さらに文脈をたどると、この二三〇〇石全体は塩蔵後に美々・勇払を経て箱館に運ばれた分のようである。これら以外にアイヌ民族による自家消費分の漁獲がなかったとは考えられない。実際、高知藩支配当時の文書には、千歳川西岸「ヲコトヱノタフ」「ホロトマリ」と東岸「サツヒリ」に「土人飯料取小家有」の記述が見える(千歳会所より上流については記載を欠く)。(48)

さて、内村復命書の後段、千歳川のサケ漁を解禁する場合の具体案は四点からなる。

第一は、漁場と「蕃殖地」の区分である。千歳駅より上流は「昔時ヨリノ産卵地」であるから「蕃殖地」として保護し、千歳駅から漁太までを漁場とする。漁場のうち、漁太・長都沼間が地形的に漁場を開く適地であり、長都沼と駅の間は水流が急で曳網の使用には不便だが、出願者がいれば許可していい。漁太・江別太間は水流が速くて水底に埋木が多く、夕張太近辺は所々に浅瀬があるが運送に不便であるからともに漁場から除く。

第二は、網の種類とその数である。急流である長都より上流を始めとして千歳川では曳網ではなく留網(ウライ網を指すと思われる)を使用しなければ営業困難であり、留網も完全にサケの遡上を遮断するものではないことは他の河川（豊平川や函館県内）の例からも分かる。だが、旧開拓使は曳網以外の使用を禁じたので、千歳川だけに留網を許可すれば、幌別川・登別川・余市川などの漁夫が争ってその使用を出願し、「全管下鮭漁上ニ一大変革ヲ生シ、再ヒ昔日ノ弊害ヲ喚起スルニ至ル」だろう。そこでやはり曳網以外は許可しないこととし、その代わり漁場の数を「昔時」の六ヶ所から一〇ヶ所に増やしてもいいのではないか。

第三は、漁業主体の問題である。川漁は「魚ヲ狭隘ノ内ニ捕獲スル」ものなので「慾心的競進」の支配によれば、遠からず魚苗を絶ってしまう。かつての山田文右衛門のように一人に漁事・「魚苗蕃殖其他ノ事項」に至るまで一切を任せることはできないが、かといって数人に任せては、千歳駅から江別太までは人家もなく夜漁や留網の使用に走るだろう。したがって一つの「漁業会社」に「千歳川鮭漁一般ノ事項」を負担させることにする。そうすれば、かつての山田家請負当時と同様に営業人自ら繁殖に注意して濫漁を営まず、官は会社に産卵地保護、使用する網の種類、漁期などの約定書を出させ、臨時に官吏を派遣して遵守状況を探知するだけで済む。

第四「会社ハ何人ニテ組織セシムヘキヤ」では、第三で提起した会社は千歳郡民によって組織することを主張する。以下にその全体を引く。

> 水面ハ官ノ所有ニシテ、何人ニ関セス最初ニ出願セシモノニ許可スヘキハ当然ノ理ナレトモ、小官ノ特ニ願フ所ハ、之ヲ千歳郡民ニ貸与アランヿヲ希望ス。元来千歳郡ノ地タル、漁スルニ海ナク、耕スルニ圃少ク、若シ業ヲ河漁ニ営ムニアラサルヨリハ、他ニ生ヲ立ツルニ道ナシ。現ニ千歳ノ如キ、皆ナ河漁ヲ目途トシテ移住セシヲ以テ、禁漁以来日々ニ寂寞タル景況ナリ。和人ハ他ニ方向ヲ転スルヲ得ルモ、旧土人ニ至テハ、昔時ヨリ鮭ヲ以テ其常食トナシタレハ、之カ捕獲ヲ禁セハ、殆ント饑餓ニ赴カサルヲ得ス。諺ニ曰ク、饑餓ハ法規ヲ知ラスト。彼土人モ亦然リ。官若シ漁ヲ禁セハ、餓スルカ法ヲ犯スカノ二途アルノミ。已ニ聞ク、

昨年川上ヤンゴウシ〔ママ〕村辺ニテ捕獲セシ魚ハ、少クトモ九万尾ノ多キニ至リシナラント。此密漁ハ犯則ニシテ、悪ムヘシト雖モ、情実又憐ムヘキアリ。依テ彼等饑餓ノ民ヲ救フノ法、他ナシ、彼等ニ千歳川ノ漁ヲ許シ、以テ家計ヲ立テシムルニアリ」昔時〔ママ〕山田家受負ノ時ニ当テハ、皆此等ノ土人ヲ使役廿シ、且ツ川筋一般ノ事ヲ以テ委任シタレハ、犯則者ハ之ヲ正シ、常ニ濫漁ヲ禁シタリト云フ〔ママ〕」然レハ、彼等ニ漁ヲ許サハ、永ク生計ヲ失ハス、又鮭蕃息ノ基ヲ堅シ、永ク千歳川ノ鮭ヲ保持スルニ至ラン〔圏点原文〕

千歳郡は河川での漁に依存しなければ生計困難な土地柄であり、サケ漁を禁止しては、和人移住者は他に方向を転じることができるとしても、昔からサケを常食としてきたアイヌ民族にとっては、飢餓に陥るか法規を犯すかの選択を迫られることになるのであり、サケ漁を認めるのが唯一の飢餓対策である、というのである。

以上のなかでも、従来の居住者によって組織した会社に、河川全体のサケ漁と資源保護の全般を担わせようという点は目立った特色である。基本的には眼前に迫った困窮への対策なのだが、やや深読みすれば、ここには先住性に根ざした権利を認めようとする意識の芽と、その権利を共同性をもった組織による河川の自律的な管理によって保障しようとする構想力がある。内村が、会社構成員の千歳郡民への限定を、水面は官の所有であって、誰であっても最初の出願者に許可するのが「当然ノ理ナレトモ」と述べてから自分の「特ニ願フ所」として記しているのは重要である。先住者（現住者）に権利の優位を認めることは、当時の漁業政策に反する性格をそもそももっているのである。だからこそ内村の提起は貴重であり、実現が困難であったとも言えよう。

この構想の下敷きの一つが、請負商人による独占的な漁業経営下における産卵地での禁漁という前例だった点は興味深い。また、直接触れられていないが、後述するように開拓使以降に本州から種川法を摂取し実施しつつあった事例（本書一八九頁参照）を念頭に置いていた可能性は高い。

ところで、この復命書の特徴の一つに、現地の詳しい実情把握を重視する態度を挙げることができよう。これに関連して、内村が一八八二年三月刊行の『大日本水産会報』第一号に寄せた「千歳川鮭魚減少の源因」という文章中で、「明治九年鮭魚保護の令」にもかかわらずサケが減少したのは、留網の禁止によってウグイが自由に上流に来てサケの卵を捕食するようになったためだとの「老夫」の言を紹介し、「実際の如何を討察」せずに卓上の論究のみに頼ることの弊害を指摘しているのは目を引く(49)。サケ増減の要因として漁業活動以外の要素に注目するのは、当時の北海道における議論では異色である。ただし、今問題にしている同年十二月の復命書やその後の札幌県・道庁内の議論ではウグイによる食害の問題には触れられていない。

二　内村案具体化の挫折と監守人の設置

一八八二年十二月、札幌県は内村復命書の通り勧業課雇十河定道に千歳方面を巡回させサケ保護に関する調査をさせた(50)。翌年一月八日付の十河の復命書によれば、十二月二十一日に札幌を発ち、二十七日に帰札という日程であり、特に実際の産卵地点をより詳細に調べ、その範囲は内村復命書が記したよりやや下流に広く、千歳駅の下流チャウスぺまでを含め「縦九間横四里許」であるとする(51)。この復命書中の以下の部分からも、全面禁漁の布達が現実には実効性を発揮していないこと、裏返せば、実効性をもたせようとするなら、住民にかなりの無理強いをしなければならないことが読み取れる。

一夜舟ニ乗リテプイラッポヨリ千歳ニ下ルトキ、偶四人土人和人樺炬ヲ挙ケ鉤ヲ以テ泝鮭ヲ漁スルモノヲ見ル。又千歳ヨリカマッカニ下ルトキ、魚来網《ウライアミ》ヲ以テ産卵後ノ下鮭ヲ漁シタル跡四ヶ所アリ。而シテ土人及和人等ノ屋辺皆杭ヲ建テ木ヲ横ヘテ数十尾ノ漁鮭ヲ吊掛シ、寒天ニ曝露ス。亦爐上鮭ヲ吊リ朝夕以テ食料トナス。土人云、之ヲ食セスンハ体忽チ疲労シテ猟樵ヲナス能ハスト…〔傍線原文〕

この復命書には直接現れないが、勧業課重松卓爾七等属が記し佐藤秀顕大書記官の捺印がある文書によれば、十河は札幌を発つ前に内村から「委曲申談」を受けており、内村復命書後段（千歳川のサケ漁解禁）の実施に関わる諸点を調査し、一八八三年四月に内村が水産博覧会から「帰任次第精密取調、明年漁期ニハ施行ノ運ニ致シ度」との方針を勧業課は固めていた[52]。内村は八二年十二月に第二回水産博覧会（翌年三月一日〜六月八日、東京上野公園で開催）出席のために上京してから帰道せぬまま辞任し、この件への彼の関与は途絶えるが、勧業課は彼の構想を具体化する方針を維持する。一八八三年六月二十三日付で重松七等属が起案した勇払郡役所への照会案は、千歳川では禁漁場を設ける一方で、千歳郡民によって組織した組合が出願すればサケ漁を許可する考えであることを伝え、その施行の適否への意見を求め、出願への取計らいをするよう促す内容のものだった[53]。禁漁場の下限が千歳駅より下流の「イザン」に修正されているが、サケの産卵中は組合が番人を設けて密漁の取締りをさせること、組合構成員について「特ニ旧土人ノ如キ鮭ヲ第一ノ食料トナス者ハ之ニ組入」とあることなど、内村の構想を基本的にはなぞっている。

しかし、この案には県上層部の決裁が下りなかった。重松の文字で「本按施行ハ姑ク閣《〔ママ〕》キ、産卵季節中該産卵地即チ千歳村字「イザン」ヨリ上流ニ監守ヲ置キ厳ニ密漁取締ヲ為シ産卵済次第監守ヲ解ク可キ旨、六月廿六日上局下命アリ」と書き込んだ紙を付している。県は内村構想に基づく勧業課の構想を葬り、監守設置による取締りの徹底によって、全面禁漁の実現を図ろうとしたのである。その理由を直接示す史料はないが、全面禁漁に例外を設けることを嫌ったこと、この措置がサケ資源保護に反すると考えられたことなどがあったのではないか。

かといって、住民のサケ漁が生計のための止むを得ないものだという、再三伝えられてきた現状認識を受けて、サケ漁厳禁後の生計の道を県が用意したわけでもない。その結果生じるのは「餓スルカ法ヲ犯スカノ二途アルノミ」という内村の言葉そのままの事態ではないか。

札幌県は九月十九日、字イザンより上流に監守二名を置き、産卵期である十二月から一月までのうち「凡ソ三十余日間」取締りに従事させること、その経費約八〇円は豊平他四川監守の費用から融通することを決し[54]、十一月十三日にはその旨を沿川居住者に諭達するよう勧業課農務係名で勇払郡役所に伝えた[55]。十一月二十七日には長谷部慶次郎を日給六〇銭で、宮崎濁卑を同五五銭で監守に雇い入れることを決する[56]。

十二月十三日付の報告書によれば[57]、二人は十二月六日に千歳に着き、まず借家を確保するのにかなり苦労した。到着直後に戸長の秦一明が「土内人トモ申合貸ス事ハ嫌ふへキ」と言うのに接し、実際、翌日巡視の帰路「土内人」に頼んでも「鬼人如ク恐レ詛嫌」する有様で、何とか「怪ケナル草屋」を借用できたのはその翌日だった。アイヌ・和人とも監守人の赴任を非常に忌み嫌っているのである。川岸居住者はアイヌ・和人ともに舟に乗って密漁をし、岸でするものは少なかった。「土人共ハ本民(和人)ヨリ質直故官ニ恐レ又我等ノ諭解ヲ守リ語ニ曰ク、トウノー来テツレユクト云テ密漁ヲ為ス者甚少ナルト」とあるのを見れば、赴任後間もない時期の報告でありどこまで実態を把握できているか怪しい面もあるが、アイヌ民族は監守人による取締りに恐れを抱き、サケ漁を控えざるを得ない状況が生じていたことがうかがわれる。また、近辺ではアイヌ・和人ともに「養犬」が多く、巡視の時に居宅に近づくと一〇～一四、五匹も「呼噪」し、ともすれば噛みつかれかねない勢いであり、密漁者はその間に逃げ隠れて取り押さえられないともある。

札幌県は翌一八八四～八五年の漁期も二名の監守人(宮崎と田村造平)を千歳川筋に派遣した[58]。十二月二十九日付の報告を見ると、密漁者を取り押えようと意気込む二人が直面したのは、住民が連携して監守人の動向を伝達

し合い、監視の目を巧みに逃れてこぞって漁をする状況である。(59)

御巡廻以来、御指揮ノ如ク、土人本人〔ママ〕ヲ撰ハス密漁者見当次第取押スルノ気込ニテ、厳重ニ巡視仕候処、千歳村及近辺ノ土本人、心ロ平易ナラサル処カラ、猶昨二十七日〇〇〇〇ヲ告発シ罪人トナスニヨリ、人気一増勃起スル者ノ如シ。何ントナレハ千歳川下沼ヨリ上「ブイラブキ」迄テ里程凡六里余、鮭魚ノ活動セサルナシ故、千歳郡各村ノ人民同服密漁セサルモノ壱人モ無キカ如シ。禽獣ニ致ル迄〔ママ〕食シ、余ス程ナレハナリ。又此頃土人等充分ノ気付ニテ乗船密漁シ、私共近寄ラントスレハ「メノコ」「セカチ」「イツカチ」等、家或ハ陸地ニ居テ何乎叫フテ上下ニ走ルト、密漁人遁逃其ノ行方知レサル者ナリ。又千歳村ハ〇〇〇〇告発以来、恐レル景況モ無シ。馬追及該村ノ人民等ト同服、私共ヲ番兵スル者ノ如シ。私共巡廻スレハ、番兵報知シテ、今監守人等何々ノヶ所ヲ巡視スルニ依テ早ク馬艝ヲ積出セ、又何々ノ場所ニテ密漁スルモ妨ケナシト云フ指令長アル者ノ如シ。千歳川ハ豊平・琴似・発寒川ト異ニシテ、密漁人六里余ノ川岸ニ間散ニ住家シ、足労ナシニ居ナカラ密漁シ得ラル、故ニ、私共厳重ニ巡廻シ、密漁人ヲ取押ヘント欲シテ、甚タ六ヶ敷ク事〔ママ〕ニ候…〔傍線引用者。以下同じ〕

十二月二十七日に監守人は、千歳村在住の和人が二日前に千歳橋の下で捕ったサケを売り捌くために馬艝に積み込んでいたところを捕らえ、サケ四〇尾と「丸鉤」一挺を没収して告発した。(60)同月二十六日には、烏柵舞村字「ブイラブキ」巡視中に、密漁者が逃げる際に放置した「丸鉤」四挺を入手している。(61)「密漁人六里余ノ川岸ニ間散ニ住家シ、足労ナシニ居ナカラ密漁シ得ラル、」というくだりには、自らの職責に忠実な監守人が、ともすればその職責に関わる範囲内の関心だけから住民を見るようになり、なぜ住民が密漁をするのか、せずにはいられないのかを問う姿勢を欠いている姿が露わである。監守人の活動が在住者による自由な漁業活動に対して強い圧迫を与えていたことは間違いない。と同時に、明らかにアイヌ民族の場合である例をとれば、舟に乗ってサケを捕る者と、沿岸で監守人の監視役を担う女性・子どもらとの連携による対抗振りには、生活のためには取締りに易々と従うわけにはいかない必死さとともに、生活者としてのしたたかさが読み取れる。以上のような史料に接すると、本質的な問題は「密漁」という行為の側にあるのではなく、アイヌ民族ら住民の営んできたサケ漁を法令違反としたこと、言わば「密漁化」の側なのではないか、と思われる。

次の漁期に県は、豊平川の監守人だった山口忠蔵と細川喜八を千歳・漁両川に転じさせて一八八五年十一月十六日から任に就かせ、翌年一月十日限りで引き上げさせた。[62]二人は丸木舟を用いて千歳川の上流・下流へと繰返し巡視し、一月三日までに取り上げた漁具は網が四六張、「丸穂」と「引鉤」が五一本に上った。これらは見咎められた密漁者が放置して逃げたものを取得したもののほか、取り押えたが説諭を加えて漁具のみ取り上げたものもあった。[63]この間に一名も告発していない。告発を避け説諭によって再犯を戒める対応について「御内意も有之ニ付」と見え、県もしくは県勧業課として、続発する密漁に対して厳罰のみをもって臨む姿勢を改めたのではないかと思われる。あるいはこの転換の背景には、アイヌ民族の窮乏がより深刻化し具体的な対策に乗り出さざるを得なくなっていたことが関係しているかも知れない。札幌県は一八八四年には沙流・勇払両郡のアイヌ民族に種用馬鈴薯を貸与し、翌年からは勧農を内容とする十年計画の「札幌県旧土人救済方法」に着手していた。[64]この「救済方法」において千歳郡が対象になるのは六年目の一八九〇年の予定であった。この準備期間に当たる一八八五年二月、県は勧業課八等属松下熊槌を「千歳郡旧土人授産法ノ義」について勇払郡長と協議するため出張させたようである。[65]恐らくこうした動きが、次に見る千歳川流域でのアイヌ民族への「老魚」割渡しにつながっていくのではないかと思われる。

第三節　天然孵化から人工孵化へ

一　種川法の導入

一八八六年一月、三県一局は廃止され北海道庁が設置された。この年秋からのサケ漁期に、道庁は千歳川にサケの繁殖場を設け、監守人を派遣するとともに在住者をその補助に充て、密漁防止の徹底を図った。『北水協会報告』第十六号掲載の「鮭魚繁殖場設置」は、管内の河川で最多のサケを産するのは石狩川であり、開拓使以来漁種減耗を憂いて保護蕃殖の法を設けてきたが、未だ「密漁濫獲の弊」を免れないので、本年はまず支川中最も産卵の多い千歳川を対象にするのだと記す(66)。この記事と北海道庁技手藤村信吉編述『千歳鮭鱒人工孵化場事業報告』によれば(67)、道庁第二部商工課が立てた計画は次のようなものであった（後者はこれを「千歳川鮭魚蕃殖保護方法」と呼んでいる）。

千歳橋より上流でサケの産卵に最適の場所を選定し、木柵でこれを四、五区に分画して「放卵場」とし、監守に不断に監督させる。サケは木柵内に追い入れた日から八日目に出張の農商課員が立ち会って捕獲し、沿川居住のアイヌ民族に割与する（割与後の販売を禁止）。千歳橋・江別太間は監守二名と割与を受けるアイヌ民族数名により昼夜巡回し監視する、というものである。

禁漁の基本に変わりはないが、札幌県の時期と比べると、産卵地のより徹底した保護と、産卵後のサケ分与を対価とした密漁取締りへのアイヌ民族の取込みの二点に変化が見られる。この手法は、新潟県の三面川で近世以来実施されていた種川法を、開拓使函館支庁が一八八〇年に道南の遊楽部川に導入していたものをモデルにしたと思われる。(68)

この計画を実施するために、千歳郡の和人移住民・アイヌ民族に対し、サケの密漁をしない旨を互いに結約させる、輪番などの方法により監守見張所一ヶ所に二人を出して監守人を補助することを乞わせる、といった七項目を図ることにしている。監守人補助への取込みは和人・アイヌ民族ともに対象とする計画だったようだが、この年はアイヌ民族への対応が先行する。

なお、この時期のサケ漁規制の緩和としては、この年六月七日北海道庁本庁甲第五号によって、支川でのサケマス漁を全面禁止した一八七八年十二月の開拓使布達に「但産卵後漁業願出ルモノアルトキハ特許スルコトアルヘシ」と但書を追加したものがある。(69)千歳川の「保護方法」はこれに基づく「特許」とは別個ではないかと思われるが、施策の方向は共通している。

翌年三月発行の第二十号から三回にわたって『北水協会報告』に掲載された道庁農商課員野原萬喜技手の文章は、この漁期の千歳川のサケ漁の実情を伝えている。(70)これによれば、計画とはやや異なり、「産卵場」は烏柵舞村ルヱンより上流を第一区、ルヱンより下流、千歳橋までを第二区とし、近傍支川で産卵に適するものを「区外産卵場」とした。(71)サケが産卵場に入ると放卵終了の時をうかがって字ルヱンに「一種の網」を張り切って区外に出られないようにし、約二四時間を経て「マレップ」(マレク)を用いて第一区内の「老魚」を捕らせ、終わると網を撤して第二区内のサケを自由に遡上させて同様に漁した。第二区内も同様の漁法を行った。十月二十五日から一月二十八日の間に三七六石四斗六升六合、二万二五八八尾を捕らえ、漁業を許した当日出漁者(産卵後のサケ漁を出願し許可を受けた者だろう)、および前日の網張りに尽力した者に手当し、食料として監守人らに、または産卵場内居住の和人貧苦者などに数尾を与えた以外は、戸数に応じてアイヌ民族に公平に配当した、という。配当の内訳は、アイヌ民族の分が烏柵舞村二八六八尾、蘭越村三二一九尾、千歳村七〇〇七尾、長都村二四五六尾、漁村四六一尾であり、「其日出漁人及網張人外」に五七〇〇尾であったという(合計が合わない)。

野原の観察によれば、この手法の実施に対する受止め方は和人とアイヌ民族とで違った。千歳郡戸数二四〇戸余(うち六三戸アイヌ民族)のうち新規の移住民(漁村一八八六年五月渡航六五戸、千歳村一八八四年五月渡航三二戸)を除くと、和人は開墾を望みながらも土地を得られず、馬車追・旅人宿などの雑業に拠りつつサケ漁に多く依存していた。彼らはそれまでこぞって密漁をして食し、貯え、甚しきは札幌に売って米・塩に換えていた。したがって係員や監守人を忌み嫌い、その説諭にもかかわらず目を盗んで引き続き密漁をする者が多かった。他方アイヌ民族は、最初は和人同様の傾向があったが、徐々に「余念」を絶ち、監守人補助の任を果し、和人密漁者を密告する者もあり、結局秋まで食する分の貯蓄を得て「無涯の喜色を満面に呈するに至れり」と野原は記す。

次の漁期、一八八七年秋から翌年初めにかけての状況については、一八八七年十二月の時点で野原技手に取材した新聞記事がある。[72]その概要を表4-4にまとめた。「産卵場」を五区に区分し、それぞれ「見張所」を置いて監守人を配置もしくは巡回させ、「老魚」を報酬にして居住者にその補助をさせ密漁取締りを図ろうというもので、支川にも「産卵場」を設けたことが目立った変化である。第一区千歳川本流は、重点的に監守の配置がなされている。ここで監守人の補助に当たったのは全郡のアイヌ民族であり、「各村オテナ」に命じて「輪次交代」させていた。野原は、アイヌ民族の労働については「賄の魚を多分に得んと勉業」、「能く其任を守れり」と記し、ここでも高く評価している。他方、和人住民を監守人補助に取り込むことは困難だったようだ。漁村和人に補助役を割り当てた第三〜五区は、「欠席又は幼少の輩適々出席不都合少からす、殊に密漁の余念未た脱せざるもの丶如し」で、説諭を加える必要があると記されている。

表 4-4　1887 年の千歳川流域の種川法施行状況

繁殖場	見張所	監守人配置	
第一区　千歳川本流 江別太〜烏柵舞村 【補助：千歳郡全アイヌ】	烏柵舞村字ルエン 千歳村字ビルサツク 漁川尻字イザリ太	10.8〜	千歳村 1 名 烏柵舞村 1 名 江別太 1 名
	江別村字江別太	10.20〜	江別・千歳見張所に 各 1 名追加
		12.17 時点	千歳村 2 名 烏柵舞村 1 名 江別太 1 名
第二区　ママチ川 【補助：千歳村人民】	ママチ川	12.17 時点	千歳村詰監守人が 臨時派出
第三区　オサツ川 【補助：漁村人民】	オサツ川	12.17 時点	人民による監守 第四区詰監守人が 臨時派出
第四区　イサリ川	字モイザリ太	10.20〜	漁村 1 名
【補助：漁村人民】	古川	12.17 時点	字モイザリ太 1 名 古川 1 名
第五区　嶋松川 【補助：漁村人民】	島松駅中山久五郎方 に臨時派出所	12.17 時点	人民による監守 第四区詰監守人が 臨時派出

出典）『北海道毎日新聞』1887 年 12 月 17・18 日付

施策の当事者である野原の言葉を鵜呑みにはできないが、両漁期ともにアイヌ民族が監守人補助の任に割合協力的だったと思われるのは、強制によるばかりではなく、和人住民によるサケ漁を抑制することで、自分たちの取分が合法的に確保できる方法の導入は、サケ漁全面禁止と比較すればましだったからであろう。「まし」という程度に評価をとどめるのは、わずか十数年前と比較すればサケ漁の自由度が決定的に制約されていることに変わりはないこと、ここでの漁業経営の主体は完全に官にあり、アイヌ民族の立場は従属的なものにとどまるからである。また、認められる捕獲対象が「老魚」だけであることは、それ以外のサケ利用を間接的ではあるが制度のうえで否定する意味をもったはずである[73]。前述した内村の構想では、漁獲対象を「老魚」に限っていなかったこと、詳細は不明ながら「会社」の組織も構成員の主体性をより尊重するものだったと思われることをつけ加えておきたい。

二　人工孵化場の設置

産卵場設置による天然孵化の保護からわずか二年後の一八八八年、道庁は千歳川のサケ保護・繁殖策を人工孵化へと切り換えた。よく知られるように、初代道庁水産課長伊藤一隆が米国メイン州バックスポート孵化場で学んだ方法を実施しようと、この年十月に千歳郡烏柵舞村字ルエンの官有地一〇五五坪余を水産課の所属とし、十二月に孵化室を新設したのである(74)。

卵と精子の採取のために捕獲する以外のサケについては、自然産卵を期待していたと思われるが、この年以降の密漁取締りの具体的な実施状況は把握できていない。ここでは、孵化場による親魚の捕獲方法の変遷をたどるなかで、アイヌ民族との関係を探ってみたい。

一八八八年秋からの漁期の親魚捕獲は、初め孵化場近くで地曳網を用いたがうまくいかず、上りウライに転換した(75)。作業へのアイヌ民族の関与は不明である。翌一八八九年秋からの漁期については、採卵作業に従事した道庁藤村信吉技手の報告に「「大ウラエ」網及「ヤス網」を用ゐたり、捕魚人夫は総て土人を使役し採卵後の親魚及老魚を分配して労銀に換へり」と見え(76)、生殖活動を終えたサケを報酬とした捕獲作業へのアイヌ民族の取込みという枠組みを維持していたようである。

この上りウライは魚寄せの棕櫚網に落葉などが付着する難点があったため、一八九二年十月には下りウライに変更し、一八九六年には採魚場をより下流の千歳駅逓所附近に移して捕魚車による捕獲に切り換えた。移転の理由は「年々泝魚ノ減耗セルト下流ニ蝟集スル密漁者ノ乱行ト」であり、翌年のさらに下流の「字にし《(ね)》こうし」への移転の際に、「居民」がこれを妨げようと下流での卵の未熟を指摘して抵抗したとあるのを見ても(77)、「密漁」を活発に行っていた居住者たちが、より下流でのより網羅的な採取によってサケ漁の機会を奪われることに強い抵抗感をもっていたことがうかがわれる。密漁者の具体像ははっきりしないが、和人・アイヌ民族をともに含んでいたのではないか。

これ以降も親魚の採取など孵化場の作業へのアイヌ民族の雇用は継続したようであるが、断片的ながら次のような史料を見ると、それが生活の安定をもたらすほどのものだったとは思えない。

千歳川沿岸ノ土人ハ、男女合セテ弐百四拾人戸数七十ニシテ、千歳、長都、蘭越、烏柵舞ノ各村ニ存在セリ。其土人ハ農業ヲナスモノ少ク、僅ニ住家ノ近辺ニ馬鈴薯、粟、稗等ノ耕作地ヲ見ルノミ、其他ハ専ラ漁猟ヲ以テ生活セリ(78)

…今其生計の度如何を見るに、食料は所謂ウバユリと粟にして、蕎麦、玉蜀黍等総べて自家耕作物にて往々米を食ふも〔の〕なり。其他鮭鱒の孵化場に順次使役され、其報酬として配与さるゝものを食するが故に、昨冬の如き収獲少なき時は、食料に不足を告げ、目下中以下は大抵一日二食にして、併も粟の薄粥を啜り、饑渇を凌き居れり。去れど時々測量人夫、角流し、伐木等に雇はれ、幸ひ餓死するに至らず、同地へ先年道庁より種豚を貸下られしが、近来は大に其数を増加し、毎戸十頭位を所有し居れど、放牧中熊害に罹るもの多しといふ(79)

ここからうかがえるのは、孵化場での労働に対する報酬が生計に占める比重は高くなく、小規模な農耕やウバユリなどの採取による自家消費用食料の確保に加え、測量人夫・川での角流し・伐木などの賃労働、さらには漁猟などによって生計を立てている様子である。この時期に千歳地方のアイヌ民族が測量人夫として雇われていたことは、道庁の事業に関する史料のなかで、一八八八年の天塩地方での殖民地選定事業における十数名、一八九〇年の空知地方での殖民地区画測設事業における少なくとも一名といった実例を確かめることができる。(80)

ところで、前の史料中に見える「漁猟」には、密漁とされたままのサケ漁が含まれているのではないだろうか。大正・昭和戦前期のこの地域の生活を回顧した聞取りには、厳しい取締りの目をかいくぐってのマレク漁の記録がしばしば見られ、(81)同時代の新聞記事に密漁者として捕まったアイヌ民族の名前を時折見ることもある。開拓使以来の「密漁化」のもとを生き延びてきたこうした漁労活動は、おおっぴらに語られることは少ないが、北海道におけるサケ漁の近代史を考えるときに、非常に重要な意味をもっているように思われる。

おわりに

千歳川流域のサケ漁は、開拓使によって一八七六年八月には漁法が大きく規制され、一八七八年九月には全面的に禁止された。これは従来のアイヌ民族のサケ漁の幅を狭めさらには完全に違法化するものであり、ここには制度上の大きな断絶がある。規制強化と全面禁漁の政策的な目的は、重要な水産資源としてのサケ類の保護繁殖を図ることにあり、この流域の場合、直接には石狩川河口部を中心とするサケ漁の振興との関わりが大きな背景をなしている。本章ではそのような下流部との関わりの密接さを指摘はしたものの、漁獲量の変化や漁業活動の盛衰などに踏み込んでの議論は今後の課題として残した。西別川流域でのアイヌ民族のサケ漁の場合、第一段階で漁法の規制や支流での禁漁によって従来の漁業活動を否定され、第二段階では下流部の漁場の権利取得において和人と「平等」の競争を強いられて再び排除されるのだが、(82)千歳川流域のアイヌ民族の場合、十九世紀半ば時点でのサケ漁の場は石狩川河口部にまで達していなかったと思われ、この第一段階のみで徹底した権利の否定がなされたと言える。もっとも、実態はあまり把握できていないが、禁漁下においてもサケ漁の現場における和人との競合が存在していたことは確かである。

開拓使内部でもアイヌ民族の従来からの生業活動を一定程度保障しようという動きはあったが、黒田長官の方針は農業への転換を強く押し出してこうした動きを押しつぶした。開拓使・札幌県はこの地域でのサケ全面禁漁による影響を緩和させる具体的な措置を何ら施さなかった。千歳・勇払両郡を対象とした勧農策の計画はあったが立消えに終わった。立消えまでの経緯を見ると、ここで勧農策がもった歴史的な意味は、サケ漁やシカ猟に代わる生業の道の確保ではなく、それらに対する規制強化を押し進めることを正当化することにあったと言える。これが「結果的に」そうなったのではなく、開拓使・黒田長官のアイヌ政策の基本姿勢にそういう結果を必然的に生じさせる無計画性、アイヌ政策の軽視があったと考えられるという点を特に強調しておきたい。

全面禁漁後もこの地域のアイヌ民族はサケ漁を続けていた。生活のために必要だったからだろうし、またそもそも「サケ漁をしてはならない」と内発的に思わなかったからでもあろう。伊藤一隆は一八八八年に人工孵化場の必要性を訴える演説のなかで、「開明国」である北米のコロンビア川においてすら「最も厳格なる漁業律」による保護にもかかわらず密漁によってサケの減少を来したことと対比し、「況や本道鮭種川の近傍に居住するものは概して無識の旧土人にして毫も前途を慮かることなく、禁令の何なるも弁せさるものなるか故に、種川の保護を為さんとせは看守を置き厳密の取締法を設くるにあらされバ決してなす能はす」と述べる(83)。ここで伊藤が言いたいのは密漁取締りの徹底が予算上難しいために種川法には限界があるということなのだが、それにしてもアイヌ民族の「無識」に責任を転嫁することで問題の構造を無視してしまっていることは見逃し難い。官庁の意図としては、支川での禁漁は「全体」の利益のための「部分」の切捨てなのだろうが、その「部分」とは当事者にとっては「全体」とも言うべき沿岸居住者の生活そのものなのであり、しかも彼らは全面禁漁によって得られる利益を何ら受け取らないのである。

そうした構造に対する見直しが、実現せずに終わった札幌県勧業課内における内村鑑三の構想実現への動きだった。北海道庁によるアイヌ民族への「老魚」割渡しにも、それまで欠落していたアイヌ民族の生業への配慮の具体化という面があり、実際この措置はアイヌ民族にとって全面禁漁より「まし」ではあったろう。だが、官によるサケ管理の一層の強化とアイヌ民族の主体的な漁業活動の基本的な否定という方向が定着させられていったことに違いはなかったと言っていいだろう(84)。

本章の対象より前の時期との比較、さらに種川法実施以降の施策の評価においては、場所請負制下のこの地域で実施されていたという産卵地での禁漁措置の実態が鍵になると思われる。そこでの水産資源の分配が地域の各構成員の間で矛盾なく行われていたのか、アイヌ民族に対する抑圧や排除のうえに資源分配がなされてはいなかったのか、この点、近世史研究に向けて問いを投げかけたい。

(1)　私自身、千歳川に続いて道南の遊楽部川を、次いで道東の十勝川を対象にした論考をまとめた(山田伸一「遊楽部川へのサケ種川法の導入と地域住民」『北海道開拓記念館研究紀要』第三十六号、二〇〇八年、一〇三―一二四頁、同「札幌県による十勝川流域のサケ禁漁とアイヌ民族」同、第三十七号、二〇〇九年、二〇一―二二二頁)。

(2)　『札幌県勧業課第一年報』札幌県、一八八二年、一三八頁は「石狩支川中鮭魚ノ産卵ニ最モ適スルハ西岸千歳川ヲ第一トシ豊平、琴似、発寒ノ三川之ニ亜ク。其東岸ノ支流ニ在テハビヾトヽウシナイニ川ヲ除クノ外鮭魚ハ絶テ溯ラサルモノヽ如シ。且ツ石狩川水源ニ近キ諸流ハ、出水毎ニ泥土ヲ流出シ、卵子ノ孵化ヲ妨クル〆多シ。故ニ種川トナスヘキ支流ハ重モニ札幌十里方内ノ処ニ在リトス」(傍線原文)と記している。

(3)　高倉新一郎『アイヌ政策史』日本評論社、一九四二年、四八三―四八四頁。

(4)　百瀬響「開拓使期における対アイヌ政策――河川漁の禁止令とそのリアクション」『RUGAS』第十一号、立教大学地理人類学研究会、一九九三年、五一―五九頁。この論文が取り上げた「リアクション」の事例は、時期、地域、問題とする規制内容、当事者の性質を異にする二例の歎願活動のみで、周辺史料への目配りも十分とは言えず、相互の比較によって生産的な議論を展開することに成功しているとは言い難い。

（5）岩﨑奈緒子「〈歴史〉とアイヌ」『日本の歴史25　日本はどこへ行くのか』講談社、二〇〇三年、一九三―二三二頁。端的に言えば、私が岩﨑論文に接して戸惑いを覚えるのは、この時期の「断絶」を可能にした理由が近世にはまったくないかのような印象を与えること、アイヌ民族の歴史が「日本人もしくは日本国家のはたらきかけを一方的に受けとめる客体として叙述され」てきたことを厳しく指弾しながら、開拓使期におけるアイヌ民族は政策の客体として一方的に剝奪される存在としてしか捉えられていないように思われることによる。

（6）以下は更科源蔵編著『千歳市史』千歳市、一九六九年、一一五―一三五頁による。

（7）松浦武四郎著・高倉新一郎校訂・秋葉実解読『丁巳東西蝦夷山川地理取調日誌』下、北海道出版企画センター、一九八二年、二五四―二五九頁。

（8）「鮭漁テス網禁止ノ旨布達並ニ告諭ノ件」『開拓使公文録　勧業・文書・会計・地方　明治七・八年』開拓使札幌本庁（簿書六一一一、二五件目）。以下、史料名の後に括弧書きで「簿書」として示すのは、北海道立文書館所蔵簿書の簿書番号と件番号である。『開拓使事業報告附録布令類聚』（以下『布令類聚』）上編、大蔵省、一八八五年（〈復刻版〉北海道出版企画センター、一九八四年）八四五―八四七頁も参照。

（9）『アイヌ民族誌』上、第一法規、一九六九年、三四二―三五六頁（犬飼哲夫執筆分）などによる。もっとも、開拓使の布達類中の「ウライ網」や「テス網」が指す漁法の具体的な範囲は必ずしも明確ではない。この点に関連した考察として、瀬川拓郎『アイヌ・エコシステムの考古学――異文化交流と自然利用からみたアイヌ社会成立史』北海道出版企画センター、二〇〇五年、一七二―一八七頁を参照。

（10）一八七六年八月二十八日付、鈴木大亮より杉浦三等出仕・堀中判官・調所少判官・柳田七等出仕宛、前掲「鮭漁テス網禁止ノ旨布達並ニ告諭ノ件」『開拓使公文録　勧業・文書・会計・地方　明治七・八年』（簿書六一一一、二五件目）。

（11）前掲『開拓使公文録　勧業・文書・会計・地方　明治七・八年』（簿書六一一一、二五件目）。

（12）前掲『布令類聚』上編、八四五頁。

（13）前掲『アイヌ民族誌』上、などによる。

（14）「枝川通鮭（網）留」を禁じたもので、安永期以降繰り返し発せられている。ただし、その理由は明示されていない。今村

義孝・高橋秀夫編『秋田藩町触集』上・中・下巻、未来社、一九七一―七三年。

(15)　一八七八年一月十五日付一ノ二十三号、札幌書記官より東京書記官宛、「千歳漁ノ両川ニ於テ下リウライ網等鮭徴税ノ義ニ付長官ヘ上申相成様致度件」『本庁往復　明治十一年従一月至十二月』開拓使東京出張所会計課租税係(簿書二九七九、一五三件目)。

(16)　一八七八年五月三十日付、租税係六等属山崎彪起案「千歳郡下リウライ網等鮭徴税ノ義ニ付本庁へ御回答案」同前所収。

(17)　一八七八年六月十四日付札第三五二号、東京書記官より札幌書記官宛、「千歳川鮭漁課税ノ義ハ厳密取締方ノ件」『東京文移録　来　丙一ノ三　明治十一年従一月至十二月』開拓使札幌本庁記録局公文課(簿書二四〇四、二三八件目)。

(18)　一八七八年七月九日付七ノ二十二号、札幌書記官より東京書記官宛、「千歳漁両川下リウラヰ網其他鮭課税ノ義ニ付網数ヲ増加セズ従前許可ノ分ニ限リ就業為致ノ件」前掲『本庁往復　明治十一年従一月至十二月』(簿書二九七九、一一一件目)。前掲『千歳市史』八一八―八一九頁は「川を両岸からせき止めて真ん中だけをあけ、そこに袋網をおいて川をくだってくる魚をすくいあげるウライ網というのがある。千歳川で昔行われたウライ漁は日本の梁に似たもので、急流を無理して溯った魚が流れの淀みで一休みしているうちに、水の流れにおされて川下に仕掛けてある、根曲竹で編んだ籠の中に落ち込むというものでこれは普通のウライのように番をする必要がなく、籠に入った魚を集めるだけでよい進歩的な仕かけである」と記している。

(19)　「勇払千歳両郡旧土人勧農着手ノ義允裁方ノ件」『東京文移録　往　丙一ノ六　明治十二年』開拓使札幌本庁記録局公文課(簿書三〇三〇、二九五件目)。

(20)　一八七八年八月三十一日付札第五〇一号、東京書記官より本庁書記官宛「千歳漁両川下リウライ網其他課税之儀ニ付本庁中稟書江御回答案伺」前掲『本庁往復　明治十一年従一月至十二月』(簿書二九七九、一一一件目)。

(21)　興味深いことに、高橋美貴「一九世紀における資源保全と生業――秋田県・八郎潟の漁業を事例として」『日本史研究』第四三七号、一九九九年、一―二三頁によれば、一八九〇年の八郎潟のフナ繁殖を優先したゴリ引網操業許可願の却下理由として、秋田県庁が同様のもの言いを記している。この点に限らず、明治期の秋田・岩手県の県庁文書を素材にした論考を始めとして、『近世漁業社会史の研究』清文堂、一九九五年、「ハタハタ資源問題の起源――明治前期・水産資源の「保護繁殖」政策に関するノート」『新潟大学教育学部紀要　人文・社会科学編』第三十八巻第二号、一九九七年、二九五―三一四頁など高橋氏の一連の研究には本章執筆の過程で刺激を受けた点が多い。

(22)　前掲岩崎「〈歴史〉とアイヌ」二一〇頁。岩崎氏が依拠した史料は、「根室支庁下西別川鮭魚漁場、割渡ノ件」『開拓使公文

録　地方・法憲・職官・会計・非常・建築・文書　明治九年』開拓使札幌本庁(簿書六二〇〇、二三件目)のようである。

(23)「羽山一等属地方人民ウライ網漁業出願誤認指令ニ付待罪ノ件」『本支庁職員懲戒処分録　明治九年ヨリ十三年ニ至ル』開拓使東京出張所記録課考査係(簿書四四四八、一三八件目)。

(24)黒田の動向については、山田博司「開拓使の組織と職員2——勅任官・奏任官の経歴(2)」『北海道立文書館研究紀要』第十四号、一九九九年、一六—七八頁によった。

(25)前掲『布令類聚』上編、八五〇頁。

(26)同前、八五八—八五九頁。

(27)例えば、前掲百瀬「開拓使期における対アイヌ政策」五五頁は「資源保護とはいうものの上記の漁(テス網漁やウライ漁)が規制され、一方でより漁獲量が多い曳網漁が例外とされた例があることは、規制の理由と矛盾する。特にこの時期には鮭の漁獲量が飛躍的に伸びており、大規模な網漁が河口部で行われていた。それを規制せずに河川漁を規制している点から考えると、資源保護とは「物産繁殖」のための「和人営業保護」であったとするほうが適切と思われる。すなわち、殖産興業策に則りその経済性を重視した結果、より経済的な効果を上げ得る営業者の利益を優先した、ということであろう」と述べている。

(28)以下この件に関しては、「千歳郡旧土人等死鮭拾取販売ノ義ニ付現品検査収税ノ上差許ノ件」『忍路郡戸長船改経費伺外十六件』開拓使札幌本庁会計課租税係(簿書三九〇九、二八件目)による。

(29)「漁民取獲ノ海産物、納税ヲ免レン為検査ヲ受サル前窃ニ売却シ、又ハ売却セント謀ル者ハ、律ニ照シ所断ノ上、該物品悉皆没収又ハ売代金追徴、但該犯ノ者他ヨリ訴出ル者ヘ、没収品代価ノ半額ヲ与フヘシ」というものである(前掲『布令類聚』下編、七一一頁)。

(30)前掲「勇払千歳両郡旧土人勧農着手ノ義允裁方ノ件」『東京文移録　往　丙一ノ六　明治十二年』(簿書三〇三〇、二九五件目)。

(31)『開拓使事業報告』第五編、大蔵省、一八八五年(〈復刻版〉北海道出版企画センター、一九八五年)三八七頁。

(32)一八七八年三月二十日付、根室書記官より札幌書記官宛、「管内各州居住ノ旧蝦夷人食用ノ為河川ニテ鮭取獲ノ処課税方ノ件」『開拓使中物産税関係書類　明治十三年』開拓使根室支庁会計課(簿書四四〇七、四五件目)、同年四月(十九日)付四ノ三十六号、札幌書記官より根室書記官宛、「旧土人食料ノ為水原等ニテ鮭漁ヲナス者ヘ課税ノ義照会越ノ件」『根室文移録　往　丙一ノ四　明治十一年』開拓使札幌本庁記録局公文課(簿書二四一六、一三八件目)。

(33)　なお、この一件において開拓使は、斃死したサケを拾い取ったものを密漁と見なすか否か、明確には判断していない。

(34)　「千才漁両川筋ニテ鮭密漁方取締ノ為巡査派遣方ノ件」『部下達書録　(本庁)　達丙　明治十三年』札幌本庁記録局公文課(簿書三七八九、九〇件目)。この時期、警察機構が水産資源の「保護繁殖」政策の監視・強制力として動員された事例は、秋田・岩手県などにも見られる(前掲高橋「一九世紀における資源保全と生業」)。

(35)　前掲『千歳市史』四四〇—四四二頁。原史料の所在、およびこれが許可されたと同書が記す根拠は未確認。

(36)　「千歳外一郡旧土人農業教授順序取調ノ件」『長官滞札中書類　第弐号　丙一ノ八　明治十二年二月』開拓使札幌本庁記録局公文課(簿書三〇五一、二〇件目)。

(37)　一八七九年四月(十七日)付天第四号、札幌本庁在勤開拓大書記官調所広丈より開拓長官黒田清隆宛「勇払千歳両方面旧土人勧農着手ノ義伺」、「勇払千歳両方面旧土人勧農着手ノ件」『勧業課公文録　移住・開墾　明治十二年』札幌本庁民事局勧業課(簿書三〇九八、三二件目)。

(38)　一八七九年六月九日、札幌調所より東京安田宛電信、同前所収。

(39)　一八七九年六月(日欠)札第三四一号、長官決裁、「勇払千歳両郡旧土人勧農着手ノ件」『開拓使公文録　本庁往復　明治十二年』開拓使東京出張所(簿書A四／三二一、三〇件目)。

(40)　『開拓使事業報告』第弐編、大蔵省、一八八五年(〈復刻版〉北海道出版企画センター、一九八三年)一六九頁。同、第参編、同、一一頁にも同趣旨の記述がある。なお、第弐編の一六七頁には一八七五年五月のこととして「胆振国千歳郡漁村旧土人ニ耕地二十五町歩ヲ下付シ開墾ニ従事セシム」とあるが、これと関係する一次史料は見出せていない。

(41)　前掲『札幌県勧業課第一年報』一三七—一四三頁。

(42)　「千歳川鮭魚ノ産卵等視察ノタメ内村鑑三外一名該方面へ出張被命方ノ件」『親展稟議上申録　自明治十五年三月至同十六年五月』札幌県勧業課(簿書七八八四、七三件目)。

(43)　内村に関する伝記的事項については、主に鈴木俊郎『内村鑑三伝』岩波書店、一九八六年によった。

(44)　一八八二年十二月七日付、御用係内村鑑三より札幌県令調所広丈宛「復命書」、「千歳川鮭監守ニ関スル件」『札幌県治類典　水産　第一　明治十七年自一月至三月』札幌県勧業課(簿書八七三八、三件目)。この史料を最初に紹介したのは伊藤繁氏である(伊藤繁『ほっかいどう漁業史再発見』私家版、二〇〇三年)。伊藤氏は同書で他にも全集未収録の開拓使・札幌県文書中の内村自筆史料を紹介している。

(45)　この復命書は内村の自筆による冒頭部分の二葉と、そのなかで「別帋」と指示されている十河定道の筆跡による八葉からなる。後の方について、内村の自筆稿を十河が写したのか、内村の下書きもしくは口述を十河が清書したのか、詳しい経緯は不明だが、基本的な内容は内村によるものと見て間違いあるまい。

(46)　北海道庁技手藤村信吉編述『千歳鮭鱒人工孵化場事業報告』北海道庁水産課、一九〇〇年、三頁は、文右衛門請負のときの漁場を「千歳駅ノ上ぺるさったりニ二、まっけうしまゝち太ノ近傍ニ一、に〔ね〕しこうしニ二、かまかニ一、いさり太ニ一、同川ニ一、しまゝっぷ太ニ一、同川ニ一ニシテ、合計本川ニ八ヶ所支流ニ二ヶ所」で「てすト称スル不動装置」を用いた、とする。

(47)　前掲『札幌県勧業課第一年報』一四三―一四六頁、北水協会編纂『北海道漁業志稿』北海道水産協会発行、一九三五年、一九四―一九五頁。菊池勇夫「蝦夷島の開発と環境」同編『日本の時代史19　蝦夷島と北方世界』吉川弘文館、二〇〇三年、二四七―二四八頁は『北海道漁業志稿』を引いて「江戸時代の状況はよくわかっていない」と記している。

(48)　前掲『千歳市史』一一七―一一八頁。

(49)　「千歳川鮭魚減少の源因」『大日本水産会報告』第一号、一八八二年三月。『内村鑑三全集』第一巻、岩波書店、一九八一年、九頁にも収録。

(50)　「千歳川鮭魚保護ノ義ニ付雇十河定道該方面へ巡回為致方ノ件」前掲『親展稟議上申録　自明治十五年三月至同十六年五月』(簿書七八八四、九二件目)。

(51)　一八八三年一月八日付、課雇十河定道より勧業課宛「復命書」、前掲「千歳川鮭監守ニ関スル件」『札幌県治類典　水産　第一　明治十七年自一月至三月』(簿書八七三八、三件目)。

(52)　前掲『札幌県治類典　水産　第一　明治十七年自一月至三月』(簿書八七三八、三件目)。

(53)　一八八三年六月二十三日付、七等属重松卓爾起案「千歳川鮭漁開業ノ義勇払郡役所へ照会按伺」同前所収。これとともに重松の筆跡で一八七八年開拓使乙第三十号布達に「本県下ノ義ハ、従来支川ノ鮭鱒ヲ得テ食料トナシ候旧土人ニ限リ、其管〔官〕庁ノ許可ヲ得該漁ヲ為スハ、此限ニ非ラサル旨」を但書として追加する内容の伺案下書が綴られており、その上部欄外に重松の筆跡で「此按ハ唯意想ノアル所ヲ認メシ迄ニテ、詮ナキモノナレトモ、或ハ他日参考ノ一端ナルアルヲ量リ、故紙ニ付セス綴リ込ヲク」と朱書がある。

(54)　一八八三年九月十九日付決裁「千歳川鮭密漁取締ノ義ニ付伺」前掲『札幌県治類典　水産　第一　明治十七年自一月至三月』(簿書八七三八、三件目)。

(55) 一八八三年十一月十三日付勧第三七六四号、勧業課農務係より勇払郡役所宛、前掲『札幌県治類典　水産　第一　明治十七年自一月至三月』(簿書八七三八、三件目)。
(56) 一八八三年十一月二十七日付、書記官決裁「千歳川鮭密漁監守人雇入ノ義上申」同前所収。
(57) 一八八三年十二月十三日付、千歳川監守人長谷部慶次良・宮嵜濁卑より札幌県勧業課宛、同前所収。
(58) 「豊平外二川ニ於テ密漁者看守人ヨリ告発ノ件」『札幌県治類典　水産　第弐　明治十八年自一月至二月』札幌県勧業課(簿書九五五七、一五件目)。
(59) 一八八四年十二月二十九日付、鮭密漁監守人田村造平・宮崎濁卑より札幌県勧業課宛「伺」同前所収。文中の告発された密漁者(下北郡出身で千歳村寄留の和人)の名は伏せた。
(60) 一八八四年十二月二十七日付、札幌県勧業課雇鮭密漁監守人田村造平・宮嵜濁卑より千歳村戸長太尾長祥宛「告発書」同前所収。
(61) 一八八四年十二月二十七日付、同前より千歳村戸長役場宛「御届」同前所収。
(62) 「千歳川鮭密漁監守引上方戸長役場へ申入ノ件」『札幌県治類典　水産　第二　明治十九年一月』札幌県勧業課(簿書一〇二一三、四件目)。
(63) 一八八六年一月三日付、千歳川鮭密漁監守人細川喜八・川口忠蔵より勧業課水産係長宛、同前所収。
(64) 三県の「旧土人救済方法」の実態やその意味について、加藤規子「北海道三県一局時代の対アイヌ政策とその実状」『北大史学』第二〇号、一九八〇年、一四—二六頁を参照。この論文の大局的な視点をもった論述と比較すると、麓慎一『近代日本とアイヌ社会』山川出版社、二〇〇二年中の「三県時代のアイヌ保護政策と勧農」は、「北海道旧土人保護法」と比較する文脈で論じたためという理由はあるにしろ、官庁文書を十分な批判なしになぞった叙述に終始していると言わざるを得ない。例えば、「救済方法」の特徴を計画段階の内容のみで評価し、その結果については、広い地域においてアイヌ民族の移住を生じさせた点に何ら触れず、『官報』掲載の「成功」の証言のみを取り上げているのは、「近代日本とアイヌ社会」を問う本として適切であろうか。
(65) 一八八五年二月十六日付、勧業課長心得志賀起案「課員松下八等属出張之儀上申」、「千歳郡旧土人授産法ニ付協議ノタメ課員八等属松下熊槌勇払郡役所迄出張下命ノ件」『出張伺綴　明治十八年自一月』札幌県庶務課職務係(簿書九三九五、一二件目)。

(66)「鮭魚繁殖場設置」『北水協会報告』第十六号、一八八六年十一月、九―一〇頁。

(67)前掲『千歳鮭鱒人工孵化場事業報告』三―八頁。この計画は「千歳川鮭魚蕃殖保護方法」(全七条)、「千歳川出張員心得」(全十項)、「監守人心得」(全八項)、「千歳郡移住民並ニ旧土人ニ対スル手続キ」(全七項)からなる。これらの具体的な決定過程や決定時期を伝える史料は未見である。

(68)遊楽部川のサケ種川法について、前掲山田「遊楽部川へのサケ種川法導入と地域住民」を参照。種川法など近世におけるサケの保護策と近代におけるその摂取について、高橋美貴「漁業と漁業争論――一八世紀後半～一九世紀における資源分配と資源保全」藪田貫編『民衆運動史3　社会と秩序』青木書店、二〇〇〇年、一七九―一九九頁を、北海道については他に、北海道さけ・ますふ化放流事業百年史編さん委員会編『北海道鮭鱒ふ化放流事業百年史』北海道さけ・ますふ化放流事業百年記念事業協賛会、一九八八年、前掲伊藤『ほっかいどう漁業史再発見』を参照。なお、広義にはサケ資源の保護を目的とした上流部での禁漁措置全般を種川法と呼ぶ場合もある。

(69)北海道立文書館編集・発行『北海道立文書館史料集　第十四　北海道庁例規集　第Ⅰ期　庁令等布達編(一)　明治一九年～二〇年』一九九九年、三七頁。

(70)札幌会員野原萬喜「千歳川漁業概況」『北水協会報告』第二十号、一八八七年三月、一二―一四頁、「千歳郡漁業の景況(前号続)」同、第二十一号、同年四月、二二―二三頁、および「千歳郡漁業概況(前号続)」同、第二十二号、同年五月、一五―一七頁。ただし後の二回は著者名を欠いている。

(71)流路を上・下流で区分したのであり、高橋美貴『「資源繁殖の時代」と日本の漁業』山川出版社、二〇〇七年、五三―五四頁が、千歳川では本流を分岐させて種川としたと記すのは誤りである。

(72)「千歳。漁。両川鮭魚蕃殖場の実況」『北海道毎日新聞』一八八七年十二月十七・十八日付。前掲『北海道鮭鱒ふ化放流事業百年史』一〇一頁はこの年の「老魚」捕獲高を二万二一〇五尾と記している。

(73)アイヌ民族によるサケ利用に関する記録のなかには、保存食としての加工や皮を用いた靴の作製目的に生殖活動を終えた時期のサケを選択的に使用していたことを伝えるものがあるが、一方でイクラの利用に関する多くの記録があることが端的に示すように、それ以外の時期のサケも利用しなかったわけではないのは明らかである。

(74)この経緯については前掲『千歳鮭鱒人工孵化場事業報告』、秋葉鉄之『鮭の文化誌』北海道新聞社、一九八八年などを参照。

(75)　以下、親魚捕獲方法の変遷については、前掲『千歳鮭鱒人工孵化場事業報告』、および主に同書に依拠した山田健「千歳川の捕魚車の発達に関する若干の考察――いわゆるインディアン水車の呼称について」『北海道開拓記念館調査報告』第三十一号、一九九二年、一三一―一四五頁を参照。

(76)　藤村信吉「千歳鮭魚人工孚化場の概況」『北水協会報告』第五十六号、一八九〇年九月、一七―一九頁。「ヤス網」は多くの文献が〈yas-ya〉として記す、アイヌ民族が川漁に用いたすくい網だろう(例えば、萱野茂『アイヌの民具』すずさわ書店、一九七八年、一八二―一八三頁は、図と写真入りで、網の形状と、丸木舟二艘の間に網を渡して流し、魚をすくい上げる方法を記載)。岩﨑奈緒子「近世蝦夷地における河川用役権」渡辺尚志・五味文彦編『新体系日本史3　土地所有史』山川出版社、二〇〇二年、三一五―三二三頁は、文政期のフウレン・ベトカ川での鮭漁をめぐる紛争について論じるなかで、藤野家文書中に「古来より之蝦夷人持来之ウライヤセ両網」とある「ヤセ」を「ヤス」の転訛と考えてかマレクを指すと推測しているが、この〈yas-ya〉との関係を考える方が自然ではないか。なお、些末ながら同氏がこの史料から「両網」の部分を省いて引用しているのは、適切ではあるまい。

(77)　前掲『千歳鮭鱒人工孵化場事業報告』一六頁。

(78)　『北海道殖民地撰定報文』北海道庁第二部殖民課、一八九一年〈復刻版〉北海道出版企画センター、一九八六年)一〇一頁。

(79)　「千歳村近傍のアイヌの状況」『北海道毎日新聞』一八九一年八月十三日付。

(80)　山田伸一「『事業日誌』と内田瀞のフィールドノート――一八九〇年の殖民地区画測設の記録」『北海道開拓記念館調査報告』第三十九号、二〇〇〇年、一〇一―一一四頁、同「史料紹介　殖民地撰定員山本信『日誌』」同、第四十号、二〇〇一年、一一五―一二八頁。

(81)　出利葉浩司「大正年間を中心とした千歳川におけるアイヌのサケ漁について――丸木舟漁での「船頭」の役割とマレクの製作についての調査報告」『北海道開拓記念館調査報告』第三十二号、一九九三年、二三―四四頁、渡辺仁他『アイヌ民俗文化財調査報告書(アイヌ民俗調査Ⅸ)』北海道教育委員会、一九九〇年、同上Ⅹ、一九九一年。

(82)　前掲岩﨑「〈歴史〉とアイヌ」。なお、開拓使は一八七九年三月に「鮭魚増殖」の観点から西別川上流部のアイヌ民族を海浜部に移住させることを計画した。この時は漁業規制について説示することとして見送ったが、翌年四月には根室支庁在勤折田平内大書記官が西別シュワン居住のアイヌ民族を釧路国上川郡塘路村とカンチウシに移転させる計画を伝えてそのための費用下付を求め、黒田長官はこれを認めた。その実施の有無を含め、その後のこの地域のアイヌ民族の歴史をたどることは今後の重要な課題である。以上は、「西別シュワン両村居住土人他ニ移転ハ難ク漁猟ニ付懇諭ヲ加フルノ件」『取裁録　明治十二年』開拓使根室支庁民事課(簿書三六七六、二四件目)、「西別村旧土人誘移伺及水道建設根室花咲両港貨物揚卸場着手方ノ件」『取裁録　明治十三年』同支庁記録課公文係(簿書四三五六、二五件目)、および「西別村旧土人誘移ノ件」『略輯旧開拓使会計書類　第四号第三百卅九冊』(簿書六四六五、四三件目)による。

(83)　札幌会員伊藤一隆「本道に鮭魚人工孵化場の設立を望む」『北水協会報告』第三十五号、一八八八年六月、二一―五頁。

(84)　高橋美貴氏は、近世の越後三面川では資源分配システムと資源保全システム(種川制度)とがセットで機能していたが、一八八〇年代以降の行政はそこから種川制度だけを取り出して資源保全システムとして各地に移植し、資源分配をめぐる新たな地域間対立を引き起す契機にもなっていったと指摘する(前掲「漁業と漁業争論」)。飲み込み切れていないが、よく考えたい指摘である。

第二部　「北海道旧土人保護法」による土地下付と共有財産管理

第五章　十勝における土地下付

はじめに

本章は十勝地方を対象として「北海道旧土人保護法」（一八九九年三月一日法律第二十七号）（以下「保護法」）による土地下付が地域においてどのように行われたのか、その実態を検討することを目的とする。「保護法」が国費による学校設置や傷病者への救療などいくつかの側面を合せもつうち、本章の中心課題となるのは、農業に従事しているか、しようとするアイヌ民族に対し、一戸当たり五町歩を上限とする土地下付を規定した第一条に関わる問題である。

第一条　北海道旧土人ニシテ農業ニ従事スル者、又ハ従事セムト欲スル者ニハ、一戸ニ付土地一万五千坪ヲ限リ無償下付スルコトヲ得

所有権を厳しく制限した土地下付法規を必要とするに至る言わば内的要因として、高倉新一郎『アイヌ政策史』が、官有地として存置したアイヌ民族の使用地が法的裏付けを欠いていたことを挙げているのは重要である。(1)

近年の研究、例えば榎森進『アイヌ民族の歴史』は「保護法」による土地下付について「…地味の肥えた肥沃な土地の多くは、すでに和人の手に渡っており、またそうした土地が残っていたにしても、和人への払い下げを最優先させたから、結局、給与地の多くは、地味のわるい土地にならざるをえなかった」という明解な歴史像を描くが、具体的検証は乏しい仮説にとどまり、従来の存置地との位置的な連続性(あるいは断続性)といった問題については十分に注意が払われていない(2)。

また、私が北海道立文書館所蔵の土地処分関係文書を閲覧した印象では、下付地の位置が決定される過程や下付後の農業の状況には、拓殖政策の展開の進度の差異などと関連して、かなり地域的な多様性があると思われる。以上から私は、地域を限定した個別的な研究の積重ねが必要であると考え、その最初の作業として十勝を取り上げるのである。

本章は三つの節で構成する。第一節では、札幌県時代の農業教授地を下敷きにしつつ、殖民地区画測設時に「旧土人保護地」「旧土人開墾予定地」などと呼ばれる官有地が設定される過程をたどる。第二節では、それを前提とした「保護法」制定後の下付の様子を検証し、十勝における下付地の位置が多くの場合「保護法」制定以前の土地政策に由来することを明らかにする。第三節では、一九二〇年代後半に計画・実施された「旧土人給与予定地」新設の背景とその位置決定過程における制約条件を検討する。

なお、「保護法」による下付地(通常「給与地」と呼ばれることが多い)に関しては、よく知られるように賃貸借という形での実質的な喪失の問題が大きいが、本章ではこの問題に本格的な検討を及ぼしていないことをあらかじめ断っておく。

第一節　「旧土人保護法」以前のアイヌ民族の農耕地

一　札幌県の農業教授＝「十勝国五郡旧土人授産方法」

最初に明治初期の十勝におけるアイヌ民族の状況を大まかにたどっておこう。

一八六九年に設置された開拓使は、同年に場所請負制を廃止した後、十勝場所の請負商人杉浦嘉七を漁場持として経営を継続させたが、漁場持廃止を翌年に控えた一八七五年、開拓使の働きかけで若松忠次郎を支配人とする「十勝漁業組合」が設立され、アイヌ民族と和人が組合員となって共同で漁業経営を行った。高倉新一郎『アイヌ政策史』は組合結成を、十勝では魚利に比して人口が多く漁場持廃止後の独立生活が困難であることへの対策と位置づける。(3) 一八九八年における十勝の状況を詳細に記載した『北海道殖民状況報文　十勝国』(以下『状況報文』)から幕末期の様子を見ると、十勝のアイヌ民族は春から秋にかけて壮年男子を中心に海岸での漁業労働に従事し、冬には内陸部の集落で狩猟をしていたと、おおよそのところ理解できる。(4)

一八八二年当時のこの地域のアイヌ民族の食料を、十勝最初の団体移民として知られる晩成社の記録から垣間見ると、サケを始めとする川で捕った魚、シカ、オオウバユリなど自生する植物、そして小規模な農耕からの生産物があった。農耕については、「小屋の周囲に園圃あり。馬鈴薯能く生長せり」(長臼にて)、「土人常に粟を作り多少の収穫ありしも、本年蝗虫の為一夜にして喰尽くされたるは惨状なりしと」(帯広より西四里、ピパイロについて伝聞)といった記述を拾うことができる。[5] かつて林善茂氏が、日高・胆振地方におけるアイヌ民族の「伝統的な」農耕は、無施肥で除草を徹底せず数年耕作すると休耕し、耕作面積は五、六畝から多くて三、四反ほどという小規模なものだったとしたのと、[6] 技術的には大差なく、農耕は生計上補助的な位置にあったものだろう。後に「保護法」が想定した五町歩規模の農耕と、規模や生計上の位置に隔たりがあることに注意したい。

一八八〇年の組合解散を機に、和人が内陸部までに急速に流入したことは、アイヌ民族の生活基盤の突崩しにつながった。直接的には札幌県が「魚種保護ノ為メ」として大津川(現十勝川)河口部以外のサケ漁を禁止したことが引金となって、一八八三年から翌年にかけての冬には十勝において深刻な飢餓が発生した。[7] 札幌県では飢餓発生後、勧業課農務係栂野四男吉が主導し、一八八五年から河西・河東・上川・中川・十勝五郡のアイヌ民族を対象に「共有財産」(本書第八章参照)を財源とした「十勝国五郡旧土人授産方法」を実施する。[8] 三県一局期(一八八二〜八五年)に飢餓発生に対応して実施されたアイヌ民族に対する農業指導・奨励策として、国費を財源とする「根室県旧土人救済方法」と「札幌県旧土人救済方法」があり、後者は「戸数最モ多ク生計最モ困難ヲ極メタル」日高の沙流郡を手始めに一〇年にわたって毎年約六〇戸ずつ順次各地に実施する計画で、十勝の各郡(広尾・当縁・十勝・河西・河東)は六年目の一八九一年度に実施予定だった。十勝はそれを待たず独自財源で繰り上げて実施したのである。

栂野の言によればこの「授産方法」の目的は、大津川沿い八ヶ所(タン子ヲタバ・チヨウタ・カモツナイ・マカンベツ・フシコベツ・オトフケブト・シカリベツブト・メムロフト)、利別川沿い三ヶ所(ベツホウ・イサムベタリ・ボンベツ)、十勝川沿い一ヶ所(オベツコハシ)にアイヌ民族を「集マラシメ、之ニ必要農具ト種子ト多少ノ食料トヲ与ヘ、主ニ農業ニ従ハシメ、傍諸般之事ヲ教授シテ、漸次開明之途ニ就カシムル」ことにあった。[9] 「開明」化との意識が濃い、集住による農業教授と言える。集住箇所について栂野は当初「大ナル開墾地五箇所」

を構想していたのだが、「大津川沿岸ノ土人ハ十五乃至廿戸ノ九部落ヲナサン事ヲ望ムカ如シ」という極端な集住に対するアイヌ民族の強い抵抗感に遭ったことと、大小河川沿岸の良地は狭く、広い土地には肥沃な部分がわずかしかないために、止むを得ず「十二ヶ所ノ多キ」になったという(10)。位置選定の基準として彼が挙げるのは、①「土人ノ集マルヲ好ム所」、②「水害ノ恐レ無キ所」、③「運輸ノ便アル所」、④「土壌肥沃ナル所」、⑤「用水善良ナル所」、⑥「温暖ナル所」、⑦「薪炭ヲ得易キ所」である。栂野がこれらの条件を満たす土地を選択し「確保」するうえでは、当時すでに帯広・利別太・止若など河川沿いの交通要地に存在していた和人移民が制約条件になったと思われるが、その具体的な実態を論じる準備はない。栂野が大規模な集住を指向する理由が史料上明確ではないが、将来にわたってのアイヌ民族の居住地限定を目的にしていたというよりも、基本的には農業教授の効率を考慮したものだろうと私は今のところ考えている。

ところで、十勝国のなかでも広尾・当縁両郡は「授産方法」実施の対象外だったが、一八八五年十月、「浦河・様似・広尾・当縁旧土人共モ近来生計上困難ヲ来シ相当ノ保護ヲ望ム景況」のもとで、アイヌ民族の「惣代共」が共有財産を財源として官庁が農業教授を実施するよう出願したという(11)。札幌県では翌春よりこれを実施する方向で、栂野のほかに担当者一名を置くことを検討したが、その実施を伝える史料は見出せていない。

ここで言う農業教授とは具体的には、和人農業移民を各地で授産係に任命し、鎌・鍬などの農具や種苗を給与する施策であった。後述するように『状況報文』はこの事業が部分的には農耕従事の一つのきっかけになった様を伝えるが(本書二一八頁参照)、総括的には「年々墾地ヲ増シ明治二十二年ニハ平均一戸二町歩ニ達セシカ明治二十三年保護ヲ止メシ以来「アイヌ」漸次概ネ其墾地ヲ棄テ、旧状ニ復セリ」と、三県廃止後一八九〇年の打切り以後に農業が再び不活発になったことを記している(12)。

強い集住傾向をもつこれらの農業教授地は、その後北海道庁の拓殖政策が地域で展開していくに際して、言わば下敷きに位置することになる。

二 「保護地」＝「旧土人開墾予定地」の設定

(1) 官有地第三種としてのアイヌ民族の農耕地

十勝において「保護法」以前に存在したアイヌ民族の農耕地として重要なのは、「旧土人保護地」あるいは「旧土人開墾予定地」と呼ばれる官有地である。先行研究によってその成立過程を整理しておこう。[13]

北海道庁は、一八八九年の石狩川沿いのトック原野解放以降の土地払下げは、あらかじめ三〇〇間四方の正方形とそれを六分割した一〇〇間×一五〇間の長方形の区画(一万五〇〇〇坪＝五町歩)を基本単位とした直線的な殖民地区画を測設し、それをもとに計画的に行うことにした。千歳原野解放に先立つ一八九四年三月の北海道庁決議は、アイヌ民族一戸当たり五町歩以内を「土人保護地」として官有地第三種のまま存置すること、以後殖民地区画を測設する対象地内にアイヌ民族が居住する場合、同様の措置をとることを決議した。[14] ついで殖民地選定と区画測設の方式を定めた「殖民地撰定及区画施設規程」(一八九六年五月)は、区画測設に際して「旧土人開墾地一戸ニ付一万五千坪ノ割」を設けることとした(第五条)。[15] 官有地第三種としての存置は「北海道地券発行条例」(一八七七年十二月開拓使第十五号達)が「旧土人住居ノ地所ハ其種類ヲ問ス当分総テ官有地第三種ニ編入スヘシ。但地方ノ景況ト旧土人ノ情態ニ因リ成規ノ処分ヲ為ス事アルヘシ」(第十六条)としたのを準用したものである。[16]

一連の施策の背景には、アイヌ民族に対し和人と同じ土地払下げを行った場合、和人に奪い取られる恐れがあるという考え方があった。ここでは現実に対する恐らくそれなりにリアルな認識がアイヌ民族への蒙昧視と分かち難く結びついている。こうした考え方が、後には「保護法」における土地所有権制限規定へとつながっていくものと思われる。

次に「保護地」＝「旧土人開墾予定地」設定過程を、居住地との関係、札幌県期の農業教授地との関係を視野に入れながら、まず中川郡についてたどろう。

(2)　中川郡における「保護地」＝「旧土人開墾予定地」の設定

中川郡、特に現幕別町域のアイヌ民族の動向を知るうえで貴重な史料が、幕別町蝦夷文化考古館旧蔵（現在は幕別町ふるさと館で保管）吉田菊太郎資料のなかの文書類である。[17] これらの作成年代は明治十年代に遡り、明治期の史料の多くは内海勇太郎の筆による。内海は一八九五年には十勝大津に居住して艀《はしけ》による船荷の運送業に携わり、一八九七年には木材の払下げを受けて燐寸軸木製造業に乗り出すなど、大津を足場に実業家として活動していた。[18] 彼とアイヌ民族との関係は、一八九四年に十勝アイヌの共有財産を中川郡十弗村以北十ヶ村（一三五戸）と河西・河東両郡各村（一三二戸）に再分割した際に、前者において設立された「中川旧土人財産保管組合」の雇員として事務を担当したのを機に深まったようで、[19] 後に白人（チロット、現幕別町千住）に移住してからは中川郡アイヌの代理人として官庁とのやり取りなどに関与した。

さて一八九二年、中川郡止若・咾別・白人の各原野を含む十勝川沿いの各原野で、十勝で最初の殖民地区画測設が行われ、[20] 白人・止若・蝶多・幕別各集落のアイヌ民族に「開墾予定地」が設けられた。しかし戸数に比して不足分があり、一八九六年二月十二日に内海は「中川郡十弗村以北十ヶ村旧土人惣代」チヨロカウクの代理として帯広村北海道庁殖民課員出張所に対し、「旧土人開墾予定地仮御下渡願」を提出した。[21] 各村アイヌ一戸につき一万五〇〇〇坪（五町歩）の土地を「旧土人開墾予定地」として「仮御下渡」をしたうえ、「本土地ニ就テハ特別之御恩恤ヲ与ヘラレ我々旧土人等ニ於テ永久所有シ得ラレ候様相当方法ヲ設ケ御保護被成下度」とし、すでに選定済みの「開墾予定地」の「下渡」に加え、不足分の追加と区画未測設原野での一戸当たり五町歩の「予定地」設定を求めたのである。

まず追加分については、①止若村割渡し分では一〇戸分の面積が不足なのでさらに選定する、②蝶多村は予定地内に「河沼等」があり土地の不足を生じるので隣接する「曾テ本庁ヨリ御下渡相成候開墾地（札幌県期の農業教授地を指すのだろう）ニテ依然耕作致来候土地」二戸分を選定して下げ渡す、③別奴村字ポンサツナイに寄留中の白人村アイヌ六戸分を、新たに同地に選定し下げ渡す、の三点だった。

その後の経過を見ると②と③はその通り認められたようだが、①についてはこの年道庁が一八九二年に区画測設した原野の国有未開地としての一般向け処分を開始したため、その進行の影響を受けることになる。すなわち「止若旧土人開墾地ハ四囲已貸地」であることを理由として止若での「予定地」設定を認められず、代わりに白人予定地の南に隣接する数区画の選定となった[22]。さらに二月二十六日に内海は、この新たな選定地のうち途別川湾曲部の内側に位置する部分は「全地甚敷凹所ニシテ出水霖雨ノ害ヲ見ルベク、且ツ砂礫ノ場所夥敷、殆ト開墾ノ適地無之」として、十勝川近くの区画を図示し交換を求めたが、これも「貸付済」であり、交渉の末認められたのは近接する他の区画であった[23]。私にはこの二ヶ所の農耕への適否の程度は判断できないが、「予定地」の新たな選定が和人相手の土地処分を既成事実とした枠内において許容された事実は見逃し難い。

次に、区画未測設原野についての要望は、④十弗村六戸分を選定し下げ渡す、⑤利別川沿い信取・蓋派・幌蓋・本別の各村は「曾テ本庁ヨリ開墾地トシテ御下渡相成候土地内ヲ耕作致来候得共、現今其区域判明」しないので、「各村適当ノヶ所」に一戸当たり五町歩を「仮御下渡」をする、というものである。この一八九六年、利別川沿い各原野などを対象に十勝で第二次の殖民地区画測設が行われた[24]。その作業が進行中の十月八日に内海は帯広村殖民課員出張所に対し、次の二点のより具体的な要望を行った[25]。

第一に、「御予定奉願候ヶ所ハ湿地・砂利地・河沼等多ク開墾適地ニ乏シク候ニ付、挙村字ヤスコタンニ移転仕度候」と、十弗川の十勝川への注ぎ口に位置する当初の出願地(出願年月日不明)から直線距離で二・五キロほど南の十勝川左岸の地への変更を願い出、認められた。『状況報文』は、この二年後一八九八年当時の十弗において、アイヌ民族は「十弗川沿岸」と「字ヤシコタン」に二戸ずつ居住し、「「アイヌ」ノ保護地十一万余坪アリ、明治三十一年ハ二戸ノ「アイヌ」ハ保護地(字ヤシコタン)ニ移リテ五六反歩ヲ開墾シ黍、玉蜀黍、馬鈴薯、蔬菜類ノ作付ヲナシ、其他二戸モ同年中ニ引キ移リテ開墾ニ着手スルト云ヒ居レリ」と記している[26]。これらを総合すると、農耕への適否を重視して「予定地」を選定した結果、従来居住していた十弗川河口部からの移動が発生するに至ったと推測される。同書によれば、十弗では一八九四年に一戸の和人が無願開墾(土地取得を官庁に出願せずに開墾すること)をして以来移住者が増え、その四年後の九八年末には戸数三二、人口一四四人に達したという[27]。和人の流入による環境の激変が移動を促す圧力になっているものと思われる。

第二に、「目下測定中」の利別川沿いの各原野(下利別・蓋派・本別)について、「従来ノ畑地ニ基キ」他と同様の地積を選定するよう求めた。さらに内海は本別・蓋派の地を自ら回り、十一月二日には本別について選定願地を具体的に図面に示し、「沼湿地等ノナキヶ所ヲ御見立御撰定」するよう求め、翌日付でも三名分の希望地を伝えた[28]。残念ながらこの際の図面が残っていないので、農耕適地の選定を目指したらしいこれらの働きかけの効果は明確ではない。適地選定を願う際に「現住部落ノ土地ニ於テ甚シキ湿地・砂利地等有之トキハ附近適当ノヶ所ニ転住セシムルノ必要可有之ニ付」としている点に[29]、十弗と同性格の転住が生じた可能性がうかがえること、実際に設定された本別の「予定地」は利別川左岸の四ヶ所に分散しており[30]、十勝西部の河西・河東両郡と比べて集住の度合が低く、従来の居住地・耕地との連続性が強いのではないかと思われることを指摘できるにとどまる。

また、「中川郡旧土人共有財産」からこの年七〜十二月の半年間に利別川筋本別村まで「耕地確定出願ニ関スル要務」（一〇日間）のための内海の出張旅費が予算化されている点[31]、内海の活動の経済的裏付けとして指摘しておきたい。

ところで、内海の願書中に以前からの耕作地を追認する形での「予定地」選定を希望する文言があったが、こうした耕作地は札幌県期の農業教授地と連続しているのではないだろうか。『状況報文』から十勝アイヌのうち最も農業が活発であるという利別川左岸、信取村「ペッポ」（下利別原野）の「アイヌ保護地」についての記述を引こう[32]。

…当地ノ「アイヌ」ハ、曾テ農業教授ヲ受ケシ以来、其事業ヲ怠ラス、熱心ニ門〔開〕墾耕種ニ従事シタル結果、目今シクシアイヌ、イタウケアイヌ、メウエンカアイヌ等ハ、各「プラオ」「ハロー」ト馬匹トヲ有シ、五町歩ノ既墾地ヲ耕作シ、明治三十年秋期ニハ各々大豆五十俵乃至七十俵ヲ売却セリト云フ。其他ノ「アイヌ」モ一町五反歩乃至二町歩余ノ作付ケヲナシ、開墾耕種ニ熱心ナルハ、賞スヘキナリ（傍線引用者、原文傍線は略。以下同じ）

ここでは札幌県期以来の農耕地を受け継ぎ、曖昧になっていた輪郭を確定する形で「保護地」＝「予定地」設定が行われたのだろう。

その上流、同じく利別川左岸、蓋派（ケナシパ）の「保護地」はこれと対照的である[33]。

…其後ハ農耕ニ勉ムルモノナク、多ク荒廃ニ婦〔帰〕シ、「アイヌ」ハオルベ川沿岸ニ居住シ、専ラ獣猟ヲ業トシ、或ハ出テ、漁場ノ雇ヲナシ、生計ヲ営ミ来リシカ、明治三十年ニ至リ二戸ノ「アイヌ」保護地ニ移住シ、開墾ニ着手シ、其他ハ同三十一年ヨリ漸次引キ移リノ計画ヲナセリ

西方から流れてきたオルベ川は、この対岸で利別川に流れ込んでいる。農業教授停止後アイヌ民族は農耕をやめて狩猟と海岸部での漁業労働に従事し、「保護地」＝「予定地」は居住地と離れた所に改めて設定されたようである。札幌県期の農耕教授地のうちこの辺りに最も近いと思われる「イサムペタリ」の文字は、一八九六年陸地測量部作成の北海道仮製五万分一図「蓋派」では、ケナシパ「保護地」の三キロほど上流に記入されており、位置的にも両者の非連続性が推測される。

殖民地区画図原図を見ると、ペッポ・ケナシパ双方とも設定された「予定地」内の河川近くに小規模な耕地が存在しており[34]、従来の利用地を目安にそれを包み込むように「予定地」を設定したのではないかと思われる。ただし図からは「予定地」外にも家屋・耕地が存在することが確認でき、それらの利用者が和人・アイヌ民族のいずれであるか不明であるものの、アイヌ民族の利用地で「予定地」から除外されたものがあったことも十分あり得る。

これ以外に中川郡では、一八九六年に足寄太原野、九七年には本別原野の対岸ピリペツ原野に殖民地区画測設と同時に「予定地」が設定された[35]。

以上のように、殖民区画測設時の「予定地」設定は、以前からの居住地・利用地を目安にしつつも、しばしば移住・集住を伴って行われた。札幌県期の農業教授地を基本的に受け継いだ箇所もある一方、断絶後に改めて設定された箇所もあったのである。アイヌ民族と行政当局との間に介在する和人内海勇太郎の行動がどれだけアイヌ民族の意思を反映したものであるかは不明確だが、農耕適地の選定という点ではある程度の効果を及ぼしたろ

和人向け土地処分が優先されていた。アイヌ民族の農耕地確保よりも、すでに行われていたうと考える。ただし「予定地」変更・追加設定の際には、

三 十勝全域の「予定地」設定状況

『状況報文』と殖民地区画図原図によって、十勝全域の「予定地」設定状況を表5-1にまとめた。「アイヌ保護地」「旧土人開墾予定地」「アイヌ給与地」など史料上の表記は様々だが、いずれも同じ性格のものである。一八九二年区画測設分の殖民地区画図原図には後に作成された図と異なって図上に「予定地」の図示・面積表示がなく、『状況報文』には記述の詳しさにむらがあることから、中川郡西部の「予定地」設定箇所が把握できない。『状況報文』はまた、細々にしろ札幌県による農業教授後に農耕が継続していた箇所があることを伝える。特にタンネオタ・生剛・ペッポ・伏古別・下音更・芽室太は位置的にも連続する可能性が濃厚である。一方、札幌県による農業教授の対象外だった下歴舟・野塚、および中川郡の十弗・ピリペツではこの段階で新たに農耕地が「確保」されたものと思われる。前述した十弗・蓋派以外にも「明治三十一年五戸ノ「アイヌ」移住シ開墾ニ着手シ」(下歴舟)、「漸次引キ移ラントスル準備ヲナセリ」(鼈奴)、「漸次移転ノ計画ヲナス者アリ」(生剛・愛牛)など「予定地」と居住地のずれは多く見られる[36]。特に上川・河西・河東三郡での「予定地」設定は、農業教授地を引き継いだ下音更・伏古別・芽室太に新たに毛根を加えたのみであり、加藤規子氏が指摘した札幌県期のこの三郡での極度の集住はここに至って固定化された[37]。重要なのは、「保護地」＝「予定地」の設定はアイヌ民族の農耕地を「確保」するものであるが、本格的な土地処分・和人移民流入の準備作業である殖民地区画測設の一環というその本質的な性格からして、それ以外の土地からのアイヌ民族の「排除」を同時に意味する、ということで

表 5-1　十勝における「保護地」＝「旧土人開墾予定地」

位置	面積 殖民状況報文による	面積 殖民地区画図原図による	区画測設年	区画地貸付開始年	殖民地区画図原図収蔵番号(印刷図コード)	表 5-3 との対応
当縁郡						
下歴舟	41 町 8910 歩	12 画　32 町 7420 歩	1896	1897	46073(5310L)	→下歴舟
広尾郡						
野塚	記載なし	47 画 179 町 0409 歩	1896	1897	46071(5320L)	→野塚
十勝郡						
鼈奴	34 町 2120 歩	76 画 332 町 0805 歩	1896	1897	46083(5430L)	→下浦幌
生剛・愛牛	面積記載なし					
中川郡						
タンネオタ	134 町 5600 歩					→下浦幌
十弗	36 町歩余	記載なし	1896	1897	46090(5570L)	→十弗
ペッポ	92 町 6210 歩	26 画　92 町 6620 歩	1896	1897	46096(5520L)	→下利別
蓋派	134 町 6310 歩	36 画 129 町 6310 歩	1896	1897	46093(5520L)	→蓋派
本別	137 町 8820 歩	13 画 133 町 9800 歩	1896	1897	46099(5521L・5570L)	→本別
ピリペツ	記載なし	29 画 140 町 8715 歩	1897	1898	46103(5540L)	→ピリペツ・チエトイ
足寄太	14 町 6620 歩	2 画　14 町 6620 歩	1896 1897	1897 1898	46097(5570L)	→足寄太
蝶多	記述不明瞭	記載なし	1892	1896	46059(5510L)	→止若
止若・咾別	面積記載なし	記載なし	1892	1896	46059(5510L)	→咾別
白人	105 町 1620 歩	記載なし	1892	1896	46058(5511L)	→白人
河西郡						
札内	30 町 6310 歩	記載なし	1892	1896	46060(5511L)	→札内
伏古別	261 町 6620 歩	記載なし	1892	1896	46063(5230L)	→伏古別
河東郡						
下音更	129 町 5910 歩	7 画　29 町 7705 歩(一部のみ記載)	1892	1896	46066(5130L)	→下音更
芽室太	222 町 3310 歩	記載なし	1892	1896	46068(5210L)	→芽室太
毛根	88 町 9713 歩	記載なし	1892	1896	46069(5210L)	→毛根

註）1.『北海道殖民状況報文　十勝国』北海道庁，1901 年，殖民地区画図原図，北海道開拓記念館所蔵，『土人関係要書綴込』吉田菊太郎資料，1924 年 5 月 31 日現在河西支庁管内給与地状況調査『北海道国有未開地処分法完結文書』北海道立文書館所蔵（A7-2　B トカ/1135）などによって作成

2.『殖民状況報文』による面積は坪表記を町反畝歩に換算した

3. 郡界は『殖民状況報文』によった。札内川の東に位置する札内「予定地」は後の諸資料では中川郡に属する。殖民地区画図上の郡界表示では，下浦幌「予定地」は全て十勝郡に属する

4. 位置名は基本的には『殖民状況報文』によったが，関連記述のないもの（野塚・ピリペツ），同定困難なもの（蝶多・止若・咾別）については他の資料から名称を付した

5. 殖民地区画図印刷図のコード番号は遠藤龍彦「殖民地区画図のデータベース化について」『北海道立文書館研究紀要』第 7 号，1992 年

ある。例えば前述した十弗において農耕適地の「予定地」と交換された十弗川河口の地は、国有未開地としての処分対象になって和人の所有に帰しただろう。

『状況報文』によれば、一八九八年現在の「予定地」では、加藤論文が河東・河西両郡について論じたように、アイヌ民族は農業を生業とせず賃労働に従事する傾向が見られる。他方で、先に見たペッポや本別においては、西洋式の農具や馬を所有・利用し、なかには五町歩にも達する耕作規模をもつ人物が現れており、(38)アイヌ民族の農耕の規模にかなりの個人差・地域差が生じていることも見逃せない。希望的観測という面もあろうが、『状況報文』には「獣猟ノ利年ヲ逐テ減少スルヨリ漸次農耕ニ従事スルモノヲ増加シ」という狩猟の困難化(ピリペツ原野)や近隣に移住してきた和人の農耕による刺激(タンネオタ・利別太原野西部)を動機とした農業への関心の高まりを指摘する記述も散見する。(39)開拓の進展によって従来の生活基盤の破壊・収奪が進行するなかにあって、周囲から学び得る技術を取り入れて積極的に農耕へ挑むことが、この時代のアイヌ民族にとって活路を開く一つの道であったという側面を読み取ることは、近代アイヌ史を政策の一方的押しつけとその受容(あるいは拒絶)という単純な構図にとどめないためにも必要だろう。

次に、「予定地」の位置の特徴を検討したい。『状況報文』によると十勝は「原野広大ナリト雖モ惜ムラクハ其大部ハ地味劣等ナル高原ニシテ肥沃ナル土地ハ唯河川沿岸ノ低野ノミ」という地形で、一八九八年現在では、河川沿いの肥沃地が開墾され、その余地の減少と水害の恐れから高原地の払下げ出願が増加する傾向にあった。(40)十勝全体という大きな尺度で見たとき、この地域で拓殖政策が本格的に展開しようとする比較的早い時期に設定された「予定地」は、ここで言う「河川沿岸ノ低野」に位置するものが多い。地味に問題を限れば全般的には劣悪だったとは考えにくく、むしろ『状況報文』からは「沿岸沖積土ニシテ地味肥沃」(下歴舟)、「両地共地味肥沃」(利別太原野西部)、「草原地多ク樹林地ヲ混ス、地味最モ肥沃」(白人)、「地味頗ル佳ナリ」(伏古別)、と地味に富んだ土地とする記述を拾い出せる。[41]ただし、野塚の「予定地」は河川から遠く、十勝郡では「予定地」が後述のようにかなりの湿地を含み（本書二四〇―二四一頁参照）、様相を異にしていた。

しかし、もっと小さな尺度で（その地を生活の場とする人間の感覚により近い尺度で）見ることを試みると、現実の大地が湿地・小規模な段差・小河川などが複雑に入り組んだつくりになっていることに気づく。生計のなかでの比重がさして高くない頃のアイヌ民族の農耕は、適地を小規模ずつ見出して使用していたと思われ、それと比較すると最小五町歩を基本単位とする殖民地区画は、地形に応じてある程度柔軟に施されたとは言え、[42]きめの細かさを欠き、一区画内に多様な自然条件の地を含み込んだり、数戸分一団地をなして設定された「予定地」内で区画によって自然条件がばらつく傾向があった。集住の度合が強いとその弊害が特に大きく、その対策として伏古別では、後に「予定地」を「保護法」によって下付する際、一区画を一戸に割り当てる一般的な方法をとらず、農耕適地と不適地から各戸にそれぞれ半区画ずつ割り当てたという。[43]

第二節　「旧土人保護法」による下付の過程

一　中川郡の場合

「保護法」による土地下付の具体的手続きは、「北海道旧土人保護法施行規則」（一八九九年四月八日内務省令第五号）と「北海道旧土人保護法施行細則」（一八九九年六月十三日北海道庁令第五十一号）によって定められた。[44]出願者は、一定の書式の願書に願地の位置・面積・現在の貸付地および所有地などを記入して捺印し、出願地の図面と「家族調」を添えて所轄戸長役場を経て北海道庁長官に提出するのである。

十勝においては、「保護法」制定以前に設定されていた官有地である「保護地」＝「旧土人開墾予定地」の存在を前提に下付が進行する。まず中川郡白人原野について見よう。

『状況報文』によれば一八九八年当時の白人「予定地」は次のような様子であった。[45]

白人、幕別両村ノ「アイヌ」凡三十余戸部落ヲナシ、皆農業ニ従事シ、平均一戸一町歩余ヲ墾鉏セリ。就中「アイヌ」幸太郎、アマイタキノ両人ハ、「プラオ」「ハロー」ヲ有シ、既ニ五町歩内外ノ地ヲ開墾シ、其他二三町歩ヲ墾スルモノ少ナカラス。農作物ハ大小豆ヲ主トス、又和人ニシテ「アイヌ」ノ保護地ヲ借リテ小作ヲナスモノ十戸アリ、一反歩ノ小作料一円トス

ここでも耕作面積・農耕器具の使用状況に個人差が見られること、アイヌ民族の農耕目的で「確保」された官有地であるはずなのに、それを借りて耕作する和人がいること、に注目したい。

第一の点については、数値の性格が確定しきれないが、恐らく自作面積を指すと思われる一九〇四年当時の各人の「旧来持地」を示す史料がある。[46] 記載されている三〇戸分の合計は六一町二反五畝、一戸当たりの平均は二町四畝五歩であるが、「保護法」の下付上限面積(五町歩)を上回る者三名(最大は六町八反三畝)がいる一方、一町歩に満たない者が一四名(五名は〇歩)と半数近くに達している。

第二の和人「小作人」の問題では、借金が絡むことで事情がより複雑になった。次の史料を引こう。[47]

…墾成ノ地ハ亦債鬼ノ侵ス所トナリ、其弊漸ク長シテ更ニ未開地ノ貸借ヲ生ジ、強者ハ忘〔妄〕リニ数画ヲ濫貸シ、弱者為メニ一鍬ヲ容ルヘキ余地ナク蚕食セラレ、遂ニ渺漠タル開墾地ノ利権ハ、殆ント古民〔アイヌ民族〕ノ手中ヲ放〔ママ〕レ、屋外ノ一歩タニ耕作スルノ途ナキニ及ヘリ

アイヌ民族が債務を負って開墾地が和人の手に渡り、未開地についても一部のアイヌ民族が和人と貸借契約を結んで、アイヌ民族のなかには「予定地」内に農地を得られない者が出る事態が発生したのである。

こうした状況を前提として、下付出願手続きは、従来の土地利用の整理、および組合組織による給与地賃貸への対応を模索しながら進行する。「保護法」制定の五年後の一九〇四年三月十日、白人村(二五名)・別奴村字ポンサツナイ(六名)・幕別村(七名)のアイヌ民族は、白人のチヨロカウク・吉田庄吉・武田アマイタキを総代人とし、①「開墾予定地」を分配のうえその下付を出願する、②開墾共励の方法を制定する、③小作契約を解除・解約する、④それらについて必要の場合代理人を選任する、⑤以上に必要な経費は事前に一同の承諾を得る、の五点を協定した[48]。代理人に選任されるのはここでも内海勇太郎である。

同日、一二名のアイヌ民族が、白人「予定地」内の「各自持分以外ノ土地」の貸借・小作契約をしたのは「過失」であるとし、その解消に同意した。やはり同日発足したアイヌ民族の戸主を組合員とする「古民共済組合」は、その目的を「旧来ノ弊害ヲ矯正シ産業ヲ共励スル」こととし(第二条)、具体的には、①組合員協力救合、②農業奨励、③共同貯蓄、④アイヌ関係法令の周知などを行うものとした(第三条)[49]。日露戦後に各地のアイヌ民族の集落で結成された諸組織と掲げる目的の共通性が見られる[50]。組合員はその所有地のうち幾分かを組合に出資として提供し(第四条)、その土地使用権から生じる利益を組合の収入と定めた(第五条)。

三月二十二日、組合総会は「旧土人開墾地」をアイヌ民族以外に使用させる場合の例規を設ける一方、「開墾

者ニシテ継続使用ヲ望ムモノ」については例規に捕われず相当の方法で使用を認めることを決議し(51)、契約解消後に備えた。これを受けた内海は、実地調査に基づいてポンサツナイ「予定地」を耕作中の和人に契約解除を通告し、協議のうえ改めて契約するよう求めた(52)。ポンサツナイのその後の経過は不明であるが、白人「予定地」ではアイヌ側・借地人側の対立が深刻化する。

白人アイヌ惣代人代理の内海は、契約解消後に使用を継続する場合は現在使用地の半分ほどの面積に限り、しかも相当の使用料を払うべきものとしたが、借地人側は契約地内の既墾地中一名につき五反歩を一年限りアイヌ民族の自作地とする以外は既成の契約通りとするよう主張し、戸長の仲裁でも折合いがつかなかった(53)。借地人のうち一三名はこの土地について「国有未開地処分法」による貸付を出願する動きに出、これに対抗して十一月にはアイヌ民族側が立退きを求めて提訴するに至る(54)。一九〇五年八月二十九日、帯広区裁判所の判決は、借地契約当時この土地が「旧土人保護ノ為メニ予定セラレタル迄ノモノ」で私有地ではないことを指摘し、「然レハ該地ニ付旧土人共ニ於テ其占有権ヲ、又ハ同人ニ対シ占有権有リトシ其者等ヨリ借地権ヲ、被告共ニ得セシムルカ如キハ、到底為ス能ハサル」ものであるとして、原告側の主張をほぼ全面的に認めた(55)。これらの土地は私有地ではないから個人からの借地はあり得ないというのである。同年一月の土地下付により状況が変化したこともあるだろう、一九〇五年十月一日に双方が和解書に調印してこの問題は一応終息する。和解内容は既成の契約を解除し、一反歩当たり平均白大豆一俵(四斗入)を小作料とする契約を改めて結ぶ、和解金として和人側が反当たり一円七〇銭を支払う、というものだった(56)。既成の契約の整理を経て賃貸借は継続するのである。

この間二月には、契約解除を求められた和人二二名の総代人が札幌の道庁殖民部に陳情に訪れるという動きもあり、それに対し殖民部長は「本地ニ対シテハ、素ヨリ一二旧土人カ猥リニ如此契約ヲナシ得ヘキ箇所ニモ無之ノミナラズ、又其契約ニ立入リ官庁ニ於テ詮議スヘキ筋ニモ無之」として陳情を認めず、賃借人等に他の「相当ノ箇所」の選定を図るよう河西支庁に促した(一九〇五年二月四日)[57]。

一方、下付への準備として一九〇四年三月十七日と十八日には、アイヌ民族三八戸各戸ごとの配当箇所を協定し、同時に旧来の耕作地と配当箇所が違う場合は、関係者が協議のうえ、適当な時期に各自の配当地へ移転すべきものとした[58]。五町歩の長方形を基本単位とした区画と個人の使用地が必ずしも対応していなかった状態を、下付を機に整理しようというのである。これに基づいて八月には河西支庁に対して「保護法」による下付出願をし、十一月三日の実地調査・土地測量を経て、翌年一月二十四日付で許可となった。先述した止若からの七戸の移住はここで確定したのである。

次いで、現在の池田町に属する十弗・蝶多の「予定地」について見よう。一九〇五年二月十二日に十弗アイヌの代表者が白人村に来て「予定地」についての従来の賃貸・小作契約すべての解消を内海に委任し、二十二日には蝶多アイヌ一同が同内容を委任した[59]。委任状には「昨秋保護法ニヨリ下付出願中」とあり、十弗・蝶多とも白人と同じく一九〇四年に願書を提出していることが分かる。内海が聞取りと契約証の調査をもとに記したメモを整理すると、十弗「予定地」の借地人は一三人、同一地を記すものを除いた借地面積合計二五町七反は「予定地」総面積四〇町七反五畝二五歩の半ばを超える[60]。蝶多についてはメモに分かりづらい点があり明確ではないが、借地人は八名以上(一〇名程度か)、総面積は内海の集計で三三町四畝であり、同一地の重複契約があるのか、「予定地」総面積二八町五反一畝一歩を超えてしまう[61]。内海はここでも新たな契約案(内容不明)を提示して既成の契約の解消を求めるが、十弗では一六名の借地人がこれを拒んで「警察官ヲ煩ス底ノ出来事ヲ生セシメ」るまでになり、内海は開墾予約の解除・引払いを要求した(四月二十六日)[62]。十弗の以後の経過および蝶多の借地人の対応は不明だが、やや時を経た一九〇九年十月二十六日に十弗で七名への下付が許可された。

蝶多の下付出願(一九〇四年九月提出)は、「調査杜撰ナリシタメ出願地番ニ相違アリ」、下付手続きに支障を生じたため改めて割当地を調整することになった。一九〇五年四月二十二日に内海が関与して一三戸の居宅の有無、家族数、自墾面積を調査し「土地選択順位」を決定したが[63]、ここではこうした割渡地調整がうまくいかず、アイヌ民族のなかで下付出願競争とでも言うべき事態が生じて混乱を来した。まず一九〇六年二月二十一日付で戸長が支庁第一課長に宛てた文書から引こう[64]。

…従来屢々当部内各旧土人ヨリ土地下付出願セシモノ、中ニハ、或ハ他人ノ開墾ニ係ル土地ヲ押領出願シ、或ハ暴行脅迫ヲ以テ不当ノ土地ヲ出願セシムル等、其他種々ノ事情アツテ、絶ヘズ土人間ニ軋轢、争乱ヲ為シツ、アルモノ、如シ、斯クテハ将来被〔彼〕等ノ社会形成上、実ニ杞憂ニ堪ヘサルモノアリ、因テ当部内旧土人ヨリ凡テノ土地出願ニ対シ許可セラル、前ニハ、必ズ吏員ヲ出張セシメラレ、篤ト事情ヲ実地ニ調査シ、最モ公平ニ配当許可セラレ、後日ノ扮擾悪弊ヲ未然ニ防カレンコトヲ切望ス

北海道立文書館所蔵の出願手続きの文書からも、いったん却下された願書を直後に再出願したり、同一区画に二、三人から願書が出ている様子が確認できる。支庁では重複出願の場合その地の既耕者を優先し、あるいは農業への定着度などを考慮して許可者を決めたが(一九一一年二月下付)、結果的に四名は下付を受けられなかった。また、「同一人ニニヶ所ヲ下付スヘキ地積ナキ」という理由で、出願した二区画のうち一区画については却下された一名は、一町三反八畝一〇歩の下付地を得るにとどまった[65]。下付を受けることができた九名の下付面積の平均は「保護法」の上限五町歩に遠い二町七反六畝一七歩(二名は一町歩未満)に過ぎない。一連の過程からは、蝶多のアイヌ民族には農地獲得への意欲があるのだが、それを満たす土地が不足していることがうかがえる。土地不足の一因は十勝川の流路変更による「予定地」の流失であった。一九〇五年三月調査現在のここの「予定地」

は五二町九反八畝一九歩であったが、実際の下付のもとになった一九〇九年九月の調査ではその東側の一部が失われているのである。(66)

信取村(下利別原野)・蓋派村(ケナシパ原野)についても内海が各戸の家族構成や賃貸状況を調査し、各戸へ配当するのに関与した形跡があるが、(67)借地契約解除の働きかけを直接示す史料は見当たらない。

北海道立文書館所蔵の「保護法」関係の史料のなかには、本別村のピリペツ・本別の一部、十勝郡の下浦幌原野の下付手続きの際の史料があり、戸長役場と支庁が調整役となって「予定地」を各戸に割り当て、一括して願書を作成した様子が確認できる。(68)

下浦幌においてはこの際、「予定地」中の「大湿地ノ部分」を下付対象から除外する一方、オベツコハシの農業教授地に由来すると推定される十勝静内川沿いの「予定地」に居住する四戸を、大津・十勝両川の分岐点に位置する「鼈奴村ニ移シ一部落ニ集合ナサシムル見込」を道庁はもっていた。(69)ここでは「予定地」を下付する段階で、さらにアイヌ民族の居住地を強制的に移動させ、集落を再編成しようというのである。

以上のように、下付手続きの過程は、「予定地」内の従来の土地利用の整理と並行したものだった。既存の賃貸借契約の整理(解消や再契約)は和人賃借人の強い抵抗もあって殊に解決が困難な問題だった。この時期文字史料を残しているのはもっぱら和人であり、下付出願という法的手続きがどの程度アイヌ民族の主体性に基づくものであったかは容易に読み取れない。ただ、十勝全域での「予定地」下付が同時期に進行したこと(本書二三一頁参照)、一九〇七年七月二十日に支庁が各町村戸長に土地下付を未だ受けていない戸数・戸主名を調査して報告するよう求めていることを考え合せると、(70)一連の内海の行動にも行政当局の意向がかなりの程度反映していたと考えるのが自然だろう。

二　十勝全域の下付状況

表５-２、５-３、５-４によって「保護法」による土地下付を十勝全体にわたって概観しよう。

表５-２は十勝における各年次の土地下付を地域ごとにまとめたものである。本来下付地の台帳が情報を網羅的に記載しているはずであるが、ここでは道庁拓殖部の照会を受けて河西支庁がまとめた一九二四年五月末現在の下付地一覧を基本にし、北海道立文書館所蔵の個別の下付手続きの原文書で補った分を斜体字で示した。この表に洩れているものが多少あると予想される。

表５-３、５-４は、各支庁管内の「旧土人給与予定地」の処分状況を一九三三年に北海道庁拓殖部が調査して作成した表から、河西支庁管内の分を抜き出したものである。表５-４が示すように、下付は原則的に「予定地」の範囲内の土地に限って実施された。「予定地」以外の下付はわずかに二件、一〇町歩もなく、面積比では下付地全体の〇・五%もない。このうち野塚の一件(五町歩)は「予定地」に隣接する特定地(「国有未開地処分法」による自作志願者への無償貸付対象地)を「予定地」と思い込んで耕作中にその誤りが判明したため、追認を希望し、道庁が「保護法」によって下付したものである(一九〇八年十二月二十一日下付許可)[71]。下歴舟の一件、四町八反五畝一〇歩は、歴舟川沿いの「予定地」よりも一・五キロ下流部、殖民地区画図原図上で公共用地と示される区画を、一九〇九年八月に下付したものであると思われる[72]。この区画の下付手続き文書中には、公共用地の指定解除に至る経過を伝える材料はない。いずれにしても、これらはやや例外的な事情があったものだと言っていいだろう。

表５-３で言う「旧土人給与予定地」と先ほどまで述べてきた「保護地」＝「旧土人開墾予定地」とはどんな

関係にあるのだろうか。結論から言えば、設定経過不明の上音更と一九二七年新設定のモンベツ「予定地」(本章第三節参照)以外は、前者は後者をそのまま受け継いだものである。地図資料から区画測設時点の「予定地」の位置が明確に分かる中川・十勝両郡と下歴舟・野塚については、表5-2の典拠とした諸史料の示す地番と対照すると、下付が「予定地」内に限られていることが分かる。一方、下音更・伏古別・芽室太・毛根については殖民地区画図上に「予定地」の輪郭の明確な記載がなく断言はできないが、下音更と芽室太は殖民地区画図(印刷図)に「旧土人開墾地」という文字が記してあり、その位置は一九二四年河西支庁調査の地番と対応することから、同様の移行を推定できよう。

表5-2からは、野塚と下歴舟について下付の時期にばらつきがある以外は、ある年に下付が集中する傾向が読み取れる。中川・十勝両郡において見られたように、多くの場合一地域の「予定地」の下付手続きが一括して行われたものだろう。それ以降のその地域での下付は、「予定地」中で未下付の地に対象を限られることになる。したがって、時期が経過して「予定地」に余地がなくなると、下付を望んでも得られない事態が発生するのである。早くも一九〇八年七月、白人アイヌの一人が、耕作従事者が多い家族構成にあって一戸分五町歩の下付地では「常ニ其地積ニ不足ヲ感」じていたが「居住地附近ニ適当ノヶ所」がないため、下浦幌「予定地」に分家して移住することを予定した下付出願をし、許可を得た事例がある。(73)

下付を「予定地」内に限定する明文規定の存在は確認できていない。土地処分を計画的に行うために道庁内で慣習的に行われていたものと思われる。北海道立文書館所蔵文書のうち十勝における下付出願却下の事例を通覧しても、「予定地」外であることを却下理由としたものは見当たらない。(74)これは、出願の窓口に位置する役場が「予定地」外の下付出願を思いとどまらせる役割を実質的には果していたことを暗示する。

「予定地」は「国有未開地処分法」の処分対象からは除外されていたが、(75)表5-3によれば十勝において道庁が

表5-2　十勝における「北海道旧土人保護法」による年次別・字別土地下付状況

年次	戸数	筆数	面積
帯広			
伏古別			
1906	54	123	233町 78 26
1923	1	3	3. 54 28
計	55	126	237. 33 24
芽室			
毛根			
1906	16	34	62町 85 03
1909	1	2	2. 99 18
1911	4	5	9. 16 06
	2	*2*	*2. 54 00*
計	21	41	75. 00 27
	2	*2*	*2. 54 00*
芽室太			
1906	41	79	150町 45 13
1910	1	6	3. 64 12
1911	4	4	15. 46 08
1912	1	2	2. 81 22
計	47	91	172. 37 25
音更			
下音更			
1906	37	71	162町 66 20
1909	3	5	12. 46 05
計	40	76	175. 12 25
上士幌			
上音更			
1908	14	25	62町 94 29
計	14	25	62. 94 29
池田			
止若(蝶多)			
1911	9	9	24町 89 03
	8	*8*	*23. 50 23*
計	9	9	24. 89 03
	8	*8*	*23. 50 23*
蓋派			
1905	24	34	112町 74 25
1910	4	5	8. 37 27
1916	1	1	0. 88 22
1932	1	1	4. 51 07
	1	*1*	*4. 51 07*
計	30	41	126. 52 21
	1	*1*	*4. 51 07*
下利別			
1905	20	25	88町 79 12
1913	1	1	3. 26 25
1914	1	1	2. 11 20
計	22	27	94. 17 27
十弗			
1909	7	7	33町 54 05
1911	1	1	2. 50 00
1917	1	1	0. 83 10
計	9	9	36. 87 15
西足寄			
足寄太			
1913	1	2	4町 25 26
	1	*2*	*4. 25 26*
1930	2	3	10. 00 00
	2	*3*	*10. 00 00*
計	3	5	14. 25 26
	3	*5*	*14. 25 26*
幕別			
札内			
1906	9	15	36町 28 24
計	9	15	36. 28 24
咾別			
1906	23	33	96町 13 17
計	23	33	96. 13 17
白人			
1905	39	55	169町 67 20
計	39	55	169. 67 20
本別			
チエトイ			
1909	17	17	73町 37 09
計	17	17	73. 37 09
ピリベツ			
1909	2	2	7町 79 28
1910	6	6	22. 93 10
	6	*6*	*22. 93 10*
1911	1	1	3. 91 20
1912	2	3	7. 24 08
1931	2	2	7. 10 00
	2	*2*	*7. 10 00*
計	13	14	48. 99 06
	8	*8*	*30. 03 10*
本別			
1909	7	7	29町 60 22
1910	10	15	45. 97 09
1911	3	4	14. 39 05
1913	1	1	5. 00 00
1917	5	5	17. 76 20
1935	1	1	0. 60 13
	1	*1*	*0. 60 13*
計	27	33	113. 34 09
	1	*1*	*0. 60 13*
浦幌・大津			
下浦幌			
1905	3	3	15町 00 00
1906	50	57	237. 40 10
	2	*2*	*10. 00 00*
1909	5	13	22. 39 23
1911	1	1	5. 00 00
計	59	74	279. 80 03
	2	*2*	*10. 00 00*
広尾			
野塚			
1908	10	10	50町 00 00
1909	5	9	21. 62 22
	3	*5*	*12. 78 01*
1910	1	1	5. 00 00
1911	1	1	4. 51 02
1912	5	6	22. 11 22
1913	4	4	19. 16 20
1914	4	5	19. 85 06

年次	戸数	筆数	面積
1922	1	1	5. 00 00
1931	1	1	5. 00 00
	1	*1*	*5. 00 00*
1933	2	3	9. 50 00
	2	*3*	*9. 00 00*
計	34	41	161. 77 12
	6	*9*	*27. 28 01*
モンベツ			
1928	14	18	70町 00 00
	14	*18*	*70. 00 00*
1929	10	15	45. 50 00
	10	*15*	*45. 50 00*
1930	6	8	27. 91 20
	6	*8*	*27. 91 20*
1931	7	7	35. 00 00
	7	*7*	*35. 00 00*
1933	1	1	5. 00 00
	1	*1*	*5. 00 00*
1934	4	4	20. 00 00
	4	*4*	*20. 00 00*
1935	1	2	4. 66 20
	1	*2*	*4. 66 20*
計	43	55	208. 08 10
	43	*55*	*208. 08 10*

大　樹

下歴舟			
1900	2	2	5町 00 00
1909	5	6	21. 57 05
1912	2	2	3. 00 00
1914	2	5	8. 56 25
計	11	15	38. 14 00

合　計

年次	戸数	筆数	面　積
1900	2	2	5町 00 00
1905	86	117	386. 21 27
1906	230	412	979. 58 23
	2	*2*	*10. 00 00*
1908	24	35	112. 94 29
1909	53	74	229. 01 29
	3	*5*	*12. 78 01*
1910	21	27	82. 28 16
	6	*6*	*22. 93 10*
1911	24	26	79. 83 14
	10	*10*	*26. 04 23*
1912	10	13	35. 17 22
1913	7	8	31. 69 11
	1	*2*	*4. 25 26*
1914	7	11	30. 53 21
1916	1	1	0. 88 22
1917	6	6	18. 60 00
1922	1	1	5. 00 00
1923	1	3	3. 54 28
1928	14	18	70. 00 00
	14	*18*	*70. 00 00*
1929	10	15	45. 50 00
	10	*15*	*45. 50 00*
1930	8	11	37. 91 20
	8	*11*	*37. 91 20*
1931	10	10	47. 10 00
	10	*10*	*47. 10 00*
1932	1	1	4. 51 07
	1	*1*	*4. 51 07*
1933	2	3	10. 00 00
	2	*3*	*10. 00 00*
1934	4	4	20. 00 00
	4	*4*	*20. 00 00*
1935	2	3	5. 27 03
	2	*3*	*5. 27 03*
合計	524	801	2240. 64 02
	73	*90*	*316. 32 00*

註）1. 北海道庁拓殖部の照会を受けて河西支庁が実施した1924年5月31日現在管内給与地状況調(『北海道国有未開地処分法完結文書』北海道立文書館所蔵(A7-2　Bトカ/1135))の数値を基礎にし，北海道立文書館所蔵の土地処分関係の文書群から得られた個別の下付事例の数値を補った。各年の数値のうち補った分は下段に斜体字で示した

2. 村町名・字名は註1)の1924年5月現在状況調中のもので示した。「止若」は表5-1の「蝶多」に対応する

3. 下付後取消となった次の2件は省いた。家族に下付済みと判明したモンベツ5町歩下付(1930年3月下付，1932年3月取消)，下付地が他人に下付済みと判明したモンベツ4町50 00歩(1933年3月下付，同年4月取消)

4. 把握できた下付地減少は以下の通り。〈上地〉①下浦幌5町歩，1909年3月(1906年下付，代替地下付なし)，②同5町歩，1911年1月(1906年下付，1911年1月下浦幌代替地下付)，③下音更3町50 00歩，1931年4月(1906年7月下付，1931年6月モンベツ代替地下付)，④毛根4町43 10歩，1933年5月(1906年5月下付，1934年5月モンベツ代替地下付)，⑤同3町38 13歩，同(同)，⑥同2町99 18歩，同(1909年8月下付，同)。〈没収〉①下歴舟1町33 10歩全地，1932年1月(1912年3月下付)，②本別3町25 00歩中85 00歩，1935年3月(1917年3月下付)，③同4町85 00歩中3町78 10歩，同(同)，④同3町66 20歩中2町16 20歩(同)。〈土地収用法適用〉1935年5月15日現在「最近5ヶ年内」十勝支庁合計面積52町63 10歩(『北海道旧土人概況』北海道庁学務部社会課，1936年)

表5-3　十勝における「旧土人給与予定地」処分状況（1933年現在）

所在地名			「旧土人予定地トシテ存置地」		「旧土人ニ下付セシ土地」			「予定ヲ廃止シ一般ニ処分セシ土地」		「現在残存スル土地」	
郡市	町村	原野名	筆数	面積（町.反畝歩）	筆数	人員	面積（町.反畝歩）	筆数	面積（町.反畝歩）	筆数	面積（町.反畝歩）
帯広		伏古別	110	241.91 02	108	55	237.33 24	1	4.25 18	1	0.31 20
河西	芽室	毛根	24	77.45 14	22	21	74.77 04	—	—	2	2.68 10
		芽室太	52	178.98 09	48	47	176.37 02	—	—	4	2.61 07
河東	音更	下音更	51	176.52 00	49	40	173.51 25	—	—	2	3.00 05
	上士幌	上音更	18	63.19 10	18	14	63.19 10	—	—	—	—
中川	池田	止若	9	28.51 01	8	8	28.17 13	1	0.33 18	—	—
		ケナシパ	33	131.83 14	32	30	127.43 14	—	—	1	4.40 00
		下利別	24	97.43 21	23	22	94.17 27	1	3.25 24	—	—
		十弗	11	40.75 25	11	11	40.75 25	—	—	—	—
	西足寄	足寄太	4	14.25 26	4	3	14.25 26	—	—	—	—
	幕別	札内	11	36.28 24	11	9	36.28 24	—	—	—	—
		咾別	26	97.23 04	26	23	97.23 04	—	—	—	—
		白人	48	172.38 00	46	39	169.98 00	—	—	2	2.40 00
	本別	チエトイ	18	73.37 09	18	17	73.37 09	—	—	—	—
		ビリベツ	13	48.98 06	13	13	48.98 06	—	—	—	—
		本別	35	127.94 21	30	27	112.84 21	3	11.90 00	2	3.20 00
十勝	浦幌	下浦幌	61	225.07 17	50	38	183.59 21	6	26.31 06	5	15.16 20
	大津	下浦幌	36	144.54 04	21	19	86.20 24	5	20.00 00	10	38.33 10
広尾	広尾	野塚	48	176.82 26	38	33	157.31 12	1	2.00 00	9	17.51 14
		紋別	63	234.91 10	50	38	182.08 10	—	—	13	52.83 00
	大樹	下歴舟	13	33.18 15	12	9	31.85 05	—	—	1	1.33 10
合計			708	2421.60 18	638	516	2209.75 06	18	68.06 06	52	143.79 06

註）『旧土人保護（二ノ二）　昭和八年』北海道庁拓殖部殖民課，北海道立文書館所蔵（A7-1/3515）

表 5-4　十勝における「旧土人給与予定地」以外の下付地(1933 年現在)

所在地名			給与予定地を下付			給与予定地以外の土地を下付		
郡市	町村	原野名	筆数	人員	面積(町.反畝 歩)	筆数	人員	面積(町.反畝 歩)
帯広		伏古別	108	55	237.33 24	—	—	—
河西	芽室	毛根	22	21	74.77 04	—	—	—
		芽室太	48	47	176.37 02	—	—	—
河東	音更	下音更	49	40	173.51 25	—	—	—
	上士幌	上音更	18	14	63.19 10	—	—	—
中川	池田	止若	8	8	28.17 13	—	—	—
		ケナシパ	32	30	127.43 14	—	—	—
		下利別	23	22	94.17 27	—	—	—
		十弗	11	11	40.75 25	—	—	—
	西足寄	足寄太	4	3	14.25 26	—	—	—
	幕別	札内	11	9	36.28 24	—	—	—
		咾別	26	23	97.23 04	—	—	—
		白人	46	39	169.98 00	—	—	—
	本別	チエトイ	18	17	73.37 09	—	—	—
		ビリベツ	13	13	48.98 06	—	—	—
		本別	30	27	112.84 21	—	—	—
十勝	浦幌	下浦幌	50	38	183.59 21	—	—	—
	大津	下浦幌	21	19	86.20 24	—	—	—
広尾	広尾	野塚	38	33	157.31 12	1	1	5.00 00
		紋別	50	38	182.08 10	—	—	—
	大樹	下歴舟	12	9	31.85 05	1	1	4.85 10
合計			638	516	2209.75 06	2	2	9.85 10

註）表 5-3 と同じ

その指定を解除して一般向けに処分した土地は一八筆、六八町六畝六歩であり、「予定地」全体の面積の約三％に当たる[76]。その具体的な事情が分かるものを以下に見よう。

A　一九〇九年三月二十日、下浦幌の「予定地」のうち未処分の六区画(すべて満画だと三〇町歩)について和人からの売払い出願があり、支庁長が「現今同原野居住ノ旧土人ニシテ土地ノ下付ヲ受ケサルモノナク、随テ将来本地ヲ存置スルノ必要無之ト被認候」として道庁第五部長に解除を求めた[77]。本庁とのやり取りの間に「保護法」による下付手続きが進行中と判明した一区画を除き(これは四月五日に下付許可)、隣接する他の未下付の「予定地」(六区画)も合せて計一一区画を指定解除すると決した(五月五日)[78]。しかしその後解除を決定した区画のうち一区画について、以前からここを開墾していたアイヌ民族から下付出願があり、十月八日に許可されている[79]。この土地が小農適地ではないかと本庁側が確認を求めたのに対して支庁側は「土質瘠悪ナルニアラサルモ非常ノ湿地ニシテ、加フルニ全地谷地坊主ヲ以テ弊〔蔽〕ハレ、之レカ開墾ニ就テハ全ク小農者ノ資力ニ適合セサルモノ」との判断を伝える。この説明通りだとすれば、小農にほかならないアイヌ民族の農耕地にはそもそも不適な土地が「予定地」にされているという問題があったことになる。また一方で、一連の経過の途中でこれらの区画についてアイヌ民族が下付出願をする動きが表出するのを見ると、地域のアイヌ民族で土地下付を受けていない者はいないとの説明は、和人の土地取得意欲を認める方向を先行させて後づけでなされているのではないかとも思われる。これらの区画は、一九〇六年の下付の際に鼈奴村への転居を予定された四戸の居住地だった(本書二二九頁参照)。下付を受けた二戸以外はこの間に従来の居住地からの移住が進行したことになる。

B　一九〇八年九月、下利別「予定地」中の区画についてアイヌ民族が「保護法」による下付出願をしたが、道庁河西支庁は、この地は高島停車場通りと「仮定県道」との交差点の一角に位置し、すでに家屋を建設して居住する者が五戸あって、「尚ホ将来和人ニ於テ一小市街ヲ形成スル見込」もあり「旧土人」へ下付しては「将来発展ヲ阻害スベク」、しかも市街化してはそこでの農業経営も不可能で(農耕地化を定めた)「保護法」の趣旨に反するとして却下した(一九一〇年五月十六日付)[80]。一九二〇年測図の陸地測量部五万分一地形図「高島」を見ると、下利別「給与地」のすぐ東に網走本線の高島駅があり、駅前の市街地から西方の高島農場に向かう道と、池田と本別を結ぶ道路の交差点(この却下箇所)に「別保」の集落が形成されている。

C　四ヶ所に散在する本別の「予定地」のうちの一箇所もまた、鉄道開通によって本別駅前に位置することになった。殖民地区画図原図にはこのうち四町六反五畝二七歩を朱線で囲み、「本別村外五ヶ村農会試作地及学校敷地并校園トシテ明治四十四年二月十五日拓殖第一三五九号ヲ以テ解除許可ス」と書き込んである。[81]「予定地」解除の経過は不明だが、鉄道建設をバネとした市街地形成が背景にあると推定できよう。他にこれと隣接する一区画(三町四反六畝一〇歩)の下付出願は「旧土人学校敷地予定地」であることを理由に却下された。なお「保護法」第九条による本別での学校設立は結局実現されずに終わる。[82]

BとCからは、一九一〇年九月の池田・陸別間の鉄道開通と駅建設が「予定地」の交通条件の向上をもたらし、集落・市街地が形成されたことが「予定地」解除への圧力となったことが読み取れよう。

以上のように、言わば「拓殖」がアイヌ民族の「保護」を侵食しようとする動きには無視し得ないものがある。それを踏まえて考えれば、十勝において「保護法」制定は、官有地として置かれていたアイヌ民族の農耕指定地を、所有権を厳しく制限した私有地に移行させる機能を果したと全般的には言うことができる。注意したいのは、その移行と同時に土地の賃貸借の適法性自体を疑問とする根拠がなくなったことであり、幕別などでは下付と同時期に組織された組合が、賃貸借契約の秩序立った管理を課題とする。本章ではこれ以上は「保護法」後の賃貸借問題には踏み込まないでおくが、一九二四年には河西支庁管内の給与地一一三二町八反一畝のうち和人への賃貸借が七五七町七反九畝一歩に及ぶばかりか、「大正十三年より同二十二年乃至永久の賃貸高になつて居り且つ不法の契約を締結してゐる」という状態であることを念頭に置くと、[83]下付地への移行は賃貸借関係の一層の混乱に道を開いたのではないかという見通しを述べておきたい。

ところで、この移行に関して一見些細であるが見逃せない問題がある。「保護法」は「一戸ニ付土地一万五千坪以内ヲ限リ」としたが、「保護法施行細則」第一条は「保護法第一条ニ依リ未開地ノ下付ヲ受ケントスル者ハ」と、下付対象を未開地に限定した。[84]このずれがなぜ生じたのかははっきりしないが、「国有未開地処分法」を含め北海道の土地処分法規では、無償もしくはそれに近い形で土地取得を認める条件として、労力・資力の投入を想定していたことが影響していたのだろうか。「保護法」以前に農耕地化が達成されていた「予定地」を下付する場合、これでは不都合であり、一九〇〇年九月十五日、道庁殖民部長は各支庁に「従来旧土人開墾予定地トシテ官有地ノ侭無償使用ヲ許シタル土地ヲ其侭下付出願セル場合ニハ、多少既墾ノ部分アリトスルモ土人保護法ニ依リ処分相成候コト」を決定したと通牒する。(85) しかし一九一四年六月、河西支庁が十弗における一町歩下付の出願を全地開墾済みであることを理由に不許可とし、この願人が他の者に下付出願の動きがあることを知って再出願した結果やっと下付を受けた事例が存在する。(86) これを除くと十勝においては、全地開墾済みを理由に下付を却下した事例は史料上確認できていないが、胆振地方ではこのために従来の利用地の下付が阻害される事態が発生する。(87) 法令上の規定と実態との齟齬が混乱を生じさせているのである。

なお、制度的にはアイヌ民族が「国有未開地処分法」など「保護法」以外の法規によって土地の所有権を獲得することは可能だったが、道庁調査によれば、一九三五年頃の十勝支庁において「明治三十二年以前ヨリ所有セルモノ」として一七歩(全道二二町八反九畝九歩)、「明治三十三年以後ニ所有シタルモノ」として四四町四畝一六歩(同二二一五町八反七畝二五歩)、計四四町五畝三歩(同二一三七町七反七畝四歩)があるのみとされ、現実には「保護法」による下付以外の土地獲得は極めて少数であった。(88) その理由を十分に検討していないが、①資本の多寡を重視した土地処分の性格、②アイヌ民族の日本語「習得」度や法的手続きの「習熟」度の低さ、といった直接的な問題ばかりでなく、近代的土地所有への移行時において先住民族の土地利用をかなりの程度白紙化して展開した、近代北海道における土地政策の基本的性格を視野に入れることが必要だろう(「保護法」の存在自体を理由とした「国有未開地処分法」適用からのアイヌ民族排除について本書第七章参照)。

第三節　モンベツ新「給与予定地」設定計画

一九二〇年代後半、道庁河西支庁は広尾郡モンベツ（紋別）原野に新たな「旧土人給与予定地」の設定を計画し実施した。

その背景を理解するために、河西支庁が一九二五年十一月から翌年にかけて実施した管内各町村の「旧土人中給与地ヲ所有セサルモノ及給与ヲ受ケタルモ流失欠壊其他ノ原因ニ依リ耕作不可能ニ為リタルモノ」について調査した結果をまず見よう。(89) 町村名の直後に「給与地」不所有者（戸主）の人数を、以下にそれらの内訳を、それぞれ要約して記す。

〈音更村〉一四名。一〇名は水害により下付地流失（うち八名は全地）し、八名は下付出願中。一〇名の下付地計三七町七反二畝一九歩のうち三五町五反四畝九歩が流失。四名は分家により下付地がなく、うち三名は下付出願中。

〈幕別村〉一一名。一〇名は水害による流失（二名は全地）。一〇名の下付地計三四町八反九畝のうち一九町二反四畝流失。一名は移入者で付近に適地がなかったため。

〈芽室村〉九名。七名は流失。七名の下付地計三四町七反七畝二七歩のうち三一町五反流失。二名は分家。

〈本別村〉七名。四名は流失（うち二名は全地）。四名の下付地計一四町二反三畝一〇歩のうち一三町六反四畝一〇歩流失。三名は「適当ノ土地」がないため。

〈川合村〉四名。二名は全地（計五町五反八畝一五歩）流失。二名は移入者。

名。

〈帯広町〉六名。一名は全地(三町歩)流失。分家四名。その他一名。

〈大津村〉五三名。五名は全地(計二五町歩)流失、部分流失四名(二〇町歩のうち一一町八反流失)。部分的不適二名、「浸水」「谷地」などによる全地不適三五名。移入者一名。分家五名。理由不明の下付地不所有者一名。

際立って状況が悪い大津村を別にしても、水害による下付地流失者は三四名、そのうち下付地のすべてが流失した者は一五名を数える。十勝川水系の治水は明治期には部分的な浚渫が行われた程度で、一九一八年に翌年から九ヶ年の事業計画として茂岩・伏古間の堤防築造・新水路掘削・護岸工事を主体とする十勝川治水計画の大綱が確立し、一九二三年に用地買収・家屋移転などに着手した[90]。この間十勝平野はしばしば水害に見舞われ、特に一九一九年から二四年にかけては大洪水が続発し、河川に近い低地部に位置する下付地は被害を被ったのである。もっとも上士幌については、やや時期が下るが一九四一年の調査で、四七町五反七畝一歩の下付地中一五町六反七畝一歩を「河川氾濫ノ為壊セルモノト甚シク急傾斜地ニシテ絶対開墾シ能ハザルモノ及同傾斜地ヨリ流落セル砂礫ニ埋モレタル地域ニ属ス」ゆえに「開墾不能」としており[91]、水害のほかに「予定地」設定段階での土地選定のあり方が不適切であるため傾斜地を含んだ疑いが強い。

大津村長が伝える下浦幌下付地の惨憺たる状況の原因も、水害だけに帰することはできない。一九二二年陸地測量部発行(一九二〇年測図)の五万分一地形図「浦幌」上に設定当時の「予定地」の位置を重ねると、五割ほどが湿地に属するほか、一部は河川に化している。表5-3で下浦幌原野「予定地」の未処分地が一五筆、五三町五反と際立って多いのは、ひどい湿地であるため和人の土地取得意欲も及ばなかったのだろう。一八九六年の区画測設当時は河川東岸に南北に長く耕地があり[92]、その周辺まで含み込んで「予定地」として選定したものと思われるが、十勝川河口部に近く湿地が多いこの一帯で、一戸につき五町歩の農耕地を集住の形で確保すること自体に無理があったのではないだろうか。河野常吉によると一九二二年当時の大津アイヌ四一戸の職業は「漁業家」五％、「農牧」が二〇％、残る七五％は資産なく「着タル侭ニテ四季ヲ凌ク」漁夫であり、(93)土地下付が生計基盤の確保という効果を及ぼしたとは言えない。

　こうした農耕不適地の下付を受けたアイヌ民族の側からは、下付以来繰り返し上地(下付地の返却)や代替地下付を求める動きがあった。まず、一九〇七年三月十四日には一名が「該土地ハ泥炭湿地ニシテ排水其他諸工事ノ費用ノ多額ニ及ブノミカ後日耕作ノ見込無之…成功致兼候」として上地を出願し、一九〇九年三月三十一日に許可された。(94)この人物は同年七月に下利別(現池田町)の土地の下付を出願するが、すでに他人に貸付済みの土地であったため却下され(95)(一九一〇年五月)、次頁で述べる一九一七年四月の長節原野の下付出願にも名を連ねるが、下付を受けていない。一九一〇年二月十二日には、「土地悪キ為メ農産物ヲ収獲〔ママ〕スルコト不能」として、別の一名が上地と下浦幌「予定地」内で一九〇五年から代わりに耕作してきた土地の下付を出願し許可された(一九一一年一月)(96)。

　さらに、農耕不適な下付地に見切りをつけ「予定地」外に代替地を得ようとする数人単位での動きも現れる。一九一五年九月二十五日、六名が大津村長節の土地との交換を出願した。(97)支庁に送った浦幌村長の副申(十月十二日付)によれば、下付地は「概ネ湿地ニシテ燕麦・菜種ノ外他ニ適スルモノナク、降雨ノ都度水害ヲ被リ、現時他ノ作物ハ耕地ノ二割ニ過キズ、彼等常食タル馬鈴薯・稲黍等ヲ収得〔ママ〕スル能ハズシテ、自然食糧ニ窮乏ヲ来シ、為メニ他ニ移転スル者漸ク増加スル有様」であり、新しい下付地に移住して農業に努め、冬期間は現下付地の付近でシシャモ漁をして生計を立てる意向だという。翌年六月、支庁は実地調査を行い、従来の下付地は「地味極メテ良好諸種ノ作物栽培ニ適ス」としつつ、毎年二回以上の水害があり、種子が発芽しなかったり虫害に遭うこと、今回の出願は「他人ノ勧誘等」によらないことを確認し、下浦幌下付地全体の地形・十勝川決壊状況などの調査の実施を検討するに至ったが、六月十八日に出願者が「今般実地踏査スルニ地形及地質等面白カラス取止メ致度」と当初の願書取下げを申し入れて認められた(六月二十九日)。これとは別に一九一七年四月二日に二七名が同趣旨の「交換願出」を提出し、六月十八日、同じ理由で取下げを願い出た(98)。

　この時期、支庁は下浦幌下付地の劣悪な自然条件に関心を注いだにとどまっていた。具体的措置として新「予定地」設定に動き始めるのは一九二五年十一月十八日、管内九町村に先に紹介した調査報告を求めた頃からである。以後この件に関する支庁側の文書は、この年六月に帯広町役場社会係から河西支庁第一課社会係主任に転任した喜多章明属が起案しており、全体を通して喜多の主導性が色濃い。「旧土人給与地付与替ニ関スル件」と題した大津村長宛の回答督促状(十二月二十二日)には「標記ノ件ニ関シテ貴部内旧土人ヨリ再三申出ノ次第モ有之」とあり(99)、十勝川河口地域居住のアイヌ民族の動きを受けて、支庁が下浦幌下付地の代替地確保を図ろうとしていたのは明らかである。大津村では翌年三月二十七日、関係するアイヌ民族の世帯主・戸主二九名を村役場に集めて調査を行い、彼らの代替地下付の「熱望」と下付後は「全部集合致度」との希望を支庁に伝えた(100)。一九二六年十一月、支庁は大津村長ほか各町村長に広尾郡モンベツ原野に新「予定地」を設定する見込みであることを告げるとともに、「従来居住ノ部落ニ執着シ転住ヲ希望セサル」ことを危惧して意思確認のため代表者の支庁出頭を求めた(101)。

　こうした準備をしつつ一九二七年一月十七日、河西支庁は道庁長官に対してモンベツ原野での「土人給与予定地」設定を提起する(102)。この施策の目的を、やや入り組んだ喜多の文章から引き出すと、第一に「従来設定セラレタル土人給与地ハ概ネ大河川沿ノ地味最モ良好ナルヶ所ナリシ為メ、其後幾多水害ノ為メ河川ノ異〔ママ〕動ニ伴ヘ、給与地及該予定地ノ一部ハ欠壊流失ヲ見ルニ至レルモノ」(下付地流失者への代替地下付)、第二に「強度ノ湿潤地ニシテ、大規模ノ排水設備ヲ為シ、土地ノ改良ヲ計ルニ非ラサレハ、耕地トシテ利用至難ノヶ所」で、「資力乏シキ土人」では耕地利用が到底不可能であり、適当な土地と交換する必要のあるもの（湿地下付者への代替地下付）、第三に「現ニ農業小作兼日雇ニ従事シアルモノニシテ、自作農タラン事ヲ希望シアル者」（小作アイヌの自作農化）の三点である。

一月二十九日、拓殖部長は支庁の計画を「旧土人保護上適当ノ措置」と認めつつ、不成功に終わってかえって将来の生活に悪影響を与えることに危惧を示して疑問点について確認を求め、支庁は二月四日に返答をした[103]。種々の興味深い点があるこのやり取りから、新「予定地」設定が、拓殖部側も案ずるような、各地からの転住を要する形になった理由を抽出してみよう。

拓殖部長は「旧土人ノ保護ハ現在居住地ニ於テ保護方法ヲ講スルヲ最モ便トスベシ」とし、付近に国有未開地があればこれを充て、なければ互助組合の資金で民有の荒蕪地を買収できないか、と問うた。これに対し支庁は、現住地付近に「集団未開地」はなく、一、二戸の小規模ごとに「各所へ収容スルモ智力ニ乏シキ彼等ハ到底多数和人間ニ在リテ能ク生存シ行クコトハ真実困難」であり、互助組合による民有地買収は下付地所有者を組合員とする組合の性格と資金力の乏しさから難しいと応じた。農地取得の方法としては国有未開地処分のほかに民有地の買収があり得、一九二〇年代には民有地中の未開墾地を買収して再分配することが拓殖政策上重要な課題となって、一九二七年に民有未墾地開発事業として実現を見るのだが[104]、ここでは資金の確保が不可能なため民有地買収の道は閉ざされているのである。また多弁な喜多のことであり過度の重視は禁物であるが、「彼等ハ多数ノ優秀民族ノ中ニ敗惨民族トシテ僅カニ其形骸ヲ停メ、且ツ人種的差別ニ依リテ一般社会ヨリ有形無形ニ圧迫ヲ受ケ」ているとの認識から、「社会ト折衝ノ比較的少キ業務」であることを理由に農業を「生活上ノ安定」を図る方法として選択することにも見られるように、優勝劣敗の社会観に根をもつ隔離主義的思考が、政策の根拠づけを支えていることにも留意しておこう。

結局、新「予定地」設定は未だ土地処分の及んでいない範囲内(居住地から遠い地)でのみ実現可能となる。開拓が進展して国有未開地処分の対象が自然条件の劣る土地になりつつある時期である。新設定を希望する未開地三一五町歩(六三区画)は、地形は平坦で地味は必ずしも良好ではないが農地に適し、この地方では五町歩の農地だけでは生計維持困難だが、「彼レ等ハ和人ニ比シ生活程度低級タル而已ナラス、諸種ノ副業ヲ得ルニ妙ヲ得居」るから農業による収入不足を補い得る、と支庁長が述べるような土地であった(105)。

十月二十六日、河西支庁は四九戸分の「予定地」が新設定されたことを各町村に告げ、出願者を募って下付手続きを開始する。設定された「予定地」は支庁の当初の提案箇所より小規模で、位置は全体に六キロほど海岸に近づいたが(変更経過不明)、農業困難な自然条件であることに変わりはなかったようである(106)。表5-2が示すように、これ以降十勝における下付はほとんどがこの地を対象として行われた。

支庁が目論んだ三つの目的は達成されたのだろうか。

第一に、喜多の構想では主要な下付対象者と想定していた下浦幌下付地の代替出願者は、当時帯広町に居住していた一人だけだった。河西支庁が十一月十四日に実施した自動車による現地視察には、大津村からも出願希望者の代表二人が参加していた。居住地からの距離・劣等な土地といった諸条件を実感して出願を見送ったのだろうか。

第二に、下浦幌以外で下付地流失者として名前が挙がっていた三三名のうち四名は、上地出願の許可を受けて、モンベツに下付地を得た。その他の二九名についてはモンベツ以外でも下付を示す史料は見当らない。

結局のところ新「予定地」設定は、第三の小作農・日雇従事者に対する「保護法」を利用した自作農化の機会確保という機能を最も大きく果したようである。願書に添付された書類を見ると、出願者はほぼ全員が現在小作農か、かつて小作農であった人々であり、それ以外に日雇などをしている場合が多い。彼らは自作農化に挑むに

際し、劣悪な自然条件・移住を伴う土地下付といった悪条件を覚悟することを迫られたのである。(107)

おわりに

以上から言えることをまとめ、今後の課題を整理しよう。

「保護法」制定以前、十勝ではアイヌ民族の農耕地として官有地第三種の「旧土人保護地」＝「旧土人開墾予定地」が各地に設定されていた。「保護地」＝「予定地」の設定は本格的な国有未開地処分・和人移民の流入の準備作業である殖民地区画測設の一環として行われ、強い集住傾向をもった札幌県時代の農業教授地を部分的に受け継ぐ一方、そうした前提がなかった地域ではしばしば新たな居住地の移動を発生させつつ行われた。この際中川郡では、従来の農耕地の追認、戸数に見合った面積の設定、農耕適地の選定、を働きかける和人代理人の活動が見られた。また、行政当局が集住方針をもっていた下浦幌「予定地」では内部に農耕に不適な湿地をかなり含んでいた。

中川郡各地の「予定地」では、「保護法」が制定されると和人代理人が仲介役となり「予定地」内の各戸の割当てを確定し下付を出願した。その際、官有地であるにもかかわらず「予定地」内部に根深く存在した和人賃借人との契約(負債の絡んだものもあった)を、いったん解消し整理することは難しい課題だった。十勝全体を概観すると、一九〇六～〇七年に下付が集中しており、行政当局が「予定地」を下付していく意向をもって働きかけたのではないかと思われる。十勝においては、「保護法」制定後に和人との競合のなかで下付対象地の位置が新たに決定されたのではなく、以前から「確保」されていた「保護地」＝「予定地」を、厳しく所有権を限定した私有地に移行させる形で下付が行われたのである。

原則的にそれ以降の下付は「予定地」内の未下付地に対象を限定されていた。この限定はアイヌ民族が下付によって農地を得ようとする時にぶつかる構造的な障害であったと言えよう。一九二〇年代後半に河西支庁が計画・実施した新「予定地」設定は、早い時期の殖民地区画測設地はすでに処分が進んだ時期であり、また民有地買収には資金がないといった条件に制約されて、居住地から離れた、自然条件に恵まれない地において集住形式でなされた。突き詰めれば、中川郡での「予定地」追加設定・変更においてアイヌ民族の居住地移動の原因となった「既成の土地処分を覆さない」という原則が(本章第一節二参照)、ここまで一貫していたと言えよう。土地処分上の混乱を回避するという見地からは当然とも言えるこの原則をここであえて重視するのは、第一に、この原則が堅持されると、アイヌ民族の先住性に根拠をもった土地「確保」の主張が、和人を主な対象とした土地処分との「対等」な競争に呑み込まれてしまうからであり、第二に、殖民地区画測設時点の「予定地」設定が十勝ほどには徹底して行われなかった北見地方や、早い時期に和人移民が流入し「保護法」以前のアイヌ民族の農耕地「確保」が小面積だったと思われる日高・胆振地方との比較において、有効な切り口を与えるだろうと考えるからである。

新「予定地」設定の背景の一つは、水害による下付地や「予定地」の流失であった。そのすべてを和人に対する土地処分を優先させた結果とすることには躊躇を覚える。早い時期の農業技術に対応し肥沃地を選んで耕地としていたものが、「予定地」に移行したのではないかと思われる面もあり、湿地・傾斜地下付とは質的に違う問題が含まれている可能性があろう。この点をさらに考察するには、札幌県の農業教授地や「保護地」=「予定地」の位置決定が、アイヌ民族の従来の居住地、和人移民の定住状況、和人資本家の土地取得圧力などとどう関係していたのか、史料の読みを深めて、より具体的で精緻な把握をすることが必要である。

拓殖の進展による侵食の問題としては、「予定地」の解除(和人向け処分)は現在得られる数値では全「予定地」

の約三%であり、数値的には大きくない印象を与える。十勝においてはむしろ賃貸借の形をとった侵食がより深刻だったと思われ、本章で検討対象としなかった賃貸借問題の本格的な検証が今後不可欠である。

(1) 高倉新一郎『アイヌ政策史』日本評論社、一九四二年。
(2) 榎森進『アイヌ民族の歴史』草風館、二〇〇七年、四四二頁。
(3) 前掲高倉『アイヌ政策史』四一四—四一七頁。
(4)『北海道殖民状況報文　十勝国』北海道庁拓殖部、一九〇一年(〈復刻版〉北海道出版企画センター、一九七五年)二〇—二二頁。
(5) 萩原實編『北海道晩成社　十勝開発史』名著出版、一九七四年、九一・一〇八頁。
(6) 林善茂『アイヌの農耕文化』慶友社、一九六九年、二七頁によれば耕地選択に際しての最大の要件は起しやすくて手間のかからぬことで、「春先の大水が引いたあとの川べりの泥の堆積した部分」を「最も好んで畑を開いた」という。
(7) その様子は前掲『北海道晩成社　十勝開発史』一六〇—一六一頁ほかを参照。
(8) 加藤規子「北海道三県一局時代の対アイヌ政策とその実状」『北大史学』第二〇号、一九八〇年、一四—二六頁は十勝については栂野の独自性の強さと「文明化」を特徴に挙げる。加藤氏はまた、三県一局期の農業教授政策全体を総括して、その結果として、アイヌの居住地・財産が「管理上整理」されたこと、それによる和人への土地払下げの促進、を指摘する。これらはこの時点で「達成」されたのではなく、以後の政策的な追認によるところが大きかった。なお、十勝アイヌの共有財産は漁業組合解散時に分配された海産干場・鮭漁場・現金に由来している(本書第八章を参照)。
(9) 一八八四年十二月七日付、御用係栂野四雄吉より札幌県令調所広丈代理札幌県大書記官佐藤秀顕宛「復命書」『旧土人札幌県』北海道立図書館北方資料室所蔵(河野常吉資料、H〇九四—Ko—五〇〇)所収。
(10) 同前、および栂野四男吉「復命書組成案」、「十勝国五郡旧土人授産方法ニ関スル件」『札幌県治類典　開墾　合三冊　第三　自明治十七年十月至同十八年二月』札幌県勧業課、北海道立文書館所蔵(簿書九五二六、一七件目)。残念ながらこの一二ヶ所の位置を示した図面は未見である。
(11) 一八八五年十月一日付、勧業課長心得意見上申「十勝外四郡旧土人授産ニ係ル意見書及ビ監督者上申ノ件」『稟議上申録自明治十八年一月至同年十二月』札幌県勧業課長心得、北海道立文書館所蔵（簿書九四〇〇、二〇五件目）。
(12) 前掲『状況報文』四〇頁。
(13) この経過については前掲高倉『アイヌ政策史』五三四―五三六頁、小川正人『近代アイヌ教育制度史研究』北海道大学図書刊行会、一九九七年、九九―一〇三頁を参照。
(14) 一八九四年三月二日本庁決議「旧土人保護地存置方ノ件」『拓殖法規』北海道庁第五部、一九一〇年、四五七―四五八頁。官有地第三種とは一八七三年三月二十五日太政官布告第一一四号「地所名称区別」（一八七四年十一月七日太政官布告第一二〇号改定）が「地券ヲ発セス地租ヲ課セス区入費ヲ賦セサルヲ法トス／但人民ノ願ニヨリ右地所ヲ貸渡ス時ハ其間借地料及ヒ区入費ヲ賦スヘシ」と定めるもので、具体的には鉄道線路敷地・電信架線柱敷地などがこれに当たる。
(15) 一八九六年五月二十九日議定「殖民地撰定及区画施設規程」、前掲『拓殖法規』四七九―四八四頁。
(16) 『開拓使事業報告附録布令類聚』上編、大蔵省、一八八五年〈復刻版〉北海道出版企画センター、一九八四年）二八〇頁。
(17) この文書群については幕別町蝦夷文化考古館文書資料調査委員会編『吉田菊太郎資料目録II　文書資料編』幕別町教育委員会、一九九八年を参照。
(18) 内海勇太郎『明治廿八年十月起日誌』、『明治三十年起製軸関係枢要書』（吉田菊太郎資料）。
(19) （一八九四年八月二十二日）「中川旧土人財産保管組合規約」『土人関係要書綴込』（吉田菊太郎資料）所収。
(20) 前掲『状況報文』五―九頁。
(21) 一八九六年二月十二日付、中川郡十弗村以北十ヶ村旧土人惣代チヨロカウク代理内海勇太郎より帯広村殖民課員出張所北海道庁属鷲見邦司宛「旧土人開墾予定地仮御下渡願」前掲『土人関係要書綴込』所収。『幕別町史』幕別町役場、一九六七年、四四―四六頁に全文が掲載されている。
(22) 内海勇太郎「止若村引越ノ原因」『甲辰要録』（吉田菊太郎資料）所収。これは一九〇四年から翌年にかけて、「保護法」による下付出願手続き関係の実務に内海が用いた野帳である。
(23) 一八九六年二月二十六日付、中川郡旧土人惣代チヨロカウク代内海勇太郎より帯広村殖民課員出張所北海道庁属鷲見邦司宛「開墾地変更願」前掲『土人関係要書綴込』所収。
(24) 前掲『状況報文』五―九頁。
(25) 一八九六年十月八日付、中川郡旧土人総代人チヨロカウク代理内海勇太郎より帯広殖民課員出張所属鷲見邦司宛「願書」

前掲『土人関係要書綴込』所収。十弗出願地の位置の特定は添付の図面による。
(26) 前掲『状況報文』一五六頁。
(27) 前掲『状況報文』一五五—一五六頁。
(28) 一八九六年十一月二日付、内海勇太郎より古林宛、同年十一月三日付、同、前掲『土人関係要書綴込』所収。古林は殖民地区画図原図「蓋派原野区画図」北海道開拓記念館所蔵(収蔵番号四六〇九三、印刷図五五二〇L)などに「測者」として名がある古林芳三郎であろう。殖民地区画図原図は殖民地選定の際に作成された一万分一図。原図をもとに道庁が作製した二万五〇〇〇分一印刷図の利用については、遠藤龍彦「殖民地区画図のデータベース化について」『北海道立文書館研究紀要』第七号、一九九二年、三三—一二六頁が非常に役立った。以下本章で原図を註に引く際には、これと対応する印刷図を遠藤氏が打ったコード番号によって示す。
(29) 註(25)と同じ。
(30) 前掲殖民地区画図原図「蓋派原野区画図」、「ポンペッ原野区画図」北海道開拓記念館所蔵(収蔵番号四六〇九九、印刷図五五二一L・五五七〇L)。
(31) 一八九六年七月四日付、中川郡旧土人惣代人チヨロカウク・財産保管人斉藤兵太郎より郡長宛「明治廿九年自七月至十二月六ヶ月間旅費日当予算書」前掲『土人関係要書綴込』所収。この予算中には他に中川郡各村への内海の「農事奨励ノタメ巡回」(一三日間)がある点、実態は不明であるがこの時期の農業指導の存在を示すものとして注目したい。
(32) 前掲『状況報文』一七一頁。
(33) 同前。
(34) 前掲殖民地区画図原図「蓋派原野区画図」。
(35) 殖民地区画図原図「上利別足寄太原野区画図」北海道開拓記念館所蔵(収蔵番号四六〇九七、印刷図五五七〇L)、「ピリペッ原野区画図」同(収蔵番号四六一〇三、印刷図五五四〇L)。
(36) 前掲『状況報文』八五・一二三・一三〇頁。
(37) 前掲加藤「北海道三県一局時代の対アイヌ政策とその実状」。
(38) 本別については前掲『状況報文』一七五頁。
(39) 前掲『状況報文』一七七・一四四・一八一頁。

(40)　前掲『状況報文』五・四一頁。
(41)　前掲『状況報文』八五・一八一・一八九・二一一頁。
(42)　殖民地区画測設の具体的方法については『新撰北海道史』第四巻、北海道庁、一九三七年、一三八―一六六頁が詳しい。
(43)　この点についてはは帯広市の笹村一郎氏のご教示による。なお、伏古別の伏根弘三の下付地(四町一反歩余)は帯広川に隣接し年々河川化が進んで耕作可能地が三町二反歩余となり、土地不足で生計困難であるとして一九一九年四月二十二日に「国有未開地処分法」による上川郡人舞村字ペケレベツの土地四町九反七畝の売払い出願をし、翌年六月三日に許可された(『北海道国有未開地処分法完結文書　売払』北海道庁十勝支庁、北海道立文書館所蔵(A七―二　Bトカ／一〇三七、二件目))。道庁吏員の認識では伏根は「土人中稀レニ見ル徳望者」であり(「未開地売払願調査書」)、所有資産の多寡を考えても、誰にでもできる出願行動ではあるまい。
(44)　「施行規則」と「施行細則」は、小川正人・山田伸一編『アイヌ民族　近代の記録』草風館、一九九八年、四一〇―四一一頁。一九〇二年五月三十一日北海道庁令第七十六号により、同年六月二十日以降、下付の決定は支庁長への委任事項とされた(『北海道庁公報』第二号、一九〇二年八月二十九日)。
(45)　前掲『状況報文』一八九頁。
(46)　一九〇四年十二月作成(?)、「土人耕作畑地調」『明治三十七年三月起至十二月　旧土人開墾地協議証書』(吉田菊太郎資料)所収。
(47)　一九〇四年二月二十三日付、古民共済会設立主唱者惣代チヨロカウク・吉田庄吉「古民共済会設立ノ趣意」前掲『土人関係要書綴込』所収。これは三月十日に設立された組合の準備段階で作成されたものである。
(48)　一九〇四年三月十日付「協議決定書」前掲『明治三十七年三月起至十二月　旧土人開墾地協議証書』所収。
(49)　一九〇四年三月十日付「古民共済組合契約証書」同前所収。古民共済組合は一九〇四年十一月には「旧土人開墾組合」に改組し翌年三月に組合規約を改正して支庁長の承認を得た。一九一〇年に満期解散するまで実質的に機能したのはこの規約に基づく組合であり、規約上組合は賃貸借契約の当事者ではなかった(前掲『土人関係要書綴込』、『明治三十七年三月起至十二月　旧土人開墾地協議証書』)。
(50)　海保洋子『近代北方史――アイヌ民族と女性と』三一書房、一九九二年、一四二―一四四頁。
(51)　一九〇四年三月二十一日付「組合総会決議書」前掲『明治三十七年三月起至十二月　旧土人開墾地協議証書』所収。

(52)　前掲『甲辰要録』。
(53)　一九〇四年四月七日付、内海勇太郎「仲裁御取扱覚書」前掲『土人関係要書綴込』所収。
(54)　一九〇四年十一月十三日付「組合総会決議書」前掲『明治三十七年三月起至十二月　旧土人開墾地協議証書』所収。
(55)　一九〇五年八月二十九日付「判決書」前掲『土人関係要書綴込』所収。
(56)　一九〇五年十月一日付「和解書」前掲『土人関係要書綴込』所収。
(57)　「旧土人給与地ニ関シ陳情ノ件」『北海道庁公文録　明治三十八年　第十八　土地収用及献納(一)　土地特別貸付使用(一)　地種目変換(一)　区画地付与及売却(三)　例規(一)　経費及物品(一)　旧土人保護(一)　区画地交換及返還(一)』北海道庁殖民部拓殖課、北海道立文書館所蔵(A七―一　A／九〇二、一件目)。この出願人らはこの直後に「止若村咾別原野風防林」の指定解除とその売払いを出願し、却下されている。
(58)　以下下付までの経過については、一九〇四年三月十七日付「旧土人給与予定地持分配当協定書」、一九〇四年十一月十三日付「組合総会決議書」、いずれも前掲『明治三十七年三月起至十二月　旧土人開墾地協議証書』所収。下付許可の日付は「旧土人下付地状況調査ノ件」『北海道国有未開地処分法完結文書　旧土人下付』北海道庁十勝支庁、北海道立文書館所蔵(A七―二　Bトカ／一一三五、三件目)によって確認した。
(59)　前掲『甲辰要録』。
(60)　同前。
(61)　同前。
(62)　同前。下付許可日の確認については註(58)と同じ。
(63)　一九〇五年四月二十二日付「蝶多村土人畑地願書訂正協議」前掲『甲辰要録』所収。
(64)　一九〇六年二月二十一日付第一〇六五号、凋寒外七ヶ村戸長田辺為光より(河西支庁)第一課長属遠藤守宛「旧土人土地下付出願ノ件」、「旧土人土地下付許可ノ件」『北海道国有未開地処分法完結文書　付与　交換』北海道庁十勝支庁、北海道立文書館所蔵(A七―二　Bトカ／六七七、一件目)。
(65)　前掲『北海道国有未開地処分法完結文書　付与　交換』北海道庁十勝支庁、北海道立文書館所蔵(A七―二　Bトカ／六七七、一件目)。それ以外の蝶多下付出願は「旧土人下附願却下之件」『北海道国有未開地処分法完結文書　付与　返付』同、同(A七―二　Bトカ／五六二、三七件目)、「土人下付願却下ノ件」『北海道国有未開地処分法完結文書　付与　交換』同、同

（A七―二　Bトカ／六七六、一九件目）。

(66)　前掲「旧土人下付許可ノ件」『北海道国有未開地処分法完結文書　付与　交換』（A七―二　Bトカ／六七七、一件目）。

(67)　前掲『甲辰要録』。

(68)　本別村の分は「旧土人土地下付許可ノ件」『北海道国有未開地処分法完結文書　付与　交換　下付』北海道庁十勝支庁、北海道立文書館所蔵（A七―二　Bトカ／六〇九、三・四件目）。ピリペツ原野では一九〇五年中に願書を提出し、一九〇九年十月（チエトイ）と一〇年一月（ピリペツ）に下付が許可されている。本別原野では、下流部の一団地五区画のみが一九一五年十一月出願、一七年三月許可と遅い（「旧土人給与地下付願ノ件」『北海道国有未開地処分法完結文書　旧土人下付　成功証明』同、同（A七―二　Bトカ／九六六、二件目））。他は文書が見られる分は一九〇五年の出願で、許可は一〇年一月である。下浦幌の分は「旧土人土地下付願」『旧土人下付願　明治三十九年』北海道庁河西支庁、同（A七―二／一二〇、一件目）。

(69)　一九〇五年二月十八日、事業手小林藤蔵作成、支庁長以下供覧「部内十勝郡旧土人給与予定地調査」前掲『旧土人下付願　明治三十九年』（A七―二／一二〇、一件目）。

(70)　「旧土人下付地ノ件」『北海道国有未開地処分法完結文書　付与』北海道庁十勝支庁、北海道立文書館所蔵（A七―二　Bトカ／六〇五、四件目）。

(71)　「旧土人ニ土地下付ノ件」『北海道国有未開地処分法完結文書　付与　却下』北海道庁十勝支庁、北海道立文書館所蔵（A七―二　Bトカ／五五一、二七件目）。

(72)　「下歴舟原野区画図」北海道開拓記念館所蔵（収蔵番号四六〇七三、印刷図五三一〇L）、「旧土人土地下附願許可ノ件」『北海道国有未開地処分法完結文書　付与　返付』北海道庁十勝支庁、北海道立文書館所蔵（A七―二　Bトカ／五六二、五七件目）。

(73)　「旧土人土地下附願許可ノ件」『北海道国有未開地処分法完結文書　付与　却下』北海道庁十勝支庁、北海道立文書館所蔵（A七―二　Bトカ／五六一、八件目）。

(74)　却下理由としては、①出願者が非戸主・下付上限面積超過など出願資格の欠如、②願地が既処分（貸付・下付）地、③「予定地」流失の結果願地が堤防敷地となり処分対象外、などがある。また、すでに所有地五町歩を有することで「保護法ニ依ラズトモ別ニ生計上支障ナキモノト被認」として、一九〇九年三月に却下された下浦幌における下付出願が一件ある（「旧土人土地下附願不許可之件」『北海道国有未開地処分法完結文書　付与　却下』北海道庁十勝支庁、北海道立文書館所蔵（A七―二

Bトカ／五五一、二六件目)）。

(75) 一九〇八年七月一日北海道庁訓第六五七号「北海道国有未開地処分法施行細則取扱手続」第十六条、前掲『拓殖法規』三三頁。

(76) 「保護法」制定以前からの官有地であるアイヌ民族の農耕地は、来歴の不明瞭化や不正の結果、アイヌ民族の手から奪われることが往々あったとの従来の指摘(河野常吉「旧土人の土地に就て」『道民』第十四巻第八号、一九二九年九月、三三―三六頁など)に照らすと、一九三三年時点で道庁が把握できた「予定地」面積(表5-3)が設定当初の数値を伝えているか否かは留保を要する。表5-1の数値との比較を試みると、伏古別・毛根・芽室太・本別・下歴舟で面積の減少が見られ、測量のし直しなどによる多少の誤差を考慮に入れても、「予定地」が早い時期に解除された可能性は否定し切れない。白人の「予定地」においても「保護法」による下付開始以前の一九〇三年一月に、道庁が福島県出身和人の「予定地」を対象とした未開地貸付出願を許可し、内海勇太郎がアイヌ民族の代理人としてこの土地の来歴を縷々書き連ねた文書を河西支庁宛に送った結果、翌年五月に貸付が取消しとなった事件がある(一九〇四年四月十九日付、中川郡止若村アイヌ二十一名惣代ウエンカイ代理人内海勇太郎より河西支庁長上野直温宛「旧土人給与予定地貸付取消ノ儀ニ付上申」前掲『土人関係要書綴込』所収)。

(77) この件については一括して「旧土人給与予定地解除ノ件」『北海道庁公文録　明治四十二年　第一六三　旧土人保護　区画地返還及取消　水面貸付使用及岩礁堀《ママ》削』北海道庁第五部拓殖係、北海道立文書館所蔵(A七―一　A／一五七三、九件目)。

(78) 一九〇九年五月二十三日道庁公示第二五七号(『殖民公報』第四十九号、一九〇九年七月、一一頁)に「売払又は貸付地」下浦幌原野四六町三反八畝一四歩とあるのがこれである。告示地の区画数は不明。

(79) 『北海道国有未開地処分法完結文書　付与　交換　下付』北海道庁十勝支庁、北海道立文書館所蔵(A七―二　Bトカ／六〇九、二件目)。

(80) 一九一〇年五月四日付、事業手石沢玉吉上申、「旧土人土地下附願不許可之件」『北海道国有未開地処分法完結文書　付与　却下』北海道庁十勝支庁、北海道立文書館所蔵(A七―二　Bトカ／六〇八、三〇件目)。

(81) 前掲註(30)「ポンペッ原野区画図」。

(82) 一九〇九年十一月十五日付、河西支庁長「旧土人土地下附願不許可之件」『北海道国有未開地処分法完結文書　付与　交換　下付』北海道庁十勝支庁、北海道立文書館所蔵(A七―二　Bトカ／六〇九、四件目)。設立計画が実現しなかった事実については前掲小川『近代アイヌ教育制度史研究』一六〇頁を参照。なお、この土地のその後の経緯については次のような事実が分かる。一九一九年九月九日に河西支庁長が長官に対し、本別村長から隣接する本別尋常高等小学校に充当するため、この指定を解除するよう申請があったと上申した。この地域ではアイヌ民族が減少していて学齢児童増加の見込みがなく、別に「一校」を設ける必要がない一方で、尋常高等小学校の児童は六五〇名余に達し、市街も発展中であるとの理由からである。支庁から働きかけを受けた道庁長官は十一月十四日、こうした事情を認めつつ、現敷地内増築の余地があるとしてこの申請を却下し、「旧土人学校敷地予定地」としての存続を決めた。これについては「旧土人学校予定地解除方ノ件」『北海道庁公文録大正八年　第一〇五　官林及風防林』北海道庁拓殖部殖民課、北海道立文書館所蔵(A七―一　A／二〇三五、二六件目)、「旧土人土地下附願不許可之件」『北海道国有未開地完結文書　付与』北海道庁十勝支庁、北海道立文書館所蔵(A七―二　Bトカ／五四八、二五件目)による。

(83)　『北海道社会事業』第十八号、一九二四年八月一日。

(84)　前掲小川・山田編『アイヌ民族　近代の記録』四一〇―四一一頁。

(85)　一九〇〇年九月十五日殖拓第五八五一号「旧土人保護法ニ依リ土地下付方ノ件」前掲『拓殖法規』四五九―四六〇頁。

(86)　不許可までの経緯は「旧土人土地下付願ノ件」『北海道国有未開地処分法完結文書　付与』北海道庁十勝支庁、北海道立文書館所蔵(A七―二　Bトカ／八三六、一四件目)、許可までの経緯は『北海道国有未開地処分法完結文書　旧土人下付　成功証明』同、同(A七―二　Bトカ／九六六、一件目)。

(87)　前掲河野「旧土人の土地に就て」はこの問題を同時代において問題視したものとしても注目に値する。

(88)　『北海道旧土人概況』北海道庁学務部社会課、一九三六年(〈復刻版〉河野本道選『アイヌ史資料集』第一巻、北海道出版企画センター、一九八〇年)四七頁。ただし、アイヌ民族を制度上除外したものとして特定地制度がある。「国有未開地処分法」は無償付与を定め大土地所有に重点を置いた当初の法(旧法)が投機的取引や地力収奪的な耕作の広がりといった弊害をもたらしたため一九〇九年に改正された。この「新法」は大地積処分の方向性を継承したが、無償付与を改めて有償売払いとし、その一方で自作農に対する配慮として五町歩を貸し付け、開墾後に無償付与する特定地制度を新設した(上原轍三郎「北海道開拓第四期に於ける土地制度」『北方文化研究報告』第五輯、一九四一年、一四三―二三四頁)。特定地制度は基本的には府県からの移住者だけを対象としたため、アイヌ民族を含む道内出身者は制度的に除外されていた。

(89)　一九二五年十一月十八日付、河西支庁長より帯広・音更・芽室・川合・本別・幕別・大津・茂寄・浦幌各町村長宛「旧土人中給与地不所有者調査ノ件」、「旧土人給与地下附願之件」『旧土人土地下付　昭和三年昭和四年一号』北海道庁河西支庁第一課、北海道立文書館所蔵(A七—二/三九二、一件目)。

(90)『十勝川治水史』北海道開発局、一九七三年、五七頁。興味深いことに、山林伐採による保水機能の低下を水害発生の一因として挙げる意見があった。『北海道毎日新聞』一八九八年九月三十日付掲載の「水害予防と治水策」が報じる「某当局者」の談が、この年発生した河川氾濫の原因について「雨量の多大なりしによるは勿論なるが、各原野に於ける排水溝渠等の為め《〔に〕》は其集注の便を与へたる事もあるべく、或は鉄道築堤の為め、或る森《〔ママ〕》林濫伐の為め等にて、其水害を激甚ならしめたる個所もあらんが、此等は一地方に限られたる誘因にして、未だ以て其直接原因なりと称するを得ず、故に今回の水害を以て罪を拓殖に帰するは元より誤れり」とするのは、そうした意見の存在を反面から証明する。

(91)「旧土人給与地状況調査ニ関スル件」『旧土人関係　昭和十六年』北海道庁十勝支庁、北海道立文書館所蔵(A七—二/六一〇、一件目)。

(92)殖民地区画図原図「下浦幌原野区画図」北海道開拓記念館所蔵(収蔵番号四六〇八三、印刷図五四三〇L)。

(93)河野常吉『アイヌ調査材料　地方別』北海道立図書館北方資料室所蔵(河野常吉資料、H〇九四—Ko—四九九)。

(94)「旧土人下付地上地願ノ件」前掲『北海道庁公文録　明治四十二年　第一六三　旧土人保護　区画地返還及取消　水面貸付使用及岩礁《〔ママ〕》掘削』(A七—一　A/一五七三、六件目)。

(95)「旧土人土地下附願却下之件」前掲『北海道国有未開地処分法完結文書　付与　却下』(A七—二　Bトカ/六〇八、二九件目)。

(96)「旧土人土地下付及上地ニ関スル件」『北海道国有未開地処分法完結文書　付与　交換』北海道庁十勝支庁、北海道立文書館所蔵(A七—二　Bトカ/六六九、五一件目)。

(97)一連の関係文書は「土地下付願却下ノ件」として『北海道国有未開地処分法完結文書　旧土人下付　成功証明』北海道庁十勝支庁、北海道立文書館所蔵(A七—二　Bトカ/九六六、五件目)に一括してある。

(98)「土人下付地交換ニ干スル件」前掲『北海道国有未開地処分法完結文書　旧土人下付　成功証明』(A七—二　Bトカ/九六六、一一件目)。

(99)一九二五年十二月二十二日付、河西支庁長より大津村長宛「旧土人給与地付与替ニ関スル件」。以下、断らない限りモンベツ新「予定地」設定については、前掲「旧土人給与地下附願之件」『旧土人土地下付　昭和三年昭和四年一号』(A七—二/三九二、一件目)所収。

(100)　一九二六年六月一日付、大津村長山尾軍平より河西支庁長那須正夫宛「旧土人給与地附与替ニ関スル件」。

(101)　一九二六年十一月十日付、河西支庁長より大津村長宛「旧土人給与地付与替ニ関スル件」、同年十一月三十日付、音更・帯広・幕別・池田・本別・芽室各町村長宛、同件。河西支庁では、翌年一月十三日に評議員など互助組合の役員を務める人物を支庁に集め、彼らを通して転住希望者の意思確認をしたようである。

(102)　一九二七年一月十七日付、(河西)支庁長より(北海道庁)長官宛「旧土人給与地設定ニ関スル件」。

(103)　一九二七年一月(日欠)付、拓殖部長関屋延之助より河西支庁長那須正夫宛「旧土人給与地設定ニ関スル件」、同年二月四日付、河西支庁長より拓殖部長宛「旧土人給与地設定ニ関スル件」。

(104)　一九二〇年代の北海道の土地政策における「自作農化」について、坂下明彦『中農層形成の論理と展開』御茶の水書房、一九九二年を参照した。

(105)　一九二七年一月十七日付、河西支庁長より道庁長官宛「旧土人給与地設定ニ関スル件」。

(106)　一九二七年十一月十五日付、喜多章明属より河西支庁長北崎巽宛「復命書」。ここで喜多は「地質ハ余リ良好ト云フニアラサルモ又不良ニモアラス…表土三寸位ハ火山灰ヲ蔽ヘルヲ以テ開墾ニハ至極容易ノモノト認ム」とし、豊似川でのサケ・マスや海岸でのニシン・昆布の漁獲を農閑期の副業として期待する。なお、帯広市図書館が所蔵する吉田巌のスクラップ中の「紋別原野の部落民が／旧土人の入地排斥／不衛生極り無い為と云ふが／矢張り人種的偏見か」という記事(紙名・年月日不明)は、支庁がモンベツ原野にアイヌ民族を入地させることを決定したのに対し、「之を聞き伝えた同原野方面の和人部落では、挙つて旧土人の入地を排斥しようと寄々協議中であるといふ」と伝える。あるいはこうした動きが位置変更に影響したものか。この記事について、小川正人氏からご教示を得た。

(107)　一九二四年五月河西支庁調査による「土地ヲ有セサル旧土人ニシテ今後給与地ヲ必要トスルモノ」の一覧には、音更村一二名、川合村二名、芽室村九名、帯広町三名、本別村四名、茂寄村三名、大津村六名の名前があり、その「下付希望地」の欄を見ると、音更一二名が川上村、帯広三名が「帯広町若クハ音更村」とする以外はいずれも居住村を記している(前掲「旧土人下付地状況調査ノ件」『北海道国有未開地処分法完結文書　旧土人下付』(A七―二／Bトカ一一三五、四件目))。また、一九三三年五月、所有地がなく本別において一町七反余歩の小作を中心に生計を立てていた人物が字本別六反一三歩の下付を出願したところ、支庁は「面積甚ダ狭少ニシテ一戸経営ニ適セザル」ため不許可を適当としたが、本人の強い希望と「既設旧土人給与〔予定〕地内ニハ、現在一戸収容スベキ土地ハ勿論、少計ノ土地ト雖モ、殆ンド処分セラレアル状態ナレバ、他ニ給与地ノ新設ナキ限リ、一戸ノ経営ニ堪ユル土地ニ収容スル事ハ望マレ難キ現況ニ徴シ」て一九三五年四月に許可した(『旧土人下付地処分関係　自昭和七年至昭和十年』北海道庁十勝支庁、北海道立文書館所蔵(A七―二／四八七、八件目))。これらはモンベツ「給与予定地」新設の「恩恵」が及んだ範囲がごく限られていたことを暗示する。

第六章　下付地没収規定の適用実態

はじめに

一八九九年制定の「北海道旧土人保護法」(以下「保護法」)は、農耕に使用目的を限定した土地をアイヌ民族の各戸に無償下付することを定めたが、下付が完全な所有権を認めるものでなかったことはよく知られている。第二条は、相続以外による下付地の譲渡や質権・抵当権・地上権・永小作権の設定を禁じるなど、所有権に制限を加えた。これらは、下付地の完全な喪失を防止しようとした規定であるが、一方でこの法律中には、所有権の完全な喪失を生じさせる可能性を含んだ条文がある。下付後一五年を経過しても未開墾の地の没収を定めた第三条である。

第三条　第一条ニ依リ下付シタル土地ニシテ、其ノ下付ノ年ヨリ起算シ十五箇年ヲ経ルモ尚開墾セサル部分ハ、之ヲ没収ス

この条文は、実際に適用されれば生活に直接的な影響を与えるものであり、また結果的に適用を受けなかった

としても、土地下付を受けた人びとの多くに、土地喪失への危機感を抱かせるものとして程度の差はあれ重くのしかかっていただろう。歴史上における「保護法」の意味を検討し評価する場合でも、この条文によってどれだけの土地が実際に没収されたのか、法の運用は適切だったのか、などの問題は、問わずに済ますことができない基本的な問題の一つであると考える。

こうした問題について深く立ち入って論じたものとしては、一九四〇年に発表された高倉新一郎「アイヌの土地問題」[1]（以下高倉論文）があるのみである。高倉論文は土地問題の歴史的叙述にとどまらず、時論的な性格をもっている。すなわち、土地下付の目的には経済的要素のほかに「社会教育的要素」があるものと理解してそれを支持する立場から、一九三七年三月の「保護法」改正によって長官の許可を経れば下付地の譲渡が可能になったことを憂慮し、今後の政策においてとるべき方策を具体的に提言しているのである。第三条に関しては、適用開始の時期、没収総面積などについて簡単ではあるが基本的な整理を行い、未開墾の開墾適地が今後没収されることを危惧して、それらが没収後に再びアイヌ民族によって利用されるべきであることを主張している。そうした関心の在りかと表裏をなすように、ほとんど表面化しないが重要な問題であった開墾不適地に対する没収処分適用の問題については、過去・将来ともにほとんど関心を払っていない。

本章の課題は、「保護法」第三条の適用事例を整理し、その適用の実態を明らかにすることである。

主な史料として使用する北海道立文書館所蔵の土地処分関係の文書は、官庁による記載という限界はあるものの、その土地の農耕状況や農耕成績不良の原因などをよく伝え、読込みと整理の仕方によっては各戸・各地域の個別史を叙述するための貴重な史料となし得ると思われる。けれどもここでは、主に二つの理由から概括的な把握に重点を置くことにしたい。第一に、後に見るようにこれらの史料で把握可能な事例は網羅的なものではなく偏りがあるからである。第二に、下付の過程や自然条件、農耕への適応状況などについては、小さくない地域差・個人差があると思われ、数値化して全体的な傾向を見渡すことを後回しにして個別事例に踏み込んだのでは、かえってその事例の位置を見定める手段を欠くことになると考えるからである。

とは言え、本章の後半では二つの問題について、やや個別的な事例に踏み込んで論じている。一つには、日高・石狩両支庁管内の没収についてである。両支庁には没収事例が集中する地域があり、それらは下付の時期や下付地の自然条件において一定程度の共通性が見られる。これらの事例について整理しておくことは、没収事例の「内訳」を見ていくために大切な作業であろうと考える。二つには、下付地がそもそも開墾に適さないか開墾が不可能な土地であった場合の第三条の適用のあり方についてである。こうした事例には矛盾が集中して現れ、それをどう処理するかはこの条文の適用実態を検証するとき、試金石の位置にあるだろう。

全体の構成を確認しておく。第一節では本章で用いた調査方法とその限界について検討し、開墾状況の検査方法と処分決定の手続きを整理する。第二節では第三条の適用事例がどのように分布しているか、時間と地域を言わば座標軸にして検討し、さらに日高と石狩両支庁で特定の地域に集中している没収事例について考察する。第三節では下付地が農耕不能地・不適地であり、下付後一五年を経過しても未開墾だった事例に注目し、道庁の処理のあり方とその問題点を考える。

第一節　検査の方法と史料の限界

北海道立文書館所蔵の北海道庁文書を調査して、下付から一五年経過後の開墾状況の検査（成功検査）とその後の処分に関する個別データを収集し、各年次・処分内容・支庁ごとに整理して表6-1を作成した。同館所蔵の

表 6-1　成功検査の結果と処分内容

(268 頁まで続く)

年次	処分内容	支庁	件数	下付地面積 (町.反畝 歩)	既墾地面積 (町.反畝 歩)	未墾地面積 (町.反畝 歩)
1919	合　計		28	29.04 12	0.00 00	29.04 12
	全地没収		28	29.04 12	0.00 00	29.04 12
		日高	28	29.04 12	0.00 00	29.04 12
1920	合　計		35	43.17 22	3.96 15	39.21 07
	全地没収		30	32.06 14	0.00 00	32.06 14
		日高	30	32.06 14	0.00 00	32.06 14
	部分没収		5	11.11 08	3.96 15	7.14 23
		日高	5	11.11 08	3.96 15	7.14 23
1921	合　計		1	4.12 11	0.00 00	4.12 11
	全地没収		1	4.12 11	0.00 00	4.12 11
		釧路	1	4.12 11	0.00 00	4.12 11
1922	合　計		46	125.19 15	10.00 23	115.18 22
	全地没収		34	91.54 06	0.00 00	91.54 06
		宗谷	5	18.02 04	0.00 00	18.02 04
		日高	14	13.27 17	0.00 00	13.27 17
		根室	15	60.24 15	0.00 00	60.24 15
	部分没収		9	22.95 28	6.14 22	16.81 06
		空知	1	5.00 00	1.12 11	3.87 19
		宗谷	2	8.00 24	1.58 10	6.42 14
		日高	5	5.83 10	2.71 21	3.11 19
		根室	1	4.11 24	0.72 10	3.39 14
	猶　予		1	5.00 00	3.32 11	1.67 19
		空知	1	5.00 00	3.32 11	1.67 19
	再検査		1	4.52 21	0.00 00	4.52 21
		日高	1	4.52 21	0.00 00	4.52 21
	不　明		1	1.16 20	0.53 20	0.63 00
		日高	1	1.16 20	0.53 20	0.63 00
1923	合　計		217	668.84 22	89.42 07	579.46 15
	全地没収		140	308.35 16	0.00 00	308.35 16
		石狩	44	184.18 16	0.00 00	184.18 16
		網走	9	39.47 02	0.00 00	39.47 02
		胆振	6	1.83 24	0.00 00	1.83 24
		日高	2	6.00 00	0.00 00	6.00 00

年次	処分内容	支庁	件数	下付地面積（町.反畝 歩）	既墾地面積（町.反畝 歩）	未墾地面積（町.反畝 歩）
1923（続）	全地没収（続）	釧路	75	72.71 17	0.00 00	72.71 17
		根室	4	4.14 17	0.00 00	4.14 17
	部分没収		2	6.76 17	3.56 15	3.20 02
		空知	1	5.00 00	3.32 11	1.67 19
		釧路	1	1.76 17	0.24 04	1.52 13
	猶　予		48	219.94 16	58.45 24	161.48 22
		石狩	4	10.00 28	2.75 19	7.25 09
		網走	28	138.47 00	39.30 00	99.17 00
		日高	1	3.18 15	1.11 27	2.06 18
		釧路	15	68.28 03	15.28 08	52.99 25
	要現況調査		27	133.78 03	27.39 28	106.42 05
		石狩	27	133.78 03	27.39 28	106.42 05
1924	合　計		188	569.24 06	92.34 10	471.82 16
	全地成功		30	13.85 16	13.85 16	0.00 00
		胆振	30	13.85 16	13.85 16	0.00 00
	全地没収		34	106.04 11	0.20 00	105.84 11
		石狩	10	47.97 00	0.00 00	47.97 00
		網走	1	4.60 00	0.00 00	4.60 00
		日高	7	5.82 00	0.00 00	5.82 00
		釧路	16	47.65 11	0.20 00	47.45 11
	全地取消		5	7.52 15	1.44 21	6.07 24
		釧路	5	7.52 15	1.44 21	6.07 24
	流失・地積更正		6	12.62 09	7.82 24	4.79 15
		釧路	6	12.62 09	7.82 24	4.79 15
	猶　予		113	429.19 15	69.01 09	355.10 26
		網走	13	35.03 20	19.45 00	15.63 20
		胆振	13	15.95 23	6.41 06	8.91 27
		日高	4	1.76 16	0.38 28	1.37 18
		釧路	83	376.43 16	42.76 05	329.17 21
1925	合　計		151	146.75 16	63.02 07	82.73 24
	全地成功		28	31.20 26	31.20 26	0.00 00
		胆振	28	31.20 26	31.20 26	0.00 00
	全地没収		59	40.56 08	1.09 11	39.46 27
		網走	1	5.00 00	0.00 00	5.00 00

年次	処分内容	支庁	件数	下付地面積（町.反畝 歩）	既墾地面積（町.反畝 歩）	未墾地面積（町.反畝 歩）
1925（続）	全地没収（続）	胆振	57	34.63 03	1.09 11	33.53 22
		釧路	1	0.93 05	0.00 00	0.93 05
	部分没収		26	25.90 07	14.03 22	11.86 20
		胆振	22	24.13 21	13.26 01	10.87 25
		日高	4	1.76 16	0.77 21	0.98 25
	猶　予		38	49.08 05	16.68 08	31.40 07
		石狩	3	8.30 03	1.94 22	6.35 11
		胆振	31	36.78 02	14.73 16	21.04 26
		釧路	4	4.00 00	0.00 00	4.00 00
1926	合　計		3	9.76 14	0.22 16	9.45 11
	猶　予		2	9.44 20	0.00 00	9.44 20
		釧路	2	9.44 20	0.00 00	9.44 20
	不　明		1	0.31 24	0.22 16	0.00 21
		胆振	1	0.31 24	0.22 16	0.00 21
1927	合　計		30	138.82 22	43.81 27	95.00 25
	全地成功		5	24.57 22	24.57 22	0.00 00
		網走	5	24.57 22	24.57 22	0.00 00
	全地没収		9	36.75 24	0.49 05	36.26 19
		網走	7	34.65 02	0.49 05	34.15 27
		日高	2	2.10 22	0.00 00	2.10 22
	部分没収		3	15.00 00	0.32 15	14.67 15
		網走	3	15.00 00	0.32 15	14.67 15
	猶　予		13	62.49 06	18.42 15	44.06 21
		網走	13	62.49 06	18.42 15	44.06 21
1928	合　計		327	1236.89 21	284.16 07	935.30 09
	全地成功		68	222.78 26	222.39 06	0.39 20
		網走	3	9.63 20	9.63 20	0.00 00
		胆振	13	13.38 20	13.38 20	0.00 00
		日高	15	66.84 19	66.44 29	0.39 20
		釧路	37	132.91 27	132.91 27	0.00 00
	全地没収		211	819.64 24	0.00 00	819.64 24
		日高	211	819.64 24	0.00 00	819.64 24
	部分没収		6	30.00 00	7.02 15	22.97 15
		網走	6	30.00 00	7.02 15	22.97 15

年次	処分内容	支庁	件数	下付地面積 (町.反畝 歩)	既墾地面積 (町.反畝 歩)	未墾地面積 (町.反畝 歩)
1928 (続)	全地取消		1	0.54 05	0.07 20	0.46 15
		釧路	1	0.54 05	0.07 20	0.46 15
	猶　予		36	140.72 16	52.99 04	78.81 17
		網走	22	82.66 05	35.60 09	47.05 26
		胆振	1	0.83 04	0.59 03	0.24 01
		日高	11	48.31 12	16.79 22	31.51 20
		釧路	2	8.91 25	−	−
	不　明		2	8.51 10	−	−
		釧路	2	8.51 10	−	−
	要現況調査		3	14.68 00	1.67 22	13.00 08
		日高	3	14.68 00	1.67 22	13.00 08
1929	合　計		364	630.23 19	239.85 03	388.45 25
	全地成功		253	231.12 18	225.58 05	2.93 27
		網走	13	34.16 29	34.16 29	0.00 00
		胆振	240	196.95 19	191.41 06	2.93 27
	全地没収		88	308.06 09	0.00 00	308.06 09
		胆振	23	46.03 22	0.00 00	46.03 22
		日高	28	85.06 03	0.00 00	85.06 03
		釧路	37	176.96 14	0.00 00	176.96 14
	部分没収		9	31.06 20	10.27 20	20.79 00
		網走	2	10.00 00	6.20 29	3.79 01
		胆振	3	4.96 20	1.96 21	2.99 29
		釧路	4	16.10 00	2.10 00	14.00 00
	猶　予		14	59.98 02	3.99 08	56.66 19
		胆振	3	5.53 12	1.06 13	4.46 29
		釧路	11	54.44 20	2.92 25	52.19 20
1930	合　計		133	362.00 14	148.86 19	213.05 23
	全地成功		67	92.73 25	91.59 19	1.08 02
		網走	1	3.25 00	3.25 00	0.00 00
		胆振	54	46.32 12	45.18 06	1.08 02
		日高	6	23.01 16	23.01 16	0.00 00
		釧路	6	20.14 27	20.14 27	0.00 00
	全地没収		26	102.13 22	0.09 05	102.04 17
		日高	24	92.13 22	0.09 05	92.04 17

年次	処分内容	支庁	件数	下付地面積（町.反畝 歩）	既墾地面積（町.反畝 歩）	未墾地面積（町.反畝 歩）
1930（続）	全地没収	釧路	2	10.00 00	0.00 00	10.00 00
	部分没収		10	47.22 04	15.70 25	31.51 09
		網走	7	34.24 06	11.67 15	22.56 21
		日高	3	12.97 28	4.03 10	8.94 18
	猶　予		29	118.18 08	41.47 00	76.69 10
		網走	5	23.25 00	13.07 14	10.17 16
		胆振	2	0.18 26	0.00 00	0.18 26
		日高	8	28.17 22	5.80 14	22.35 10
		十勝	2	8.46 20	1.26 25	7.19 25
		釧路	12	58.10 00	21.32 07	36.77 23
	再検査		1	1.72 15	0.00 00	1.72 15
		日高	1	1.72 15	0.00 00	1.72 15
1931	合　計		45	154.64 13	21.43 02	133.10 21
	全地没収		26	100.55 19	0.00 00	100.55 19
		網走	18	88.57 05	0.00 00	88.57 05
		胆振	5	1.15 29	0.00 00	1.15 29
		日高	1	1.72 15	0.00 00	1.72 15
		釧路	2	9.10 00	0.00 00	9.10 00
	部分没収		10	14.97 14	5.33 10	9.53 14
		胆振	7	8.30 02	3.28 02	4.91 10
		日高	2	1.67 12	0.18 18	1.48 24
		釧路	1	5.00 00	1.86 20	3.13 10
	猶　予		8	37.78 00	16.09 22	21.68 08
		石狩	1	4.86 20	3.37 24	1.48 26
		網走	1	5.00 00	3.56 19	1.43 11
		十勝	2	8.46 20	2.89 14	5.57 06
		釧路	4	19.44 20	6.25 25	13.18 25
	再検査		1	1.33 10	0.00 00	1.33 10
		十勝	1	1.33 10	0.00 00	1.33 10
1932	合　計		13	53.31 14	26.18 11	24.05 04
	全地成功		3	14.79 25	14.79 25	0.00 00
		石狩	3	14.79 25	14.79 25	0.00 00
	全地没収		1	1.33 10	0.00 00	1.33 10
		十勝	1	1.33 10	0.00 00	1.33 10

年次	処分内容	支庁	件数	下付地面積 (町.反畝 歩)	既墾地面積 (町.反畝 歩)	未墾地面積 (町.反畝 歩)
1932 (続)	部分没収		2	9.53 20	2.04 11	7.49 09
		石狩	1	4.53 20	1.59 19	2.94 01
		網走	1	5.00 00	0.44 22	4.55 08
	猶　予		7	27.64 19	9.34 05	15.22 15
		上川	1	3.07 29	-	-
		十勝	6	24.56 20	9.34 05	15.22 15
1933	合　計		37	170.89 17	8.10 04	162.75 13
	全地成功		1	2.08 20	1.50 03	0.54 17
		石狩	1	2.08 20	1.50 03	0.54 17
	全地没収		29	136.75 24	0.00 00	136.75 24
		石狩	29	136.75 24	0.00 00	136.75 24
	部分没収		7	32.05 03	6.60 01	25.45 02
		石狩	7	32.05 03	6.60 01	25.45 02
1934	合　計		9	39.82 21	11.25 15	28.57 06
	全地成功		2	8.46 20	8.46 20	0.00 00
		十勝	2	8.46 20	8.46 20	0.00 00
	全地没収		5	23.82 06	0.00 00	23.82 06
		釧路	5	23.82 06	0.00 00	23.82 06
	部分没収		2	7.53 25	2.78 25	4.75 00
		釧路	2	7.53 25	2.78 25	4.75 00
1935	合　計		3	11.76 20	4.96 20	6.80 00
	部分没収		3	11.76 20	4.96 20	6.80 00
		十勝	3	11.76 20	4.96 20	6.80 00
1936	合　計		8	38.46 25	7.65 29	30.80 26
	全地没収		4	19.81 26	0.00 00	19.81 26
		後志	1	4.99 21	0.00 00	4.99 21
		空知	3	14.82 05	0.00 00	14.82 05
	部分没収		4	18.64 29	7.65 29	10.99 00
		後志	3	14.73 04	6.65 29	8.07 05
		釧路	1	3.91 25	1.00 00	2.91 25
1937	合　計		10	37.01 12	5.49 17	31.51 25
	全地成功		1	3.07 29	2.59 26	0.48 03
		上川	1	3.07 29	2.59 26	0.48 03
	全地没収		6	24.15 03	0.00 00	24.15 03

年次	処分内容	支庁	件数	下付地面積（町.反畝 歩）	既墾地面積（町.反畝 歩）	未墾地面積（町.反畝 歩）
1937（続）	全地没収	釧路	6	24.15 03	0.00 00	24.15 03
	部分没収		2	6.33 10	1.50 00	4.83 10
		釧路	2	6.33 10	1.50 00	4.83 10
	猶　予		1	3.45 00	1.39 21	2.05 09
		釧路	1	3.45 00	1.39 21	2.05 09
1938	合　計		1	5.00 00	2.00 00	3.00 00
	部分没収		1	5.00 00	2.00 00	3.00 00
		釧路	1	5.00 00	2.00 00	3.00 00

註）1. 支庁名は1922年改称後のものを基本として示した
2. - は数値不明を示す
3. 原史料の数字の齟齬により合計数値が合わないものがある
4. 「件数」欄は個別の処理において一件と扱われたものを単位としている。人数や戸数とは異なる
5. 「部分没収」は既墾地を除き未墾部分を没収処分したもの
6. 「再検査」は，本人の立会いがなく不成功の原因が不明であることを考慮した1931年の十勝以外は，下付後15年未経過のもの

出典）北海道立文書館所蔵の北海道庁文書によって作成。一部推定によるものを含む

土地処分関係の簿冊は膨大な数に上るので、閲覧室架蔵のカード目録と件名目録を手掛りとして見当をつけ、次の範囲に絞って網羅的に調査した。(2) ①『北海道庁公文録』その他の本庁作成簿冊のうち「旧土人保護」の項目に分類されている文書、②同じく「未開地返還及取消」の項目に分類されている文書のうち一九二三年以降のもの、③各支庁作成の簿冊のうちカード目録にアイヌ関係であることを示す記載がある文書、以上である。これらはいずれも下付、検査の実施、処分の決定などの各過程を網羅的に記した台帳ではなく、個別処理の関係文書（原議）を綴ったものである。なお、②は基本的には「北海道国有未開地処分法」（以下「未開地処分法」）による売払・貸付地の「返還」と「取消」に関する文書を綴る分類項目であり、そこに「保護法」による没収関係の文書が紛れ込んでいること自体、後述するように「保護法」第三条の運用が「未開地処分法」の運用に従属的になりがちだったことを反映している。

表6-1に示した事例（私の把握している事例）が、実際に存在した検査・処分を網羅したものではなく、あく

まで「最小限これだけはあった」ことを示すものであることに留意していただきたい。例えば表6－1では「没収」の最後の事例は一九三八年六月四日の一件であるが、ここからこれ以降の事例が存在しなかったとは言えない。

ここで、開墾状況の検査方法と処分決定までの手続きをたどり、合せて前記の史料調査がどのような限界と偏りをもっているかを検討しておきたい。

一　検査の方法と手続き

「保護法」の施行方法を具体的に定めた「北海道旧土人保護法施行規則」（一八九九年内務省令第五号）と「北海道旧土人保護法施行細則」（一八九九年北海道庁令第五十一号）には第三条に関する規定がなく、開墾状況の検査方法と検査の結果未開墾地があった場合の手続きは、現実に必要に迫られてから初めて決められた。一九二二年二月二十日に北海道庁拓殖部長が各支庁長宛に次の通牒を発して、未開墾地がある時は「未開地処分法」による売払・貸付地の成功検査と同様に「臨検調書」を作成し上申書に添えるよう求めたのである。(3)

北海道旧土人保護法第一条ニ依リ下付シタル土地ニ対シ、同法第三条ニ依リ開墾ノ有無検査ニ際シ不成功ノ場合ハ取扱区々ニ渉リ居候ニ付テハ、今後未開地処分法ニ依ル売貸地検査同様御取計相成度、而シテ没収上申ノ際ハ臨検調書添付セラレ度、依命此段通牒候也

「不成功ノ場合ハ取扱区々ニ渉リ居候」というのは、具体的には次のような事情を指すものと思われる。この

通牒以前に支庁から本庁に下付地の検査結果を上申したものとしては、浦河支庁(のちの日高支庁)が七回にわたり七六戸分、計八四町六反四畝二五歩の没収処分を上申したものを見出し得る。(4) これらの上申に際し「北海道国有未開地処分法施行細則取扱手続」第四十条に定めた形式による臨検調書を添えた場合もあったが、多くの場合は各土地について開墾地・未開墾地の面積や開墾不成功の理由などを簡単な一覧表にして添えただけだった。そのため拓殖部では没収の適否を判断する材料が不足したのか、臨検調書の送付を求め(一九二二年一月二十五日付)、それに対して支庁側では「右検査ニ関スル取扱上ノ規程無之故ニ臨検調書作製ノ必要無之」と考えて作成していないと回答した(一月三十一日付)。(5) 恐らくこうした経緯で、拓殖部では手続きを整備する必要を遅ればせながら認識し、この通牒を発したのだろう。なお、確認できる限りで「保護法」第三条による下付地没収の最も早い例は、高倉論文が「大正十一年頃より此法の適用を受けるものが現はれ」(五二四頁)としているよりも三年ほど早く、一九一九年二月十八日付で浦河支庁長が様似村・荻伏村・浦河町の二六名分(計二九町四畝一二歩)を全地没収するよう上申し、同年五月五日に長官がこれを決定したものである。(6)

ここで「未開地処分法」について簡単に確認をしておきたい。(7) 同法は一八九七年に制定された「旧法」と、一九〇八年に大幅に内容を改めた「新法」の二つの段階に分けられる。いずれも様々な土地の利用方法についての規定を含み複雑であるが、最も基本的な内容のみを見ると、旧法は土地の無償貸付けと成功後の無償付与を定めたのに対し、新法は有償売払いを原則とし、別に自作予定者に無償貸付け・成功後の無償付与をする「特定地」制度を設けた。この改定は、旧法が大地積の無償付与により不確実な事業に対する払下げを許し、多くの弊害を生じたことへの批判を受けた結果である。以下、本章では繁雑を避けるため、特に言及の必要がない限り新法についてのみ述べる。

売払・貸付地は、使用目的や面積に応じて定められた期限内に、予定の事業を完了することを義務づけられた

（一九〇八年六月十日勅令第一五〇号「北海道国有未開地処分法施行規則」第四条）。

売払・貸付地の事業の成功程度を検査する具体的な方法は、「同施行細則」（一九〇八年六月二十四日北海道庁令第六十四号）・「同施行細則取扱手続」（一九〇八年七月一日北海道庁訓令第六五七号）が定めていた。これらに準拠しつつ「保護法」による下付地の成功検査がどのように行われたのかを次にたどる。

ごくわずかの例外を除いて、検査は五月から十一月に実施された。これは積雪の季節を避けたためであろう。現地に出向いて検査に直接当たるのは、支庁の吏員である。土地の下付は集落などのまとまりごとに同時期になされることが多く、検査員は数日間の出張でそうしたまとまり全体の検査を終えるのが普通である。

支庁では、あらかじめ土地所有者（下付を受けた者、またはその相続人）本人に対し検査日時を郵便で通知し立会いを求めた。立会人は原則的に土地所有者か代理人が務め、どちらも立会いをしないかできない場合には「隣佑現住者最近居住者若クハ地元村長又ハ戸長」が立会った（「施行細則取扱手続」第三十七条）。全地の開墾ができているのを確認した場合は支庁限りで処理し終えたが、部分的にでも未開墾地があった場合は臨検調書と開墾状況を示す「成功地実測図」を作成する（同第四十条）。臨検調書には、①成功未成功ノ地積及其現況、②工作物ノ種類個数、坪数及所有者ノ住所氏名、③現住者ノ氏名及其家族ノ員数、若シ之ナキトキハ其旨、④作付ノ有無及現況、⑤荒廃ニ属シタル箇所アルトキハ其地積及現況、などといった土地の状況を具体的に記す項目の他に、「本人若クハ立会人ノ陳述」という項目があり、検査員と立会人の捺印が必要だった。臨検調書を作成した時は、検査員はさらに「臨検調書附属調書」を作成し添付する（同第四十一条）。これには、天災など不可避の事故か病気が不成功の原因である場合にはその事実を、土地の性質が起業に適するか否か、期間を猶予すれば全地成功の見込みがあるかどうか、について意見を記入した。

支庁ではこれら二種類の調書と実測図を添えて、没収するか猶予するかの意見を長官に宛てて上申する。本庁では拓殖部殖民課が主管してこれらの書類を検討し、没収する場合には長官の決裁により命令書を支庁経由で本人に通知し、猶予する場合は拓殖部長の決裁により、今後督励のうえ改めて検査を行うよう拓殖部長名で支庁長に伝えた。「猶予」とした地に対しては翌年ないし数年後に再び検査を行った。再検査の結果再び「猶予」としたものも少なくなく、最も多いものでは一〇年の間に六回もの「猶予」を受けた事例がある(8)。表6-1の「猶予」の数値は、同一地について複数回の「猶予」がなされた場合、それらをいずれも含んでいる。

実際には、下付の時から起算して満一五年が経過した直後、またはその翌年に初回の成功検査を実施した事例が多い。一方、釧路・網走の両支庁については一九二二年になるまで成功検査の実施が確認できない。これらのほとんどは、この時期すでに下付から二〇年ほどが経過している。単に私の史料把握が及んでいないためである可能性は残るが、これらの支庁については、何らかの事情で検査の実施が遅れた疑いがある。

二 史料の限界

上記のような処理の経路をとったことが文書の残存の仕方に影響し、ひいては私の事例把握に偏りを生じさせている。

偏りの第一は開墾成績に関するものである。ここで私が実施した調査では、検査の結果開墾が不成功で支庁と本庁との間で文書のやり取りがあった事例は把握しやすい一方、「全地成功」については、簿冊に綴られた文書から「たまたま」知り得た事例しか把握できない。表6-1を見ると胆振の「全地成功」の数値が多いが、これは胆振支庁の簿冊には「全地成功」の記録をも合せて綴っていることが多いためであり、他の支庁の「全地成功」が少ないと即断してはならない。

偏りの第二は地域的なものである。開墾不成功の場合は、本庁と支庁の間で文書のやり取りがなされ、それぞれが文書を整理し保管した。臨検調書などの関係文書は複数作成されたのである。そのため、道立文書館で調査していると、本庁・支庁双方の簿冊中に同一事例の文書を見出したり、あるいは一方の欠落を一方によって補い得ることがある。ただし、日高・上川・空知の各支庁が作成した「保護法」関係の簿冊は、現時点では道立文書館で目にすることはできない(散逸あるいは同館へ未受入れなどのため)。したがって、これらの支庁については私の把握洩れの度合が比較的高いことが予想される。

なお、私の調査方法による事例把握の地域的な偏りは、本章の主題である第三条に関する事例に限らず、第一条による土地下付に関しても当てはまる。特に一九〇二年六月二十日以降、「保護法」による「未開地下付」が支庁長への委任事項とされた結果[9]、下付手続きの文書は特別なことがない限り本庁に送られて来なくなった。このため、私は日高・上川・空知における土地下付事例についてはあまり把握できていない。

次に北海道庁の統計資料との比較によって表6-1の事例把握の度合を検討してみたい。『北海道庁統計書』には一九一九年度から二四年度までの没収面積の記載があり、また、『北海道旧土人概況』(北海道庁学務部社会課、一九三六年)は一九三〇年から三四年までの数値を記載している[10]。さらに、高倉論文は一九三一年から三五年までに三〇四町歩の没収があったとしている(典拠不明だが前後の記載から推測すると「北海道庁調査」としているものと同一であろう)。表6-2はこれらと、表6-1から整理した数値を比較したものである。『北海道旧土人概況』の数値が何月を区切りにした数値か不明なので、表6-2-(2)では二通りの数値を用意した。

これを見ると、どの年についても双方の数値が一致するものがない。この食違いは不自然であるが、それがなぜ生じるのかは説明できない。表6-2-(1)については、一九二〇・二一年の比率が低いがこれらの年度の没収面積は少なく、全体的には控え目に見ても『道庁統計書』と比較して九割は把握できていると見てよいだろう。表

表 6-2　事例の把握範囲の比較

(1)『北海道庁統計書』との比較

年度	①北海道庁統計書より(町.反畝 歩)	②表 6-1 より(町.反畝 歩)	比率(%)②／①
1919	58.80 00	62.58 20	106.4
1920	39.80 00	5.66 29	14.2
1921	13.80 00	5.63 08	40.8
1922	249.30 00	280.36 04	112.5
1923	142.20 00	158.75 04	111.6
1924	100.80 00	86.06 11	85.4
計	604.70 00	599.06 16	99.1

出典）①は『北海道庁統計書』(第 35・36 回)
②は北海道立文書館所蔵の北海道庁文書から集計

(2)『北海道旧土人概況』との比較

	①旧土人概況	②表 6-1 より(1～12 月区切り)		③表 6-1 より(4～3 月区切り)	
年	没収面積(町.反畝 歩)	没収面積(町.反畝 歩)	比率(%)②／①	没収面積(町.反畝 歩)	比率(%)③／①
1930	0.00 00	133.55 26	－	67.00 13	－
1931	98.97 03	110.09 03	111.2	99.24 11	100.3
1932	32.93 26	8.82 19	26.8	4.55 08	13.8
1933	142.53 23	162.20 26	113.8	176.48 16	123.8
1934	21.65 25	28.57 06	131.9	21.09 16	97.4
1935	7.89 13	6.80 00	86.1	15.98 21	202.5
1930～35 合計	304.00 00	450.05 20	148.0	384.36 25	126.4
1930～34 合計	296.10 17	443.25 20	149.7	368.38 04	124.4
1931～34 合計	296.10 17	309.69 24	104.6	301.37 21	101.8

出典）①は『北海道旧土人概況』北海道庁学務部社会課，1936 年，高倉新一郎「アイヌの土地問題」『社会政策時報』230 号，1940 年
②③は北海道立文書館所蔵の北海道庁文書から集計

6-2-(2)については、数年分の合計数値を比較するため、この統計数値の性格を考慮して下段に示したように三つの時期区分を設定して積算したところ、いずれについても筆者が独自に集計した数値の方が①欄の数値よりも大きく、『北海道旧土人概況』ないしは高倉論文よりもむしろ多くの事例を把握できているものと見られる。また、通算の没収面積について見ると、高倉論文は「北海道庁調査」として「昭和十年迄に約二千百二十町歩に達し」としているのに対し、表6-1では一九三五年以降を除いても二三一五町一反四畝一〇歩であり、これを上回る。

以上から、表6-1に示した没収事例は、網羅的なものではないものの、把握の度合がそう低いものではなく、取扱いに注意すれば全体的な傾向を論じるための素材となし得ると考える。

第二節　没収処分の分布状況

一　社会事業行政の反映

これまでの研究が指摘するように、一九二〇年代の初めは北海道庁においてアイヌ「保護」政策の見直しが行われ、新たな施策の展開が図られた時期である(11)。

次に示す道庁内務部長と拓殖部長が連名で各支庁長・区長に宛てた文書(一九二〇年十二月八日付)は、私の知る限り、下付地の状況を道庁当局者が問題視している様子を伝える史料として最も早いものである(12)。冒頭部分がこれ以前の本庁側からの照会を示唆しているが、関連史料は見出せていない。

本件曩ニ回答相成候処、凡ソ旧土人ニ対シ生活ノ安定ヲ与フルハ、保護上最モ必要ナル義ニシテ、之カ為ニハ農耕地ヲ給与スルヲ適当ト被認候得共、従来給与シタル土地ニ於ル成績ハ極テ不良ニ有之、不成功其他ノ事由ニ依リ返地処分ヲ為シタルモノアルノミナラズ、其ノ否ラザルモノト雖モ、多クハ永小作権等ノ設定ニ因リ、土地給与ノ趣旨ヲ没却セルノ実況ニシテ、保護上大ニ考慮ヲ要スル儀ト存候、就テハ将来給与スル場合ハ、如何ナル方法ニ依ルヲ適当トスベキヤ、御意見承知致度、此段及御照会候也

ここで問題とされている事柄は二つに整理できる。第一の「不成功其他ノ事由ニ依リ返地処分ヲ為シタルモノ」とは、本章の主題である第三条による没収が進行しつつあることを指していよう。第二の「多クハ永小作権等ノ設定ニ因リ、土地給与ノ趣旨ヲ没却セル」云々とあるのは、下付地自作の形骸化を指している。「保護法」第二条の制限にもかかわらず、実際には賃貸借の形をとって下付地が所有者であるアイヌ民族の手から離れてしまうことが多かった。それも単に「小作に出している」というのにとどまらず、借金を盾に耕作権を奪い取られたり、二重三重の転貸の形で実際には土地を喪失したに等しい状態が各地で広がっていた。この史料で「永小作権」と記しているのにも、「保護法」の許容範囲を超えた契約がまかり通ることが往々にしてあったことを反映していよう。

一九二〇年代に北海道庁が打ち出した土地問題への対応策は、直接的には賃貸借問題を対象としたものが中心であった。すなわち、道庁は一九二三年三月開催の「社会事業主任会議」と同年七月開催の「旧土人保護救済会議」での協議を経て、下付地の「整理と管理」に乗り出す(13)。翌一九二四年には道庁社会課長が各町村に出張し、

個々の賃貸借契約に介入して、借地人に対して貸借期間の短縮や借金の棒引きを認めさせ（給与地の「整理」）、それと並行して下付地所有者を組合員とし市町村長を組合長とする「互助組合」を設立して、下付地の賃貸は互助組合を通じて行うこととしたのである（給与地の「管理」）。

これに対して没収問題についての議論は、表立った場にほとんど現れないものの、こうした政策動向と無縁だったわけではないことがいくつかの点に見て取れる。その主なものを二つ挙げる。

第一は、没収した土地の取扱いに関するものである。道庁拓殖部長は一九二三年二月十二日付で各支庁長に宛てて次の通牒を発した。(14)

旧土人下付地ニシテ成功セサルモノニ対シテハ、保護法ニ依リ没収処分相成居候処、其件数不尠有之、土人保護上誠ニ遺憾トスル処ニ有之候、旧土人ノ保護ニ付キテハ、当庁ニ於テモ目下夫々研究中ニモ有之、従テ若シ他日土人保護上土地ノ必要ヲ生セル場合ニ於テモ、現在ノ没収地ハ何レモ十数年前ノ設定ニ係リ、今日ニ於テハ相当優位ニアルモノ多キヲ以テ、斯カル土地ヲ得ルコトハ困難ナルヘク存セラレ候、依テ今之等ノ没収地ヲ一般未開地トシテ処分シ終ルハ、考慮ヲ要スル儀ト思料セラレ候ニ付、没収地ニシテ旧土人以外ノモノニ処分セントスル場合ハ、貴官権限内ニ属スル土地ト雖モ、左記調書添付、一応経伺ノ上処分相成度

記

一、実地ノ状況

二、実測図及評価書

三、許可見込願人ト出願地トノ関係

以　上

ここで拓殖部長は、多くの没収処分の発生に遺憾の意を表明し、没収地をアイヌ民族以外の者に処分する場合には本庁の了解を得るよう求めている。「給与予定地」(本書第五章参照)の設定ないし土地下付の当時と比べると、新たに土地処分の対象となる土地は自然条件・交通の便などの面でより不利になりつつあったという変化が、没収地を「優位」な土地とする見方を生み出している。「旧土人ノ保護ニ付キテハ、当庁ニ於テモ目下夫々研究中ニモ有之」という理由づけに、政策見直し全般の流れのなかでこの通牒が発せられたことを読み取れよう。この時点で「他日土人保護上土地ノ必要ヲ生セル場合」として想定されているのは、翌年五月に道庁拓殖部が支庁に対して管内各町村の下付地の状況を調査・報告するよう求めているなかに、「旧土人ニシテ未タ土地ヲ有セス給与地ヲ必要トスルモノ調」という項目があることを考え合せると[15]、新たな土地下付であろうと思われる。なお、没収地を元の所有者もしくは他の人物に下付した事例は、一九三〇年代の釧路国支庁管内などにおいて、ある程度の件数存在するようであるが、今のところ整理し切れておらず、本章ではいくつかの個別事例を指摘するにとどまる。

第二は、第三条を言わば機械的に適用して未開墾ならば即没収とするのを改め、とりあえず猶予して開墾を促進しようとする動きが現れることである。

再び表６-１を見ていただきたい。一九二三年になると「猶予」の割合が増加し、その反面、「部分没収」が減少する傾向が読み取れる。一九二三年の「部分没収」は二件であるが、そのうち釧路の一件はこの年の早い時期、一月十三日の没収である。五月十八日に網走支庁管内の斜里村で二八件について「猶予」と決して以降、前年猶予した土地が再検査の結果未開墾だった空知の一件(栗沢村、九月二十四日没収)を例外として、この年は「部分没収」の事例が見当たらない。

網走・釧路国の両支庁管内の事例については、処分決定時期がすべてこの年以降に属し、初回の成功検査で部分的にでも開墾地があった場合は、検査員が部分没収すべきだとの意見を記しても、支庁長は猶予するよう本庁に上申しその通り決している。そればかりかこの両支庁で一九二二・二三年に検査を実施し一九二五年三月までに処分を決したもののなかには、全地未開墾にもかかわらず「猶予」としたものが六一件(計二六五町三反三畝五歩)確認できる。

「猶予」の制度的な根拠は、「保護法」とその「施行規則」「施行細則」などにはなく、「未開地処分法」(新法)第十一条が「天災其ノ他避クヘカラサル事故」により期限内に事業を成功できなかった者に対し、予定期間の半分を限度に延長できると定めているのを準用したものと考えられる。「未開地処分法」による売払・貸付地についてのこの条文の運用実態は未検討であり、ここで見られる「猶予」の増加が、この条文の運用一般の変化が反映したものである可能性は残る。しかし、猶予を求める釧路国支庁長からの上申書の文面として「土人保導委員」との協力による督励・指導に言及した文章が定式化されていることや、互助組合の農業指導の役割に期待する文言がしばしば見られることから、[16] 基本的にはアイヌ政策の文脈で理解していいのではないかと考える。

「土人保導委員」は「土人保導委員設置規程」(一九二三年六月北海道庁訓令第五十五号)に基づき、アイヌ人口の多い市町村において官吏・教育関係者などに嘱託したもので、その執務細則は職務の第一項目に「給与地耕作ノ状況及所有地管理ノ方法ヲ調査シ適当ナル指導ヲ為スコト」を挙げており、道庁当局は下付地での農業経営を指導する役割を果すことを期待していたものと思われる。[17]

ところで、この時期のアイヌ「保護」政策を検討する際には、政策の担い手の新たな登場を見逃せない。一九二一年一月に道庁内務部に新設された社会課である(一九二六年に新設の学務部に移る)。「北海道庁庶務細則」(一九二四年十二月二十日北海道庁訓令第一〇七四号)によると、社会課は罹災救助・賑恤救済・免囚保護・職業紹介及失業救済防止などとともに「旧土人保護救済ニ関スル事項」を分掌した。[18]「道庁庶務細則」に「旧土人保護」を分掌として明記する部課が現れるのはこれが最初である。

「保護法」による土地下付や検査・没収に関する事務の主管は、「道庁庶務細則」がその分掌事項の一つに「国有未開地ニ関スル事項」を挙げている拓殖部殖民課であったが、社会課もそれに関与した。下付地の没収・猶予を本庁内で決裁する際には、拓殖部の各課のほかに学務部長・社会課長らの社会事業担当者が基本的には参加していたことが、決裁の文書から分かるのである。「未開地処分法」による売払・貸付地の返還・取消の決裁に際しては、本庁の関係文書をごくわずかの範囲だが検討した限りでは、社会事業担当者の参加は見られない。この違いは、「保護法」による下付地の取扱いはアイヌ「保護」事業の一部でもあることが考慮されたことによるのだろう。個別事例を見ていると、未開墾地を没収するか猶予するか、没収地の和人移民への処分を認めるか否かなどをめぐって、学務部・社会課側が、ともすれば開拓と殖民の効率を優先する傾向がある拓殖部を抑制する方向で働きかけているものが時折見られる。ただし、そのチェック機能がどの程度有効であったかは慎重に判断する必要がある。今述べた決裁への参加の問題に限って言えば、現実には学務部・社会課の手を経ずに処分が決定されたものも少なくなく、「保護法」による下付地の取扱いは、事務量が圧倒的に多い「未開地処分法」関係の事務の取扱いに呑み込まれがちだったことがうかがわれる。

二　没収処分の地域分布

(1) 概　観

下付地全体のなかで没収地が占める比率を地域ごとに比較するために、表6-3を作成した。②には『旧土人

表 6-3　没収面積の比率

支　庁	①人員(名)	②面積(町.反畝 歩)	③1戸平均(町.反畝 歩)	④没収面積(町.反畝 歩)	⑤比率(%) ④／②
札幌（石狩）	167	701.16 28	4.19 26	397.30 13	56.7
函館（渡島）	60	56.73 26	0.94 17	-	-
檜山	30	142.19 22	4.73 30	-	-
後志	17	221.04 23	13.00 08	13.06 26	5.9
空知	38	172.05 11	4.52 23	5.55 08	3.2
上川	40	160.62 02	4.01 17	-	-
留萌	6	19.21 14	3.20 07	-	-
宗谷	8	34.69 24	4.33 22	24.44 18	70.5
網走	140	545.94 09	3.89 29	240.36 04	44.0
室蘭（胆振）	1,192	1510.50 16	1.26 22	101.36 11	6.7
浦河（日高）	1,261	2957.89 16	2.34 17	1108.47 23	37.5
河西（十勝）	506	1946.05 01	3.84 18	8.13 10	0.4
釧路（釧路国）	362	1118.62 15	3.09 00	381.53 24	34.1
根室	23	69.25 00	3.01 03	67.78 16	97.9
合　計	3,850	9656.00 27	2.50 24	2348.03 03	24.3

註）支庁名の(　)内は 1922 年改称後のもの(河西のみ 1932 年改称)
出典）①②は『旧土人に関する調査』北海道庁，1922 年 11 月による 1917 年 3 月末現在の数値，④は北海道立文書館所蔵北海道庁文書から集計(表 6-1 から 1917 年 4 月以降の下付を除いたもの)

に関する調査』(北海道庁、一九二二年)によって、一九一七年三月末時点での各支庁の下付地面積の合計を示した。同書で「人員」とあるのは下付を受けたアイヌ民族の戸主の数を意味するようである。これを見ると、突出して下付地総面積が多いのは日高であり、以下、十勝・胆振・釧路・石狩・網走・後志と続く。檜山・空知・上川は一〇〇町歩台、渡島・留萌・宗谷・根室は一〇〇町歩に満たず、これらの支庁は比較的小面積である。次いで一戸当たりの平均面積を見ると、全体では約二町五反二四歩で「保護法」が上限としていた五町歩のおよそ半分に過ぎない。しばしば指摘されるように、「保護法」をその施行実態を視野に入れて評価するとき、実際の下付面積の少なさは最も大きな問題点の一つである。五町歩(一万五〇〇〇坪)は明治期の北海道において、一戸が農業経営を行うのに適切とされていた面積であり、その半分の面積では農業を中心とした生計の確立を図るための基本的な条件を欠くことになる。

「未開地処分法」（新法）で自作農を想定した「特定地」について、当初は制度上一〇町歩を上限とし（ただし一般的には五町歩）、新たな開拓地が自然条件が劣る土地となったことに配慮して、一九三三年からは根室・釧路国支庁で二〇町歩、それ以外の支庁で一五町歩と改めたことと照らし合せると、一九三〇年代に顕在化したアイヌ民族からの「保護法」批判のなかに、実態としての小面積下付に対する批判とともに、制度改正による下付上限面積の拡大についての要望が見られるのは無理がないことと言える。[19]

次いで各支庁の一戸当たり平均面積を見ると、多少の例外はあるものの、全般的には道南地方と胆振・日高の数値が小さく、道央地方の内陸部、道東・道北地方の数値が大きい（五町歩を大幅に超過する後志は数値の誤りであろう）。総面積が大きな支庁では、胆振の一町二反六畝二一歩という数値が特に小面積で目を引き、他方、四町歩を超える石狩は一見好条件に恵まれていたように見える。

しかし、没収面積を視野に入れると様相がまた違って見える。再び表６-３を見ていただきたい。「没収面積」欄の数値は表６-１から没収事例を抜き出し、没収面積を支庁ごとに集計したものである（ただし、一九一七年四月以降下付のものを除外してある）。

⑤の欄に示したのが、一九一七年三月末現在の下付地総面積に対して没収面積が占める比率である。これを見ると根室はほぼすべてが没収され、宗谷も没収比率が七〇％を越えている（ただし、根室支庁管内色丹郡シャコタンでは、一九二六年十一月に一一名に対し六畝一三歩ずつ没収地を再下付）。[20]下付地総面積が多い支庁では、一戸当たり平均面積が広かった石狩が五六・七％、網走が四四・〇％と没収比率が高く、日高と釧路も三〇％を超えている。一方で胆振・十勝の両支庁は、この表で見る限り没収地の比率は高くない。特に確認できる没収事例が四件しかない十勝に関しては、把握洩れが多くあるのではないかという疑問が残る。今のところ確たることは言えないが、本書第五章の検討から、十勝においては下付地の自然条件がごく劣悪だった場合は少なく、アイ

ヌ民族自身による開墾が進まなかった場合には和人借地人が入り込んで開墾したのだろうと考えている。大まかに言えば、ここでの作業からは、十勝を除く道東・道北地方および日高と石狩において没収の比率が高い、という見通しが得られよう。

これらの地方で没収地の比率が高かったのはなぜだろうか。道東・道北部についてはアイヌ民族に限らず、この時期、農業経営を成り立たせていくこと自体困難な自然環境があると言えるが、それで説明し切れるものではない。同一支庁内でも多様性があり、具体的には網走・釧路についていずれ別稿を用意したいと考えているので深入りは避け、ここでは臨検調書等から問題点をいくつか抽出すると、①漁業などを生業とし農業にはなじまなかったこと、②下付地が湿地・傾斜地など自然条件のうえで農耕に不能・不適な土地であること、③下付地が旧来の居住地から遠くに設けられたこと、などが挙げられる。

日高と石狩については、市町村単位まで踏み込んで見てみたい。表6-4は表6-1から「全地没収」・「部分没収」の事例を抜き出して集計したものである。「下付地面積」はこれらの市町村の全下付地の総面積を示すのではなく、没収事例についての合計面積であることにご注意いただきたい。この表によると双方とも没収事例が特に多い町村が存在している。日高では門別・平取・静内の各村、石狩では浜益・厚田・千歳の各村である。

⑵ 日　高

日高の三村についてさらに細かい地域単位で見ていくと、没収事例はかなりの程度特定の字に集中している。静内村ではメナシュベツ原野、平取村では貫気別原野、門別村ではヌモトル原野である。この三ヶ所の下付地はいずれも下付の年月日が、一九一二年九月から一四年九月までと、「保護法」制定後一〇年以上が経過した時期に属している。この時期に農耕に向いた土地を大規模に、かつ一所にまとめて確保することが難しいことは容易に想像されよう。とりわけ日高地方は土地の払下げが比較的早く進んだ地域である。現にこれらの下付地は山がちな土地であり、しかも交通が極めて不便な位置にあった。

メナシュベツ原野の場合、下付はいずれも一九一二年十月三日付で、一九二七年十一月に成功検査が実施され、翌年一月十四日に六〇名分、計二二三町一一歩が「全地没収」と決定された。[21] これ以外「全地成功」・「猶予」の

表6-4　市町村ごとの没収事例集計(1919〜39年)

支庁	市町村	件数	下付地面積(町.反畝 歩)	既墾地面積(町.反畝 歩)	没収面積(町.反畝 歩)
石狩(札幌)	合計	91	405.50 03	8.19 20	397.30 13
	厚田村	33	141.50 24	4.13 06	137.37 18
	千歳村	20	75.11 18	4.06 14	71.05 04
	浜益村	38	188.87 21	0.00 00	188.87 21
後志	合計	4	19.72 25	6.65 29	13.06 26
	余市町	4	19.72 25	6.65 29	13.06 26
空知	合計	5	24.82 05	4.44 22	20.37 13
	栗沢村	3	14.82 05	0.00 00	14.82 05
	長沼村	2	10.00 00	4.44 22	5.55 08
宗谷	合計	7	26.02 28	1.58 10	24.44 18
	稚内町	7	26.02 28	1.58 10	24.44 18
網走	合計	55	266.53 15	26.17 11	240.36 04
	斜里村	30	143.36 10	16.69 05	126.67 05
	美幌町	1	4.60 00	0.00 00	4.60 00
	網走町	6	30.00 00	9.48 06	20.51 24
	紋別町	18	88.57 05	0.00 00	88.57 05
胆振(室蘭)	合計	123	121.07 01	19.60 05	101.36 11
	室蘭市	26	51.00 12	1.96 21	49.03 21
	長万部村	6	1.83 24	0.00 00	1.83 24
	虻田村	1	0.02 18	0.00 00	0.02 18
	弁辺村	1	0.02 18	0.00 00	0.02 18
	幌別村	1	3.37 26	0.00 00	3.37 26
	厚真村	1	0.88 15	0.00 00	0.88 15
	似湾村	43	24.37 22	7.30 03	17.07 23
	鵡川村	42	39.34 20	10.33 11	28.90 20
	伊達町	2	0.18 26	0.00 00	0.18 26
日高(浦河)	合計	366	1120.24 23	11.77 00	1108.47 23
	浦河町	22	19.39 10	0.00 00	19.39 10
	荻伏村	9	9.87 10	0.00 00	9.87 10
	平取村	118	399.42 07	7.29 20	392.12 17
	門別村	122	438.74 22	3.44 17	435.30 05
	静内町	94	248.08 03	1.02 23	247.05 10
	様似村	1	4.73 01	0.00 00	4.73 01
十勝(河西)	合計	4	13.10 00	4.96 20	8.13 10
	大樹村	1	1.33 10	0.00 00	1.33 10
	本別町	3	11.76 20	4.96 20	6.80 00

(次頁に続く)

支庁	市町村	件数	下付地面積 (町.反畝 歩)	既墾地面積 (町.反畝 歩)	没収面積 (町.反畝 歩)
釧路 (釧路国)	合　計	157	415.11 24	11.69 19	403.42 05
	釧 路 市	75	69.58 16	0.24 04	69.34 12
	舌 辛 村	12	45.11 08	2.31 10	42.79 28
	昆布森村	7	29.44 07	0.00 00	29.44 07
	厚 岸 町	24	119.07 15	2.06 20	117.00 25
	弟子屈村	4	19.05 00	3.00 00	16.05 00
	標 茶 村	28	125.60 20	4.07 15	121.53 05
	白 糠 村	7	7.24 18	0.00 00	7.24 18
根室	合　計	20	68.50 26	0.72 10	67.78 16
	紗 那 村	1	0.31 07	0.00 00	0.31 07
	斜古丹村	16	64.36 09	0.72 10	63.63 29
	留 別 村	1	0.50 00	0.00 00	0.50 00
	内 保 村	2	3.33 10	0.00 00	3.33 10
総計		832	2480.66 00	95.81 26	2384.73 19

註）全地没収の事例と部分没収の事例の合計を示す
出典）北海道立文書館所蔵の北海道庁文書により作成

ものはなかったようである。一戸当たりの下付地面積は三町七反一畝二〇歩で割合広く、検査員は「土地ノ性質上実際起業ニ適ス」としているが、立会人は不成功の理由として揃って交通の不便を挙げている。支庁長上申（一九二七年十二月二十日付）は、この地は「静内市街地ヲ巨〔ママ〕ル約十里ノ奥地ニ位置シ、此間三里ハ既成道路アルモ其ノ以北ハ道路ハ勿論通路スラナク、交通極メテ不便」であり、「現在ニテハ隣村三石村大字幌毛村字上三石ヲ経由スルニ在ラサレハ到達シ得ラレサル状態」であるとしている。所有者の住所は静内川と捫別川沿いかその二つの川の間であり、三石村大字幌毛村は捫別川の河口から直線距離で約一二キロ南に河口がある三石川を遡った位置である。現実の開墾にはかなり困難な条件があったと言えよう。

貫気別原野とヌモトル原野は村境で接しており、実際は一まとまりの地域と考えてよい。下付は一九一二年九月から一四年九月の間に数次にわたって行われ、総計すると二〇二名分、八八〇町一反七畝一二歩の下付が確認できる。成功検査は一九二七年十一月、二八年七・八月、二九年七・九月に行われ、把握できた限りでの最終時点である一九三〇年二月現在で通算すると、成功地が九〇町二反九畝一〇歩（うち全地成功二〇件。三反九畝二〇歩は一部の植樹地を成功地と見なしたもの）、没収地が七六三町三反七畝二二歩（全地没収一七四名分、部分没収二名分）、猶予六名分、二六町五反一〇歩（うち既墾地五町六反五畝、未墾地二〇町八反五畝一〇歩）となり[22]、全体としては惨憺たる開墾状況と言うべきであろう。

この地は沙流川支流の貫気別川を遡った所に位置し、地形的には起伏が多い山林地であり、開墾にはかなりの労力と開墾従事中の生活を維持するための資金を必要とするような土地である。しかも、所有者の住所として記載されているのはいずれも新冠村か静内村であって、居住地を移さずに開墾・耕作するのは不可能な距離であった。

ここには、宮内省主馬寮頭の藤波言忠が新冠御料牧場内姉去村のアイヌ民族に対する貸与地を牧場経営に利用することを構想し、牧場側の意向を受けた北海道庁が、「保護法」による土地下付によってその代替地を確保したものが含まれている[23]。言うまでもなく姉去での土地の「貸与」自体が、従来のアイヌ民族の土地利用の自由を奪ったうえに成り立っていたものであり、この土地取上げと下付はそのさらなる侵害を意味するものである。浦河支庁長が一九二一年二月七日に管内の下付地の現況を述べたなかで、二七七六町六反四畝一三歩のうち八八四町一反一八歩ある未成功地について「概シテ開墾期間ニ属シ、且其大部分ハ、大正元年御料牧場用地内ニ於ケル旧土人収容ノ為メ新ニ下付シタルモノニシテ、土地高燥、且山地多ク、交通不便ノ為メ容易ニ入地ヲ肯諾セス、今尚放擲シアルモノ〔ニ〕シテ、畢竟地味ノ薄瘠ト交通ノ不便トハ、其不成功ノ主因ヲ為スモノナレハ、事情酌量ノ余地ナキニアラス」としていることにも、この地の農耕が困難だった事実とその要因が読み取れる[24]。

山本融定氏は、土地下付は御料牧場内居住者七一戸に対し行われ、うち二〇戸近くが一九二六年に入殖したとしているが[25]、貫気別・ヌモトル原野で確認できる下付・没収事例はこれよりも多く、それ以外の新冠村・静内村居住者に対する下付がかなりの程度含まれているものと思われる。メナシュベツ原野同様、これらの下付の事情を直接伝える史料は未見であるが、同じ支庁管内の平取村二風谷において「二風谷は人口の割合にして土地が狭いので、役人は保護法の五町歩と帳面を合わすために高台の火山灰地を一町歩ずつ区画して給与した」という証言があることなどを念頭に置くと(26)、下付地面積の不足に対するアイヌ民族の不満があり、支庁ではその不足を補うために追加下付を行ったのではないかと推測される。この推測を前提として考えたところで、現実に農業を経営するには著しく不利な土地であるから、実際のところ数字合せ以上の効果があったとは思えず、むしろアイヌ民族のなかに「保護法」の欺瞞性に対する批判を育ませる要因となったものと思われる(27)。

一九一〇年代の日高において遠隔かつ農耕困難な土地の下付が行われた理由を、未処分農耕適地の不足という状況の変化のみに帰して理解するのは適切ではなく、居住地近くの比較的農業経営に恵まれた土地の処分からアイヌ民族を排除する選択が働いた側面があるだろう。

そのように考える根拠を一つ挙げよう。一九〇二年三月に平取・荷菜など沙流川筋のアイヌ民族三七戸が、「当管区ハ地味鹵瘠ニテ、加フルニ三十一年度大水害ニ罹リ唯一ノ地積ヲ流没シ、今日各戸弐反歩内外地ヲ有スルノミニテ、生活ノ途ニ窮セシ情況」(平取外八ヶ村戸長の副申)を背景に勇払郡シムカップ原野での土地下付を出願したのに対し、室蘭支庁長は次のように長官に上申し不許可処分にするよう求めた(28)(三月二十五日付)。

…目下交通不便ナリト雖トモ、金山鉄道予定線ハ本原野ヲ中断シ、加フルニ地味肥沃ナルヲ以テ、将来ノ発達頗ル有望ノ土地ニ付、起業確実ナル資産家ヲシテ開拓ノ速成ヲ図ラシメザルベカラス、然ルヲ開拓上殆ント無制限トモ云フヘキ寛大ナル土人保護法ニヨリ、曚昧頑愚ノ土人ニ権利ヲ与フルハ、地方発達上ニ一大打撃ヲ加フルハ勿論、土地整理ニモ差支候義ニ付、速カニ不許可御処分相成候様致度…

ここで注目したいのは、地味・交通の便などにおいて好条件地であるという認識が、アイヌ民族への土地処分を回避する理由を構成する一要素に位置づけられているという点である。ここには「保護法」が「寛大」なものであると見る視線と（具体的には開墾義務の期限と課税猶予期間を念頭に置いているものか）[29]、地域開発を重視し土地整理の都合を優先する態度が現れている。

ところで、メナシュベツ原野・貫気別原野・ヌモトル原野の没収跡地に対しては、浦河支庁が和人移民の入植地として処分することを検討し[30]、他方で、アイヌ民族のなかにも没収跡地の入手を望む動きが見られる。未処分の農耕適地が少なくなってきたこの時期、自然条件のよくないこれらの地に対しても関心の目が改めて向けられたのであろう。メナシュベツ原野については、梅木孝昭編『アイヌ伝道者の生涯〈江賀寅三遺稿〉』によれば、江賀寅三らはアイヌ民族のキリスト教信者による集団入地を構想して、没収が決する以前から請願行動をし、原島袖三を代表者とした出願の結果「昭和四年再び開放された」という[31]。この間の経過や「開放」が具体的に何を指すのか等は不明だが、「保護法」による下付が再びなされた可能性はある。ただし同書によれば「農作物の試作は、一応成功したが、あまりにも不便な道路事情や、満州事変の勃発等の理由で開発を断念した」といい、結局のところ開墾には成功しなかった。

貫気別・ヌモトル原野の没収跡地については、一九二八年十月に道庁社会課の西田豊平社会事業主事補が平取村に出張調査した際、農耕に熱心だが十分な土地をもたないアイヌ民族が農地を求め、これらの没収地にも強い関心をもっていることを記録している[32]。西田によれば土地不足の原因には、そもそもの下付面積の少なさに加え、水害による下付地の流失があった。彼の復命を受けて学務部長は拓殖部長に対し「元来上貫気別ニ土人給与地ヲ設定セラレタルハ、別紙復命書記載ノ通、新冠村字姉去ニ肥沃ナル土地ヲ占有シ安全ニ生活シタル土人ヲ、御料局ノ都合ニ依リ、何等ノ補助ヲモ与ヘスシテ、交通不便ノ奥地ニ移住ヲ強制シタルモノニシテ、普通一般ノ土人給与地トハ趣ヲ異ニ」するというこの地の特殊性を指摘し、然るべき処理をするよう要請している[33]。その後の経

した没収地の処分がなされたとは考えにくい。ラサルヤ調査ノ要」があるとして、土地下付を求めるアイヌ民族の要望に疑問を付しており[34]、アイヌ民族を優先過は不明であるが、拓殖部殖民課では「土人ガ今後果シテ土地利用ノ意志アリヤ疑問タリ、一部策士ノ陳情ニア

⑶ 石　狩

厚田村大字正利冠において土地下付を受けていたのは、一八七五年の樺太千島交換条約の締結後、札幌郡対雁村に強制的に移住させられた樺太アイヌである。開拓使では対雁で土地を割り渡して農業を指導したが、彼らは元来漁業に従事していたために成功せず、方針を改めて漁業の手立てをも講じることとし、一八七七年には厚田村のニシン漁場を購い与えた[35]。一度失敗した農耕従事を場所を変えて再び企図したかのような「保護法」制定後の土地下付(一九〇〇年四月三十日付)は、まったくの失敗に終わった。道庁は、一九二三年三月と八月に二五名分、計一〇二町五反六畝八歩を全地没収、一九三三年六月に三名分、計一四町五反三畝二七歩を全地没収、五名分については既墾地四町一反三畝六歩を除く計二〇町二反七畝一三歩を部分没収とした[36]。結局のところ三三名分、計一四一町五反二四歩のうち開墾成功地はわずか約二・九％に過ぎない。

開墾不成功の直接的な理由は、日露戦後に南樺太が日本領になって帰郷する者が相次いだことである。一九二四年六月、厚田村長は拓殖部の照会に対し、管内にアイヌ民族の現住者はいないと回答している[37]。しかし、仮にそうした社会状況の変化がなかったとしても、一戸当たり平均約四町二反八畝二四歩と面積だけとると好条件に恵まれたかに見えるこの土地が、自作経営を支えるだけの条件を備えていたとは到底考えられない。第一に、この土地の自然条件が農耕には不向きだった。一九二三年九月の成功検査の調書によると、自作者はなく、相川市三郎なる人物が管理者としてわずかの可耕地を小作に出し、小作料を樺太にいる土地所有者に送金しており、未

開墾の高台の砂礫地は植樹地とする計画でいる。[38] 検査員は未開墾地を「高台ニシテ地味不良ナルモ、植樹地トシテ利用スルニ於テハ、樹木ハ相当発育シ得ベシ、耕地トシテハ収支償ハサルモノト認メラル」とし、高台で地味不良のために農耕地としての経営は困難で植樹地として利用すべきものと見ている。[39] 第二に、この地は正利冠川河口より直線距離で四・五キロ内陸に位置し、[40] 沿岸部の漁業に依存するところが大きい彼らが耕作するには遠かった。一九三二年の検査時点ではアイヌ民族は誰もおらず、役場が小作人に貸与してわずかの可耕地を水田とし、不可耕地は放牧地として利用していた。[41]

浜益の下付地は、かなりの山林を含む土地に地形を無視して五町歩単位の直線的な区画を設けて各戸に下付したため、農耕が困難だったものである。[42] 一九二三年七月十一日実施の成功検査の結果、全地未開墾だった九名分、計四五町歩について道庁は同年十二月に全地没収としたが、いずれも部分開墾済みであった他の二七名分、一三三町七反八畝三歩のうち既墾地二七町三反九畝二八歩について、検査員は地味佳良な緩傾斜地はほぼ開墾し尽し熱心に農業を営んでいることを認め、それ以外の農耕地としては収支が合わない「急傾斜ノ山」は植樹に目的を変更すれば成功の見込みがあるとした。[43] これを受けた支庁長も不可耕地については植樹地利用を認めて成功地として承認するよう上申したが(一九二三年十月三日付)、拓殖部では一九二六年二月十日付で実査のうえ処理することを支庁に伝えたきり、処理未決のまま宙に浮く。[44] 一九三二年十月十六日にようやく再検査を実施した後、村役場・支庁・天川恵三郎を指導者とする当事者アイヌ民族の間の調整によって、いったん没収して現住者を対象に再下付することに方針が固まり、翌年六月二十九日に全地成功の三名分、計一四町七反九畝二五歩を除いた二四名分、計一一八町九反八畝一六歩を全地没収、「該没収跡地ハ概シテ地勢急峻ニシテ不可耕地多キ為之ヨリ農耕適地ヲ選定シ」て、一九三五年五月に計九八町六畝三歩を二六名に下付した。[45]

没収・再下付という手立てによって、土地の喪失をともかく免れる結果となったのであるが、問題の元凶は開墾を義務づけていた下付地がそもそも農耕不能地だったという理不尽な事実にある。このような事例を道庁がどのように取り扱ったのか次に見よう。

第三節　農耕不能地下付の問題

一　問題の性質

浜益の事例において注目したいのは、支庁長が一九二三年十月に植樹地利用を認めるよう上申した後、本庁側の処理が滞っていることである。

この頃の事例を見ると、成功検査において検査員が未成功地は農耕不適地であると判断した場合でも、支庁長は開墾の見通しにもっぱら注目し、没収処分するよう本庁に意見を上申し、その通り処分を決することが普通に行われている。先に見た厚田村のほか、支庁が「住処ト遠隔シアルト耕地適地ノヶ所ナキタメ、下付適地ト認メラレズ」とした日高の浦河町の一八名分、計一四町一反四畝四四歩は一九一九年五月五日に全地没収。(46)検査員が火山灰地のため植樹地として利用するほかないと認めた(ただし植樹目的に変更しても成功は覚束ないと記している)千歳村ホカンカニの六名分、計二九町九反九畝一四歩は、検査員が浸水地だが排水方法を講ずれば起業に適すと認めた大字長都村の二名分、計一町九反九畝二五歩とともに、支庁長が「開墾ノ意志無キモノ」として没収するよう上申したのを受けて全地没収(一九二三年十二月二十七日付)。(47)斜里村の九件、計三九町四反七畝二歩は、支庁長が「大湿地ニシテ起業不可能ノモノニ有之」として没収するよう上申し、本庁では「受下付後今日迄何等着手セズ今後到底成功ノ見込ナキ」とするのみで、調書に記載された土地の自然条件を何ら顧慮することなく全地没収(一九二三年五月十八日付)[48]、その他多くの事例がある。

浜益の場合、検査員レベルにとどまらず支庁長までもが、開墾不成功の原因が農耕不能地の下付にあることを認めて成功地としての容認を求め、従来の農耕不能下付地の取扱いが内包していた問題点を、道庁内で自覚させる意味を図らずも果したのではないかと考えられる。支庁長のこうした前例のない対応は、札幌支庁ないし支庁長個人がアイヌ民族の声に耳を傾ける姿勢を特にもっていたために生じたのではなく、開墾可能地をほぼすべて開墾していたことに見られるような土地への「執着」があること、天川恵三郎が検査の際に情理を尽した請願を行い没収の強行を受け入れない姿勢を示したことが大きいであろう[49]。浜益において一九二三年の検査の結果、全地没収に処された九名分のいずれについても、検査員は急傾斜地で農耕地としての利用困難と判断しているが、支庁長は「起業ノ意志ナキモノ」と見なして没収するよう上申しているのである。

恐らく浜益の事例における処理の滞りの背景には、「保護法」第三条が「開墾セサル部分ハ之ヲ没収ス」という時の「開墾」とは田か畑にすることを意味しており、牧草地や植樹地としての使用はそもそも許容していないという事実が関係していると考えられる。「保護法」の問題点の一つとして、近年多くの論者が農業以外の産業について何ら施策を準備していないことを指摘しており、私もそれに同意するものであるが、仮に農業限定を意味ある施策として支持する立場に立つとしても、いや立つならば一層、農耕不能地・不適地を下付することを正当づける余地はなくなるだろう。

この農耕目的への限定は「未開地処分法」と相違する点である。すなわち同法(新法)においては、特定地については耕作目的に限定していたが、第二条による売払地については耕作・牧畜・植樹三通りの使用目的を認めていた(「施行規則」第三条)。さらに、土地の自然条件の不適や天災等の事故により止むを得ない理由がある場合に限って、売払・貸付地の目的および方法の変更を認めていた(「施行細則」第三十二条)。

一九二三年末から二四年には、開墾不能地の取扱いについて拓殖部内で検討課題となったらしい。一九二三年十一月上旬に成功検査を行った白糠村茶路原野の下付地のうち、八反五畝二二歩のうち既墾地が六反一五歩のみであった一名分について、検査員は「未成功地ハ急傾斜且地味不良ニシテ到底農耕地トナスヲ得ザルモノ」であるから部分没収とするよう意見を記し、釧路国支庁長も長官に対しこの意見に沿った上申をした(一九二四年四月十四日付)[50]。最終的には猶予と決するまでの過程で拓殖部が発した文書(一九二四年五月五日付)のなかには「未墾地ガ本人ノ怠慢ニ因ルモノナルトキハ、勿論没収処分ニ付セラル、ヲ相当トスルモ、単ニ不可耕地ノ故ヲ以テハ没収処分ノ途ナク」と、開墾不能地ゆえに没収することに躊躇を示す文言があり、さらに「土地ノ形質上開墾不適地ニ就テハ、目下考究中ニ有之候条、右ニ該当地積アルモ、御方針決定マテ没収上申方御見合置相成度」と、開墾不適地の取扱いについては検討中であることを伝えている[51]。

この時期が本章第二節一で見た政策見直しの時期であることも、こうした対応に関係していよう。

二　水害による流失の場合

同じ頃、水害によって土地自体が河川化したり表土が流失したものを没収することについて、道庁拓殖部が抵抗感を示した事例が見られる。一九二三年十月十六・十八日に成功検査を実施した釧路国支庁管内足寄村の四名分、計一三町一反三畝二九歩のうち七町七反一二歩、および十一月八日に実施した白糠村茶路原野の四名分、計七町五反五畝のうち三町六反三畝一二歩は、いずれも水害のために一部ないし全部が河川化または砂礫地と化していた。支庁長が検査員の意見通り開墾不能部分を没収するよう上申したのに対し、拓殖部では、「没収」の適用は不穏当の嫌いがあり当初の下付処分に「錯誤」があると見なして全地河川化のものは「取消処分」を、一部不能地になったものは地積を更正し、「滅却地」の代地を下付するよう伝えた(一九二四年四月二十六日付)[(52)]。災害によって土地の状況が変化したものについて、下付時点の「錯誤」を認めているのは、この時期の拓殖部の対応のなかでは官庁側の責任の範囲を広く解釈したものと言える。

しかし、この文書を評価するには、第一にこの事例について代地の下付がなされたか、第二にこうした取扱いがどこまで一般化されたのかを検証する必要がある。第一の点については、私が把握している下付事例のなかには該当するものはない。単なる把握洩れである可能性はあり最終的な結論は留保する以外にないが、代地下付はなされなかったか、なされても農耕適地ではなかった疑いがある。第二の点については、他にこの通牒に従って処理したものは同時に検査した茶路原野の四名分、計三町四反五畝二五歩のうち一町三反三畝二八歩流失が確認できるのみであり[(53)]、同趣旨の通牒が他の支庁に発せられた形跡もなく、個別的な対応の一つにとどまったと言ってよいであろう。これ以前は別として、これ以降においても水害により河川化・農耕不能地化したものを没収した事例を、胆振で六六件、計四一町八畝一三歩、十勝で三件、計八町歩確認できる[(54)]。

このうち十勝の事例は、いずれも利別川流域である本別村で、一九一九・二〇・二二年の洪水により既耕地の一部分が流失して「石礫地」と化し、一九三二年八月の検査ではその部分は農耕不能地と判断され植樹地とする見込みで猶予されたが、一九三四年十月の二回目の検査では和人小作人が、農耕不能地であり部分没収が適切であると証言し、翌年三月に計一一町七反六畝二〇歩のうち六町八反の没収を決したものである[(55)]。代地下付の検討・実施は確認できていない。

胆振の事例は二つに分けられる。一つは、一九二四年十月に検査を実施した鵡川・似湾・厚真各村の四八名分であり、本庁では同時に上申があった傾斜地・湿地の土地の件とともに「没収」の適用を不穏当としつつ、土地整理上没収したうえで代地を下付するよう支庁に伝えた(一九二五年九月二日付)[56]。代地下付の実施は確認できない。もう一つは、一九三〇年十月六日に検査を実施した鵡川村イクベツの八件、七名分であり、一九三一年一月に一件、九反一畝二七歩を全地没収、七件、計九町二歩のうち四町九反一畝一〇歩を部分没収とした[57]。代地下付の検討・実施の痕跡はない。これらの胆振の事例では本人が「返還」したい希望であることが、ほとんどの臨検調書に記載されている。「未開地処分法」による貸付地が流失した場合は、貸付処分の「取消」とするか「返還」を出願させ、売払地の場合は「上地」させるよう通牒したものがあり[58]、恐らく検査員がこうした取扱いを念頭に置きつつ「返還」すべきこと(返還するほかないこと)を納得させたものであろう。

行政当局者の意識のなかに、「保護法」による「没収」は未開墾の原因が本人の責任にあるものに適用されるべきだという認識が垣間見えることは重要である。代地下付や「取消」の適用を検討しているのは、その件が本人の責任ではないという判断に立って、制度上可能な施策を模索したものであるが、その施策が一般化されたとは言えず、知り得る限りでは代地下付が具体化されたかどうかについては覚束なさを残す。「未開地処分法」の条文を見ると、売払・貸付処分の「取消」は、天災等による事業不成功の場合の適用も想定しているようだが、事業不成功一般に対して適用されるものであり、下付地について取扱い方針が明確にされない状態では、「没収」と「取消」の区別をする意識が希薄化するのは大いにあり得ることである。河西(十勝)支庁においては流失地の代地を下付するに先立って「上地」を出願させたものがある一方で、拓殖部は一九一九年に「上地」は「保護法」第二条に抵触するとの見解を示しており[59]、制度上の不備が取扱いの不統一を生じさせる原因となっているものと言える。

三　その後の経過

傾斜地や湿地など開墾不能地・不適地一般の取扱いについては、先に見た「考究中」との言葉にもかかわらず、明確な方針が打ち出されないまま、その場しのぎの対応に終始したようである。

一九二九年九月に成功検査が行われた室蘭市の下付地のうち一件は、一町一反五畝二歩のうち既墾地が四反八畝のみで、残り六反七畝二歩は「傾斜地デ地味不良ノ為メ明治四十四年ニ落葉松ヲ植付ケ植樹地ニシ」ていた。この土地について拓殖部長は「土地ノ状況ヨリシテ余儀ナキモノ」として成功地扱いを認めた(60)。この事例は植樹地としての経営が既成事実化していた点を重視して特例的な措置がなされたものであろう。これ以外にも下付地の一部を植樹地としていたり農耕不能部分を草刈場に利用していたものを「全地成功」と見なしたものを、一〇件ほど(ほとんどが胆振支庁管内)見出すことができる。ただし、農耕地以外の利用は多いものでも下付面積全体の三分の一程度である。

一九三六年の『北海道旧土人概況』(北海道庁学務部社会課)も、一九三〇年代前半の没収地について、「右没収地ハ何レモ山岳又ハ泥炭地ニシテ農耕不適当地ナリ、故ニ之ハ土人等ノ懈怠ニ依ルモノニアラザルモ、法第三条ノ法文ニ照シ没収シタルモノナリ」と、没収地がそもそも農耕不適地であったことを認めている(61)。個別事例の処理過程を見ると、行政当局者は本人が生活を下付地に依存しているか否か、今後成功の見込みがあるか否かにもっぱら注目して処分を決する傾向が強い。農耕不能地・不適地の下付を受けた者は、成功検査の頃には下付地での農業以外に何らかの生業を見出しており(農耕不向きな土地なのだからそうするほかあるまい)、結局のところ自然条件の不適について、ひいては下付のあり方の適否について行政内部において深く問うことがないまま、没収がなされるのである。

一九三〇年代に道庁・内務省内で「保護法」の改正案を作成する過程で、第三条の「開墾セザル」を「農業ノ目的ニ使用セザル」と改めることで「養豚、養蜂、牧畜等」の使用にも許容範囲を拡大することが検討されたようであるが(62)、一九三七年に帝国議会に提出された最終的な改正案には盛り込まれなかった(この間の経過については未検討)。一九三一年九月に検査を実施し半分ほどが未墾地であった千歳村の下付地の処理について、社会課が拓殖部に対し、この件およびこれ以降の農耕不適ゆえに不成功の下付地を、放牧地または植樹地として利用することを容認するよう求め(一九三二年一月十四日付)、拓殖部側が「保護法」第三条の「開墾」が意味する範囲の限定を主な根拠にそれを拒否した(同年一月十八日)事例があり(63)、道庁内では特に社会事業担当者のなかに制度改定の必要性に対する認識が深まっていたものと思われる。

なおこの下付地については、結局「部分没収」と決したが、その直後に同一人物が下付を出願し許可を得ている(64)。千歳村においてはこの時期、同様に没収直後に同一地を再下付した事例を三件確認できる。没収処分に対する当事者の抵抗感があり、再下付によって土地の喪失を実質的に回避する方策を支庁がとったものと思われる。

一九三七年二月二十六日、「保護法」改正案の衆議院委員会審議のなかで、民政党の手代木隆吉代議士は第三条の「開墾」が意味する範囲を拡大すべきことを主張し、答弁した池田長官はそれに同意して「放牧ナリ或ハ養蜂、干物(場)宅地」に使用するものも許容する方針であると述べた(65)。これを受けた形で、「保護法」の改正法施行から二ヶ月が経過した同年九月一日、拓殖部長はこの方針を各支庁長に通牒し、農耕不適地・不能地の取扱いにようやく一つの指針が示された(66)。

しかし、注目すべきことに、この時の手代木代議士と池田長官のやり取りのなかでは、解釈拡大の必要性が、市街地や海岸近くの土地利用の特殊性、およびアイヌ民族の生活状況の変化や「同化」の進行による利用目的の多様化を理由として論じられるのみで、最も基本的な問題であるはずの農耕不適地・不能地下付の事実については、何ら触れられていない。一九三四年二月二十一日の「旭川市旧土人保護地処分法」の衆議院委員会審議において手代木は、下付地中に開墾不能地が多く、「謂ハヾ「アイヌ」ニ与ヘタ土地ト云フモノハ比較的悪イ土地、開墾ニ不適当ナル所ヲ予定シタト云フヤウニ見ユルノデアリマス」と鋭く指摘したが、この点について佐上長官の答弁を求めることはなかった(67)。

適切とは言い難い下付のあり方を政府・道庁が直視し、それが生じた理由を検証し、公の場で責任を明らかにすることは、なされないままであったのである。

おわりに

本章では、検査の方法や処分決定の手続きについて基礎的な事柄を明らかにし、また、没収処分や処分猶予の事例などについて、知り得た範囲で表を作成して整理した。検査方法の準用に見られるように、運用上における「保護法」と「未開地処分法」との密接な関係は、前者が後者に従属する傾向を帯びながら、本章の対象全体を通じて見られる。

第三条の実際の適用は一九一九年から見られ、多数の没収処分の発生は、アイヌ「保護」政策に対する関心が高まった時期と重なったこともあって道庁内で問題視され、それへの対応策は没収地をアイヌ民族以外に処分することへの慎重姿勢、釧路国・網走両支庁における処分猶予の増加傾向として現れる。

下付地中の没収面積の割合を見ると、全道的には約二割という数値が得られた。おおよその目安としていい数値であるが、分母として用いた数字は一九一七年のものであり、それ以降にも下付が行われていること、没収地を再び下付する事例があることなどに、留意しておく必要がある。

没収面積の割合が大きいのは、十勝を除いた道東・道北地方および日高・石狩両支庁管内であり、日高については一九一〇年代初期に行われた下付のあり方にかなりの問題があったこと、石狩については厚田村において樺太アイヌへの下付という特殊な事情があったのに加え、厚田・浜益両村ともに農耕不適地の下付があったことが分かった。両支庁の下付地総面積や一戸当たり平均面積は、面積は大きいが農耕困難なこれらの土地によって「水増し」をされている部分が大きいのである。

農耕不能地・不適地で未開墾に終わった下付地については、制度上の不備のなかで、個別事例に対して「よりまし」な対応を模索することが、行政組織の内部で部分的になされてはいた。しかし、制度の変更は、過去の下付を前提とした弥縫的なものにとどまり、しかも狭義の「開墾」でなくても農業に有効に利用していれば可とする方針の実現は一九三七年九月と遅かった。総じて言えば、「保護法」制定以来の時間のなかで行われてきた「農耕不能地・不適地を下付しそれを開墾不成功を理由に没収する」という取扱いは、既成事実として時間の流れのなかに置き去りにされたと言わざるを得ない。

なお、課題設定からすると、全没収事例のなかで農耕不能地・不適地・流失地などがどの程度を占めるのか、数値化して示すことが本来望ましいが、整理が行き届かなかった。この点、再下付の問題とともに今後の対象地域を絞った個別研究のなかで答えていくべき課題としたい。

（1）　高倉新一郎「アイヌの土地問題」『社会政策時報』二三〇号、協調会、一九四〇年、五一四―五三八頁。

（2）　現在ではインターネット上で簿冊単位での検索が可能である。

（3）　一九二二年二月二十日拓殖第六二三号「旧土人給与地検査ニ関スル件」『殖民関係例規』北海道庁殖民課、一九二八年、六一三頁。

（4）　他に下付後一五年未経過のため返送となったもの一件がある。「下付地没収ノ件」『北海道庁公文録　大正八年　第一〇八　土地収用献納上地寄付　処分法四条未開地付与　砂鉱採取　旧土人保護　未開地返還及取消』北海道庁拓殖部殖民課（A七―一　A／二〇三一、二件目）、「下付地没収処分ノ件」『北海道庁公文録　大正九年　第一〇四　風防林特別使用［私有水面埋立及払下］［未開地返還及取消］［例規］［旧土人保護］』同（A七―一　A／二一二九、一・五・六・七件目）、および「旧土人下付地没収ニ関スル件」『北海道庁公文録　大正十一年　第一一七　屯田兵給与地［未開地返還及取消］［土地特別貸付使用］［処分法四条付与］［砂鉱採取］［区画施設］［旧土人保護］』同（A七―一　A／二三四二、一・二件目）。以下、史料名の後に括弧書きで「A七―一」「A七―二」などと示すのは、北海道立文書館所蔵北海道庁文書の請求番号と件番号である。

（5）　「旧土人下付地没収ニ関スル件」前掲『北海道庁公文録　大正十一年　第一一七　屯田兵給与地［未開地返還及取消］［土地特別貸付使用］［処分法四条付与］［砂鉱採取］［区画施設］［旧土人保護］』（A七―一　A／二三四二、一件目）。

（6）　前掲「下付地没収ノ件」『北海道庁公文録　大正八年　第一〇八　土地収用献納上地寄付　処分法四条未開地付与　砂鉱採取　旧土人保護　未開地返還及取消』（A七―一　A／二〇三一、二件目）。

（7）　これらの法規類は『拓殖法規』北海道庁拓殖部、一九一五年を参照。北海道における土地制度の変遷と土地処分に関わる法規の内容については上原轍三郎氏の一連の研究がある。特に本章が扱う時期については、「北海道開拓第四期に於ける土地制度」『北方文化研究報告』第五輯、一九四一年、一四三―二三四頁、同「北海道開拓第五期に於ける土地制度と第一期より第五期に至る総括的結論」『経済論集』第二号、北海学園大学、一九五四年、一―一〇頁を参照。

（8）　斜里村の事例。「旧土人給与地ニ関スル件」『未開地返還及取消（三）　昭和五年』北海道庁拓殖部殖民課（A七―一／三〇三九、四件目）、「旧土人下付地ノ件」『未墾地開発資金貸付　第（五七）　未墾地開発資金借入（一）　資金貸付地事業報告（一）　訴願訴訟（一）　旧土人保護（一）　経費及予算（一）　昭和七年』同（A七―一／一八六五、一〇件目）。

（9）　一九〇二年五月三十一日北海道庁令第七十六号「支庁長委任事項」『北海道庁公報』第二号、一九〇二年八月二十九日、二六頁。また、「保護法」第三条による没収の決定は一九四二年一月に支庁長への委任事項になった。一九四二年一月二十八日北海道庁令第二十一号「支庁長及市長事務委任ノ件中改正」『北海道庁公報』第二七〇一号、一九四二年一月二十八日、および『例規（一）　訴願訴訟　旧土人保護　昭和十七年』北海道庁拓殖部拓地課（A七―一／三四八八、二件目）を参照。

（10）　『北海道庁統計書』第三十三・三十四回には一九二二年度、一二八名七五〇万八一一三坪、一九二三年度、四一名四二六

万六〇〇〇坪の没収が記載されているが、一名当たりの没収面積が一万五〇〇〇坪を大幅に超過し信用できない。『北海道旧土人概況』北海道庁学務部社会課、一九三六年(〈復刻版〉河野本道選『アイヌ史資料集』第一巻、北海道出版企画センター、一九八〇年)四六頁。

(11) 榎森進『アイヌ民族の歴史』草風館、二〇〇七年、四六五―四六九頁、小川正人『近代アイヌ教育制度史研究』北海道大学図書刊行会、一九九七年、二六五―二六七、三一五―三一九頁。

(12) 一九二〇年十二月八日付内地一一七号、内務部長・拓殖部長より各支庁長・区長宛「旧土人給与地ニ関スル件」、河野常吉『アイヌ研究材料乙　歴史及法規』北海道立図書館北方資料室所蔵(河野常吉資料、H〇九四―Ko―四九六)所収。浦河支庁からの回答(一九二一年二月七日付)のなかには没収問題に関連して「従来不成功ノ為メ没収セルモノ四十余筆アリト雖モ、是等ハ川成及農耕不適ノ地ニ多ク若クハ失踪不在等ニヨリ事業ヲ為サヽルタメニシテ、農耕適地ニシテ没収セラレタルハ誠ニ僅少也」とある(同前所収)。

(13) この間の経緯は『北海道旧土人概況』北海道庁学務部社会課、一九二六年(〈復刻版〉前掲河野選『アイヌ史資料集』第一巻)一三二―一三七頁を参照。

(14) 一九二三年二月十二日付拓殖六二五号、拓殖部長より各支庁長宛「旧土人没収跡地処分ニ関スル件」前掲『殖民関係例規』二〇八頁。

(15) 一九二四年五月三十一日付拓殖第二一〇七号、拓殖部長山中恒三より各支庁長宛、「旧土人下付地状況調査ノ件」『北海道国有未開地処分法完結文書　旧土人下付』北海道庁十勝支庁(A七―二　Bトカ／一一三五、三件目)。同じ件に関する文書が他に同『旧土人　大正十三年』北海道庁石狩支庁第二課拓殖係(A七―二／三二四、一八件目)、同『北海道国有未開地処分法完結文書　旧土人土地下付』北海道庁胆振支庁(A七―二　Bイブ／三三六、三件目)に綴られている。

(16) 「土人保導委員」への言及は、例えば「旧土人給与地成功検査ノ件」『北海道庁公文録　昭和六年　土地収用及献納上地寄附　未開地交換　旧土人保護』北海道庁拓殖部殖民課(A七―一　A／二八五六、三件目)、互助組合への言及は、例えば「旧土人下付地検査ノ件」『北海道庁公文録　昭和三年　処分法三条付与(一)　旧土人保護(一)　雑件(一)』同(A七―一　A／二八三九、四件目)に見られる。

(17) 一九二三年六月二十八日北海道庁訓令第五十五号「土人保導委員設置規程」、一九二三年七月六日北海道庁訓令第六九二号「土人保導委員執務細則」小川正人・山田伸一編『アイヌ民族　近代の記録』草風館、一九九八年、四一八―四一九頁所収。

(18) 一九二四年十二月二十日北海道庁訓第一〇七四号「北海道庁庶務細則」前掲『拓殖関係法規』北海道庁、一〇―一一頁。第一次世界大戦後の日本における社会事業行政の登場については、池田敬正『日本における社会福祉のあゆみ』法律文化社、一九九四年を、北海道については、三吉明『北海道社会事業史研究』敬文堂、一九六九年を参照。

(19) 特定地制度の貸付制限面積の拡大については前掲上原論文参照。一九三一年八月に札幌で開催された「全道アイヌ青年大会」出席者の代表者が道庁へ陳情したなかで、下付面積の上限を一〇町歩にするよう求めている(『小樽新聞』一九三一年八月五日付、前掲小川・山田編『アイヌ民族 近代の記録』二八〇―二八一頁所収)。この件については本書四四四―四四六頁参照。

(20) 『北海道国有未開地処分法完結文書 売貸地異動原簿』北海道庁根室支庁(A七―二 Bネム/八〇一)。

(21) メナシュベツ原野の検査・没収関係の文書は「旧土人給与地跡地ニ関スル件」『例規(一) 未開地返還及取消(四) 訴願訴訟(一) 土地収用及献納上地寄附(二) 昭和三年』北海道庁拓殖部殖民課(A七―一/三四六三、一件目)による。

(22) 「旧土人下付地没収ノ件」『未開地返還及取消(三) 昭和四年』北海道庁拓殖部殖民課(A七―一/三〇三七、一・六件目)、「旧土人下付地没収ノ件」『未開地返還及取消(四) 昭和四年』同(A七―一/三〇三八、一三・一五件目)、および「旧土人下附地検査ノ件」前掲『未開地返還及取消(三) 昭和五年』(A七―一/三〇三九、七件目)。

(23) この強制移住については、山本融定『日高国新冠御料牧場史』みやま書房、一九八五年を参照。

(24) 一九二一年二月七日付「浦河支庁長答申」前掲河野『アイヌ研究材料乙 歴史及法規』所収。

(25) 前掲山本『日高国新冠御料牧場史』一三七―一三九頁。

(26) 貝澤正『アイヌ わが人生』岩波書店、一九九三年、二三〇頁。

(27) 「保護法」による土地下付の欺瞞性については、一九三二年三月刊行の雑誌『蝦夷の光』第二号に掲載された貝澤正「土人保護施設改正に就て」が具体的に問題点を列挙して批判している(前掲貝澤『アイヌ わが人生』一六三―一六五頁、また は北海道ウタリ協会編・発行『アイヌ史 北海道アイヌ協会/北海道ウタリ協会活動史編』北海道出版企画センター、一九九四年、九〇―九二頁)。貝澤のこの批判については本書第七章第三節(三二一―三二四頁)で検討した。

(28) 「旧土人土地下付願不許可ノ件」『北海道庁公文録 明治三十五年 第五四 旧土人保護』北海道庁殖民部拓殖課(A七―一 A/一六三二、七件目)。

(29) この点、高倉論文も指摘している。特定地・一〇町歩未満の売払地ともに成功義務期間は五年(「施行規則」第四条)、課税猶予は「保護法」が地租・地方税とも下付後三〇年に対し、「未開地処分法」は地租のみ事業成功後一〇年と明記がある(第十九条)。成功検査の頻度も特定地は期間内毎年、三〇町歩以下の売払地は成功期間内三回以内で(「施行規則」第十三条)、一五年経過後に初めて実施する「保護法」よりも頻度がかなり高い。「未開地処分法」の方が厳しいという印象を与えるこれらの諸点は、見方を変えれば開墾奨励策としての真剣さの表れであり、他方「保護法」の「寛大さ」はそうした真剣さの欠如と見ることもできる。

(30) メナシュベツ原野については、一九二八年三月三日付の拓殖部長宛上申のなかで、交通極めて不便だが新たに殖民道路を開き「特定殖民区画地」として「許可移民」を入れれば開拓は難しくなく、「当管内ノ如ク殖民地少ク移民ヲ収容スヘキ余地乏シキ箇所ニ在リテハ、移民招来上寔ニ機宜ノ措置ト認メラレ」るとしている(前掲『例規(一) 未開地返還及取消(四) 訴願訴訟(一) 土地収用及献納上地寄附(一) 昭和三年』(A七―一／三四六三、一件目))。貫気別・ヌモトル原野については、一九二八年一月十六日付道庁長官宛上申のなかで「没収地ニ対シ、本地ト縁故ヲ有スル旧土人ニシテ、誠意開墾ヲ為スト認ムルモノヲ入地セシメ、且ツ適当ノ指導者ヲ配置シ、開拓ノ目的ヲ貫徹セシムルノ方途ヲ講シ度」としているが、十一月二日付の上申では「輓近道路完成シ、交通極メテ容易ニシテ、益々其ノ価値ヲ高メ」たことなどを挙げて、内地移民の入植を進めたい意向を伝えている(前掲『未開地返還及取消(三) 昭和四年』(A七―一／三〇三七、一・六件目))。

(31) 梅木孝昭編『アイヌ伝道者の生涯〈江賀寅三遺稿〉』北海道出版企画センター、一九八六年、一二八―一三二頁。

(32) 一九二八年十一月十日付、学務部社会課勤務社会事業主事補西田豊平より北海道庁長官澤田牛麿宛「復命書」前掲「旧土人下付地没収ノ件」『未開地返還及取消(三) 昭和四年』(A七―一／三〇三七、六件目)。前掲小川・山田編『アイヌ民族 近代の記録』四八一―四八四頁に収録。

(33) 一九二九年五月十四日付、学務部長稲垣潤太郎より拓殖部長関屋延之助宛「土人給与地ニ関スル件」、「旧土人下付地没収ノ件」前掲『未開地返還及取消(三) 昭和四年』(A七―一／三〇三七、六件目)。前掲小川・山田編『アイヌ民族 近代の記録』四八〇―四八一頁に収録。

(34) 金丸喜次郎属起案、殖民課長以下の閲覧印あり、前掲『未開地返還及取消(三) 昭和四年』(A七―一／三〇三七、六件目)。前掲小川・山田編『アイヌ民族 近代の記録』の解題(六一八頁)では「符箋」としたが、「供覧の際に付した表紙」の誤りである(黒井茂氏のご指摘による)。

(35) 樺太アイヌ史研究会編『対雁の碑――樺太アイヌ強制移住の歴史』北海道出版企画センター、一九九二年。

（36）「旧土人下付地検査ノ件」『未開地返還及取消（八）　目的起業方法変更期間延長（一）　未開地返還及取消（七）　大正十三年』北海道庁拓殖部殖民課（A七―一／二七三六、四件目）、「旧土人下付地没収ニ関スル件」『北海道庁公文録　大正十二年　第百二　旧土人保護』同（A七―一　A／二四六九、六件目）、および「旧土人下付地没収ニ関スル件」『旧土人保護（一）　昭和八年』同（A七―一／三五一三、三件目）。

（37）前掲「旧土人下付地状況調査ノ件」『旧土人　大正十三年』（A七―二／三二四、一八件目）。

（38）前掲「給与地没収ニ関スル件」『北海道庁公文録　大正十二年　第百二　旧土人保護』（A七―一　A／二四六九、六件目）。

（39）一九二二年九月二十一日付、調書、同前所収。

（40）前掲「旧土人下付地検査ノ件」『未開地返還及取消（八）　目的起業方法変更期間延長（一）　未開地返還及取消（七）　大正十三年』（A七―一／二七三六、四件目）に位置を表示した地図を収録。

（41）前掲「旧土人下付地没収ニ関スル件」『旧土人保護（一）　昭和八年』（A七―一／三五一三、三件目）。

（42）この概要については、前掲小川・山田編『アイヌ民族　近代の記録』の解題（六〇一―六〇二頁）で以前に紹介したことがある。

（43）「無償下付地成功検査ノ件」前掲『北海道庁公文録　大正十二年　第百二　旧土人保護』（A七―一　A／二四六九、一六件目）、「旧土人下付地没収ノ件」『旧土人保護法ニ依ル下付地関係　昭和八年』北海道庁石狩支庁殖産課殖民係（A七―二／四五一、八件目）。

（44）同前「旧土人下付地没収ノ件」『旧土人保護法ニ依ル下付地関係　昭和八年』（A七―二／四五一、八件目）。

（45）「旧土人保護法第一条土地下付ノ件」『北海道国有未開地処分法完結文書　産物売払・民有未墾地・旧土人』北海道庁石狩支庁（A七―二　Bイシ／二一五、一件目）。引用は一九三四年一月二十四日付、技手井村武雄より石狩支庁長中井正猪宛「復命書」より。

（46）前掲「下付地没収ノ件」『北海道庁公文録　大正八年　第一〇八　土地収用献納上地寄付　処分法四条未開地付与　砂鉱採取　旧土人保護　未開地返還及取消』（A七―一　A／二〇三一、二件目）。

（47）「無償下付地成功検査ノ件」前掲『北海道庁公文録　大正十二年　第百二　旧土人保護』（A七―一　A／二四六九、一四件目）。

（48）斜里村については、註（8）と同じ。

(49)　一九二三年七月の検査の際の立会人天川恵三郎の陳述は次の通り（註(43)の文書中の臨検調書立会人の陳述より）。
〔支庁長が没収するよう上申したもののうち〕私ハ当部落ニ於ケル年長ノ故ヲ以テ、万事部落ノ世話ヲシテ居ル者デスガ、本地モ元官ヨリ給与セラル、時分ニハ、旧土人四十七名ニ夫々割当テニナツタノデスガ、本地ヲ割当ニナリマシタ本人ハ死亡シ、残ル者ノ《ママ》ハ女ノ子独リデ現在土地ニ居リマスケレドモ、開墾モ出来ナイ次第デスガ、加フルニ本地ハ御覧ノ如ク割当中最モ急峻ノヶ所ニテ、到底開墾ノ出来ヌ処デアリマスガ、夫レデモ本地ニハ稚樹モ多少アリマス故ヘニ、天然木ヲ育テ、置ケバ、子孫ノ為メ、部落将来ノ為メ、薪炭ヲ採ツテモヨイノデスカラ、何卒及ブ限リハ御引上ケニナラヌ様御願致シマス
〔支庁長が成功地扱いを上申したもののうち〕本地ハ、明治三十四年ニ、吾々旧土人保護ノ為ニ特ニ官ヨリ給与シテ被下タ土地テアリマスガ、実ヲ申シマスト、元ハ漁ガ豊富デアッタモノデスカラ、殆ンド漁ノミニ没頭シテ、開墾ノ方ニ力ヲ注グ者無キ有様デシタガ、近年漁モ不足ニナリ、元ハ豊富ナリシ山モ伐リ尽シ、今トナツテハ日々ノ薪炭モ買入ナケレバナラヌ有様デスカラ、急ニ目ガ醒メマシテ、土地ノ有難イト云フコトニ気ガ付キマシテ、此頃テハ御覧ノ如ク部落一同熱心ニ開墾シテ居リマスルシ、又開墾ノ出来ヌ箇所ハ木ヲ育テ、居リマスシ、遅蒔ナガラ落葉松ヲ植付ケタイト考ヘテオリマスカラ、吾々旧土人ノ為、今後何分御保護ヲ被下様御願致シマス

(50)　「旧土人下付地検査ノ件」『北海道庁公文録　昭和三年　処分法三条付与（一）　旧土人保護（一）　雑件（一）』北海道庁拓殖部殖民課（A七―一　A／二八三九、四件目）。

(51)　同前。

(52)　「下付地没収ニ関スル件」『北海道庁公文録　大正十三年　処分法三条付与（五）　〔処分法四条付与（二）〕　〔旧土人保護〕』北海道庁拓殖部殖民課（A七―一　A／二五三八、一件目）。本文は次の通り。
左記ノ者ニ対シ、標記ノ件上申ノ次第モ有之候処、天災ノ為メ地形ニ変更ヲ生シ、事実開墾不能トナリタル場合、之ヲ没収処分ニ付スルハ、法意上穏当ヲ缺ノ嫌有之候ニ付、本件ハ当初ノ処分ニ錯誤アリタルモノト見做シ、現ニ川成地トナリ容易ニ原形ニ復スルノ見込ナキヶ所ニシテ、全地川成トナリタルモノハ、全地ノ取消処分ヲ、又一部決壊スルモ既墾地ヲ有スルモノハ、其地積ニ更正ヲ遂ケ、一面滅却地ニ対シ代地アラハ、此際下付相成度
追テ今後本件ト同様ノ事例ニ属スルモノハ別ニ上申ヲ須キス相当御処理相成度

(53)　「下付地検査ニ関スル件」前掲『北海道庁公文録　昭和三年　処分法三条付与（一）　旧土人保護（一）　雑件（一）』（A七―一　A／二八三九、三件目）、「下付地成功検査ノ件」『北海道国有未開地処分法完結文書　旧土人』北海道庁釧路支庁（A七

―二　Ｂクシ／七二五、六件目)。

(54)　高倉論文、五二六頁も、既耕地であって流失・決壊した土地を没収したものも「勘くない」としている。ただし、その原因を「主として旧土人の好んで居住した河畔に近く設定せられたゝめ」としている点には、私は納得しておらず、その検討は今後の課題である。

(55)　「旧土人下付地成功検査ニ関スル件」『例規(二)　旧土人保護　地種目変換及管理換　処分法三条付与　未開地返還及取消　国有雑種財産引継　未開地交換　未墾地開発資金借入　境界査定　土地整理　昭和十年』北海道庁拓殖部殖民課(Ａ七―一／三四七五、二件目)、「旧土人下付地ニ関スル件」前掲『未墾地開発資金貸付　第(五七)　未墾地開発資金借入(一)　資金貸付地事業報告(一)　訴願訴訟(一)　旧土人保護(一)　経費及予算(一)　昭和七年』(Ａ七―一／一八六五、八件目)。

(56)　「旧土人給与地没収ニ関スル件」『未開地返還及取消(十)　大正十四年』北海道庁拓殖部殖民課(Ａ七―一／二七四六、八件目。

(57)　「旧土人下付地部分没収ノ件」『北海道国有未開地処分法完結文書　旧土人土地下付』北海道庁胆振支庁(Ａ七―二　Ｂイブ／四八七、五・六件目)、「旧土人下付地部分没収之件」『未開地返還及取消(四)　例規(二)　昭和六年』北海道庁拓殖部殖民課(Ａ七―一／三〇四〇、三件目)。

(58)　一九〇九年十二月七日五拓第一一二六七号、第五部長より河西支庁長宛通牒「売払又ハ貸付シタル土地ノ河身流域変更ノ場合ニ於ケル取扱方ノ件」前掲『拓殖法規』一三二頁。

(59)　一九一九年十月十六日に浦河支庁からの上地適用の上申を「旧土人給与地ノ上地ハ保護法第二条第一号ノ規程ニ触レ詮議難相成」として退けたもの。それを受けた支庁は、一九〇七年に日高種馬牧場用地に組み入れるため、長官の方針で浦河郡内西舎・向別・杵臼村の下付地一六筆三三町歩余を「交換ノ意味ニテ」上地させたものの一部であると主張し、結局、拓殖部は「給与ヲ受ケタル旧土人カ、果シテ当時上地願ヲ提出シタリトセハ、上地ノ意義如何ニ係ラス、本地開墾ノ意ナカリシモノト被認」、第三条による没収が「最モ便宜ノ措置」であるとし、一九二〇年三月二十四日、三名分、計三町八反四畝一七歩を全地没収とした。この件は、「旧土人下付地没収ノ件」前掲『北海道庁公文録　大正九年　第一〇四　風防林特別使用　［私有水面埋立及払下］　［未開地返還及取消］　［例規］　［旧土人保護］』(Ａ七―一　Ａ／二一二九、五件目)。十勝における上地と代地下付の実施については本書二四一―二四二頁を参照。

(60)　「旧土人下付地検査之件」『北海道庁公文録　昭和四年　旧土人保護　処分法三条付与』北海道庁拓殖部殖民課(Ａ七―一

Ａ／二八六一、一件目）。なお、「未開地処分法」による植樹目的地の要件の一つに「現在林相ヲナサス、又ハ天然生稚樹ノ生育ニ依リ森林ヲ形成スヘキ見込ナキモノ」があったことは（一九一九年本庁決議「殖民地選定心得」第十二条、前掲『殖民関係例規』一二四―一二九頁）、下付地の植樹利用を追認する幅を狭めたのではないか。

(61) 前掲『北海道旧土人概況』四六頁。

(62) 「昭和十二年北海道旧土人保護法改正に関する道庁資料（抄）」谷川健一編『近代民衆の記録5　アイヌ』新人物往来社、一九七二年、五三八―五三九頁。この史料の作成時期は未詳。

(63) 「旧土人給与地没収処分ニ関スル件」前掲『未墾地開発資金貸付　第（五七）　未墾地開発資金借入（一）　資金貸付地事業報告（一）　訴願訴訟（一）　旧土人保護（一）　経費及予算（一）　昭和七年』（Ａ七―一／一八六五、六件目）。

(64) 「旧土人土地下付許可ノ件」『旧土人土地下付　昭和九年』北海道庁石狩支庁殖産課（Ａ七―二／四六六、二件目）。

(65) 『帝国議会衆議院委員会議録』昭和編74、東京大学出版会、一九九四年、六―七頁。帝国議会の議事録については、北海道ウタリ協会アイヌ史編集委員会編『アイヌ史　資料編3、近現代史料1』北海道出版企画センター、一九九一年を参考にした。

(66) 丑殖第四四九一号「旧土人保護法第一条ノ規定ニ依ル下付地開墾検査ノ件」『例規（一）　旧土人保護　未開地返還及取消未開地告示　国有雑種財産引継　昭和十二年』北海道庁拓殖部殖民課（Ａ七―一／三四七九、一二件目）。本文は次の通り。
旧土人保護法第一条ノ規定ニ依リ下付シタル土地ニシテ、開墾不能ノ部分ヲ含ムモ、草刈場、放牧地又ハ薪炭林等、農業上有効ニ利用シツツアル場合ハ、之ヲ開墾ト認ムルコトニ決定候条、今後成功検査ニ際シ、右ノ如キ場合ハ、検査簿ニ其ノ土地ノ利用状況ヲ記載処理相成度

(67) 『帝国議会衆議院委員会議録』昭和編44、東京大学出版会、一九九三年、三〇六―三〇七頁。

第七章　「旧土人保護法」以前からの所有地に対する所有権制限

はじめに

「北海道旧土人保護法」（以下「保護法」）について論じた文献は多いが、ここで取り上げる第二条第三項に言及したものはまずない。本章の課題を説明するために、初めに第一条と第二条を引こう。

第一条　北海道旧土人ニシテ農業ニ従事スル者、又ハ従事セムト欲スル者ニハ、一戸ニ付土地一万五千坪以内ヲ限リ無償下付スルコトヲ得

第二条　前条ニ依リ下付シタル土地ノ所有権ハ、左ノ制限ニ従フヘキモノトス

一、相続ニ因ルノ外、譲渡スルコトヲ得ス

二、質権、抵当権、地上権、又ハ永小作権ヲ設定スルコトヲ得ス

三、北海道庁長官ノ許可ヲ得ルニ非サレハ、地役権ヲ設定スルコトヲ得ス

四、留置権、先取特権ノ目的トナルコトナシ

前条ニ依リ下付シタル土地ハ、下付ノ年ヨリ起算シテ三十箇年ノ後ニ非サレハ、地租及地方税ヲ課セス、

又登録税ヲ徴収セス
旧土人ニ於テ従前ヨリ所有シタル土地ハ、北海道庁長官ノ許可ヲ得ルニ非サレハ、相続ニ因ルノ外之ヲ譲渡シ、又ハ第一項第二及第三ニ掲ケタル物権ヲ設定スルコトヲ得ス〔傍線引用者。以下同じ〕

第二条のうち第一項は、よく知られるように、第一条が定めた農耕に目的を限定した五町歩以内の下付地について、所有権の制限を規定したものである。それに対し、第三項（傍線部分）は同じくアイヌ民族の土地所有権に制限を加えるものであるが、対象とする土地が「保護法」以前の所有地である点が異なる。第三項は、第一項に準じる形をとりつつ、相続による以外の譲渡および諸物権の設定について、道庁長官の許可を新たに要件として加えたのである。

私は土地下付と共有財産管理に関して「保護法」の運用実態の検討を重ねる過程で（本書第五・六・八章）、アイヌ民族の財産権制限は「保護法」の本質的な性格に関わるという考えを深めてきた。今この一見瑣末な条項を取り上げる主な理由は、この条項が、「保護法」の諸規定のなかでも、財産権制限の度合が殊に強いと考えることにある。

踏み込んで述べれば、この条項は土地所有の権利に関して、新しく二本の制度上の線を引いたものだと言える。一本は、アイヌ民族と和人の間の線である。「北海道土地払下規則」（一八八六年六月二十九日閣令第十六号）や「北海道国有未開地処分法」（一八九七年三月二十七日法律第二十六号）などの土地処分法規によって土地の所有権を得ていたのは、主要には和人であったが、アイヌ民族も含まれていた。(1) この条項は、同一の法令に根拠をもつ既存の土地所有のうち、アイヌ民族による分にのみ規制をもたらしたのである。もう一本、見逃し難いのは、「国有未開地処分法」などの土地処分法規によるアイヌ民族の土地取得について、「保護法」以前と以後の間に引かれた線である。「保護法」以前の取得なら加えられる規制が、「保護法」以後の取得なら加えられないという線引きは、どのような意味をもつのか、この条項は「保護法」後の「国有未開地処分法」によるアイヌ民族の土地取得に影響を及ぼさなかったのか、第一の線との関係に注意しつつ考えてみたい。

本章は三つの節から構成する。第一節ではこの条項が設けられた事情を、第二節では個別事例をもとにその適用実態を検討し、第三節でこの条項の果した機能を考えたい。問題が個人の財産に関わるため、第二節では個人名・地域名などを伏せた形で叙述している。典拠史料の閲覧など、本章を利用するに際しては、個人情報への十分な配慮をお願いしたい。

第一節　条項の背景

政府が第二条第三項を「保護法」案に盛り込んだ理由を、法案の帝国議会審議を通して考えてみたい(2)。この条項の問題点を最も深く問うたのは、貴族院における鳥越貞敏の質問だった。質問と政府委員白仁武の答弁のうち関係部分を抜き書きする。

○鳥越貞敏君　本員モ少シ御尋シタイ、第二条ノ末項、旧土人ニ於テ従前ヨリ所有シタル土地ハ、北海道〔庁〕長官ノ許可ヲ得ルニアラサレバト云フ、即チ其所有権ヲ維持スルモノニ拘ラズ、長官ノ許可ヲ経ナケレバ前三項ノ権ヲ譲ルコトガ出来ヌト云フノハ、少シク酷ニシタル嫌ガアリハセヌカト云フ疑ガアリマス、其点ニ附イテ政府ノ御意見ヲ伺ヒタイ…

○政府委員（白仁武君） 御答致シマス、成ル程彼等ガ従前カラ所有シテ居リマス土地ヲ斯ノ如ク制限スルノハ、少シク所有権ノ侵害ニ当ルヤウデアリマスガ、併シ是ダケノ制限ヲシナケレバ、彼等ノ所有権ヲ十分ニ保護スルコトガ出来ヌト認メタニ依リマシテ、斯ヤウナ制限ヲ置イタ次第デアリマス…

質問の主旨は、以前に認められ現にその権利を維持している所有権に対して、新たに制限を加えるのは行過ぎではないかというものである。白仁の答弁は、ぼかした表現ではあるが、所有権侵害の疑いが濃いことを認めたうえで、「所有権ヲ十分保護」するためにこそ必要な措置なのだとの認識に基づくことを示して理解を求めた。なぜそう認識するのか。白仁の答弁でその点に関わるのは、船越衛の質問に答えて第二条全体について述べた次の部分である。

○政府委員（白仁武君） 御答致シマス、唯今ノ御話ノ通ニ、土人ガ開墾致シマシタ所、或ハ土人ニ当テガヒマシタ土地ヲバ、内地人ニ唯今マデ奪ハレルト云フ例シハ往々ゴザイマスル、ソレデソレヲ防ギマスルタメニ、第二条ノ制限ヲ置イタ次第デアリマスルガ、此制限ヲバ極実効ヲ奏シマスルヤウニ応用ヲ致シマスルノハ、唯道庁長官、支庁長並ニ戸長及裁判所ニ於キマシテ、土地所有権ノ保護ヲ致シマスル所ノソレ〳〵ノ機関ニ於キマシテ、十分ニ気ヲ附ケマシテ取扱ヲ致シマスル外ニアリマスマイカト存ジマス、ソレダケノコトハ此法律ガ出マシタ以上ハ十分ニヤリ遂ゲル精神デアリマス

現に発生している和人による土地争奪への対応策だというのである。では、「土人ガ開墾致シマシタ所、或ハ土人ニ当テガヒマシタ土地」とは具体的に何を指しているのだろう。あり得るのはおおよそ次の三通りである。

①アイヌ民族住居の地所は種類を問わず当分すべて官有地第三種に編入すべしとした、一八七七年十二月十三日開拓使達第十五号「北海道地券発行条例」第十六条を適用したもの

②道庁が一八九四年以降、道内各地に殖民地区画を設けた際、①を準用してアイヌ民族の農耕地として存置した「保護地」「給与予定地」

③「土地払下規則」や「国有未開地処分法」による取得地

①と②は官有地であり、第二条第三項の対象になるのは③のみである。帝国議会の質疑全体を見渡すと、白仁を始めとする法案策定者は、具体的には①と②の土地を主に念頭に置いていると考えられる。また、賃貸借の形をとった和人移民の流入など、それが現実の事態だったことを示す史料も存在する（本書第五章第二節一参照）。一方③については、和人による争奪が現にあると白仁らが認識していたのか、また現実に争奪と言うべき事態があったのかについて確かなことは言えない。その点、今後の検証を要するが、①と②の土地に関する現状認識を踏まえて、言わば予防的に③の土地に関する所有権制限を盛り込んだものではないかと思われる。

そう推測する最大の理由は、議会審議をたどると、法案の基盤にある「優勝劣敗」（政府委員松平正直の発言）の社会観の強固さを痛感するからである。和人と同様の法的手続きによって取得した土地について、アイヌ民族に対してだけ、アイヌ民族に属するというだけの基準で一様に、官庁が土地所有者の財産処分に介入することを規定したこの条項は、「保護法」のこうした思想的基盤を考慮に入れなければ理解し難い。

「地券発行条例」第十六条の但書に「但地方ノ景況ト旧土人ノ情態ニ因リ成規ノ処分〔一般の土地処分法令によ る処分〕ヲ為ス事アルヘシ」とあることは、この時期にアイヌ民族が新しい土地制度のもとで土地所有権の完全な認知を得るのは容易ではなかったことを思わせる。その裏返しとして、その認知を得た者は新しい社会環境への「適応」が相対的にはできていたのではないだろうか。

帝国議会の質疑に関して、もう一点確認しておくべきことは、「保護法」による土地下付規定の新設後も、アイヌ民族に対して「国有未開地処分法」を適用すると白仁が明言していることである。(3) だが、疑問が浮かんでくる。第二条第三項は、「国有未開地処分法」等による既存の土地所有について、アイヌ民族と和人の管理能力の差を、言ってみれば宣言したものである。この条項新設後に、アイヌ民族が和人と同一の制度の枠内で土地を取得する時には、より厳しいチェックにさらされることにならないだろうか。

第二節 第二条第三項の適用事例

「保護法」第二条第三項の適用事例に関して、『北海道庁統計書』は一九〇九年から二三年までの相続による以外の譲渡のみ数値を掲載している(表7-1)。このうち、一九〇九年から一一年の分は、凡例などに明示はないが、これと並んで掲載されている第一条の下付人員・面積が単年中のものとしては明らかに過大であることから、これと同様にその時点までの累計だと思われる。一九一四年以降が該当なしとなっているのが、後で見る表7-2に反していて明らかに誤りであるように、必ずしも信頼がおけない数値であるが、一九一三年までに六一名、三〇六町七反七畝二七歩という数字は一つの参考として頭に置いておきたい。

この他には、北海道庁内務部が一九一八年に発行した『旧土人に関する調査』に、この条項の適用状況に関する簡単な記載がある(ただし、土地譲渡に関する記述を欠く)。(4)

第三目 保護法施行以前より所有する土地にして質権、抵当権、地上権、永小作権及地役権等を設定せる

もの

> 質権、抵当権、地上権、永小作権の設定は何れの支庁管内に在りても之を見ることなく、地役権の設定は、浦河支庁管内に於て二件あるのみなり。即ち浦河町に於て二人、三町八段八畝十四歩、三石村に於て九人、八町七段六畝十四歩、合計十一人、十二町六段四畝二十八歩なり。設定の理由は、前者は土地及馬匹購入の為にして、後者は疾病治療及負債関係に依るものとす。

二件の地役権設定事例のうち、土地や馬匹購入を理由とする浦河町の場合は積極的な経済活動を読み取ることもできるが、より面積の大きい三石村についての病気や負債といった記述からは背景の生活難が想像される。

次いで表7-2を見たい。北海道立文書館が所蔵する土地処分関係の道庁文書から、この条項の適用事例を収集・整理したものである。もとより実際に存在した事例すべてを把握できているわけではない。散逸した文書があるうえ、一九一二年六月に「保護法」第二条第三項に関する処分は、支庁長委任事項となったため[5]、現段階で道立文書館に支庁の関係公文書が見られない地域（アイヌ人口が多い地域では日高・上川）については、事例の把握状況が殊によくないという限界がある。表7-2の一九〇九年までの譲渡許可面積を合計すると六町六反七畝二七歩であるから、表7-1の数字を信じるとすれば、一九〇九年以前について一割以下の把握率となる[6]。

表7-1 「保護法」以前の所有地の相続による以外の譲渡

	人員（名）	面　積（町.反畝 歩）
1909.12.31	51	85.91 05
1910.12.31	52	86.96 15
1911.12.31	57	293.76 23
1912.12.31	3	2.93 26
1913年	1	10.07 08
1914年	0	0
1915年	0	0
1916年	0	0
1917年	0	0
1918年	0	0
1919年	0	0
1920年	0	0
1921年	0	0
1922年	0	0
1923年	0	0

出典）『北海道庁統計書』

譲渡出願事例は二三件確認できる。「保護法」第

第2条第3項の適用事例

決定年月日	許否の別	出願の背景
1904. 2. 9	不許可	実父の漁業経営が薄漁，実兄病死による葬儀費用に窮する
1904. 2.24	許可	日雇稼ぎで家計を維持。願地は一度も使用せず
1904. 3.24	許可	鉄道用地に。他に相当の土地・資産あり
1904. 3.24	許可	鉄道用地に。他に相当の土地・資産あり
1904. 6. 2	許可	鉄道用地に。他に相当の土地・資産あり
1904. 8. 2	許可	家族増加と累年薄漁のため債務増加。所有地が水害に遭う
1904. 8.13	許可	転住に際し所々にある負債を償却するため。背景に凶作
1904. 8.13	許可	昨年凶作のため家政向き非常の困難
1904.10.15	許可	老母と2人で農業し手不足がち。凶作，母の病気死亡により負債増
1904.10.27	許可	昨年の凶作で生じた負債償還のため漁業出稼ぎ。連帯保証した者の逃亡により資金難
1907. 5.20	許可	若年時の事故で脚部切断。父母弟妹の病気・死により負債増
1907. 6. 4	許可	コンブ採取業経営資本借金のため
1909. 1.21	許可	所有地と4町歩の借地で農業。借地返還を求められ，漁業転業の資金を得るため　＊畦畔10歩を含む
1909. 2.23	許可	「保護法」による下付地開墾費用差し支えのため
1909. 2. 3	許可	「保護法」による下付地開墾費用差し支えのため
1909. 1.25	許可	本年度村税滞納金納入のため
1909. 5.11	許可	「保護法」による下付地開墾費用差し支えのため
1913. 5. 9	許可	湿潤地で収穫不能。家屋敷地として利用希望者に売却し，代地購入資金に
1918. 9.13	許可	1918年借金してニシン刺網漁をしたが負債。翌年漁業権を得られず廃業。負債返済を迫られる
1925. 2. 4	許可	尋常高等小学校用地に好適のため
1926.12.28	許可	家族死亡し独居。眼疾のため糊口に苦しむ
1930.12.11	許可	老齢，遠隔地居住で管理困難。賃貸の遠戚者に譲渡の意向
1935. 1*	許可	発動機船による漁業失敗と疾病により負債

1904. 4.21	許可	従来漁業をしていたが近来不漁続きのため資金不足 ＊返済期限1904.6.30，月利3分の契約案
1904. 8.13	許可	農具購入の費用に差し支えのため。背景に凶作
1909. 5.15	許可	借金返済の猶予を請うため
1909. 5.15	許可	一昨年落馬し負傷のため耕作できず治療費もかさむ。昨年凶作で負債増
1915. 6.18	許可	1911年，家族病気の出費で借金増，物価騰貴，昨年凶作，本年大小豆下落　＊返済期限1917.10.15，月利2分の契約案

出典）北海道立文書館所蔵『北海道庁公文録』中の「旧土人保護」の簿冊および『北海道国有未開地処分法完結文書』中の関係文書

表 7-2 「北海道旧土人保護法」

譲　渡

No.	出願地	地　目	地　積 (町.反畝 歩)	取得方法	代　価	出願年月日
1	後志国余市郡余市町	郡村宅地	0.04 07	-	70 円	1904. 1. 7
2	天塩国留萌郡留萌村	海産干場	0.05 17	-	200 円	1903. 4.13
3	渡島国茅部郡落部村	郡村宅地	0.00 16	-	4 円	1904. 2.17
4	渡島国茅部郡落部村	畑	0.02 21	-	3 円 24 銭	1904. 2.17
5	渡島国茅部郡落部村	畑	0.06 28	-	10 円 40 銭	1904. 3.22
6	後志国余市郡余市町	畑	0.92 11	1901 年付与*	80 円	1904. 7.14
7	日高国三石郡幌毛村	畑	0.79 18	1898. 2.21 付与	50 円	1904. 6.27
8	日高国三石郡辺訪村	畑	0.80 15	1896. 5.27 払下	48 円	1904. 4.18
9	日高国三石郡辺訪村	畑	1.29 22	1898.12.24 付与	78 円	1904.10. 7
10	日高国三石郡幌毛村	畑	0.80 07	1896. 6.22 払下	50 円	1904.10. 8
11	釧路国厚岸郡厚岸町	郡村宅地	0.03 08	-	200 円	1907. 2. 4
12	釧路国厚岸郡厚岸町	郡村宅地 畑	0.03 08 0.44 07	- -	- -	1906. 7.24
13	渡島国茅部郡落部村	畑	0.77 11	1886. 7. 1 買受	57 円	1908.11.14
14	石狩国浜益郡浜益村	畑	0.23 00	1898.12. 3 付与	20 円	1909. 2. 8
15	石狩国浜益郡浜益村	郡村宅地	0.07 24	1896. 2.17 払下	150 円	1908. 8. 7
16	石狩国浜益郡浜益村	郡村宅地	0.02 27	-	4 円 35 銭	1908. 9.10
17	石狩国浜益郡浜益村	郡村宅地 畑	0.07 29 0.19 28	1895. 9.28 払下	53 円 79 銭	1909. 3. 9
18	日高国静内郡静内村	畑	0.26 26	1897. 6. 7 付与	21 円 50 銭	1913. 3. 7
19	十勝国広尾郡茂寄村	郡村宅地	0.06 12	1891. 6.30 払下	700 円	1918. 7.17
20	根室国紗那郡紗那村	郡村宅地	0.71 21	-	1050 円	1924.10.14
21	釧路国川上郡熊牛村	郡村宅地	0.02 20	1888.12.27 払下	64 円	1925. 8.29
22	北見国斜里郡斜里村	畑	0.14 17	-	2403 円 50 銭	1930.11.27
23	釧路国白糠郡白糠村	雑種地	0.25 06	-	-	-

抵当権設定

24	北見国紋別郡紋別村	郡村宅地	0.04 00 0.00 25 0.04 05 0.03 00	1895 払下* 1891 払下* 1897 払下* -	700 円	1904. 3.23
25	日高国三石郡辺訪村	畑	0.17 12	1898.12.24 付与	15 円	1904. 6.18
26	日高国三石郡幌毛村	畑	0.40 25	1895 払下*	30 円	1909. 3.11
27	日高国三石郡幌毛村	畑	0.91 24	1896 払下*	70 円	1909. 3.20
28	日高国三石郡三石村	雑種地海産干場	0.04 05	1883. 2.12 地券授与	40 円	1914.12. 3

註）1．各欄の - は不明の意
2．「地積」欄，例えば「0.04 07」は「0 町 0 反 4 畝 7 歩」を表す
3．「取得方法」欄の＊は非課税期間から類推したもの

二条第一項と第三項に関する出願者は、「北海道旧土人保護法施行細則」(一八九九年六月十三日北海道庁令第五十一号)により、指定様式の願書に、土地の図面・譲渡契約案を添付して町村戸長役場に提出することとされていた。実際にはこれに加えて、土地台帳謄本と戸籍謄本が添付されている。願書には出願理由などを記し、土地所有者(譲渡人)と譲受人が連名・連印する。道庁はこれらの書類と、町村戸長役場が添付した意見、および支庁長の意見をもとに許否を決定する。

「取得方法」の欄を見よう。「払下」とあるのは「北海道土地払下規則」により一定の無償貸付期間内に予定事業に成功し一〇〇〇坪一円の割で払下げを受けたもの、「付与」とあるのは「北海道国有未開地処分法」により一定の無償貸付期間内に予定事業を成功し無償付与を受けたものである。払下・付与の時期の記載を欠くが除租(非課税)期間を明記している事例は、これを手掛りに処分時期を推定した。

「出願の背景」欄は願書や町村戸長の意見をもとにまとめたものである。鉄道用地として買収された落部村の三件(3〜5)については、他に所有地や財産があって生計に影響しないとある。その他、学校建設用地として買収対象になった20や、農耕目的の払下げ地でありながら農耕不能な土地を売却して代地を得ようという18(他に土地六町三四一九歩を所有)などを別にすると、多くの場合、土地を手放すのは、経済活動の拡大といった積極的な動機からではなく、本人や家族の病気、凶作・不漁などを背景にした生活の困窮によって負債がかさみ、追い込まれた結果だと言えそうである。

いくつかの事例を見てみたい。6の出願者の場合[7]、漁業経営のために毎年ある人物から借金をしていたが、追年家族が増加したのに加え、累年の薄漁で債務がかさみ、さらに畑地が水害を被った。六・七月は漁業家にとっては年度の精算時期に当たり、今後の生活方法を講じるために債権者への所有地売却を決めた。この他にも、凶作に労働の担い手だった肉親の病気と死が重なった9や、凶作の打撃に漁夫としての連帯保証に応じた者の逃亡による負債が加わった10のように、いくつかの災厄に襲われて、所有不動産の売却に追い込まれたものが多い。ここから、そもそもの経済状態の不安定さを読み取ることは無理ではなかろう。

農業従事者に関して気になるのは、自作農経営を維持するのに十分な土地を所有していないと思われる事例があることである。13は元来漁業に従事していたが、土地(今回の譲渡出願地)を購入したのを機に、他に四町歩の土地を借りて農業に転じた。ところが借地の返還を求められ、所有地だけの農業では家計を維持できないためにそれを手放し、再び漁業に転じるのだという。[8] 少なくともこの人物にとっては、「保護法」第一条の規定が自作地獲得の手段として役に立っていない。落部村のアイヌ民族には3〜5のように一定程度の面積の土地を所有する者がいたが、「保護法」による土地下付を受けた者はいなかったようである。[9]

これに対して、下付地での開墾費用を得るために所有地譲渡を出願したという浜益の三つの事例(14・15・17)の場合、土地下付が生活安定の道をもたらしたと言えるだろうか。[10] 事はそう単純ではない。浜益のアイヌ民族は従来沿岸部に散らばって居住していたのであるが、「保護法」による土地下付は沿岸部から直線距離で四キロほど内陸の、しかもかなり山がちな土地を含む所に一まとめになされていた(本書二九〇・二九二頁参照)。これらの出願からは、下付地の開墾に乗り出すという選択が、従来の居住地での生活を断念することと一体になっていたことがうかがわれる。同じ地域に、滞納した村税を支払うために土地売却に追い込まれた事例(16)があることを考えると、沿岸部でのアイヌ民族の生活が難しくなるような事情が生じていた可能性もある。[11]

さて、これらの出願に道庁はどう対応したのか。まず、把握事例のなかで唯一出願が却下された1を見よう。[12]

願書によれば、出願者の父はある人物から金銭的な助成を受けて刺網漁業を営んでいたが、薄漁が続いたために負債がかさみ、さらに息子(出願者の実兄)が一九〇二年七月に死亡し、その葬儀費用に窮して同じ人物から借金をした。親族が協議した結果、出願者名義の土地を売却してこの負債を「処弁」し「家事整理」をすることに決めたのだという。

町長の意見は、出願者は他家の相続人であって実家の負債を償還する筋のものではないこと、また実父は「血気ノ壮者」で子の扶養を受けるような者ではないことを挙げて、却下を求めたものだった。これに対して、この件を担当した道庁殖民部拓殖課員が当初記した「実家ノ負債ヲ弁済スルハ、法律上ノ義務ナシトスルモ…親族協議ノ上之ヲ弁済センカ為メ所有地ヲ売却セントスルハ、徳義上相当ノ処置ニシテ、強テ之ヲ拒ムヘキニアラズ」という意見は、当時の常識に照らしてもまっとうではないかと思われる。しかし、この課員の意見には殖民部長の決裁が下りず、最終的には町長の意見に沿って出願を不許可とした(決裁には長官の捺印がある)。個人の財産処分に対し官庁がイエの論理を持ち込んでそれを禁止したのである。この結果には、財産権への行政の過度の介入という印象を禁じ得ない。それを許したのは、直接にはこの時点での行政担当者ではあるが、基本には法の規定があると言うべきである。

他の事例に関する道庁の対応は、書類の不備がないことを確認し、やむを得ない事情であるとして出願を追認している。添付書類によって出願以前に譲渡契約が結ばれていることを確認しても、その不適切さを指摘したうえで追認している(３・４)。

書類上の不備の指摘などにとどまらない、内容に関わるやり取りとしては次の二点がある。

18では、担当した道庁官吏が「旧土人ノ無智ナル、動モスレバ狡徒ノ乗スル所トナリ、一旦其所有地ヲ失フヤ、再ビ他ニ代地ヲ求ルヲ得ズ、遂ニ窮迫ニ陥ル」として譲渡理由が明白で真に止むを得ないもの以外は不許可とすべきだと意見を記したが、庁内で退けられた[13]。

28に関しては道庁拓殖部が、抵当権設定は「一時ノ弥縫」にとどまるのではないかと疑問を投げかけた[14]。これに対しては、この海産干場での昆布採取が生計上重要で負債償還のためにも必要であり、本人・家族とも手放すことを望んでいないという返答を支庁から得、月利二分とした契約案が利息制限法違反であり、是正すべきであると指示して出願通り許可した。

実際のところ、個々の出願の背景に深く迫れば、生活の困窮といった、道庁の政策の枠組みではなす術もない問題にぶつかるのであり、道庁の対応とすれば、過度な財産権の侵害に陥ることを回避すれば、出願を追認するか、不公正な契約内容を指摘する程度にとどまるほかなかったのではないか。あるいは契約書案などの提出を義務づけたことで、債権者に対して少なくとも形式的には公正な契約書を整えることを促した、というのがこの条項のせいぜいのプラスの機能だったと言えるかも知れない。

だが、もう一つ、より重要な機能があったと考える。それは、却下事例に特に露呈している、出願者やその親族を自立した個人として認めず、しかもそれを当然のこととして疑わない行政機構の態度に関わる。

第三節　「保護民」意識の醸成

一九三七年の改正以前の「保護法」に対する同時代のアイヌ民族からの批判のなかに、第二条第三項に言及したものは今のところ見出せていない。この条項の適用事例があまり多くなかったうえ、実際には出願を追認するものが圧倒的に多かったために、下付地の譲渡自体を禁じた第一項のようには問題になりにくかったのだろう。しかし、だからと言ってこの条項がアイヌ民族による「保護法」批判に無縁だったとは言えない。

平取村の貝澤正が一九三一年三月刊行の雑誌『蝦夷の光』第二号に寄せた「土人保護施設改正に就て」は、指摘の具体性と鋭さの両面において、当時のアイヌ民族の「保護法」批判のなかで際立つものである。土地問題に関する部分を引こう(15)。

次に私は保護法の根幹ともなつて居りまする給与地の問題に付いて一言したいのでありますが、即ち保護法第一条に依れば「農業に従事し又は従事せんとする者には適農地五町歩を給与する」云々とありまして、農業に従事せざる者は何等の保護がなきのみならず、和人には十町歩を給与し乍ら、保護民たる土人に対し五町歩しか給与しないと言ふ理由は如何なるものでありませう。殊に適農地であるべき給与地が往々山岳湖沼であつて、如何に人工を加ふるも開墾が出来ず、其侭にしてゐる間に成功期間が満了して没収処分に付されつゝあるを見る時に、私は余りの不合理を叫ばざるを得ませぬ。そして再下附を出願すると、お前達は農事に不熱心であるからやらぬ、と言つて一蹴されまするし、一般規定に依つて出願すれば、お前達には特別の保護法があるから一般規程に依つて土地をやる事はならぬと言つて一蹴されます。強いて求めれば保護民に理屈を言ふ権利なしと言ふ権幕、本当に私共は保護法がある為めに非常に迷惑を蒙る事があります。

具体的な問題点を要約すれば、①「保護」対象の農業従事者への限定、②和人への土地付与と比較した下付面積の少なさ(16)、③農耕不能地の下付と、その開墾未了を理由とした没収、④農事不熱心を理由とした没収地再下付の却下、⑤「保護法」の存在を理由とした「国有未開地処分法」による土地取得からの排除、である。農耕不能ゆえに放置し没収されたという経緯が無視され「農事に不熱心」と決めつけられることへの批判に見られるように、貝澤がこれら相互の関係を見据えながら記していることにまず注意しておきたい。さらに傍線部に見えるように、貝澤の批判が「保護法があるのに」という範囲を超えて「保護法があるから」生じる「迷惑」にまで踏み込んでいる点が重要である(17)。

五つの具体的な問題点のなかで、この意味で直接問題になるのは⑤であろう。「保護法」の存在を理由とした「国有未開地処分法」からのアイヌ民族の排除は、先に見た法制定時の政府委員の説明に反するものであり、それが実際にあったのなら大きな問題である。その一方で、「保護法」後に「国有未開地処分法」によって土地を取得したアイヌ民族もいる。本来この問題についても、本書第六章で③について行ったように具体的に実態を解明する作業をすべきであるが、その準備がない今、それとは別に、直接に土地処分行政を担う官吏の意識の問題を、「保護法」の性格から論じておくことは無意味ではあるまい。官吏個人のアイヌ観やアイヌ政策観が個々の行政上の判断に影響を及ぼすことが現にあり得たし、個人が社会で生きにくさを感じさせられるのは、官庁などの諸機関の窓口を含め各所で接する他人の態度によることも多いはずだからである。

土地処分の現場において「保護法」の存在を理由とした「国有未開地処分法」適用からのアイヌ民族排除がある、もしくはそのような理由を口にする官吏がいるのはなぜなのか。単に両者が並立する法律として別立てで存在しているからではあるまい。貝澤の文章を注意深く読めば、「保護法」の存在自体がアイヌ民族が「保護民」であることを言わば証明し、アイヌ民族個々人を権利主張の主体としてすら認めない道を作る役割を果していることへの強い指弾が読み取れよう。

「保護民」という視線を形成する「保護法」の要素は、和人との別学教育や救療の規定など多岐にわたるだろう。しかし、ここで問題になっているのが、土地処分行政を直接担当する官吏であることを考えると、核は第二条と見て間違いあるまい。アイヌ民族の財産管理能力に疑問を呈するがゆえに設けられた条項の存在を認識し、それに基づく出願を処理する経験を重ねることが、行政機構のなかにアイヌ民族を「保護民」と見る意識を再生産していくであろうことは容易に想像できる。

私がここで指摘したいのは、「保護法」制定時の政府見解に反して、法の運用現場で「国有未開地処分法」からのアイヌ民族の排除に官吏が言及する要因は、現場の官吏の法に対する理解不足にあるのではなく、「保護法」自体が含んでいるのだということである。特に第二条第三項は、アイヌ民族一般について、和人と同一の法令に基づく所有地を自ら管理する能力を否定しているのであり、直接の規定対象が「保護法」以前の所有地であっても、アイヌ民族が「保護法」後に「国有未開地処分法」によって土地を得ようとするとき、目立たない形ではあるが、しかし確実に、阻害する機能を果し続けたのではないだろうか。

おわりに

「保護法」第二条第三項は、優勝劣敗の社会観に立ち、アイヌ民族の財産管理能力に強い疑問を呈する思想的基盤に深く根ざし、「保護法」以前からのアイヌ民族の所有地に対してまで所有権制限を及ぼす条項だった。財産権への過度な侵害の疑いという基本的な問題に加え、すでに所有権の確定した土地所有に後から制限を加えた点、および同一法令に基づく所有権に対し所属民族のみを基準にした制限の有無の違いという点において、本来的に大きな問題を含む条項であったと言えよう。

適用実態を検証すると、問題はより深刻に見える。和人による不正な土地譲渡と物権設定の抑制といった効果がまったくなかったとは言えない。しかし、主には生活の窮乏に原因をもつ所有地の譲渡・抵当権の設定に対しては、把握できる範囲では、追認するだけの結果に終わるものがほとんどであり、不許可事例には私有財産の処分に対する行政の過度の介入が明らかであった。むしろこの条項がその存在自体によって醸成し続けた、アイヌ民族に対する「保護民」視による弊害が、より大きな機能・意味をもったのではないかと思われるのである。

最後に、以上のように論じてきた地点から、一九三七年三月の「保護法」改正について簡単に触れておきたい。

第二条第三項はこの改正で廃止された。政府・道庁が作成した理由書は「土人族ノ同化向上ノ程度ニ徴シ其必要ヲ認メザルニ依ル」とその理由を説明する。(18) ここでは、法制定時の状況認識と意図を正当化したうえで、アイヌ民族の側の変化を理由に挙げて、条項が「不要になった」と述べているのである。これは「保護法」制定後の条項運用の実態を正しく捉えているだろうか。適用事例を見る限り、法制定の時点からこの条項を必要とするような状況は、実際には存在していなかったのではないか、ここには問題のすり替え、「保護法」の制度とその運用現場に存在していた問題の隠蔽がある、というのが私の理解である。(19)

もう一つ、この改正により第一条による下付地の譲渡禁止(第一条第一項)は、長官の許可制に改められた。この条項だけを見ると所有権制限の緩和であるが、それまでの第三項の枠組みへの移行と言うこともできる。本章で指摘した問題点が、形を変えながらも持続したのではないかという視角をもつことは、これ以降、一九九七年七月の「保護法」廃止まで存在したこの条項がもった意味を考える際に有効なのではないだろうかと考える。

(1) そもそも近代北海道の土地制度が、アイヌ民族の従来の土地に対する権利を否定するうえに成り立っている点に注意が必要である。本章はそれを前提に叙述している。なお、本章の対象時期に関する北海道の土地制度については、上原轍三郎「北海道開拓第三期に於ける土地制度」『北方文化研究報告』第三輯、一九四〇年、一―七八頁、同「北海道開拓第四期に於ける土地制度」同、第五輯、一九四一年、一四三―二三四頁、および同「北海道開拓第五期に於ける土地制度と第一期より第五期に至る総括的結論」『経済論集』第二号、北海学園大学、一九五四年、一―一〇一頁を参照。

(2) 『第十三回帝国議会議事速記録』第十四号、一八九九年一月二十一日(〈復刻版〉『帝国議会貴族院議事速記録』14、東京大学出版会、一九八〇年)。

(3) 「内地人ト同様ノ手続ニ依リマスレバ土人ニ対シテモ同様ノ取扱ヲ致シマスル、此一条(第一条)ノ精神ハ内地人同様ノ手続ヲ要シマセヌデ是ダゲ《ママ》ノモノヲ無代付与致スト云フ精神デアリマス」とある。

(4) 小川正人・山田伸一編『アイヌ民族　近代の記録』草風館、一九九八年、五七四頁所収。

(5)　一九一二年六月一日北海道庁令第七十号、『北海道庁公報』第三六九号、一九一二年六月五日、三五四頁。

(6)　「保護法」以前のアイヌ民族の所有地面積については、『北海道旧土人概況』北海道庁学務部社会課、一九三六年(〈復刻版〉河野本道選『アイヌ史資料集』第一巻、北海道出版企画センター、一九八〇年)四七頁などが、一九三〇年代時点で維持されている分の数値を記載しているのみである。全道で二一町八反九畝九歩と信じ難いほどの小面積であり、なかでも上川・釧路国・十勝・網走各支庁で、「保護法」以前からの所有地が極端に少ないのが目立つ。この数字の正確さについては留保を要するが、この点について私は、一八九〇年代以降に土地処分が本格化したこれらの地域においては、アイヌ民族に対する土地の「確保」が、主要には殖民地区画測設に際しての「保護地」設定によって行われたことの反映だとの仮説をもっている。表7-2は部分的な把握しかできていないものであるが、地域的な傾向はこの仮説を支持すると思われる。

(7)　「旧土人所有地譲渡願許可ノ件」『北海道庁公文録　明治三十七年　第百二　私有水面埋立及払下　土地無代下付及特別払下　旧土人保護　未開地交換及返還』北海道庁殖民部拓殖課、北海道立文書館所蔵(A七―一　A／一五五一、七件目)。

(8)　「旧土人所有地譲渡願ノ件」『北海道庁公文録　明治四十二年　第一六三　旧土人保護　区画地返還及取消　水面貸付使用及岩礁堀《ママ》削』北海道庁第五部拓殖係、北海道立文書館所蔵(A七―一　A／一五七三、一件目)。

(9)　前掲『北海道旧土人概況』三一頁。

(10)　「旧土人所有地譲渡願ノ件」、「旧土人所有地売渡願ノ件」、「旧土人所有地譲渡願ノ件」前掲『北海道庁公文録　明治四十二年　第一六三』(A七―一　A／一五七三、二・五・七件目)。

(11)　『小樽新聞』一九〇五年四月二十二日付掲載の「浜益通信」には、「旧土人の現状」との見出しの下に「十数年前までは当郡内各部落に散在居住し居りし旧土人は今や茂生村の一部に居を占むるのみにて漸次減少の傾向あり」とある。

(12)　「土地売渡願不許可ノ件」前掲『北海道庁公文録　明治三十七年　第百二』(A七―一　A／一五五一、一件目)。

(13)　「旧土人所有地譲渡許可ノ件」『北海道庁公文録　大正二年　第十三』北海道庁拓殖部殖民課、北海道立文書館所蔵(A七―一　A／一六三四、一件目)。

(14)　「旧土人所有地抵当権設定ノ件」『北海道庁公文録　大正四年　第一二九』北海道庁拓殖部殖民課、北海道立文書館所蔵(A七―一　A／一四二四、一件目)。

(15)　貝澤が引く「保護法」第一条はその趣旨を要約したもので、条文そのものとは異なる。復刻は北海道ウタリ協会編・発行『アイヌ史　北海道アイヌ協会／北海道ウタリ協会活動史編』北海道出版企画センター、一九九四年、九〇―九二頁。貝澤正

『アイヌ　わが人生』岩波書店、一九九三年、一六三―一六五頁にも字句を修正して収録。

(16) この点について、貝澤の文章は一九〇八年に改正された「北海道国有未開地処分法」(新法)で新設された、新規移住者を対象に土地を無償付与する特定地制度の上限面積を念頭に置いていると思われる。この制度では、アイヌ民族を含む従来からの道内居住者はごく一部の例外を除き対象外とされていた(ただし、一九二七年十月には分家者が対象に加えられた)。戦後(特に一九七〇年代以降)のアイヌ政策史批判のなかには、「保護法」の下付上限面積を「国有未開地処分法」などの処分上限面積と比較して、前者の小ささを批判するものが多いのに対し、貝澤のように同時代のアイヌ民族の批判は自作経営志願者を対象とする処分面積との比較に基づくものが多いのは注意すべき点である。土地処分法規が所有資本の多寡によって取得可能面積を強く制約しているという制度的枠組みを前に、効果的な批判を行おうとする配慮が働いた結果であろう。

(17) 以下の議論は、小川正人『近代アイヌ教育制度史研究』北海道大学図書刊行会、一九九七年、三三五頁がアイヌ民族に対する制度的差別の二側面として、制度上にある具体的な差別とともに、「そういう法制の存在が、周囲をしてアイヌに「保護民」といったイメージを抱かせる」側面を指摘しているのを踏まえている。また、二〇〇三年一月二十一日に開かれた自由学校「遊」の講座(札幌市)における井上勝生氏の報告からも示唆を受けた。

(18) 「北海道旧土人保護法ノ改正要点及其ノ理由」谷川健一編『近代民衆の記録5　アイヌ』新人物往来社、一九七二年、五三八頁。

(19) 「保護法」下に生じた問題点のうち、一九三七年の改正の際に十分に問題化される機会を逸し、かえって隠蔽されたものとして、農耕不能地が下付され未開墾を理由に没収された問題について本書第六章を参照。

土地所有権制限の緩和と、「土人学校」廃止などを内容とする一九三七年の法改正は、アイヌ民族の「同化向上」を改正理由の前面に掲げたものだった。また、そこに至るまでのアイヌ民族の「保護法」批判のなかにも、自分たちの「同化」の達成に根拠を置いて、和人との平等な取扱いを主張するものが少なくない。こうした論理を表層のものに過ぎないと見るのは誤りであろう。しかし、これらの点を把握したところでこの時点までの「保護法」の問題点、さらにはこの改正の意味を捉え切ったことにもなるまい。

麓慎一『近代日本とアイヌ社会』山川出版社、二〇〇二年、七七頁は、土地関係の条項に注目しつつ一九三七年改正の「意図」のなかに「アイヌの経済活動の拡大という側面」と「下付地の不法な売買への対応」という二つの側面があることを指摘し、内実においては後者がポイントだったのではないかと述べている。私の見通しは部分的にはこれにかなり近いが、率直に言って麓氏の叙述では、「同化向上」の論理と密に結びついた前者の側面がここで強く表面に現れる意味を捉え切れていないと考える。この点、同書「おわりに」の「保護法」の「意図」は土地問題を主要とする諸問題の解決であり、同化の達成はその「結果」であるという理解に対する私の強い違和感に通底するものだろう。私も麓氏と同じく、共有財産や土地政策上の矛盾の深まりが、政府が「保護法」制定に乗り出す重要な動機だったと考える。しかし、「同化」の進行は政策の意図せざる結果ではなく、法の枠組み・政策が当初から含みもっていた要素が機能した結果という面も強い、と考える。本章が「保護法」の「意図」ではなく「機能」「意味」に重点を置いているのは、前掲小川『近代アイヌ教育制度史研究』の「保護法」批判を私なりに学びつつ、麓氏のいう二側面を、その絡み合う状態のままに捉えるための手掛かりを探ることを目指したものだとも言える。

第八章　十勝アイヌの共有財産管理

はじめに

一八九九年に制定された「北海道旧土人保護法」（以下「保護法」）は、第十条で北海道庁長官（のち北海道知事）によるアイヌ民族の共有財産管理について規定した。「保護法」はその後数次にわたって改正を重ねたが、この条文は土地下付と土地所有権制限に関する条文とともに、一九三七年三月の一部改正を経て、一九九七年七月の同法廃止まで存続した。

本章では、「保護法」下の共有財産管理の実態を検証する作業の一環として、十勝アイヌの共有財産に焦点を当てて考察する。本来なら財産の発生から現在までを通してたどるべきであるが、その準備が整わないため、一八九九年の同法制定から一九三〇年代までに時期を絞らざるを得なかった。地域と時期以外にも踏み込めていない問題を多く残すことは覚悟のうえで、今後の考察のためのいくつかの糸口を得ることを目指したい。この問題に関しては、「保護法」以前について高倉新一郎『アイヌ政策史』が多少詳しく論じているものの、「保護法」制定後については、小川正人氏による「全道旧土人教育資金」（以下「全道教育資金」）についての研究があるほかは、北海道庁が一九三四年に刊行した『北海道旧土人保護沿革史』に概略がたどられている程度である。(1)

全十三条(うち末尾の二条は附則)のうちの第十条という位置は、この条文がさして重要なものではないという印象を与えるかも知れない。しかし、少なくとも次の二つの理由から、この条文は「保護法」の歴史的意味を問うとき避けて通れないと考える。第一は、この条文が多額のアイヌ民族の財産の帰趨に関わるという、言わば条文自体の内容による理由である。第二は、アイヌ民族の財産を所有者に代わって官庁が管理するという規定は、第二条の土地所有権制限と通い合う思想的な基盤に根ざしているという理由である。「保護法」制定前の状況を見れば、アイヌ民族が和人に土地その他の財産を奪われる事態の多発は客観的な事実であり、何らかの対策は必要だったに違いない。ここで問題なのは、そうした事態の原因をアイヌ民族の「蒙昧さ」による管理能力の欠如に帰するというイデオロギー的な着色を施すことによって、和人の「奸商」や開拓政策そのものがもつ問題性から目を背けさせている点である。その結果として、道庁や政府はアイヌ民族の財産所有への介入を、恩恵的なものと自認して憚ることがなかった。

本論に入る前に、アイヌ民族の共有財産とはそもそも何かについて簡単に述べておく。「旧土人共有財産」と呼ばれたアイヌ民族の共有財産は、その来歴の性質からいくつかに分けられる。例えば、①開拓使期に官の保護のもとで行われた漁場経営の収益金に由来するもの(胆振など)、③一八八三年に宮内省がアイヌ教育の資金として「下賜」、翌年に文部省が同趣旨で「下付」したもの(「全道教育資金」)、④開拓使・三県期の救恤金の余剰金に由来するもの(色丹・対雁)、⑤当初アイヌ民族の農耕地として北海道庁が確保しながら「保護法」による下付をしないまま経過し、一九三四年十一月施行の「旭川市旧土人保護地処分法」によって共有財産として下付されたもの(旭川)、といった分類が可能である。

次いで、本章の主題である十勝アイヌの共有財産について、発生から「保護法」制定までの経過を略述しておく。(2) 一八七五年三月の漁場持制度廃止に際し、漁場持商人杉浦嘉七の手代だった若松忠次郎は、開拓使の意を受けて、従来十勝で漁業に従事していた和人四二戸とアイヌ民族二八〇戸による漁業組合を組織し、漁業経営を行った。一八八〇年に組合が解散したとき、その収益金を組合員一戸当たり一六七円一三銭の割で配当した。広尾・当縁両郡アイヌの分は各戸に分配し、十勝外四郡アイヌの分は共有財産として開拓使が保管し、のち管理者は釧路郡長、さらには委任を受けた和人民間人へと推移した。その間、一八九三年四月には十勝郡旅来村アイヌ四五戸の分をその出願によって分割し、一八九四年六月には中川郡アイヌ一三五戸と河西・河東両郡アイヌ一三二戸の分に再分割した。

第一節　共有財産管理に関する規定と指定

一　「北海道旧土人保護法」の制定

一八九九年三月一日に公布、四月一日から施行された「保護法」の第十条は次のようなものである。

第十条　北海道庁長官ハ、北海道旧土人共有財産ヲ管理スルコトヲ得
　北海道庁長官ハ、内務大臣ノ認可ヲ経テ、共有者ノ利益ノ為ニ共有財産ノ処分ヲ為シ、又必要ト認ムルトキハ其ノ分割ヲ拒ムコトヲ得

北海道庁長官ノ管理スル共有財産ハ、北海道庁長官之ヲ指定ス

この条文について三点を確認しておきたい。①この条文が三項からなっていること、②第一・第二項の末尾が「コトヲ得」となっており、道庁長官による共有財産の管理が任意性を帯びていること、③長官が管理する共有財産は長官自身が指定し、その処分については「共有者ノ利益ノ為」という曖昧とも言える条件がある以外は内務大臣の認可を要件とするのみで、長官の裁量の範囲が非常に広いこと、である。なお、第二項のうち「内務大臣ノ認可ヲ経テ」の部分は一九三七年三月の改正により削除された(3)。

次に、共有財産による収益の利用に関して規定した第八条を見ておく必要がある。ここでは貧困者への農具・種子の給与(第四条)、疾病に罹り自費治療ができない者への薬価給与(第五条)、疾病・不具・老衰または幼少のため自活不能な者への救助と救助中死亡した時の埋葬料給与(第六条)、貧困者の子弟で就学する者への授業料給与(第七条)の財源に、基本的には共有財産の収益を充てることを定めた。

第八条　第四条乃至第七条ニ要スル費用ハ、北海道旧土人共有財産ノ収益ヲ以テ之ヲ充ツ、若シ不足アルトキハ国庫ヨリ之ヲ支出ス

この条文に、政府が「保護法」を特別の恩恵であると強調するのに反して、国庫の負担を極力避けようとする意図を読み取るのは妥当な指摘であると言えよう(4)。また、支出を規定しているのが「共有財産ノ収益」であって「共有財産」そのものではないことを確認しておく。

さて、これらの条文にはどのような目的があったのだろうか。「保護法」制定過程に直接関わる公文書の残存

状況は悪く、制定時の帝国議会での質疑のなかにもこれらの条文について踏み込んだものは見当たらない。しかし、それまでの共有財産管理のあり方に不透明な点が多々あり、それ以前の帝国議会における野党議員の質問や新聞記事が、道庁・政府への批判を強めていたことへの対応策という目的があったことは確かだろう。[5]また、一八八九年の「会計法」が、政府機関が法律・勅令の規定するもの以外の資金を保有することを禁じたため、道庁が共有財産を管理するには立法措置が必要となっていた。

関連して注目しておきたいのは、共有財産に関する規定が道庁・政府主導で「保護法」に盛り込まれたと思われることである。「保護法」につながる法案として最初に帝国議会で議論の対象となった一八九三年の「北海道土人保護法案」(改進党加藤政之助提出)は、細部の規定に違いは多々あるにしても土地下付・医療補助・教育といった、後に「保護法」に盛り込まれる内容を一通り含んでいたが、共有財産管理については何ら触れていなかった。それが、一八九四年頃に北海道庁が策定した勅令案と推測される「北海道土人保護規則案」では、第六条で「北海道旧土人共有財産ハ北海道庁長官之ヲ管理ス」とし、第五条で農具・種子の給与、医薬の給与、埋葬料給与、および小学校設置の費用に共有財産の収益を充て、不足の場合は国庫より支弁するとした。[6]道庁長官による管理とその収益の利用という二つの要素が、制定過程の同一段階で登場する事実は、施策のための財源を道庁管理下に取り込むことが、長官による共有財産管理のもう一つの目的だったことを強く示唆しよう。

二　管理に関する法令

道庁長官による共有財産管理の方法を具体的に定めたのは、一八九九年十月三十一日北海道庁令第九十四号「北海道旧土人共有財産管理規程」(以下「管理規程」)である。その第一条は「全道教育資金」以外の共有財産の管理は支庁長に委任するとし、さらに一戸長役場の所管に属する共有財産については支庁長の裁量によって戸長に委任することを認めた(ただしその場合はその旨を本庁に報告するよう指示した)。(7) 同年十二月には、二戸長役場以上の所管にわたる財産をいずれかの戸長に委任する場合には、長官の指揮を受けることが追加された。(8)

動産については現金のまま保存せず、預金・貸金をするか公債証書を買い入れて利殖を図るものとした(第二条第一項)。(9) 預金の場合は金庫預金・郵便貯金とすることとし、貸金は公債証書か確実な「銀行会社」の株券を担保とするものに限定した(第二条第二項)。不動産については、賃貸利殖を図るべきものとし(第三条)、その収益および貸金の担保で共有に帰したものは売却して「元資」に戻し入れることとした(第四条)。

一方、共有財産からの支出については、第五条が「旧土人共有財産ハ其ノ収益ヲ以テ其ノ指定ノ目的ニ使用スルモノトス」とした。この条文には二つの側面がある。一つは、使用対象を「収益」に限定していることである。原資からの支出は、備荒目的のものを「天災事変」の場合に共有者中の貧困者に貸し付ける(「管理規程」第七条)以外想定されていない。原資の切崩しや指定財産である不動産そのものの売却は、「保護法」第十条第二項にいう内務大臣の認可を要する「処分」に属すると考えるべきだろう。もう一つは、使用目的を指定のものに限っていることである。これは一八九九年四月八日内務省令第五号「北海道旧土人保護法施行規則」第二条が、北海道アイヌ全体の共有財産(「全道教育資金」を指す)の収益は全体のために、一部のアイヌ民族に属する財産の収益はその範囲のアイヌ民族のために充用すべきものとし、但書でその性質上目的を限定されているものはその目的にのみ充用できるとしたのとも整合している。

道庁長官による共有財産管理は、こうした枠組みのなかで行われなければならなかったはずである。

三　北海道庁長官管理の共有財産指定

道庁長官が管理する共有財産の指定は、「保護法」制定の後、数次にわたって北海道庁令で行われた。一八九九年十月三十一日道庁令第九十三号は全道と天塩国各郡の教育資金および胆振と日高の「備荒ノ為メ儲蓄スルモノトス」とした財産を、一九〇二年十一月八日道庁令第一三九号は「備荒ノ為メ儲蓄スルモノトス」として十勝の一四件を、同年七月二日道庁令第九十四号と十二月二十一日道庁令第一五九号は開拓使期に札幌郡対雁村に移住させられた樺太アイヌの共有財産(石狩地方の土地と漁場)を(目的記載なし)、一九〇三年一月二十三日道庁令第十号は白老郡の一〇〇円を備荒貯蓄目的でそれぞれ指定した。[10] 十勝で長官管理に指定された財産は表8-1の通りである。これらの管理事務は「管理規程」第一条によって河西支庁長に委任された(河西支庁は一九三二年に十勝支庁と改称)。支庁長がさらに戸長に事務の委任をしたか否かは確認できていない。

ここでまず問題にすべきなのは、これらが従来存在していた共有財産のすべてを含んでいるかどうかということである。十勝については組合解散時に各戸に配当を受けた広尾・当縁両郡と一八九三年分割の十勝郡旅来村アイヌの分が含まれていないのは明らかである。それらの財産の行方および指定された各郡アイヌ民族の共有財産のこの指定時点までの管理状況は、本章と連続する問題として今後検討する必要がある。[11]

指定後の財産の変遷を伝える史料として、一九〇九年から一二年までの『北海道庁統計書』が「旧土人共有財産」という項目のもとに各年十二月三十一日現在の数値を掲載しているものがある。十勝の分のみ抜き出して表8-2を作成した。

まず中川郡各村の分を見れば、不動産については海産干場の記載が一九〇九年から一一年の『道庁統計書』に

表8-1　1902年11月8日道庁令第139号の指定により道庁長官が管理する共有財産

共有別	財産種類	数　量	財産所在地	財産ノ目的
「十勝国中川郡各村旧土人共有」	鮭曳網漁場	1箇所	十勝国十勝郡大津村字前浜	備荒ノ為メ儲蓄スルモノトス
	同	1箇所	同国同郡同村字ヘトアシ子	同
	鱒曳網漁場	1箇所	同	同
	海産干場	1箇所	同国同郡同村字ヘトアシ子5番地	同
	郡村宅地	1畝4歩	同国同郡同村汐見通2番地5号	同
	木造柾葺倉庫	1棟（建坪15坪）	同	同
	北海道製麻株式会社株式券	90株		同
	現金	213円33銭		同
「同国河西郡伏古村芽室村河東郡音更村旧土人共有」	鮭曳網漁場	1箇所	十勝国十勝郡大津村字ウツナイ太	同
	郡村宅地	162坪	同国河西郡下帯広村字大通5丁目1番地	同
	同	162坪	同国同郡同村同字3番地	同
	木造柾葺2階建家屋	1棟（坪数34坪）	同国同村同字1番3番地	同
	北海道製麻株式会社株式券	80株		同
	現金	346円93銭4厘		同

出典）『北海道庁公報』第8号，1902年

は欠けているが、一九一二年に「中川郡各村旧土人共有」として海産干場一五坪の記載があり、それまでの統計の記載洩れではないかと思われる。また、建物一棟の記載が一九一〇年以降は欠けている点については、一九〇三年八月の大津村大火の際に焼失したという後年の記録があり、[12]これが正しいとすれば一九〇九年の『道庁統計書』が間違いということになる。指定当時の製麻会社株券と現金は、表8-2に公債証書・

表 8-2 『北海道庁統計書』掲載の十勝アイヌの共有財産

共有別	種類	1909 年 12 月 31 日	1910 年 12 月 31 日	1911 年 12 月 31 日	1912 年 12 月 31 日	庁令指定の有無
「十勝郡生剛村大字生剛村旧土人共有」	漁場	5 箇所	5 箇所	5 箇所	5 箇所*	無
「十勝郡大津村大字長臼村大字愛牛村大字旅来村及生剛村旧土人共有」	同	1 箇所	1 箇所	1 箇所	1 箇所	無
	海産干場	12 坪	12 坪	12 坪	12 坪	無
「広尾郡茂寄村大字茂寄村大字歴舟村旧土人共有」	同	3000 坪	3000 坪	–	–	無
「中川郡各村旧土人共有」	海産干場	–	–	–	15 坪	無
「中川郡十弗村外九ヶ村旧土人共有」	公債証書	7550 円	8150 円	8150 円	8150 円	
	預金	1301 円	3121 円	4022 円	4216 円	
	現金	2 円	–	–	114 円	
	漁場	3 箇所	3 箇所	3 箇所	3 箇所	
	建物	1 棟	–	–	–	
	宅地	34 坪	31 坪	31 坪	31 坪	
「河西郡芽室村伏古村河東郡音更村旧土人共有」	公債証書	4950 円	5350 円	5350 円	5350 円	
	預金	1702 円	2287 円	2607 円	2685 円	
	現金	43 円	–	–	–	
	漁場	1 箇所	1 箇所	1 箇所	1 箇所	
	建物	1 棟	–	–	–	
	宅地	324 坪	324 坪	324 坪	324 坪	

註）*「十勝郡浦幌村旧土人共有」とあり

預金・現金とあるものに引き継がれたのだろう。指定当時の九〇株（額面五〇円）[13]を売却した場合の価格が未確認なので、一九〇九年までの動産全体の増減については今のところ何とも言い難い。一九〇九年から一二年までの四年間については、現金・預金の合計額は増加している。これは預金・貸金の利子と不動産賃貸の収益、および貸金の担保を取得した場合の売却益によるもののはずである。なお、一九〇九年と一二年の記載に現金が見えるのは、運用の都合もあり許容範囲かとも思えるが、厳密に言えば「管理規程」第二条に反している。

河西・河東両郡共有のうち、『道庁統計書』に記載がない建物一棟は、これも後年の記録に一九〇七年に火災に遭って焼失したと記されている。[14] 動産については、一九〇九年までの増減が未確認であること、一九〇九年以降年々増加していることは中川郡の場合と同様である。

両者について、動産の増加が自然な範囲に収まっているか否かについては今のところ検討が及んでいない。『道庁統計書』の記載でもう一つ注目すべきなのは、道庁令によって指定された以外の共有財産の存在である。留萌・厚岸などにも見えるが、十勝については表8-2に「無」と記した漁場と海産干場である。これらはこの時点でどのように管理されていたのだろうか。

これに関しては、まず一九〇三年一月二十三日に道庁が「調査上必要有之ニ付」として「其ノ年十二月三十一日現在ノ旧土人共有財産（北海道旧土人保護法ニ依リ長官ノ指定シタルモノヲ除ク）ヲ其ノ所有ノ部落別ニ種類、数量及地所等ハ所在地字番号トモ」（傍線引用者。以下同じ）を毎年一月末日までに報告するよう指示したことに注目したい。[15]「十二月三十一日現在」という時期設定は『道庁統計書』の記載と合致し、この調査が統計作成目的であることを示唆する。これらの共有財産は、道庁が存在を把握していたが庁令による指定をして長官管理に移してはいなかったものであると考えられる。

これらの財産の管理主体としては、①共有者自身ないしその組合組織、②共有者から委任を受けた和人民間人、③共有者から委任を受けた支庁長・郡長・町村戸長が想定できる。前述したように「保護法」はあらゆるアイヌ民族の共有財産の管理を長官に義務づけてはいなかった。①のように自ら財産を管理していて特に問題がなかったならば、道庁が管理に乗り出すことは財産権の不当な侵害としてむしろ退けられるべきことである。一方、「保護法」第十条制定の背景に、従来の不透明な共有財産管理への批判があったことを考えれば、①や②の場合でも管理が適切に行われているか否かに道庁が関心をもち、必要ならば長官管理の財産として指定することを期待するのが、法の趣旨であると見るべきである(もっとも何をもって「適切な」管理とするかが問題だが)。③の、長官による指定という手続きを欠いたまま、共有財産を支庁長や郡長・町村戸長が管理することは、前記の法制定の趣旨に反し、また、当初内務省が想定していた管理のあり方からも逸脱するものだった。これに関して、一八九九年九月に道庁と内務省の間で次のような電信でのやり取りがあった事実に注目したい。道庁が「従来慣例ニ依リ支庁長又ハ戸長ニ於テ管理シ来レル旧土人共有財産ハ、保護法施行以後庁令ヲ以テ尚其侭管理セシムルヲ得ルヤ」と電信で照会したのに対し、内務次官が九月三十日に「旧土人共有財産ノ件、支庁長、戸長ニ管理セシムルヲ得ス、尤モ支庁長ニ其ノ事務ヲ委任スルコトハ差支ナカルヘシ」と回答したものである。[16]「保護法」制定以前に慣例として支庁長や戸長が管理していた共有財産については、長官が指定後に事務を委任することはできるが、長官の指定抜きに庁令によって支庁長・戸長による管理を定めることはできないという見解である。ここには長官による指定とその後の事務の委任という手続きを経ることによって、従来の曖昧な資格での官吏による共有財産管理を排除すべきであるという基本的な考え方が明瞭に見られる。[17]

『旧土人に関する調査』(北海道庁内務部、一九一九年)は一九一六年ないし一七年頃の共有財産の状況を記すなかで、長官指定のものと別に「町村長或は選挙せられたる組合長の管理に係る共有財産」の項を設けている。[18]そのうち十勝の分としては、大津村所在の海産干場一二歩(価格一円五〇銭)、漁場五ヶ所(価格一五五〇円)が記載され、「旧土人長岡松造之を管理し、収益は毎年之を分配す」との付記がある。共有者の一人が管理し、収益を共有者間で分配していたと推測される。

『北海道旧土人概況』(北海道庁学務部社会課、一九二六年)も、共有財産を「指定の分」と「特定外の分」〔指〕に分けて記載する。[19]「特定外の分」〔指〕のうち十勝のものとしては、「十勝郡旅来外三ヶ所旧土人共有」〔ママ〕漁場一ヶ所(二五

○○円）、「同郡浦幌村旧土人共有」漁場一ヶ所（二〇〇円）、「十勝外四郡旧土人共有」雑種地一二坪（二円）を記載する。管理状況についての記載はない。

両者とも記載が十分に詳しくなく、『道庁統計書』との照合は簡単ではないが、これらの財産の多くが一八九四年の共有財産再分割の一方に由来すること、恐らくは共有者自身ないしはその組合組織による管理がなされているだろうことは推測できる。また表8-2に見られた広尾郡茂寄村アイヌの共有海産干場三〇〇坪の記載はない。アイヌ民族の手から離れたのか、あるいは単に道庁の掌握外に移ったのかは不明である。

以上からは、十勝に関しては、未指定財産の支庁長・町村戸長による管理は確認できないが、「保護法」の運用実態を検証するには、他地域をも含めて未指定財産の管理状況を明らかにする作業が不可欠であることを指摘しておきたい。

第二節　一九二〇年代のアイヌ「保護」事業との関わり

一　使用目的の変更

第一次大戦後に道庁のアイヌ民族への政策が積極化したなかで、諸施策を実施する財源として、改めて共有財産に注目が集まった。

一九二三年三月一日から三日間開催した各支庁・市役所の社会事業事務主任会議の議題の一つに、道庁は「土人保護施設の実績に鑑み現行諸規程に改正を要する事項如何」を設定し、「現在に於て最も急を要する保護施設に関する事項」として、給与地(「保護法」第一条による下付地)賃貸借に長官の許可を義務づけること、「土人病院」を増設することなど計九項目を提示した。[20] このうち、給与地賃貸借に関する問題は、「保護法」第一条によってアイヌ民族に下付されていた土地の多くが、賃貸借の形をとって和人の手に渡り、法が本来想定していた被下付者自身による農業経営が形骸化していることを指している。賃貸借といっても、しばしば不正手段が介在していたこと、アイヌ民族の経済的な困窮による借金の累積を背景にするものが多かったことに問題があった。[21] この時は時間不足で改めて具体的な協議の機会をもつこととなり、同年七月二十六日から二十八日にかけて、道庁は関係支庁・市役所の担当者を集めて「土人保護救済事務打合会」を開催した。[22] 会議に際して道庁は、「土人保護法中改正ヲ要スヘキ点如何」という「諮問事項」と、二つの「協議事項」を準備した。

「協議事項」の第一は、「土人給与地整理及管理ニ関スル件」であり、(一)から(五)の具体策五項目が提示された。その(一)にある互助組合の設立は、翌年以降実現し、この時期のアイヌ政策の中心になったものである。実現した政策に沿って説明すれば、ここでいう「整理」とは給与地の貸借に官庁が介入し、過重な債権の放棄や賃借期間の短縮を賃借人(債権者)に約束させることであり、「管理」とは市町村長を組合長とする互助組合が組合員であるアイヌ民族に代わって給与地賃貸借契約の主体になることである。

給与地「整理及管理」の具体策の(二)は、国有未開地給与などの手段によって「土人全部ノ保護」を目的とする統一財産を造成し、その収益を「整理」と「管理」の資金に充てるというものである。(三)もこれと関連し、給与地の「整理」を必要とする賃貸者がいる場合、共有財産の収益と元本を組合に低利で貸し付け、組合に「整理」に当たらせる、共有財産がない地方に対しては他地方の共有財産を貸し付け、「整理」を行わせるというものである。これら二つはいずれも、給与地の賃貸借関係を整理するためには、賃借人(債権者)に対して支払う資金が必要であることへの対応策として、共有財産の新規造成と既存共有財産の利用による財源確保を構想したものである。(二)がその後実施された形跡はないが、(三)は後述するように十勝において多少形を変えて実施される(本節三参照)。

これらについて支庁・市役所側の出席者が意見を述べたことは確認できるが、その内容については今のところ不明である。

「協議事項」の第二は「土人共有財産管理ニ関スル件」であり、次のようなものだった。

土人共有財産ハ、之カ使途教育及備荒貯蓄ノ二種ニ指定セラル。前者ハ暫ク措イテ問ハス、後者ニ付テハ罹災救助基金ノ設置アル現状ニ鑑ミ、之カ目的ヲ変更シテ一般救護費ニ使用セムトス。而テ従来ノ財産管理状況ノ跡ヲ見ルニ、必シモ妥当ト云フヲ得サルヲ以テ、此際併セテ調査整理ヲ遂ケ、最モ有益ニ之ヲ管理センナトス。仍テ各財産ニ付具体的管理方法及使途ニ関シ意見ヲ開陳セラレタシ

この文章は、「而テ」の部分で二つに分けることができる。前段は教育資金以外の共有財産の指定目的を備荒貯蓄から一般救護目的に変更しようというものである。ここではその理由として「罹災救助基金」の設置のみを挙げているが、実際に翌年二月に胆振・日高地方の共有財産の目的を「収益ハ之ヲ土人救護ニ充ツルモノトス」と改めた際の説明では、従来のままでは「保護法」第八条の趣旨に反することを併せて挙げている(23)。

いずれにしても、この目的変更が、この時期の道庁がアイヌ民族の救療・医療制度の拡大に乗り出していたことと連動していたことは間違いない。道庁はアイヌ人口の多い地域に国費で「土人病院」と称する病院を、一九二〇年五月に平取村、二一年十月に静内村、二二年三月に白老村、同年十二月に浦河町に開設し、一九二三年六

月二十八日には北海道庁令第一〇三号「土人救療規程」を定めて「疾病ニ罹リ又ハ傷痍ヲ受ケ貧困ニシテ自費治療ノ資ナク他ニ救療ヲ受クルノ途ナキ」アイヌ民族への医療機会の確保や医療費・薬価給与の制度を設けた。[24]

従来備荒貯蓄目的と指定されていた共有財産が、その発生の事情から「性質上其ノ費途ノ目的ヲ限ラレタルモノ」(「施行規則」第二条)だったとは言えないと思われる。「保護法」の規定との整合性を重視したこの目的変更は、「保護法」の想定する枠組みに従って、共有財産利用の道を開いたと言えよう。むしろ問われるべきなのは、この変更より前に共有財産の収益を「保護法」第四～七条の目的に使用することの妥当性である。『道庁統計書』などからは、これ以前に種苗や薬価給与、救助・埋葬料給与、授業料給与が実施されていることが分かる。授業料給与(第七条)に関しては「全道教育資金」の長官管理財産への指定時点でそれへの充当を想定した目的の設定がなされていたから問題ないが、第四～六条による支出がもし共有財産の収益からなされていれば、「管理規程」第五条の規定と抵触し、法規に則った財産管理の徹底という点では明らかに問題がある。[25]肝心の財源の確認は今の段階ではできておらず、今後の重要な検討課題である。

もう一つ、目的変更に関する共有者の意思の確認という点ではどうだろうか。一九二四年二月の道庁令による目的変更以前に、道庁が支庁・市の意見を聴取したことは確認でき、その基本的な同意を得たことは推測できるが、共有者の意思を確認し同意を得るという手順を踏んでいない可能性はかなり濃厚である。

後段の「従来ノ財産管理状況ノ跡ヲ見ルニ、必シモ妥当ト云フヲ得サル」云々とある部分は、従来の共有財産管理に不適切な面があったという認識を道庁がもっていたことを明白に示している。前段の使用目的の限定だけを念頭に置いていたとは思えない言い回しであり、それが具体的に何を指すのか今後の調査の必要がある。[26]

以上のように、道庁社会事業当局は救療事業と給与地の「整理」・「管理」の財源として共有財産の積極的な利用を検討し始めた。これが十勝地方においてどう具体化していったのかを次に見たい。

二　「土人病院」の計画と頓挫

道庁は「土人保護救済事務打合会」に共有財産の目的変更を提案するより一ヶ月余り前、一九二三年六月二十二日北海道庁令第一〇一号によって十勝アイヌの共有財産の目的を備荒貯蓄から「土人救護ノ為儲蓄スルモノトス」に改めていた。[27] この背景には、以下に見るような病院建設計画があった。

一九二三年五月二十五日付の『十勝毎日新聞』は、河西支庁が道庁本庁に対し管内に「旧土人療養所」を建設するよう申請したところ、その状況を委細報告せよとの回答があり、支庁が調査を急ぎつつあると報じ、さらにアイヌ人口の多い十勝には当然設置すべきものであるとの支庁当局者の談を掲載した。[28] 帯広町伏古の「土人学校」日新尋常小学校の校長で一九二二年七月以来「土人保導委員」でもあった吉田巌の日記では、五月十四日に河西支庁の朝枝属が来校し「土人診療所施設の件につき協議」したとあるのが関係記述の最初のもので、以後「旧土人診療所施設につきて腹案をねる」(二十一日)、「朝枝氏より旧土人診療所設置の理由書調整す」(二十二日)、「朝枝氏より土人診療所を病院施置《ママ》に変更につき、住民を無料診断の件を相談を受く」(三十一日)といった記述が見える。[29] 河西支庁が吉田の意見を大いに吸収しながら、医療施設の具体案を練り上げ、やがて既設の四ヶ所と同様の「土人病院」の設置計画に発展させていったことがうかがえる。

『十勝毎日新聞』五月二十六日付は、支庁の命を受け音更村役場も「現況調査」を終え、翌日には山本秋広道庁社会課長が実査のため音更・帯広に出張すると報じた。[30] 『北海道社会事業』第六号は、六月上旬には山本社会課長が渡部河西支庁長と協議し七月下旬に着工することを決定したと報じ、約五五〇〇円の建設費には一九二一・二二年度の共有財産収益を充て、設置後の経費にも当初は大部分に共有財産収益を充て、一部を国庫支出とすると伝えた。[31]『小樽新聞』六月十九日付は「築費」四〇〇〇円、医療器設備費一五〇〇円とし、開設後の経常費は年二五〇〇円を要し、うち一五〇〇円は共有財産の利子(収益)を充て、一〇〇〇円は国費の補助を仰ぐ、と報じた。[32]『十勝毎日新聞』六月二十一日付は、建築費四五〇〇円、医療機械器具は一〇〇〇円の見込みとしており、『小樽新聞』の記事と内訳は異なるが、開設に要する費用五五〇〇円という点は共通している。[33]

『十勝毎日新聞』六月四日付には、支庁から「土人治療院」の設置を申請したのに対し、道庁が共有財産の調査を指示してきたとあり、この頃までには、建築費の全額と運営費の主要部分に共有財産の収益を充てることで道庁社会課と支庁長との合意が成立し、六月二十二日に目的変更の道庁令を発するに至ったのだろう。なお、この記事が紹介する十勝アイヌの共有財産は表8-3の通りである。

表8-3　1923年6月頃の十勝アイヌの共有財産

(円)

中川郡	4分利公債	8,150
	勧業券	440
	拓債7分5厘利付	11,000
	同8分利付	2,400
	漁場	1,573
	計	23,563
河西河東両郡	4分利公債	5,350
	勧業券	140
	拓債7分5厘利付	6,000
	同8分利付	3,500
	帯広町における宅地	8,500
	計	21,490*
通　計		45,053

註）＊合計額が合わない

出典）『十勝毎日新聞』1923年6月4日付

九月には設計図も完成したが、無償利用が期待できた当初の建設予定地である遊郭前の地方費用地が、前年夏の水害被災地の中心だったため、他の町有地・私有地をも候補として支庁・帯広町役場などの間で交渉を繰り返したが折合いがつかなかった。[34]翌年度になると議論の存在すら確認できない。計画が頓挫したものと思われる。用地確保を困難にしたのは、用地の有償借受けないしは購入のための資金がなかったことであり、資金問題が最大の障害だったと見てよいだろう。

病院建設が実現しなかったとは言え、一連の経過には道庁の共有財産に対する姿勢がよく現れている。以下三点を指摘しておきたい。

第一に、既設の四病院が国費による建設であるのに対し、十勝の病院建設計画が共有財産に大きく依存するものだったことである。見方によっては、建設の実現を阻んでいた財源不足を、共有財産の存在が補ったと言えるが、他面では十勝には「たまたま」巨額の共有財産があったことから、道庁がその活用によって国費の支出を回避したとも言えよう。[35]実際、道庁が十勝での「土人病院」の必要を迫られていながら予算不足で放任していたのだが、山本社会課長が共有財産の収益に「目を付け」て支庁長に交渉したという経緯の説明が、『十勝毎日新聞』六月二十七日付の記事に見える。[36]このように、他地域で実施するのと同内容の施策を十勝だけは共有財産を財源として実施するという枠組みは、一八八〇年代に札幌県がアイヌ民族の飢餓発生への対策として実施した農業指導と同様であり、[37]「保護法」制定の前後に一貫する政策姿勢が見られることに注意しておきたい。

第二に、共有財産の目的を「救護」に変更してから病院建設費・経営費に充当するのだから、諸規定に反しない手順を踏んでいるとは言える。ただし、「保護法」第五・六条との対応を意識したと思われる「救護」の語を、病院の建物・施設にまで該当するとするのは、それが許容範囲であるか否かは議論の余地があるが、解釈の拡大であると思われる。あるいは「保護法」第十条でいう「管理」自体が、第四〜七条の範囲を超えた道庁長官の独自判断による支出を含むという主張もあり得ようが、これに対しては第一節二での考察から否定的にならざるを得ない。

第三に、目的変更に至る協議には関係町村役場が少なくとも間接的には参加しているようであるが、共有者への説明や同意取付けという手順は踏んでいないのではないかと思われる。

三　各互助組合への配当

一九二四年の河西支庁では、病院建設計画が立消えになった一方で、給与地賃貸借問題への対処方法を探るなかで共有財産の活用が検討された。

十勝地方では、一九二三年三月二十日に本別村の本別互助組合、三月二十三日に音更村の古潭互助組合、二四年四月一日に帯広町の伏古互助組合が設立された(38)。さらに同年六月十四日から十八日に山本道庁社会課長が給与地「整理」のために管内に出張した機会に、芽室村の毛根芽室太互助組合(十五日)、幕別村の幕別互助組合(十六日)、川合村の川合互助組合(十七日。川合村は一九二六年七月に池田村と改称)が相次いで設立された。山本社会課長は、六月三十日から七月四日にも河西支庁管内に出張して給与地「整理」に当たっている(39)。

こうしたなか、七月十一日に河西支庁が管内六互助組合の組合長(町村長)を集めて開催した「管内旧土人互助組合協議会」では、「共有財産収益処分ニ関スル件」と「給与地管理ニ関スル件」が「協議事項」とされた(40)。後者は給与地自作を原則として掲げると同時に、賃貸借する場合の小作者の決定方法や地代の組合管理などについて支庁の方針を示したものである。前者は次のようなもので、給与地返還に要する負債償還のための資金や、給与地返還後の生活困難者への就業資金の融資財源として、共有財産を活用することを内容としていた。

一、共有財産収益処分ニ関スル件

共有財産収益積立金ヲ、一戸ニ付金五十円ノ割合ヲ以テ、土人戸数ニ応シ、左表ノ通配当ス

配当金ハ互助組合長之ヲ管理シ、組合員ノ旧債償還、又ハ大正十四年度以降ニ於テ給与地ノ返還ヲ受クル者ニシテ、生計ニ窮スル者ニ付、就業資金トシテ其ノ状況ニ応シ適当ニ貸付シ、年賦償還セシムルコト

組合側からは、配当金で「土人救済ノ目的ヲ以テ共同耕作費及共同浴場設置費住宅改善費等ニ充当シ」三～五

年賦で償還させる(伏古)、「各組合員ニ各々其生活状態ニ応シ全ク生活困難ナルモノニハ生活費ニ貸付シ年々償還ノ方法ヲ取ル」(幕別)といった構想が示された。本別互助組合は、学校建設の予定がないので管内の「土人学校敷地」を組合管理に移し、その収益を組合員のため有用に資したいという希望を示している。

これら二つの「協議事項」は協議の結果決定され、配当手続きに移っていく。

支庁は、八月三十日付で各互助組合長に対しアイヌ民族の戸数を照会し、九月十六日にはその回答に基づき組合ごとの給与戸数と給与金額を決定したことを伝えて、指定様式に従って各組合員に「就業資金給与願」を提出させるとともに、給与金受領を組合長に委任する委任状を徴収するよう指示した。(41)「要するに形式は本人に交附の手続を取つたけれ共、事実は道庁の管理から町村長の管理に委譲したる事になつた」という『北海道旧土人保護沿革史』(二九五頁)の記述は、この措置の性格を如実に物語っていると言えよう。同書によれば各互助組合に配当されたのは表8-4の通りであるが、一九二七年四月以降の発行と推定される河西支庁社会係主任喜多章明述『十勝旧土人ノ沿革ト互助組合ノ現状』(河西支庁発行)は、音更村三八戸一九〇〇円、川合村四七戸二三五〇円、合計三三四戸一万六七〇〇円の部分がこれと異なる数字を掲載している。(42)一九四〇年十勝支庁作成の文書にも合計額一万六七〇〇円とするものがあるから、(43)こちらの方が信用できるかも知れない。同書は四月十日現在(恐らく一九二七年)の十勝アイヌの共有財産金額を掲載しており、一万六〇〇〇円を超える各互助組合への配当によって、長官(支庁長)管理下の財産額が大幅に目減りしたことが見て取れる(表8-5)。与えた影響の大きさを考えると、この配当措置が十分な配慮のうえでなされたものであるか、その結果はどうだったのかは慎重に検討する必要がある。ここでは三つの問題点を指摘しておく。

第一は、ここで配当された「共有財産収益積立金」のうち「積立金」の部分に関わる。前年に病院建設問題を報じた新聞記事には、十勝の共有財産運用による収益を年二〇〇〇円余としているものがあった。(44)総額一万六〇

表 8-4　共有財産から就業資金としての配当(1924 年)

町村名	互助組合名	戸数	1 戸当り 給与額(円)	組合総計 給与額(円)
帯広町	伏古互助組合	71	50	3,550
音更村	古潭互助組合	34	50	1,700
芽室村	毛根芽室太互助組合	56	50	2,800
川合村	川合互助組合	39	50	1,950
幕別村	幕別互助組合	69	50	3,650*
本別村	本別互助組合	53	50	2,650
計		322		16,100

註）＊ 3,450 の誤植と思われる
出典）『北海道旧土人保護沿革史』北海道庁，1934 年，296 頁

表 8-5　1927 年頃の十勝アイヌの共有財産

所有区分	公債(円)	預金(円)	貸付金(円)	漁場	海産干場	宅地(坪)
「河西河東二郡旧土人共有」	4,000	3,132	–	1	–	324
「中川郡十弗外九郡旧土人共有」	11,200	1,863	3,000	3	1	–
計	15,200	4,995	3,000	4	1	324

出典）『十勝旧土人ノ沿革ト互助組合ノ現状』北海道庁河西支庁

〇〇円を上回る配当金は単一年の収益をはるかに超えるのである。共有財産は指定当時の額を原資とし、年々その収益を積み重ねてきたはずであるが、「管理規程」第四条は不動産の賃貸利殖による益金を元資に戻し入れることと規定していた。これと照らし合せると、預金・貸金の利子については特に規定がないとは言え、「収益積立金」からの配当は「保護法」第十条第二項の「共有財産ノ処分」に該当すると見るべきであろう。処分の要件である内務大臣の認可を経ているのかが手続き上問題になる。

第二に、各互助組合の側に配当金を確実に管理する準備が整っていたのだろうか。『十勝毎日新聞』九月十二日付は、就業資金としての共有財産配当決定を報じたなかで、その利用の一例として帯広町の「マート《チヨマトー》沼附近一帯を神威公園となし、伏古旧土人百戸配当金五十円を以て種々之に樹木、築山、休憩所、花園等を配合して慰安場に充てる」構想があることを報じた。[45]

吉田巌の日記によれば、九月六日に伏古互助組合の理事で町役場在勤の喜多章明が小学校に吉田を訪ね、伏古在住のアイヌ伏根弘三がチヨマトーの利用方法について申し出たことを話題にしたのに対し、吉田が共有財産収益の充当を念頭に置かずに意見を述べ、それを受けた喜多が共有財産と結びつけた公園構想をぶち上げて、記事の発生源となったらしい(46)。いかにも不適切なこの構想は、さすがに町役場内部の検討段階で流れたようだが、財産管理を町村役場任せにすることの危うさを感じさせる。喜多はまた「今回交付された共同《ママ》財産の運用方法に付ては、未だ具体的な腹案がないが、取敢へず積立金として利殖を計〔り〕つゝ、臨機応変の処置を取る心算である」と述べたと報じられており(47)、配当時点では伏古互助組合の内部で配当金の利用方針は定まっていないようである。

第三の問題点は、共有者の意思確認がどのようになされているかである。吉田巌の日記は、伏古互助組合で九月二十六日に組合員を集めて共有財産給付のため願書と委任状に捺印を求めたことを記録し、その二日後にその際の不適切な取扱いに対する強い批判を記している(48)。

> 朝の中、喜多君来校。一昨夕各自の意見を参考に聴取したる結果を、そのままに放任し置きし処、昨日○○《ママ。以下同じ》が役場にゆきて、共有財産の件につきて申出てたる由。喜多君すくなからず立腹、且○○を除名処分にせむといきまきてあり。余はその曲直を只々物語りて、その諒解を得て、一面には圧制に流れず、一面には言論の自由をも認めおくべく、いかにさわいだとて鍵をこちらに握りあれば、終極の処はそれで何の心配もなしとなだめてやった。
>
> ○○にいはせずとも、委任状や本人の捺印は、まず要件をさきに篤といひ聞かせ置きて、賛同納得ののち調印せしむべきは順序である。いきなり現在《ママ》せぬ者や、現在《ママ》しても資格も何もない○○や○○やなどまで、むやみにやたらとかつぎあげて調印させたあたりは随分らんぼうな且遂行の上は文書偽造、詐欺行為でなく

て何であらう。組合の理事者が独断的にかかることを公然やったなら、今后にいかなる悪例をのこすかわからぬ。つつしむべきだ、反省すべきだ。この辺は君のために注意否釘をうってかへした。

二十六日の書類作成のあり方、ないしは共有財産の利用方法そのものに対して、組合員の一人が町役場に異議を申し立てたことが分かる。吉田の観察でも、書類作成については、①説明が不十分で内容に納得が行かないままに捺印させた、②現住せぬ者あるいは現住していても本来無資格と思われる者に捺印させた、といった問題点があり、吉田は書類の有効性にすら疑問を感じずにはいられなかった。捺印によって共有者による配当出願の形式は整えたのであろうが、共有者の意思確認と配当資格の有無の確認といった点で、かなり問題があったことがうかがえる。

配当までの過程に前記のような問題点があること、さらにその後の新聞にしばしば互助組合の経営にまつわる不正が取り上げられることを考えると、(49)配当後の財産の運用状況の検討は、共有財産管理の歴史を問ううえで避けて通れないと言えよう。

四　他地域への貸与

『十勝旧土人ノ沿革ト互助組合ノ現状』によれば、一九二六年、河西支庁は「余市町旧土人造資組合」に「護岸工事築設資金」として中川郡アイヌの共有財産から一〇〇〇円を貸し付け、一九二七年から向う三ヶ年に年賦償還することを内容とする契約を結んだ(利子は年利九分)。「道庁ヲ介シテ」の申込みで、支庁は再三固辞したが後志支庁長と余市町長が「保証ノ責ニ任ズベキ旨ヲ附言シテ切ナル希望アリタルヲ以テ」受け入れたという。

返還がなされているか、「管理規程」第二条第二項が義務づけた「公債証書若クハ確実ナル銀行会社ノ株券」を担保として貸し付けているかは、確認できていない。

ある地域の共有財産の他地域への融通という方式は、一九二三年七月の「土人保護救済事務打合会」で給与地「整理」に目的を限った形で提起されていたものであるが(本書三四一―三四三頁参照)、「護岸工事築設」への使用となると、使用目的の拡大が歯止めを欠いているのではないかという印象を禁じ得ない。余市アイヌの組合が当初から十勝アイヌの共有財産に頼るつもりだったとは考えにくい(50)。最初は町役場や支庁に護岸工事の相談なり陳情なりをし、それが容れられなくて初めて十勝アイヌの共有財産に着目したか、あるいはむしろ資金を出しかねた町役場や道庁が「同じアイヌの財産だから」とばかりに長官管理下にある財産からの融通を河西支庁に迫った、というのが事の経過ではないだろうか。

第三節　一九三〇年代の共有財産管理

一九三〇年代に入ってからの十勝の共有財産をめぐる経過については、十分な史料が得られておらず、踏み込んだ考察は難しい。以下では、現在分かる範囲で事実を記しておく。

一　アイヌ民族のなかから

一九二〇年代から三〇年代にかけては、社会的地位の改善を求めるアイヌ民族自身による様々な活動が、地域内あるいは地域を超えた連携の強化を伴いながら進んだ時期であり、共有財産、なかでも「全道教育資金」の活用を求める意見も出るようになってきた。[51] 十勝においても一九二七年五月の「十勝アイヌ旭明社」創立に見られるように、アイヌ民族相互の連携を探り、社会的地位の向上と生活改善を目指す動きの高まりのなかで、共有財産の活用をめぐる議論が登場する。[52]

一九三〇年八月二十三日、池田・本別・幕別三村のアイヌ民族の代表者が幕別村白人の吉田菊太郎宅に集まり、「中川郡共有財産利用ノ件」を協議し、翌日には吉田菊太郎、山西吉哉(池田)、萩原茂仁崎(本別)が「土人共有財産利用請願打合セノタメ」に音更・伏古に出張した。[53] 二十九日、伏古義勇会館で先の三村に帯広町と上士幌村の代表者を加えた「土人共有財産利用請願ニ関スル協議会」を開き、共有財産活用の方法について意見を交わした。吉田菊太郎や高橋勝次郎(幕別)が「土人治療所」設置への利用を主張したのに対し、早川政太郎(音更)は自作農資金としての利用を主張した。最終的な合意にまで達したかどうかは不明だが、吉田菊太郎・伏根弘三(伏古)・早川政太郎を「実行委員」に選任したようだ。

中川・河西・河東三郡のアイヌ民族の少なくともリーダー層に、共有財産を自分たちで決めた使用目的に使いたいという考えが強まっており、管理者である道庁に共同で請願活動を行う計画が具体化しつつあったことがうかがえる。医療施設新設と自作農資金という具体的な活用内容の二つとも、道庁が先に計画ないし実施した施策と共通するものであることには、注意しておくべきだろう。この時点での動きが請願の実行までに至ったかどうかは確認できていない。

表 8-6　1931 年 10 月 2 日道庁令第 44 号の指定により道庁長官が管理する共有財産

共有別	財産種類	数　量	財産ノ所在地	財産ノ目的
「河西郡帯広村旧土人共有」	宅地	162 坪	河西郡帯広町字大通 5 丁目 1 番地	旧土人ノ救護，住宅改善及教育ノ資ニ充用スルモノトス
	同	同	同郡同町字同 3 番地	同
	現金	金 520 円		同
「河西郡芽室村旧土人共有」	同	金 1,300 円		同
「河東郡音更村旧土人共有」	同	金 690 円		同
「河東郡上士幌村旧土人共有」	同	金 280 円		同
「中川郡幕別村旧土人共有」	同	金 2,400 円		同
「中川郡池田町旧土人共有」	同	金 1,700 円		同
「中川郡本別村旧土人共有」	同	金 1,600 円		同
「中川郡幕別村旧土人共有」	海産干場	6 畝歩	十勝郡大津村字ペトアンネ 5 番地	同
	宅地	34 坪	同郡同村字汐見通 2 番地 5 号	同

出典）『北海道庁公報』第 194 号，1931 年 10 月 14 日発行

二　一九三一年の再指定と分割

道庁は一九三一年十月二日道庁令第四十四号によって、十勝アイヌの共有財産指定を改正した（表8-6）[54]。財産を町村単位に分割したこと、財産の目的に「住宅改善」と「教育」を加えたことがその特徴である。また、中川郡アイヌ共有の漁場三ヶ所、河西・河東アイヌ共有の漁場一ヶ所がなくなっている点については、一九四〇年四月に十勝支庁が作成した文書に「大正十三年漁業権ノ取消処分ヲ受、現在漁業権ナシ」という記載を見出せるが[55]、その実否や背景は未確認である。中川郡アイヌの共有だった海産干場を幕別アイヌのみの共有とした点も含め、何を基準に分

割額を決めたのかは検証を要する問題である。

この改正に関係する史料としては、今のところ多少の新聞記事を見出せたのみである。『小樽新聞』九月五日付は、十五日に帯広・芽室・池田・音更・上士幌・幕別・本別の各町村アイヌの代表者計一二名（各町村二名、音更・上士幌のみ一名ずつ）を道庁に集めて共有財産分割に関し協定するため協議する、と報じている。(56)「分割の要望」をしているのが誰であるのか、この記事自体からは明確ではない。前年の十勝アイヌ間の協議において財産の分割が議論されたことは確認できないが、共有財産の具体的活用方法について意見統一ができなかったため、町村ごとに分割することによって地域的な意見をより反映しやすくしようとしたことはあり得るように思われる。(57)代表者の協議という手順を踏んでいる点は、その可能性を示唆すると同時に、少なくとも十勝においては、共有者のなかに共有財産に対する関心が高まったことで、道庁が共有者の同意を抜きに財産を処分することを許さないような状況が生じていたことを読み取ることができよう。

ただし、道庁が同様の分割と目的変更を、同年十二月二十四日に胆振の各町村と沙流郡のアイヌ共有財産についても実施したことを考えると、(58)分割に関しては主にアイヌ民族側の要望によると考えるのにはやや躊躇を覚える。むしろ町村役場の裁量の範囲を拡大しようという行政側の意図を想定すべきかも知れない。目的変更に関しては、道庁のアイヌ民族政策の比重の変化と施策の拡大に応じて、共有財産の利用目的の拡大を図るものだったことは間違いない。

三　食糧給与資金としての期待

一九三〇年代に続いた凶作と不況は、十勝アイヌの生活にも大きな打撃を与えた。一九三六年三月、幕別の吉田菊太郎宅に土田豊三郎（本別）・小畑二郎（芽室）・山西忠太郎（池田）・田村吉郎（帯広）ら各町村代表者が集まり、凶作による生活難への対策を協議し、支庁が管理する共有財産の一部で食糧を給与するよう歎願することを決めた。(59)

三月中に幕別・池田・芽室・本別のアイヌ民族から、道庁長官に宛てた歎願書が支庁に提出されているのを確認できる。(60) いずれもほぼ同内容で、幕別村の歎願書を引けば、一九三一年以来「殆ド毎年ノ如キ凶作不況ハ殊ノ外私共ノ生活ニ不安ヲ来シ」、四月から七月の間は最も食糧に苦しむ期間であり、かつこの季節に他の職を求めることはかえって（農業経営に支障を来して）後日の生活を不安に導くとして食糧給与を訴えている。さらに、四月二日には幕別・芽室・池田のアイヌ民族代表者が支庁に陳情した。(61) 支庁庶務課長は、一九三二年にも同様の歎願がありその時は食糧と種苗を交付したこと、今回三一五戸を対象に米の給与をした場合、現在約一万円ある共有財産を削ることになり、今後も同じような事態が起こり得ることを考えると、判断をしかねていることを述べている。五月五日の新聞報道から、この問題への対応を道庁社会課が検討しているが決定に至っていないことがうかがえるものの、(62) その後給与がなされたのか否かは今のところ不明である。

生活難に直面したアイヌ民族のなかに共有財産の利用に対する強い期待があったこと、その実現には制度上の制約から歎願によって道庁に働きかけ、その決断を求める形をとらざるを得なかったことが読み取れる。

四　その他

一九三〇年代の十勝では、明治初期の漁業組合の収益に由来しない共有財産の指定が見られる。

一九三四年十一月十三日北海道庁令第九十三号は、十勝アイヌの共有財産のうち音更村の現金六九〇円を削除

表 8-7　1934 年 11 月 13 日道庁令第 92 号の指定により道庁長官が管理する共有財産（十勝のみ抜粋）

共有別	財産種類	数　量	財産ノ所在地	財産ノ目的
「帯広市旧土人田村吉郎外四十四名共有」	宅地	1,148 坪	帯広市字基線西 25 番地ノ甲	共有土人救護並ニ福利増進ノ資ニ充ツ
	雑種地	4 町 2 反 6 畝 22 歩	同市字同線西 25 番地ノ乙	同
「音更村旧土人中村要吉外二十三名共有」	宅地	1,413 坪	河東郡音更村字下音更東 1 線 2 番地ノ 2	同
	雑種地	3 町 9 反 7 畝 7 歩	同郡同村字同東 1 線 2 番地ノ 1	同

出典）『北海道庁公報』第 550 号，1934 年 11 月 13 日発行

した。同日、帯広町と音更村でそれぞれ宅地と雑種地を「共有土人救護並ニ福利増進ノ資ニ充ツ」として長官管理の共有財産に指定している（表8-7）。[63]

音更の現金削除については、一九四一年六月にこの土地に建つ「音更村開進集会場」の建物修理費補助を願い出た書類が参考になる。[64] すなわちこの建物は「大正十一年建築ニ係ル北海道庁立旧土人小学校ナリシモ、昭和六年旧土人学校廃止セラレ、同時ニ建物ノ一部（住宅）ヲ公売セラレ、又敷地内立木（落葉松）等モ公売セラレタルモノナリ、当時校舎丈ケハ旧土人等ノ集会場トシテ存置ヲ願出タル結果、旧土人共有財産ノ現金ヲ以テ敷地及校舎ヲ買受ケラレタル筈」で、地域の集会場として様々な用途に使われてきたと述べている。また、帯広で指定された土地も、一九三三年に廃止された「土人学校」日新尋常小学校の跡地であることが確認できる。[65]『十勝毎日新聞』一九三四年十一月十日付は、日新小学校の校舎と敷地の特売を伏古互助組合が大蔵省に稟請した結果、一三五〇円で特売され組合の「共有財産」となったと報じている。[66] 敷地は耕作希望者に賃貸して収益を図り、校舎は共同作業場と集会所として利用する計画であるという。一三五〇円の資金の出所は、給与地賃貸借の収益や一九二四年の共有財産配当によって造成された組合の財産であろう。

両者とも、「土人学校」廃止により、地域の集会所が失われることへの対策として、共有財産(および互助組合の財産)による買取りがなされたものと推測される(ただし、長官管理に指定された財産は宅地を含むが建物を含んでいない)。両者とも、立木と宅地部分については翌一九三五年四月に競売に付されている。[67]

一九三六年四月には池田町字大森の原野四筆、計二町七反四畝二八歩が四名の共有として長官管理財産に指定された。[68] 目的は「共有土人ノ救護並ニ福利増進ノ資ニ充ツ」とされた。この土地の来歴や指定の経緯には調査が及んでいない。指定後は、地元のアイヌ民族が一年単位で賃借契約を結んで耕作しているようである。[69]

おわりに

帯広町役場、河西支庁、道庁学務部社会課においてアイヌ「保護」行政の第一線にいた喜多章明は、一九三六年七月の「旧土人保護事業概説」と題した文章中で、「保護法」による共有財産管理に関して次のように記している。[70]

> 本規定〔「保護法」第十条〕に基いて行ふ北海道庁長官の管理行為は言ふ迄もなく行政行為であつて、彼の一般民法上の事務管理と全然その性質も異にするものである。即ち彼の民法上の場合に於ては本人の意志を尊重するを要するも、此の場合に於ては、何等本人の意志を忖度する義務なく、共有土人族の利益と認むるときは、唯一長官の意志を以て、内務大臣の認可さへ経れば売却処分を為し、或は分割を拒むことが出来る。
>
> 共有財産の性質に就ても一般のそれと大いにその趣きを異にし、即ち一般の場合にあつては共有者は各持分に応じて使用収益するの権利を有するのであるが、此場合に於ては、法文に示す如く

…〔保護法第八条の引用〕と、あつて、収益の悉くは保護法施行の財源に充当されることになつてゐる。名は共有財産であるが、法律上の性質及内容を検討すれば、現今の一般市町村に於ける基本財産的のものであり、又准国有的のものである。

是は要するに曚昧にして管理能力なき土人族の財産の浪費散逸を防ぎ、以て同族保護の政策を遂行せんとするものであつて、それが為には一時財産の所有者たる旧土人の意志に背き、又は当面に生ずる旧土人の利害関係を斟酌することなく、国家の一方的意志を以て当該財産の管理及処分行為を専行するは蓋し已むを得ない。旧土人中又は一般識者の中には往々にして、民法上の共有財産並に事務管理と同一視する向があるが、以上の趣旨を篤と諒承されたい。

本章での検討と照合すると、この喜多の弁には問題とすべき点が少なくない。

まず第一に、「曚昧にして管理能力なき土人族の財産の浪費散逸を防ぎ、以て同族保護の政策を遂行せんとするもの」という点である。共有財産の散逸を防止するために長官がそれを管理することと、施策の財源として官が主体となってそれを利用することは、本来別個の問題なのであり、これらを一体のものとして扱ったのは、「保護法」制定時点での政策的判断に基づく立法措置の結果だったはずである。今さら言うまでもあるまいが、長官による共有財産管理(第十条)とその施策財源への充用(第八条)が、共有者の同意のもとに定められたわけではないことは、確認しておく意味があろう。特に、共有財産のなかでも自らの労働による収益に由来する十勝アイヌの共有財産の場合、「一般市町村に於ける基本財産的のものであり、又准国有的のもの」として扱うことが自明だったとはとても言えない。なお、アイヌ民族を「曚昧」と決めつけることが、この二つの要素を一体のものと見なす感覚を支えていることにも注意しておきたい。

第二に、「保護法」の枠組みのなかにおいても、財産の管理・利用に共有者の意向を可能な限り反映させ、少なくとも共有者の理解や納得を得ることは望ましいに違いない。ここでの喜多の言葉には、アイヌ民族のなかから、ないしは和人「識者」から、アイヌ民族の意向を無視した財産収益使用への批判や、自分たちの意向の反映を求める声が高まってきたことを強く意識し、それらを排除しようとする響きが強い。一九二四年の十勝での各互助組合への配当に際しての疑問の提起から一九三〇年代の食糧給与の歎願に至るまで、アイヌ民族内からの共有財産使用に関する意見表明は、共有者の一部からではあったが弱いものではなく、道庁はそれらを完全に無視できたわけではなかった。しかし、喜多が言うように「保護法」の制度的枠組みは、一面では財産管理・処分の主体からの共有者の排除そのものであったから、共有者側は自己の意見を歎願や陳情による行政への働きかけという形で表明するほかなかった。

第三に、法が道庁長官の裁量に多くを委ねたとしても、共有財産の管理は法規に則って行われるべきであり、また、共有者の利益のためになっていなければならないということである。就業資金としての各互助組合への配当や、実現せずに終わった病院建設計画にしても、確かに何らかの意味では共有者の利益になる面をもっていただろうが、漠然と「利益になるものだった」と言ってみても仕方がなく、その優先順位の適切性や実際の効果をこそ検証する必要がある。例えば、本章では給与地賃貸借の問題を、一九二〇年代の道庁の社会事業政策との関係で論じたが、十勝において小作の形式をとったアイヌ民族の耕作地への和人の侵入は、「保護法」による下付以前に「官有地第三種」とされていた時代から深刻な問題となり(本書第五章第二節一参照)、「保護法」による下付後には、町村役場が関与した組合組織による給与地賃貸借の管理が各地で試みられ、ほとんどは失敗に終わっていた。[71]そうした「実績」と考え合せると、互助組合への共有財産配当は、一時的な給与地の返還を可能にするだろうが、果して給与地の賃貸借が広がった根本的要因の除去にまで達し得たのだろうかという疑念を禁じ得ない。その疑念を解くには、配当後の財産の行方の検証が必要なことは言うまでもあるまい。

本章の対象時期全体を通じて、共有財産の使用目的が拡大していく傾向が見られた。それは一つには、道庁令による指定目的の拡大という形をとったものであり、当初の備荒目的が救護目的へ、さらには住宅建設や教育目的へと広げられていった。もう一つには、財産処分の形をとった互助組合への配当である。これらはいずれも、道庁の施策の重点の変化や拡大に伴うものである。個々の施策はアイヌ民族内に同調者がいたり、その潜在的な要求に合致する場合もあったろう。だが、ここで問題提起しておくべきことは、共有財産の管理と収益の利用について道庁長官に大きな裁量権を認めた「保護法」の枠組みに、道庁がこうした拡大をかなり自由に行い、ともすれば施策の遂行上安易に共有財産に依存しがちになることを許す、構造的な要因が内在していたのではないかという点である。

本章で検討できなかった問題は多い。特に、より日常的な共有財産の管理とそこからの支出については、一九二四年の目的指定の変更以前に「保護法」第四〜六条に関わる支出を確認する必要を指摘した程度で、踏み込んだ検討ができなかった。一九二四年の『十勝毎日新聞』が掲載する喜多章明の談話のなかには、互助組合以前に存在した組合において「組合の金をも消費した事件」への言及があり、また「道庁から嘱託を受けた保導委員のなかには、三年間に二三万円の富を造つた人もあるそうな」といった言葉が見える。[72] 後者には誇張の響きもあり、またいずれも共有財産との関わりの有無は明確ではないが、その点も含めてこれらの記事の背景にある事実の検証は、重要な課題であると言えよう。

（1）　高倉新一郎『新版アイヌ政策史』三一書房、一九七二年、五〇〇―五〇八頁、小川正人「一八八三年におけるアイヌ教育

「資金」の「下賜」「下付」について」『日本の教育史学』第四十二集、一九九九年、四二—六〇頁、同「「北海道旧土人奨学資金給与規程」（一九三一年）について」『北海道立アイヌ民族文化研究センター研究紀要』第六号、二〇〇〇年、四九—七二頁、および『北海道旧土人保護沿革史』北海道庁、一九三四年（〈復刻版〉第一書房、一九八一年）二七九—三〇二頁。

（２）阿部正己編『十勝国旧土人沿革調査』河野本道選『アイヌ史資料集』（第二期）第四巻、北海道出版企画センター、一九八三年ほかによる。

（３）一九三七年三月三十日法律第二十一号。

（４）榎森進『アイヌ民族の歴史』草風館、二〇〇七年、四四一頁ほか。

（５）こうした経過については前掲高倉『新版アイヌ政策史』、井上勝生「〈資料紹介〉『北海道土人陳述書』——アイヌ陳述に対する北海道庁弁明書（一八九五年）」『北海道立アイヌ民族文化研究センター研究紀要』第五号、一九九九年、一七〇—二二八頁の「解題」、および富田虎男「北海道旧土人保護法とドーズ法——ジョン・バチェラー、白仁武、パラピタ、サンロッテー」『札幌学院大学人文学会紀要』第四十八号、一九九〇年、一—二二頁を参照。「保護法」と「会計法」の関係について、小川正人「〈資料紹介〉第五、八回帝国議会「北海道土人保護法案」審査特別委員会会議録」『北海道立アイヌ民族文化研究センター研究紀要』第八号、二〇〇二年、一二九—一四六頁を参照。麓慎一『近代日本社会とアイヌ民族』山川出版社、二〇〇二年、五九—六三頁が、「保護法」政府案策定の中心人物だった白仁武が、道庁参事官であった一八九二年に、深刻化した十勝アイヌの共有財産をめぐる紛議の収拾に深く関与していた点に注目しているのは重要な指摘である。

（６）「保護法」制定過程については小川正人『近代アイヌ教育制度史研究』北海道大学図書刊行会、一九九七年、一二四—一三三頁、『新旭川市史』第二巻通説二、旭川市、二〇〇二年、九二二—九五九頁（谷本晃久執筆）を参照。「北海道土人保護規則案」を収録する『北海道土人陳述書』（北海道大学附属図書館北方資料室所蔵）の翻刻は、前掲井上「〈資料紹介〉『北海道土人陳述書』——アイヌ陳述に対する北海道庁弁明書（一八九五年）」所収。

（７）一九〇二年八月九日特達訓令第七八四号「旧土人共有財産管理ニ関スル件」河野本道編『対アイヌ政策法規類集』北海道出版企画センター、一九八一年、二三七—二三八頁。

（８）一八九九年十二月北海道庁令第一〇八号。小川正人・山田伸一編『アイヌ民族　近代の記録』草風館、一九九八年、四二三頁では、私の校正ミスによりこの改正を同年二月と誤って記載してしまった。訂正し、お詫びする。

（９）一九一四年十一月十五日北海道庁令第七十五号は「公債証書」の後に「勧業債券若ハ拓殖債券」を加えた（『北海道庁公

報』第一二二号、一九一四年十一月二十五日）。

（10）『北海道庁現行布令便覧　第二分冊』北海道庁、一九〇三年、四四一―四四四頁。

（11）前掲井上「〈資料紹介〉『北海道土人陳述書』」の「解題」は、共有財産管理に対する道庁の関与を「保護法」の前後で連続して捉えることの重要性を強調している。幸いに「保護法」以前の十勝アイヌの共有財産については、開拓使・三県期の関係公文書が北海道立文書館所蔵文書中に散見するほか、北海道大学附属図書館北方資料室所蔵の前掲『北海道土人陳述書』や『十勝外四郡土人関係書類』、および幕別町ふるさと館所蔵の吉田菊太郎資料中に関係資料があり、検証作業のための史料条件は比較的整っていると言える。吉田菊太郎資料については幕別町蝦夷文化考古館文書資料調査委員会編『吉田菊太郎資料目録Ⅱ　文書資料編』幕別町教育委員会、一九九八年を参照。

（12）「旧土人共有財産管理ニ関スル件」『旧土人関係　自昭和十三年至昭和十五年』北海道庁十勝支庁、北海道立文書館所蔵（A七―二／五八二、三一件目）、『旧土人共有財産台帳』同、同（A七―二／一三九）。

（13）九〇株の額面は前掲「旧土人共有財産管理ニ関スル件」『旧土人関係　自昭和十三年至昭和十五年』（A七―二／五八二、三一件目）による。

（14）註（12）と同じ。

（15）一九〇三年一月二十三日北海道庁特達訓令第六十三号「旧土人共有財産及窮民賑恤ニ関シ報告ノ件」前掲河野編『対アイヌ政策法規類集』二三九頁。

（16）「旧土人共有財産管理ニ関スル件」『北海道旧土人保護法関係法規』北海道庁学務部社会課、一五―一六頁。同書は発行年代の記載を欠くが、所収法規類の年月日から、一九三四年十一月一日以後、一九三七年三月の「保護法」改正以前の刊行であることが分かる。この冊子に収められている事実は、少なくとも道庁学務部がこの内務次官回答について刊行時点でなお規範性をもつと認識していたことを示していよう。「管理規程」第一条はこの内務次官回答を受けて設けられたと思われる。

（17）文面だけたどれば、庁令による委任によって管理を定めるのではなく、支庁長・戸長が独自の判断で共有財産の管理を行うのであれば、この回答に抵触しないとも言えるが、それはかなり恣意的な解釈と言うべきである。

（18）前掲小川・山田編『アイヌ民族　近代の記録』四八五―五八〇頁所収。引用部分は五七二―五七三頁。

（19）『北海道旧土人概況』北海道庁学務部社会課、一九二六年（〈復刻版〉河野本道選『アイヌ史資料集』第一巻、一般概況編、北海道出版企画センター、一九八〇年）一一三―一一五頁。

(20)　『北海道社会事業』第四号、北海道社会事業協会、一九二三年五月十五日など。

(21)　より具体的には、例えば前掲『北海道旧土人概況』一三四―一三五頁に、「給与地賃借人は殆んど全部和人にして、小数《ママ》の着実なる小作者ある外多くは悪辣なる方法に依り給与地を利用する者なり。例へば一定の金額を融通し之れに高率なる利息を見積りて賃貸料と相殺し、永久に給与地の利用収益権を握る者、酒食を供して之を高価に換価したる上過分の利息を附して之が返済を困難ならしめ、代償として給与地の賃借権を得るもの、甚だしきは土人の無智なるに乗じ身上の世話を行ふと詐り給与地を管理し、之を第三者に高額なる賃貸料を以て転貸し永年連続して数十町の大地積に亘り利益を得つゝあるものあり。為に実直なる土人も自己の土地を自己に於て耕作するを得ざる為多くは他地方に出稼し健実なる農業を離るゝ状態なり」とある。

(22)　この会議の内容については『北海道社会事業』第六号、一九二三年七月十五日、同第七号、一九二三年八月十五日。

(23)　『北海道社会事業』第十四号、一九二四年四月十五日。目的の変更は一九二四年二月二十一日北海道庁令第十九号『北海道庁公報』第六〇三号、一九二四年二月二十七日。

(24)　前掲『北海道旧土人保護沿革史』二三四―二三八頁。「土人救療規程」は「保護法」第五条の具体的な施行方法を定めたものと言える。従来は一八九九年六月十三日北海道庁令第五十一号「北海道旧土人保護法施行細則」に簡単な規定があっただけだった。同じく「保護法」第四条と第六条については、一九二三年九月二十八日北海道庁令第一四六号「土人救護規程」(全五条)を定めた。

(25)　「全道教育資金」に関して指定以前にこの点のすり合わせが道庁と文部省の間でなされていることについて、前掲小川『近代アイヌ教育制度史研究』四〇六―四〇七頁を参照。『北海道旧土人保護沿革史』二八一頁が一八九九年十月三十一日北海道庁令第九十三号の「備荒ノ為メ儲蓄スルモノトス」の部分を一九二四年の改正について何の註記もしないまま「収益ハ之ヲ土人救護ニ充ツルモノトス」としているのは、同書に散見する粗雑な編集作業による誤りの一つであろうと一応は考えるが、作為の結果であると疑うこともできよう。また、前掲河野編『対アイヌ政策法規類集』は共有財産管理に関連する法規を広く収めていて便利であるが、この庁令を同書から引いているなど編集上不十分な点が少なくなく、利用に際しては注意が必要である。

(26)　ここでは詳述しないが、これより後、近い時期の共有財産管理に関わる変化として、厚岸町のアイヌ共有財産(土地)を新たに道庁長官管理に指定したこと(一九二四年二月二十一日北海道庁令第十九号)と、江別町に所在する樺太アイヌの共有財産を小作人である和人に売却し、その代金と従来の小作料の蓄積金を共有権者とその相続者に分配(一部は北海道社会事業協会へ寄附)したことがある。関連する記述は前掲『北海道旧土人保護沿革史』一二八—一三六、二九九—三〇二頁や『北海道社会事業』第十四・十八号などに見える。

(27) 『北海道庁公報』第五六八号、一九二三年六月二十七日。

(28) 「旧土人療養所／設置申請／目下状況調査中」。以下に引用する『十勝毎日新聞』の記事は、ほぼすべて小川正人・山田伸一編「十勝毎日新聞(一九二〇—一九三九年)掲載アイヌ関係記事——目録と紹介」『帯広百年記念館紀要』第十九・二十号、二〇〇一・二〇〇二年に本文を紹介している。

(29) 井上寿編『吉田巌日記　第十三巻』〈帯広叢書第三十二巻〉帯広市教育委員会、一九九一年、四六・四八・四九頁。「土人保導委員」は道庁がこの年からアイヌ人口の多い市町村において官吏・教育関係者などを嘱託したもので、一九二三年六月二十八日北海道庁訓令第五十五号「土人保導委員設置規程」により成文化された。

(30) 「旧土人保護の為め／療養所設置計画／漸く具体化し来り／道庁社会課長実査」『十勝毎日新聞』一九二三年五月二十六日付。

(31) 「帯広町土人病院設置計画」『北海道社会事業』第六号、一九二三年七月十五日。

(32) 「帯広原野の土人病院／国費以外の経営は是れが初め」『小樽新聞』一九二三年六月十九日付。

(33) 「地方費事業として／旧土人病院設立／実現は本年九月頃か」『十勝毎日新聞』一九二三年六月二十一日付。

(34) 「土人病院設立問題／土地の選定に行悩む／医師の選択も一仕事」『十勝毎日新聞』一九二三年七月二十一日付など。

(35) 「土人病院」設置箇所の選定がどのような基準でなされたのか、その基準で見たときに十勝が既設四ヶ所や他地域と比べてどのような位置にあったのかは、この政策判断を評価するうえで検討を要する問題である。

(36) 「土人病院の新設／新たに財源を発見」『十勝毎日新聞』一九二三年六月二十七日付。

(37) 本書第五章、および前掲高倉『新版アイヌ政策史』四五三—四五四頁を参照。

(38) 以下は『土人互助組合設立ニ関スル書類綴』北海道庁河西支庁、北海道立文書館所蔵(A七—二／三三〇)、『北海道社会事業』第十七号、一九二四年七月十五日、「給与地調査終了」『小樽新聞』同年六月二十日付などによる。各互助組合の設立年月日は『土人互助組合設立ニ関スル書類綴』によったが、このうち本別・音更両村については、他の史料で裏付けがとれておらず、翌年以降の誤りである疑いが濃い。

(39)『北海道社会事業』第十七号、一九二四年七月十五日。
(40) 一部は代理が出席。この会議については、前掲『土人互助組合設立ニ関スル書類綴』、『北海道社会事業』第十八号、一九二四年八月一日。
(41) 前掲『北海道旧土人保護沿革史』二九五―二九八頁。
(42) 北海道立図書館北方資料室所蔵のものによる。喜多章明『アイヌ沿革誌――北海道旧土人保護法をめぐって』北海道出版企画センター、一九八七年、一三―二三頁にも収められているが、多少の誤字を含む。
(43) 前掲「旧土人共有財産管理ニ関スル件」『旧土人関係　自昭和十三年至昭和十五年』(A七―二/五八二、三一件目)。
(44) 前掲『十勝毎日新聞』一九二三年六月二十七日付。
(45)「旧土人共有財産の／益金を有意義に／使用せしめんと／支庁当局なやむ」『十勝毎日新聞』一九二四年九月十二日付。
(46) 前掲『吉田巌日記　第十三巻』一一一頁。
(47)「当町土人の進化状態(完)／組合設立以来急進／部落改善は後五年／伏古互助組合喜多理事談」『十勝毎日新聞』一九二四年九月二十六日付。
(48) 前掲『吉田巌日記　第十三巻』一一三―一一四頁。
(49) 新聞記事に関しては、前掲小川・山田編「十勝毎日新聞(一九二〇―一九三九年)掲載アイヌ関係記事――目録と紹介」を参照。一九三七年七月施行の「保護法」改正を受けて同年十一月二十三日に帯広市公会堂で開かれた「町村旧土人事務主任会議」の議題の一つ「互助組合ノ整理拡充ニ関スル件」にも「互助組合ノ制度布カレテ茲ニ十四年、其ノ間相当ノ実績ヲ挙ケタルモノナキニシモアラズト雖モ、概シテ其ノ成績振ハサルモノアルヲ遺憾トス」とある(「町村旧土人事務主任会議事項」『旧土人保護　昭和十一・十二年』北海道庁十勝支庁、北海道立文書館所蔵(A七―二/五二三、四八件目))。
(50) もっとも、一九三一年八月の「全道アイヌ青年大会」での向井山雄の発言のなかに「共有財産合同論」があったとの報道があり(『小樽新聞』一九三一年八月四日付)、地域ごとに分かれた共有財産を合同して大規模化する、さらに深読みすれば、財産所在の偏りを補って全道アイヌに利用の道を開く、といった発想がアイヌ民族のなかにあったと推測される。ただし他の史料も含めて考察すると、向井の関心の比重は教育問題にあり、彼の共有財産合同論は教育目的の使用を念頭に置いた構想と見るのが自然である。
(51) 前掲小川「「北海道旧土人奨学資金給与規程」(一九三一年)について」を参照。

(52) ただし、この時期の十勝アイヌの組織活動には、支庁の社会教化政策と密に関係する傾向があった点は、注意が必要である。「十勝アイヌ旭明社」の性格について、本書付論Ⅱを参照。
(53) この一連の経緯については、吉田菊太郎が残した史料である『昭和二年　事務日誌』および『日誌』によった。いずれも前掲『吉田菊太郎資料目録Ⅱ　文書資料編』所収。
(54) 『北海道庁公報』第一九四号、一九三一年十月十四日。
(55) 註(43)と同じ。
(56) 「旧土人共有財産分割協議」『小樽新聞』一九三一年九月五日付。「旧土人の共有財産愈よ分割に決す／関係町村から代表者を招き／道庁で協定会議開く」『北海タイムス』一九三一年九月六日付もほぼ同内容である。
(57) ただし分割によって比較的大規模な施設の建設などへの活用は難しくなるだろう。
(58) 一九三一年十二月二十四日北海道庁令第五十三号『北海道庁公報』第一九九号、一九三二年一月六日。
(59) 「明日の糧もない／餓死線上のウタリー／万策尽きて共有財産支消方を／十勝支庁長に嘆願」『十勝毎日新聞』一九三六年三月十三日付。
(60) 「旧土人食料給与願ニ関スル件」前掲『旧土人保護　昭和十一・十二年』(A七―二／五二三、二一件目)。幕別村の分のみ前掲『吉田菊太郎史料集Ⅱ　文書資料編』一三六―一三七頁所収。
(61) 「ウタリーを救へ／代表から悲壮の陳情」『十勝毎日新聞』一九三六年四月七日付。
(62) 「一応内情を／調べる／ウタリーの窮境に対し／道庁喜多属談」『十勝毎日新聞』一九三六年五月五日付。
(63) 一九三四年十一月十三日北海道庁令第九十二号・第九十三号、いずれも『北海道庁公報』第五五〇号、一九三四年十一月十三日。
(64) 一九四一年六月十九日付、音更互助組合長・音更村長渡部辰衛より北海道庁長官戸塚九一郎宛「建物修繕方御願」、「旧土人共有建物修繕ニ関スル件」『旧土人関係　昭和十六年』北海道庁十勝支庁、北海道立文書館所蔵(A七―二／六一〇、二件目)。「部落会長」早川政太郎が管理の責任をもち、小破の修理は部落共同で担当しているとの記述がある。
(65) 北海道教育研究所編『北海道教育史』全道編三、北海道教育委員会、一九六三年、二五八―二五九頁。
(66) 「伏古日新校の／校舎敷地を特売／互助組合の共有財産へ」『十勝毎日新聞』一九三四年十一月十日付。
(67) 一九三五年四月二日北海道庁告示第四一五号『北海道庁公報』第六五九号、一九三五年四月二日。

(68)　一九三六年四月二十九日北海道庁令第二十九号『北海道庁公報』第九八〇号、一九三六年四月二十九日。

(69)　前掲『旧土人保護　昭和十一・十二年』(A七―二／五二三)、前掲『旧土人関係　自昭和十三年至昭和十五年』(A七―二／五八二)を参照。なお、一九三四年に道庁は、十一月十四日北海道庁令第九十四号で「管理規程」を改正し、土地については新たに十一月一日北海道庁令第八十五号「北海道旧土人共有財産土地貸付規程」を制定した。これは十一月一日の「旭川市旧土人保護地処分法」施行と関連した措置であろう。

(70)　喜多章明「旧土人保護事業概説(二)」『北海道社会事業』第五十号、一九三六年六月、四四―六〇頁。

(71)　喜多章明『十勝アイヌのあしあとゝこの後のみち』十勝アイヌ旭明社、一九二七年、四五―五七頁。

(72)　「当町土人の進化状態(完)／組合設立以来急進／部落改善は後五年／伏古互助組合喜多理事談」『十勝毎日新聞』一九二四年九月二十六日付、「伏古組合評議会／社団法人に組織するは全道の魁ならん」同、同年十月二十四日付。

付論

Ⅰ　アイヌ語地名はどう書き換えられたか

はじめに

北海道において、和人もしくは和人を多数者とした社会が、アイヌ民族にどう対してきたかを問うとき、アイヌ語地名に注目することは一つの有効な手だてであろう。

今日、アイヌ民族が数のうえで圧倒的に少数者であり、しかも民族的に異質な存在に対する感覚に乏しい日本社会にあって、北海道のアイヌ語地名が、「北海道にアイヌがいる」(「いた」となりがちな点は問題であるが)という事実を感覚的に印象づけ、説得力をもって訴えかけることがある。北海道の地名はどこか異質であるという感覚は、何に由来するのか。個人的な狭い経験の範囲で考えてみると、①パ行音を含んだり(札幌など)、ラ行音で始まったりする(留萌など)音の響き、②どう読むのか見当がつかない地名の多さ(長万部・弟子屈など)、③「—別」・「—内」・「—尻」など特徴的な音を含む地名の多さ、④山や川の名前になお残る片仮名地名、などが挙げられる。

一方、北海道の地名の「異質さ」を見えにくくしている要因の一つとして、アイヌ語に由来する地名の多くが漢字で記されていることを挙げることができよう。山田秀三氏によるアイヌ語地名に関する論考を読んでいると、アイヌ語の音に無理に漢字を当てはめたために漢字に引かれて音が変化したり(幸震《サツナイ》→コウシン、など)、外見上アイヌ語由来か否かが分かりにくくなった地名についての記述にしばしば出合う。(1) 山田氏の著作にはまた、幌別郡の「蘭法華」を「富浦」と改めたような、アイヌ語地名の日本語地名への丸ごとの置換えについての記述も見え、(2) 歴史のなかでアイヌ語地名が様々な形での改変を経てきていることを実感させられる。

とは言え、山田氏を含め、これまでのアイヌ語地名研究では、そうした改変については個々の地名の来歴をめぐって書かれることが多く、いつ、どのような政治的・社会的な状況がそれをもたらしたかについて検討することはほとんどなされてこなかった。

本章では、近現代の北海道においてアイヌ語地名がどのように扱われてきたのか、主に郡名・町村名・字名といった行政地名について概略をたどってみたい。アイヌ語地名の近現代史を考えるならば、数多ある地名のなかからあるものが行政地名として取り上げられる過程や、(3) そもそもの文字化に伴う音の変化、山川・湖沼など自然地名の問題など、多くの問題が本来含まれるはずであるが、本章で論じる範囲はその一部にとどまる。また、準備の限界から、時期的には一九四五年までを検討の下限とし、地域的には北海道内に限定する。

第一節　近世の経過と開拓使による郡名の命名

近世におけるアイヌ語地名表記の歴史を簡単に見ておく。(4)

天保・元禄の国絵図や元禄郷帳などにおいては、アイヌ語地名はおおむね平仮名で表記されていた。第一次幕領期(一七九九〜一八二一年)には、漢字または片仮名による表記が現れたが、漢字表記には甚しい当て字による難読のものが多く、幕府は一八〇七(文化四)年八月に「仮名又は片仮名に而認可申旨」を達した(5)。

第二次幕領期(一八五五〜六八年)になると、日露国境交渉に伴う蝦夷地の内国化政策を背景として、漢字表記を主張する意見が再び台頭する。一八五四(安政二)年四月十一日、箱館奉行所は老中に宛てた上申書のなかで、蝦夷地の国名・郡名・村名・小名を京都へ奏聞したうえで策定してはどうかと提起し、それを認めた老中は地名選定作業を林大学頭家の管掌とし、露西亜応接掛手付として蝦夷地記録調査に当たっていた国学者の前田夏蔭に担当させることとした(6)。一八五八年三月に前田が提出した「蝦夷地名真字相定候ニ付奉伺候書付(7)」はその成果と思われる。

周知の通り国郡名の選定は箱館奉行所によってではなく、開拓使によって実現されるのだが、前田に見られるような地名に対する考え方は、その後に引き継がれた面が少なくない。「蝦夷地名真字相定候ニ付奉伺候書付」の内容を検討しておく。

その基本的な考えは、蝦夷地における言語・風俗の内地化方針のもとにあって、アイヌ語地名を維持すべきではなく、「内地之国郡郷村之名ニ大凡同様ニ相見候様」にしたい、というものである。そのうえで彼は、具体的な改変案を東部三三・西部三四、北部三九についてその理由とともに記す。それらはほぼ従来の場所の名称であり、国郡設置はまだ具体的な日程に上がってはいないようである。

その特徴としては第一に、「内地」における国郡郷名の「上古」よりの変遷を模範とし、和銅六年の詔旨に見られる「好字」二字による表記を拠るべき方法とすることが挙げられる(8)。第二には、二字表記のために、漢字のあらゆる読み方を動員して、強引な当て字を許容することである。「積丹」を「サコタン」(もしくは「砂田」(サコタ))と、「島牧」を「シマコマキ」と読ませようとするのがこの例である。漢字そのものの自然な読み方とのずれを許容する根拠として前田が挙げるのは、「安積」を「アサカ」と、尾張の「春部」(「春日部」に由来)を

「カスガベ《ママ》」と読ませるといった「内地」の多くの実例である。

第三に、新地名はもとのアイヌ語地名の音を基にしてそれに漢字を当てる方法をとるが、もとの音を維持するよりも内地風の地名にすることを優先し、「セタナイ」を「塞棚」(もしくは「勢湍」)と表記して「セタナ」と改めようとするように、音の切詰めや転換をかなり自在に行うことである。その姿勢が突出した形で現れるのは、アイヌ語地名に特徴的な音の意識的な回避である。例えば、川・沢を表す「ナイ」と「ベツ」がつく地名については、「内」や「別」を当てれば容易なのだが、その類例が多いことなどを理由に避けようとする。「モンベツ」に「紋別」を当てずに「桃渕」を当て(「モモブチ」と読ませるのだろう)、「サクベツ」には「柵別」を当てずに「内地」に多い「部」で終わる地名に近づけることを狙って、「裂部」を当てて「サクベ」と読ませ、「ホロベツ」には「ホロ」の意味をとって、「広部」を当てて「ヒロベ」と読ませる、というように改変しようとするのである。また、「内地之雅音」では語の始めに「羅利留礼呂」(ラ行音)が来ないことを理由に、「レフンケ」を「ブンケ」として「文解」を、「レブンシリ」を「エブミ」として「江践」または「絵文」を当てようとする。つまり、単に地名の漢字化を図るのではなく、漢字化によって和風化=アイヌ語風地名の排除を達成しようという色彩が非常に濃いのである。

さて、一八六九年における開拓使による道・国・郡の設定と命名が、単なる呼称の転換の問題ではなく、蝦夷地内国化の意味をもつことはこれまでも指摘されてきた通りである(9)。これらの原案を作成した松浦武四郎の地名表記に関する考え方について、ここでは郡名に絞って見ておきたい。取り上げるのは「巳七月」付の「郡名之儀ニ付奉申上候条」である(10)。

松浦はまず、「蝦夷言葉」の地名に「好字」を当てることを、「御維新之御盛時之今日ニ相当リ候間」として肯定している。その目的からして当然と言えようが、彼を含め開拓使内部に国郡名に仮名表記を用いる可能性を想定した気配はない。松浦にとって、命名の前例となるのは「上古」であり、好字二字を原則とすべきであるとする。具体案策定に当たっては、もとのアイヌ語地名の音を維持することを基本にしながら、二字化のためには音の切捨てや改変、郡名の読みと漢字の自然な読み方とのずれを容認するといった態度は、前田夏蔭と共通している。と言うよりも、「下毛野」の「毛」を省略しながら「シモツケ」の音は維持した例への言及など、日本古代の国郡命名法についての記述はほぼ前田の引写しであり、個々の郡名案の適切さを説明するために挙げる本州以南の類例にも前田と同一のものが少なくない。松浦が前田の「書付」を重要な素材としたのであろう。ただし、「オタルナイ」「ヤムコシナイ」の「ナイ」を省略して「小樽」「山越」(ヤムコシ)とするなど、二字化を優先した音の切捨ては見られるものの、前田のようなアイヌ語に特徴的な音の意識的な抹消という性格は松浦には見られない。また、具体案にはあまり反映されていないようではあるが、個々のアイヌ語地名の語源についての記述が多く書き込まれるのも特徴的である。

前田と彼を引き継ぎつつ松浦が示した命名法は、後にしばしば問題となる難読地名を生み出す原因を内包していた。松浦が「今日言葉ニ片仮名相認メ候処二字ニ約候テハ、甚以当分間ハ不落着候得共、何時哉、口訓申候」と、二字表記の原則を貫くために生じる無理な当て字について、「いつかは慣れる」ことを期待するかのように記しているのは、今日から見るとある程度は妥当だったが、漢字表記と読みのずれの問題について深く問うことを放棄した面も少なくなかったと言えよう。(11)

第二節　開拓使による村名の漢字化

開拓使期の村名の表記の変遷を、『開拓使事業報告』第壱編によって、札幌本庁管内について見てみたい[12]。一八七三年十二月の時点では、日高国三石郡、十勝国十勝・中川・河西・上川各郡には少なからず存在していた片仮名表記の村名は、一八七六年九月時点では皆無となる(表付1-1)。村が未設置の郡が残るとは言え(石狩国夕張・樺戸・雨竜・空知・上川各郡、天塩国中川・上川両郡、北見国宗谷・利尻・礼文各郡)、村名の漢字表記への転換はこの頃までに急速に実施されたことが分かる。また、同じ期間に、漢字表記村名のなかでも三字以上のものの二字への変更が進められている。特に日高南部と十勝における二字化の徹底ぶりは、三字以上もしくは一字の村名を幾分かは残す胆振・後志さらには渡島・檜山などと比べて際だっている[13]。

村名の漢字表記への転換は、中央からの一元的な指示によってなされた可能性が高い。そのことを確実に示す史料として、一八七四年十二月に札幌本庁から根室支庁に宛てて、内務省が「全道国郡村市港湾等之名称」を必要としているので、翌年一月末までに指定の雛形に従って提出するよう伝えた文書がある[14]。特に村名については「従来仮名ノ村名者、可成字数二字を不超様相当之文字ニ改正」して届け出るべきことと記し、さらにこの点については「東京表より申来候」ことを追記している。「東京表」とは開拓使東京出張所のことである。村名の漢字表記への転換を図る理由を直接示す記述は見当たらないが、直接の背景には、明治政府による地誌編纂のための材料収集があったと思われる。広い意味では、北海道の内国化を図る諸施策の一環であったと考えて一応はいいだろう。これを受けた根室支庁は村名の漢字化を進めたようで、一八七五年五月二十五日には管内正副戸長に

表付 1-1　日高・十勝の町村名の表記

国郡名	1873(明治 6)年 12 月				1876(明治 9)年 9 月			
	町村数計	漢字		片仮名	町村数計	漢字		片仮名
		2 字	3 字以上			2 字	3 字以上	
日高国沙流郡	18	10	8	−	18	10	8	−
新冠郡	11	9	2	−	11	9	2	−
静内郡	16	12	4	−	16	13	3	−
三石郡	8	2	−	6	8	8	−	−
浦河郡	19	15	4	−	20	20	−	−
様似郡	23	8	15	−	23	23	−	−
幌泉郡	9	8	1	−	9	9	−	−
十勝国広尾郡	1	−	1	−	1	1	−	−
当縁郡	2	1	1	−	3	3	−	−
十勝郡	6	3	1	2	6	6	−	−
中川郡	22	−	1	21	22	22	−	−
河西郡	12	5	4	3	12	10	2	−
河東郡	5	1	4	−	5	3	2	−
上川郡	2	−	−	2	2	2	−	−

出典)『開拓使事業報告』第壱編，大蔵省，132-146 頁

対して、管内の「国郡村名」をすべて「本字」(漢字)に転換したことを、一覧を添えて達した(15)。

一方、いくつかの地域では、開拓使の初期に中央の指示を待たずに地域行政の担当者が漢字化を主導していた形跡がある。

一八七一年二月には幌泉詰の権大主典と少主典が、開拓使直轄である幌泉・様似・浦河・三石各郡各村名の漢字表記案を作成して伺い出た(16)。すでに国郡名が選定され村が設置されて「内地同様」になったのだから、村名が「片仮名ニ而者不都合」だというのがその理由である。アイヌ語地名の意味に訓を当てることは困難だとして、音に類似の漢字を当てる方法をとっている。三字のものもあるが、二字が望ましいとの認識に立ち、川・沢を指す「ベツ」「ナイ」は略して「〜川」と呼ぶ案を記す。

同年八月には、十勝国広尾・当縁両郡を分領支配していた田安・一橋両徳川家の家臣が、海岸筋のアイヌ語地名の改正案(四〇件)を作成して開拓使に伺い出、裁可を得た(17)。改正の理由については特に記されていない。開拓使から「取換」を求められて「関」を「静幾」(セイキ)

と改めた以外すべて二、三文字であり、強引な当て字やもとの音の改変を少なからず含んでいる。一八七〇年十一月二十日には、石狩国厚田に在勤する梁瀬権少主典が小樽庶務掛に、管内の地名(二五件)について従来の仮名表記に替えて仮に用いる漢字表記を提出した(18)。「当郡村方小名編戸之者共、諸歎願書類越始メ総而仮名ニテ認致通用居候処、兎角区々不都合成次第も有之」とあり、同一地名に対する表記の不統一による混乱が背景にあることがうかがえる。この案では三字以上のものも多く、二字化へのこだわりは感じられない。

こうした地域行政担当者の動きは、仮名表記による事務上の不便とともに、内国化するならば漢字表記に改めるのを当然とする意識の広がりに根ざしているようである。

さて、漢字表記への転換が個々の地名について具体的にどのようになされたのか、一八七三年九月に開拓使勇払出張所が勇払・千歳両郡内の村名改正を達した史料を引き、やや詳しく見てみよう(19)。

勇払・千歳邨名是迄土人ノ方言ヲ以仮名書〔挿入〕「ニ而」致通称~~致~~来候処、不都合之廉有、朱書之分二三ヶ村宛合併、文字ニ引直候条、以来何邨与相唱可申、此旨相達候条、小前末々至迄無漏可触示事

　　第九月三十日

　　　　　　　　　　開拓使出張所

　　勇払

　　　　　　　　　　　　　　副戸長

　　　　　　　　　　　　　　伍長　宛

逐而、苫細・白老・千歳・勇払之各駅江も可相達候事

勇払郡村名改正

勇払村　〔朱書〕「元ノマ、

苫細村　〃

小糸魚村　〃

錦多峰村　〃

覚生村　〃

樽前村　〃

厚真村　シユフン。アツマ。ツケヘ

冨似柯村　トニカ

鵡川村　ムカワ。チン

井目戸村　イモクベ。ケナシヨロ

萌別村　カナヘ。モヱヘツ。ヲサン子フ

生鼈村　キリカツ。ユクヘツ。下キナウシ

似湾村　ニワン。カヘカウシ。イナユウ。上キナウシ

累標村　ルヘシヘ。カヘクマ

穂別村　シユフンナイ。中ホヘツフト

辺冨内村　ヘトンナイ。ニナツミフ

植苗村　ウヱンナヰ。ヒヽ。タフコフ。ユウプリ」

通計十七ヶ村

千歳郡村名改正
千年村　〔朱書〕「チトセ。ヒルサツタリ
蘭越村　ランコウシ。ヘサ
烏柵舞村　ユウナイ。ルヱン。ヲサクモマイ
長都村　ヲサツ
漁村　漁　漁太
島松村　島松府」
通計六ヶ村

既存の集落をいくつか合せた単位として村を設定し、漢字名に改める作業を進めている。これは、『地誌提要』の素材として勇払出張所が当初提出した原稿に対し、開拓使記録局編輯課が、一〇戸未満の村を統合すること、地誌に掲載する際の「流弊」を理由に漢字表記に改めることを求めたのがきっかけとなったものである。(20) これを見ると、勇払郡のうち勇払村など六ヶ村と千歳郡の一部はこれ以前に漢字名を付した村が設定されている。また、新しい漢字村名は、既存集落のいずれかのアイヌ語名の音に漢字を当てたものである。用いられる漢字の音訓の別を見ると、両者を自在に取り合せており、原則らしいものはないように見える。

重要なことは、通常用いられる漢字の読みの範囲では、もとのアイヌ語地名と音のずれが生じるものが見られることである。この史料上の仮名表記に従って記せば、「生鼈」(ユクベツ)、「植苗」(ウヱンナヰ)は明らかにそうである。この文書は新村名の読み方を示していないのでどちらかは分からないものの、これらについては予備知

識なしには正しく読み難い地名になったか、漢字に引きつけてこの機会に音の変化が意図されたのだろう。「ホヘツフト」に「穂別」の文字を当てた際、(その)河口を意味する〈put(u)〉を切り捨てたのは明らかである。三文字の新村名もあるが、ものの音(と意味)を切り捨てつつ二字化を進める傾向は、この穂別のほか「島松府」を「島松」に改めたのにも見て取れる。もとのアイヌ語地名は〈suma-oma-p〉のようであり[21]、これ以前に石を意味する〈suma〉に「島」を当てた段階で音(と意味)の変換が生じ、ここでさらに「府」を削除したことが、末尾の子音〈-p〉の切捨てにつながった[22]。

ところで、村名の漢字表記への転換のなかで多く生み出された難読地名については、開拓使内部でも問題視されるようになった。一八七九年一月、東京出張所は札幌本庁と函館支庁に対し、北海道の地名のなかに「是迄区々ニ相認来候分」があり「不都合」であるとし、従来の「片仮字」を「本字」に改める際には、なるべく「読易キ文字」を当て、使用する文字はよく調査して「精確ナルモノ」とすべきことを伝えた[23]。追記では、胆振の「錦多峯」を例に挙げて、そのような「不都合ノ文字」は避けるべきだとしている。「錦」の部分にのみ「ニシ」とルビがあることから、通常はあり得ない無理な読み方を想定すること、つまり強引な当て字の弊害を問題にしているものと思われる。この時期に生み出された難読地名の扱いは、その後も長く北海道の地名をめぐる議論の一つの焦点となる。

第三節　一八九〇年の北海道庁長官内訓

一八九〇年八月十五日付の『函館新聞』は、北海道庁長官が「地名記載方」について各部長および郡区長・典獄などへ発した内訓として次の六項目を掲載した(24)。道庁が地名表記法の基準を示したものとして重要である。

第一項　凡そ地名に充つべき漢字は、成るべく難字を避くべし

第二項　各地の字ハ総て仮名を以て記載すべし。但し或る場合に於ては（地図の如き）羅馬字を以て記し、又は仮名羅馬字を以て対照併記すべし

第三項　町村名及び町村の上に冠する総称（福山の類）等公称の地名ハ、総て従前の通り漢字を用ふ

第四項　現在町村名中難読の文字（幸震、咾別の類）ハ、将来町村分合等の機会を俟て更正する者とす

第五項　将来新に町村名を付する時ハ、其他〔地カ〕の字アイヌ語なるときは其原義を意訳したる漢字を附し（瀧川村）、或は第一項に依りアイヌ語を以て名くべし（奈江「谷の義」の類）、其日本語とを区別する能ざるもの亦同じ

第六項　新開町村にして其開拓に縁故ある名称（前田村、新十津川若しくは月形村の類）を用ふるは、第五項に拠らず前段〔別カ〕の詮議による

全体を見渡して、この内訓の背景にある最も大きな要因が、難読の漢字地名の問題であったことは間違いあるまい。それに対してこの内訓は、「難字」の漢字表記回避を第一項に掲げ、字名は仮名表記を原則とし（第二項）、町村名の難読地名は、合併などの機会に改めることで対応しようとする（第四項）。このうち字名の仮名表記原則は、アイヌ語地名の漢字化を押しとどめるものであり、特に注目すべき点である。表面に現れてはいないが、地名が帯びる歴史的・文化的価値を評価する神保小虎ら（本書三八三―三八四頁参照）の影響があるのかも知れない。

一方、町村名を漢字表記することは、当然の前提とされている。表記のあり方を字名と分けるのは、町村名

（およより広域を指す地名）は公的な名称、公称だという認識のようである。それと照らせば、字名に仮名表記が認められるのは、公称としての性格が弱いものだから、と理解できる。

町村名の漢字表記を新設する場合の方法として、アイヌ語地名の意味を漢字に置き換えるか、音に漢字を当てるかのいずれかを一応の原則として示した（第五項）[25]。しかし同時に、「開拓に縁故ある名称」を用いる場合は例外を認め（第六項）、和人移住者の故郷への思いや「開拓」の労苦を記念する思いが、アイヌ語地名を排除する道を開いているのは見過ごせない点である。

この内訓の作成過程は不明であるが、同じ月に同紙が掲載した記事は、周辺事情を探る手掛りになりそうである。

同紙八月二十六日付「地名書き方」と題する記事は、冒頭で先の記事に触れたうえで「右地名書き方等に付きアイヌ会に於て嘗て取調たる書類に付抄録したるものを寄せられたれバ」として、その内容を紹介する。そこでは、北海道の地名に難読の漢字を当てる「悪風」の歴史を略述し、現状を「明治六七年の頃に至りてハ漢字の地名最も読みかたきこと殆んと極点に達し今日に至れり」として、難読村名と小字の実例を挙げ、前者は今回の内訓第四項により、後者は第二項により改められて弊害が除去されるだろうと述べ、内訓の内容に全面的に肯定的である。また、「ポク」「ポキ」「ポクケ」に当てた「法華」から法華宗の僧の渡来を、「ライニ」に当てた「雷電」や「ペンケ」「ペレケ」に当てた「弁慶」などから義経を後人がこじつけて理解する弊害を強く批判する。強引な当て字の結果、表意文字である漢字がもともとは異なる意味の連想を誘う弊害も強く意識しているのは、特徴的な点である。

記事末尾には、次号に「「アイヌ」会」の趣意書を掲載すると予告があり、翌日から二回にわたり、永田方正と神保小虎の連名による「「アイヌ」語地名ノ書キ方」（以下「書キ方」）を掲載した[26]。ここから、二十六日付記事中の文書も両人の作成によると推定できる。「アイヌ」会は、村尾元長と永田が発起人となり、札幌で設立したもので、「北海道の土人に関る諸般の事項を調査し、兼て「あいぬ」以前時代の事を討究する」のだという。(27)

「書キ方」は、アイヌ語地名の表記が不統一であることを問題にし、新規則を提示したものである。漢字表記の仕方には何ら言及せず、仮名表記とローマ字表記の方法のみについて記している。その特徴の一つは、適切な表記法を徹底する利点として「永ク其正音ヲ存シ、従テ其地名ノ主意即チ其地形、風景、動植鉱類ノ所在并ニ口碑雑事等ヲ明カニ保存セシムルヲ得ル」ことをも挙げ、地名を自然環境や文化的背景と深く結びつくものとして理解している点である。もう一つの特徴は、音節末の子音(エㇰ ek、ウパㇲ upas、アㇷ゚ ap、ハㇺ ham、ウシュ ush)やㇳ゚(tu)など、通常の日本語表記の枠に収まらない音をそれなりに科学的に表記する方法であるという点である。これらの特徴は、切替英雄氏が神保小虎のアイヌ語研究についてすでに記しているのと共通している。(28)

永田・神保の提唱したこの表記法が、どれだけ使用されたかの検討は今後の課題であるが、先の道庁内訓を視野に入れて言えば、地図上の表記などには取り入れられた可能性はあるものの、音節末子音の表記法などは、アイヌ語の言語学的な特徴についていくらかの知識をもっていなければ、日本語を母語とする者には呑込みが困難なものであり、行政上における字名の表記などには浸透しなかったのではないかと思われる。(29)なお、北海道庁が一八九一年三月に刊行した永田方正著『北海道蝦夷語地名解』は、必ずしも徹底しないものの、基本的にはこの表記法に従っているようである。

一八九〇年道庁内訓がどの程度徹底されたのか、『函館新聞』八月二十六日付記事が難読村名の例に挙げた「幸震」(サツナイ)・「新栗履」(ニクリパケ)・「咾別」(イカンベツ)・「翻木禽」(ポンキキンニウシ)・「手師学」(テシユオマナイ)・「黄金蘂」(オコンプウシユペ)・「白人」(チロトー)・「負箙」(ウフイビタラ)について見れば、一九〇〇年から一五年までの間に、他町村との合併を機会にいずれも村名からは消えた。(30)確かに内訓第四項の通り処理されたのである。ただし、いずれもそのまま大字名として存続し、一九二〇年代末からの字界地番整理事業（本章第五節参照）における大字廃止によって行政地名としては消滅するが、大字幸震は一九五七年、大字負箙は一九七六年までそれぞれ存続した。

第四節　一九一〇年の北海道庁札幌支庁通牒

字名の表記について、一八九〇年には仮名表記原則を打ち出していた道庁は、遅くとも一九一〇年には漢字化を徹底させる方針に転じた。浜益村役場の公文書に次のようなものがある。(31)

札一第五一四四号
明治四十三年四月三十日

札幌支庁(印)

浜益村役場

諮問事項ノ件

左記及照会候也

本年一月町村長・戸長参会ノ際諮問相成候町村字名改称ノ件、目下御考案中ノ儀ト認メラレ候得共、右ハ五月末日迄ニ答申セラルヘキ儀ニ付、該期日迄ニハ必ス提出相成度、為念右申進候

諮問

各町村字及其他ノ地名ニシテ、尚蝦夷《アイヌ》語ノ侭ヲ称スルモノ少ナカラザルガ、其称呼ノ難クシテ記臆〔ママ〕ニ便ナラサルハ、自他ノ不便ナルノミナラス、行政上ニ於テ支障少ナカラス、且ツ今日ニ於テ尚蝦夷《アイヌ》語ヲ用ユルハ、自ラ部落団結心ヲ養成スルニ付テモ不利アリ、雅馴ナル名称ニ改ムルノ必要アリト信ス、依テ其蝦夷《アイヌ》語ヲ称スル地ニ対シ更ラニ穏当ナル名称ヲ擬定シ、別式ニ依リ本年五月限リ答申セラレタシ

別式

公認セラレタル字名

地名	意義	擬定名称	理由
オルイカ	何々ノ意	何々	字音ヲ取ル

公認セラレサル地名

地名	意義	擬定名称	理由

備考

一名称ノ擬定ハ、可成其音ニ依ルヲ要スルモ、特殊ノ事由（移住民ノ旧地ヲ呼ブ、地形ニ依ル原語ノ意義ヲ

取ル等)アルモノハ此限リニアラス

これより前、この年一月に道庁札幌支庁が管内の町村長・戸長を集めた会議において、町村字名の改称について諮問しており、この文書は五月末までにその具体案を答申するよう改めて求めたものである。改称を図る理由としては、①アイヌ語の称呼は難しく記憶しづらくて不便である、②アイヌ語地名の使用は「部落団結心」の養成を阻害する、の二点を読み取れる。

末尾の備考では、新地名の命名法として、従来広く行われてきたアイヌ語地名の音に漢字を当てる方法を第一に挙げている。だがこれは絶対的な原則ではなく、「移住民ノ旧地」にちなんだ命名や地形に由来するアイヌ語地名の意訳といった「特殊ノ事由」があるものは例外として認めている。「移住民ノ旧地」を特に挙げているのは、先の一八九〇年の内訓と共通するものがあり、また地名からのアイヌ語排除の理由として「部落団結心」養成との関係を考慮していることと結びついていよう。「尚蝦夷《アイヌ》語ノ侭ヲ称スルモノ」の部分はやや明確ではないが、備考を見るとアイヌ語地名の音に漢字を当てたものは改称対象に含んでいないと見ていいだろう。

日本語を母語とする和人移住者の多くが、アイヌ語地名を「無意味」な音の連なりとして受け止めることが多かったことは大いにあり得ることである。母語とは異なる言語の音の連なり(地名)を耳にし、仮名表記によって目にしたとき、馴染みのある音の連なりをそのなかに認めることが、母語による地名に比べて少ないことは確かだろう。記憶に不便という理由はそうした事情を背景にしていると考えられる。

では、仮名表記のアイヌ語地名が「部落団結心」の養成を阻害するとは、どういうことなのか。記憶しづらさに加え、出身地では普通のものだった漢字表記とは異なる地名の表記法や、その音の「異質さ」が、その土地への親しみにくさという感覚につながる、ということだろうか。一つ指摘しておくべきことは、「移住民ノ旧地」

にちなんだ命名がその土地への愛着心を増すだろうと予想するときに、排除される地名に愛着をもつ人びとに対する配慮は欠落するか後回しにされているだろうという点である。言わば、道庁がここで想定するのは、和人移住民を中心とする地域社会形成であって、アイヌ民族をその主たる担い手と見てはいないのではないかと思われる。

字名については仮名表記を原則とした一八九〇年の内訓と照らし合せれば、字のレベルまで公的性格のものとして扱おうとする、行政の地域社会への関与の深まりを読み取ることができよう。札幌支庁のこうした動きは、支庁独自のものではなく、全道的な施策の一環だった可能性が高いと思われるが、残念ながら一月の会議を含め直接これに関連する史料を見出せていない。農村地帯において和人移住者の土地への愛着をどのように育むかが、この時期の拓殖政策上重要な課題だったことは、例えば、前年十一月に道庁が北海道農会に対し「農家の土着心を養成し部落団結を鞏固ならしむる方法如何」を諮問していることからも確認できる。(32)

なお、指定期日までに回答を提出しなかった浜益村役場に対し、翌一九一一年二月、札幌支庁は「部落ノ名称ニ止マラス山川湖沼丘陵等ノ名称ニ渉リ広ク改正致度旨趣」であるとしてさらに考察を求めた。改正対象を自然地名の仮名表記アイヌ語にまで広げているのである。

以上のような札幌支庁の方針がどの程度徹底して実施されたのか、浜益村役場の文書からうかがい知れる範囲でのみ記しておく。一九一〇年七月十四日付の支庁からの督促状には、同村だけが未回答であるとあり、他の管内各村から改正案が出揃ったようである(もっとも「該当なし」といった返答もあり得る)。浜益村に関しては、該当する地名はいずれも御料地内で村役場単独では判断できず、帝室林野局札幌出張所に照会し、「差当リ改称ヲ要スル箇所無之」との返答(一九一一年二月二十二日付)を得たところで一件文書が終わっている。同村の場合、多くの字名はすでに漢字表記がなされおり、また、御料地内に多少残っていた仮名表記地名に関してはこの時点では改称されずじまいだったものと考えられる。

第五節　字界地番整理事業

一　背景と概要

北海道庁が一九二七年度から二〇年間の「北海道第二期拓殖計画」のもとで実施した字界地番整理事業は、道内各地の字名から多くのアイヌ語地名を抹消していった。この事業の概要は次のようなものである。[33]

従来本道ニ於ケル土地ノ字名ハ、主トシテ旧土人カ山川湖沼ニ名ケタルモノヲ、直チニ取リテ以テ地名ト為セル慣習アリ、為メニ同一地ニ対スル称呼区々ニ渉ルノミナラス、其ノ区域モ亦随テ区々ニシテ、一村内ノ字名ハ数十ヲ以テ算スルモノアリ、又実際字界ノ存スルモノ甚タ稀ニシテ、字ノ限界ハ雑然トシテ犬牙錯綜セリ。地番モ亦全然無順序ニシテ、則チ地番ハ本庁及支庁ニ於テ土地ヲ処分スルニ際シ、其ノ時々数字ノ順ヲ追テ附番シタリ。故ニ実地ノ連絡順序トハ何等ノ交渉ヲ有セス、又一村内ニ於テ地目毎ニ又ハ字毎ニ起番シタルモノ等アルニモ不拘、後ニ村通番ヲ附シタルモノアリ、為メニ同一ノ地番カ数箇所ニ散在スルノ奇観ヲ呈セリ、斯ク字名ト地番ノ両者錯綜混乱セル為メ、一般行政上並ニ各般施設上不便不尠ヲ以テ、全道ノ土地百三万九千余筆ニ対シ昭和二年度以後二十年間ニ字界地番ノ整理ヲ行ハムトスルモノナリ字名（字界）と地番の錯雑ぶりの一端は、例えば三石村の土地台帳上で六つの大字に合せて二八六種の字名が記され、そのうち二百余は一筆だけに対して記されていること、一つのアイヌ語地名に基づくと思われる表記が何通りも記載されていること（例えば辺訪・ベバウ・ベハウ・ベボウ・ヘハウ・辺訪沢・ベボウ沢など）などからうかがえ[34]、行政上その他において不便が多いというのは理解できる。

道庁は一九四四年度までに一二五市町村においてこの事業を実施し、大字が既設の場合はそれを廃し、新しい字名・字界を定め、各字内に順序に従った地番を設定していく（一九二七年四月現在、道内には二六一市町村があった[35]）。

北海道立文書館が所蔵するこの事業に関する一九二九年から四四年までの道庁文書（一部は欠落）を見ると、各市町村における改正事業はおおよそ次のような手順で実施された。①各支庁・市町村への照会結果をもとに、道庁がその年度の実施市町村を決める、②各市町村が新しい字名・字界の原案を作成する（この際、各集落での協議を実施するなど、地元の意向を一定程度吸収している場合が多い）、③道庁本庁・支庁からの出張員や税務署長らの臨席のもと、市町村長・市町村会議員・管内小学校長・郵便局長らを構成員とする協議会で原案をもとに協議し、改正案を決議する、④道庁長官が決裁し、所管税務局長・税務署長の同意を経て告示する。

それなりに地元の意見を反映する仕組みであると同時に、協議会における議論では道庁出張員が方向性を示すことが多く、個々の字名案に対しても協議会もしくはその前後において道庁側がしばしば再考を求めるなど、道庁の主導性が強かったと言える。

整理事業によって字名は大幅に減るから、それに伴って多くのアイヌ語地名が行政地名の地位から消し去られることは明らかである。しかし、アイヌ語地名排除の範囲はそれにとどまらなかった。問題は、道庁が示した新字名・字界の案を策定するうえでの基準にある。一九三三年十二月二十二日改正告示の虻田郡留寿都村を例にとれば、道庁拓殖部長が七月十一日付で後志支庁長に送った文書中の「注意事項」では、三〇〇～五〇〇筆で一字を設定すること、字界はなるべく道路・河川など明瞭な地物で設定することなどと並んで、「字名ハ簡明ニシテ口調好ク文字ノ平易ナルモノヲ選定スルコト、而シテ旧土人語ハ避クルコト」と、アイヌ語の排除を明確に指示しているのである。[36]

字界・地番の錯雑の解消という事業目的からは、新字名からアイヌ語を排除する直接の理由を見出せない。これについて、一九三六年二月八日付の『北海道庁公報』が掲載した佐上信一長官(一九三一年十月～三六年四月在任)の談話が説明している。[37] 佐上はまず、北海道の市町村名と字名は、アイヌ語の音への当て字・意訳や、移住者の故郷の地名を擬定したものなどの集積であり、初めて来道した者にかなり耳新しく感じると述べたうえで、「固より是等の地名に関しては、成るべく沿革を尊重すると云ふことは結構なことであるが、同時に之を改称する方が一層結構であるやうな場合も亦少くないやうに思ふ。殊に本道の開拓が進捗し、内地との交通並に取引が益々頻繁を加ふるに至らば、独り本道各市町村の名称は本道一地方の名称でなくして、全国的な名称となるのだから、一層地名の選択には意を致さなければならぬと思ふ」とし、「内地の人」が北海道からの電報に返事を出す際に受信局の所在地名を「索出」する困難や、「聞いただけで吹出す様な連想を起させる」地名があることを指摘する。佐上が地名の価値として主張する「道民精神の高揚を強調し、郷土愛の心を喚起する」という言葉は漠然としているが、彼が地名からのアイヌ語排除を図ろうとするのは、単に難読地名の多さによる実用上の不便ゆえではなく、(「内地」と比べたときに)それが「異質さ」を感じさせることに根ざしているものと思われる。

北海道に多い難読地名や日本語話者の感覚からの「珍妙」な地名の存在については、民衆の日常世界でも混乱を招いたり、卑猥な戯れ歌の種にされることが見られた。[38] 一例を挙げれば、駅名に関する記事であるが、『十勝毎日新聞』一九三六年三月十四日付「本道ご自慢の／珍駅名／大演習前に全部改正」は、読み方が難しく「珍名変語」が多くて、汽車旅行者を大変面食らわせるので、札幌鉄道局が数年前から「佐念頃」(サネンコロ)など約五〇の駅名を改称し、同年九月の陸軍特別大演習までに残りを改正する、と報じている。

佐上の談話で注目すべきことを二点指摘したい。

第一に、彼が町村名の改称も望ましいとしながら、町村会で決議をしようとすると現在の名称に執着をもつ早くからの移住者と「内地風の地名」への改称を望む新たな移住者の対立によって決着しない、と見ている点である。彼は字名についてはそのような感情の差はないと述べているが、本節二に示す実態を見るとその見通しは甘かった。

第二に、下村宏が台湾総督府の民政長官だったときに台湾の地名改称を断行したことが、「統治上は勿論交通通信其他文化の上に大なる裨益を来しつゝある」と、一九二〇年に台湾総督府が実施した地方制度改正の前例を挙げている点である(39)。下村の経験談が佐上を刺激したことについては、これより前の『十勝毎日新聞』一九三三年八月二十三日付に「過般来道の下村海南(宏)博士が札幌市豊平館における座談会に、台湾における地名改称の事例をあげ極力本道地名の整理改称を提唱したに刺戟され、佐上長官は本道在任中の一大事績としてこの地名改称を断行すべく決意し」とあることからも確認できる(40)。

ところで、道庁拓殖部は新字名設定の基準を、その後何度か改めた。一九三六年四月十八日付各支庁長宛通牒からは「歴史的由緒沿革等ハ成ルベク尊重スルコト」「難渋ナル地名ハ廃止スルコト」「旧土人語ハ避クルコト」の三項目に(41)、さらに、一九四〇年四月の通牒では、アイヌ語への言及は消え、「漢字ニテ二字乃至三字トスルコト」「同一支庁管内ニ類似ノ字名ハ避クルコト」を加えた四項目に改めている(42)。確認できた範囲では、明文化された基準で新字名からのアイヌ語排除を含むものの最後は、一九三八年十二月十四日開催の爾志郡乙部村の協議会の資料である。[43] こうした転換の理由を直接説明した史料は見出せない。以下、字名改正の実施状況を具体的に見るなかで、その理由と意味を考えたい。

二　実　態

まず、片仮名表記の新字名は、助詞の「ノ」を除けば、アイヌ語「ニセコアンヌプリ」から「転化」し、スキー場が国内外に有名なことを理由にした虻田郡狩太村（一九三七年三月二十八日告示）の「ニセコ」と、カルルスバード温泉（現チェコ）にあやかった幌別郡幌別村（一九三四年三月二十三日告示）の「カルルス」だけである。[44] 新字名からのアイヌ語排除が徹底した例として、瀬棚郡利別村（一九三三年八月三日告示）を見れば（表付1-2）、従来多く見られた仮名表記のアイヌ語字名やアイヌ語の音に漢字を当てた字名のほとんどが、本州以南に当り前に見られるような漢字地名に置き換えられている。[45] 新字名で多少なりともアイヌ語に由来することを指摘できるのは、「美利河《ピリカ》」だけである。

静内郡静内町（一九三四年五月十五日告示）の場合（表付1-3）、いずれもアイヌ語地名に由来する一四の旧大字のうち九つはこれを機に消失させられた。[46] 二一の新字名のうち、多少なりともアイヌ語地名の音をなぞっていることが指摘できるのは、「目名」「農屋」「真歌」「浦和」「東静内」「春立」「東別」の七つのみである。アイヌ語色の後退はここでも明らかである。

ところで、道庁が当初示した新字名設定の基準は、アイヌ語ではなくとは言うものの、ではどうするかとなると「口調好ク文字ノ平易ナルモノ」「簡明優雅」[47] といった漠然としたものだけであり、町村は新字名を考案する際の拠り所を手にできなかったと思われる。新字名には、和・共・栄・豊など地域の繁栄や調和に関わる抽象的

表付 1-2　瀬棚郡利別村の字名改正状況（1933 年 8 月）

改正字名	読み方	旧　字　名
豊　田	トヨダ	中利別
鈴　金	スズカネ	中利別，利別，オチヤラツペ
金　原	キンバラ	中利別，小チヤラツペ，茶良津内，パンケオイチヤヌンベ
日　進	ニツシン	二股，二股左岸山ノ手，パンケオイチヤヌンベ，パンケオイチヤヌンベ原野，パンケオイチヤヌンベ左岸山手，ペンケオイチヤヌンペ
田　代	タシロ	中利別，南利別，今金，メツプ，メツプ南岸，埼玉，中利別南岸，南利別原野，大チヤラツペ
八　束	ヤツカ	中利別，茶良津内，二股左岸山ノ手，ペンケオイチヤヌンペ
稲　穂	イナホ	中利別，利別，メツプ南岸，埼玉，茶良津内
白　石	シライシ	茶良津内，ペンケオイチヤヌンペ，南利別，中利別
旭　台	アサヒダイ	ペンケオイチヤヌンペ，ペンケオイチヤヌンペ川上，ペンケオイチヤヌンペ原野，ペンケオイチヤヌンパ原野
奥　沢	オクザハ	サツクルベシユベ，上利別原野，南利別，サツクルベシユベ川上
中　里	ナカザト	上利別，上利別原野，シユブンナイ，下シブンナイ，ジンゴベイ，花石，サツクルベシユペ，大曲
花　石	ハナイシ	花石，上利別原野，ジンゴベー，上利別，メナシユウシマツナイ，ポンチンコベ，ポンシブンナイ，ポンシユブンナイ
美利河	ピリカ	チユウシベツ，チウシベツ，三ツ股，美利河三ツ股，ピリカベツ，ニシヨンベツ，稲穂峠，美利加別，美利河
宮　島	ミヤジマ	花石，上利別原野，ジンゴベー，ヲカジ沢，チユウシベツ，チウシベツ，上ハカイマツプ
住　吉	スミヨシ	利別，埼玉，上ハカイマツプ，下ハカイマツプ，ヲカジ沢，花石，上利別，上利別原野，サツクルベツ，サツクルベシユベ，茶良津内，ワレタウシナイ，他
種　川	タネガハ	利別，埼玉，中利別，メツプ原野，メツプ，下ハカイマツプ
光　台	ヒカリダイ	メツプ原野，メツプ，チプタウシナイ
今　金	イマガネ	北一条，中利別，秩父多中，今金，利別原野，基線，チフタウシナイ，チプタウシナイ，ピリカベツ，メツプ，ヒカリ沢，チプタウシユナイ
御　影	ミカゲ	北二条，トマンケシ，チブタウシナイ，中利別
神　丘	カミオカ	目名，イマヌエル，基線，基線北一条，チヨポシナイ，基線原野，利別原野，利別，チヨツポシナイ，一線，メナ，トマンケシ，他
鈴　岡	スズオカ	目名川沿，北六線，北七線，利別原野，北八線，豊島，メナ，トマンケシ，イマヌエル，目名，利別，中利別

出典）1933 年 8 月 3 日道庁告示第 1166 号，『北海道庁公報』第 914 号

な意味の文字を含むものや、「瑞穂」「住吉」といったある意味在り来りで独自色に乏しいものが目立つ。一九三八年四月三日の道庁拓殖部長通牒が改正作業実施のための必要書類として「改称字名ノ起源又ハ語源」の作成を求めたのを受けて(48)、各町村役場はそれらしい説明を記しているのだが、苫前村役場作成の書類中に、「旭」と「昭和」というこれもよくある新字名案について「別段ニ意ナシ」とあるのは、村役場側の戸惑いを非常に正直に記したものと言えよう(49)。あるいはその地の草分け的な和人移住者の苗字や移住団体名、所在する農場の名称などからとる場合もあった。これらの方法に拠らないとすれば、すでにそこに存在する地名を無視するのは現実的ではない。特にその地名が地域住民に深く定着している場合はそうである。

数値化は難しいものの、全体を見渡せばこの事業によって字名からアイヌ語地名が大幅に抹消されたことは歴然としているのだが、一方でアイヌ語由来の地名が完全に一掃されているわけではない。多い事例では、幌別郡幌別村では一五の新字名中「来馬《ライバ》」「札内《サツナイ》」「登別《ノボリベツ》町」「登別温泉《ノボリベツオンセン》」「上登別《カミノボリベツ》」「富岸《トミキシ》」「鷲別《ワシベツ》町」「上鷲別《カミワシベツ》」の八つ、あまり多くない事例では、一九三五年七月三十日告示の夕張郡角田村の二五字中「杵臼《キネウス》」「阿野呂《アノロ》」「雨煙《ウエン》別《ベツ》」の三つ、などのように指摘できる(50)。

幌別村・静内町について改めて見ると、新字名中のアイヌ語由来のもののほとんどは、その漢字表記が旧大字もしくは通称の集落名としてすでに存在していたことが分かる。一方で、新字名に引き継がれなかった旧大字名は、相対的には「難読」「奇異」な印象を与えると受け止められそうであり、そうした選別をしながらすでに定着していた地名を引き継いだのだろう。特に市町村名や学校・駅の名前にもなっている地名の場合、住民や役場が改変に抵抗感を抱くことは多そうである。

一九三六年四月の拓殖部長通牒が新字名設定の基準に「歴史的由緒沿革等」の尊重を追加したのは、アイヌ語地名をめぐるこうした事情をある程度反映していよう。だが、それが基本的な姿勢の転換だったとは言えまい。

表付 1-3　静内郡静内町の字名改正状況(1934 年 5 月)

改正字名	読み方	旧　字　名	部落名	備　考
本　町	ホンチヤウ	シヒチヤリ，古川，下々方，染退，真沼津，新沼津，シンヌツ	静内市街	大字静内村
吉野町	ヨシノチヤウ	古川，下下方		同
御幸町	ミユキチヤウ	下下方，染退，シヒチヤリ，シンヌツ，下中方		同
古川町	フルカワチヤウ	古川，染退，下々方古川，下下方，メナチヤ，シブチヤリ川側，中下方		同
入船町	イリフネチヤウ	ホイナシリ，ルヱヲシマ，マウタサツプ，馬歌山，舞歌山，マウタ，マウタサツフ，有勢内		同
駒　場	コマバ	新沼津，シンヌツ，真沼津，下下方，真沼津村	下下方	同
中　野	ナカノ	中下方，中下方シンヌツ山，上下方，中下方，中下方真沼津，中下方原茶山	中下方	同
神　森	カミモリ	上下方，中下方，上下方目名川向，上下方シンヌツ下，上下方ウラヤチ，上下方社日ノ下，上下方真沼津，上下方シンヌツ山，中下方シンヌツ山	上下方	同
目　名	メナ	上下方，メナ，目名山フモト，目名山，メナ山，ゴテン山，御殿山，マテ山	目　名	大字目名村
田　原	タハラ	トウブツ，上メナ，メナ山，ヌツカ	遠　仏	大字遠仏村
御　園	ミソノ	ヌツカ，イチブヱ，ケナシ	市　父	大字市父村
農　屋	ノヤ	チヌイピラ，タツコブ，シユンヘツ，二股，オクルンベツ，オサナイ	農　家	大字農家村
豊　畑	トヨハタ	下ルベシベ，中ジマ，中嶋，大中島，中ルベシベ，上ルベシベ，ベラリ，カシワタイ，ヤヂカシラ，パンケベラリ，ベンケベラリ，タプコプ，ベラバクシナイ，ペンケオコツナイ，パンケオコツナイ，ヲウコツナイ，中碧蘂，他	碧　蘂	大字碧蘂村
真　歌	マウタ	馬歌山，マウタ，マウタサツプ，シンブツ，舞歌山，ルモコ，ルートランナ，ウエンナイ，ルスポル，ホル，シンウセナイ，ルモコマツプ，ウセナイ，有勢内，ロクマツプ，キナチヤスナイ，ヲシヨムスベ，笹山，ササヤマ，他	有　良	大字有良村

改正字名	読み方	旧　字　名	部落名	備　考
浦　和	ウラワ	ウセナイ，有勢内，ヲシヨムスベ，サルナイ，ヲンシムベシ，ヲサルナイ，ヲコマサリ，ウラ，イリリブシ，タン子ツ，シモウラエ，モセバラコツ，有良，モウラ，トブテウスナイ，ウラサワ，キナチヤスナイ，ベナンチヤスナイ，他	ウセナイ	大字有良村
川　合	カハアヒ	トブシナイ，チカプナイ，タクツベウシ，タクペウシ，エウルン，ブユニ，サツテキナイ，婦蟹，二川，レウヱンナイ，ホロナイ，ポロナイ，サノシベ，フタカワ，オバシ，メナシベツ，コトサルシナイ，シンノスケモンベツ，他	婦　蟹	大字婦蟹村
西　川	ニシカハ	アカリナイ，ニウシリ，ニウシナイ，トブシナイ，ニウシリブツ，佐妻，ルベシベ，アガリナイ，ヌツキベツ，メナシベツ，フタカワヤチ，チボロクシ，ニタツナイ，ニユシリ，キナチヤスナイ，カネザワ，ニナルカ，シユンベツ，他	佐　妻	大字佐妻村
東静内	ヒガシシヅナイ	タン子ツ，ウラ，シマヲイ，アザミ，モンベツ，捫別，チノミ，ヲタクベウス，オコツナイ，ススシナイ，ヲシヨンナイ，元静内，タンネツト，シトカツプ，ヲサルナイ，ヲタクペウス，シヤクトナイ，チヤシコシ，セイボツナイ，他	捫　別	大字捫別村
春　立	ハルタチ	元静内，ヲコツナイ，チヤシユナイ，チヤラセナイ，ラシユツペ，ヤムワツカ，ヲヤトシユマ，ホテウシナイ，布辻，春立内，ブシ，ハルタツナイ，ヲーコツナイ，ラシユツペ山，春立村，ホテウスナイ，ホンナイ，ヲシユツペ，他	春　立	大字春立村
東　別	トウベツ	トヱベツ，ニタ川，ホテウシ，トウベツ，シユンベツ，上ホロナイ，ヒンブシ，ホロナイ，アラササワ，チヒタツナイ，ルベシベ，ヱラミサワ，サルカ，メナシベツ，トラシ，イフシ，ウラチ子ウス，ポンナルカ，サルガ，シシリウカ，他	遠　別	大字遠別村
高　見	タカミ	ボヨツプ，メナシベツ，メナシベツ原野	メナシベツ原野	大字農家村

出典）1934年5月15日道庁告示第687号，『北海道庁公報』第914号

そもそも道庁はこれと「旧土人語ハ避クルコト」をどのように両立させようと考えていたのか。次のような事例を見ると、道庁内ではこの点について突き詰めて考えてはおらず、二つの項目が矛盾するかも知れないという自覚は、ごく薄かったと思われる。

この年（一九三六年）七月十五日開催の上川郡東旭川村の協議会で、原案中「下米食《（ペーパン）》」「中米食」「上米食」について、道庁殖民課整理係高井章属はこれらが「部落名ノアイヌ語ペーパンヲ漢字ニ当嵌メタルモノニシテ歴史的沿革ナク不適当ト認メラル」（傍線原文）として再考を求め、協議の結果「豊田《トヨダ》」「米原《ヨネハラ》」「瑞穂《ミヅホ》」と改めた。[51] 文字通りとれば、高井が考える「歴史的沿革」とは、そもそものアイヌ語地名に込められているであろう土地の個性や、土地と人間との歴史的な関係などを含まないものなのである。[52] もっとも、同様にアイヌ語地名の音に漢字を当てた「忠別《チュウベツ》」と「倉沼《クラヌマ》」に異論は出ておらず、「米食」を忌避した実際の理由は、それが難読・「珍妙」であることだろうと思われ、歴史的沿革の有無といった基準はかなり恣意的に用いられている。

アイヌ語由来の地名について、難読・「異質」の程度が高いものを一方で排除しつつ、他方で歴史的沿革や由緒を理由に掲げて新字名に引き継ぐことは、他の町村でも見られる。一九三六年八月二十五日告示の沙流郡門別村の場合、長官決裁の理由として「字名ニ付テハ門別、平賀、幾千世、賀張等ハ沿革ヲ尊重シ之ヲ改称セサルコト、為スモ、他ノ難解ナル旧土人語ノ意訳、語訳ノ字名ハ新ニ夫々適当ナル文字ニ改称セムトスル」もので適当と認められる、とある。[53] 改称を見送られた四つの新字名はいずれもアイヌ語由来であり、旧字名としてこの時期まで存続していながらこの時点で抹消されたのは、「佐瑠太村」（→富川《トミカワ》町）・「冨仁家村」（→冨浜《トミハマ》）・「波恵村」（→豊郷《トヨサト》）・「慶能舞村」（→清畠《キヨハタ》）・「菜実村」（→三和《ミワ》）である。

一九三八年三月二十五日告示の枝幸郡中頓別村では、一七の新字名のうち「中頓別《ナカトンベツ》」「松音知《マツネシリ》」「敏音尻《ビンネシリ》」「小《シヨウ》頓別《トンベツ》」「兵安《ヘイアン》」のアイヌ語地名由来のものを含め、「字ノ名称ハ旧土人ノ語訳ニシテ難解ナルモノハ之ヲ避ケ、歴史的及地理的意味ヲ含ムモノハ之ヲ採用シ」たのだとの説明で決裁した(54)。同年九月十日告示の虻田郡喜茂別村では、全一九字のうち「喜茂別《キモベツ》」「留産《ルサン》」「尻別《シリベツ》」「知来別《チライベツ》」のアイヌ語地名由来のものを含んでいる(55)。「松音知」「敏音尻」「留産」は、この時期字名に生き残った地名としては最も「異質さ」が強いものと言えそうである。

アイヌ語由来・難解であることなどを理由にした改変・抹消の圧力に対し、地元住民がその名称への愛着を盾に対抗し、道庁がそれを認めた例も見られる。

一九三六年十一月二十五日告示の利尻郡鴛泊村の新字名のうち「雄忠志内《ヲチユウシナイ》」について、長官決裁は「一見難解ノ如キモ往時大漁ノ歴史的意味ヨリ地元ノ執着熱烈ナルモノアル」との理由で許容している(56)。アイヌ語由来地名が土地の歴史と深く結びついて意識されている様子がうかがわれる。一九三七年十一月二十五日開催の浦河郡荻伏村の協議会では、腹案中の「西姉茶《ニシアネチヤ》」と「東姉茶《ヒガシアネチヤ》」について道庁側が不適当と判断し再考を求めた(57)。しかし、いずれも地元の執着が強く、前者は水田が多いことにちなんだ「瑞穂《ミツホ》」で合意が得られたが、後者は決定に至らず、村当局と部落の「再考熟議」に譲った。道庁殖民課員の説明によれば、「東姉茶」を不適当とする理由は、「姉茶ハアイヌ語ニテ細長キ土地ノ意ニテ、土地ノ特徴ヲ表ス適当ノ字名ニ非ズ、語呂モ悪ク」というものである。アイヌ語名と地形との不一致を理由の一つにしているのは興味深い点であるが、「姉茶」を不適と見る大きな理由は、「語呂モ悪ク」という点、つまり日本語を基準にしたときの音の響きの収まりの悪さにあったろう。違和感が比較的少なかったのだろうか、「野深《ノブカ》」はアイヌ語起源と明瞭に意識されながらすんなり通っている。なお、経緯は不明であるが、地元の意向が通ったのだろう、翌年三月二十六日の告示では、「東姉茶」に代わり「姉茶《アネチヤ》」が採用されている。

以上のように見てくると、道庁が一九四〇年までに新字名設定の基準からアイヌ語排除を除外したのは、アイヌ語地名のなかには新字名の素材とすべきものがあると判断したからだと推測できないだろうか。その可能性はである。が、私はむしろこの事業の基本的な目的からすれば、アイヌ語地名排除はもともと付随的なのであり、それが前面に押し出されていたことの方が特殊だったという考えに傾く。道庁がアイヌ語由来でも難読・「珍妙」でなければ容認していたこと自体、それを物語っていよう。より本質的な問題として、三点を指摘したい。

第一に、新字名の基準として追加された、漢字二、三字、同一支庁管内で類似の字名は避けるという二項は、難読地名の回避と並んで、漢字表記のアイヌ語地名を字名から排除する作用を実質的には果した。例えば、一九四一年十月二十五日告示の常呂郡常呂村において、既存の鐺沸と「蛎島」の集落を包摂する字名として原案にあった「鐺沸」(トーフツ)は、「他町村ノ当別又ハトーフチ等ト誤ツテ郵便物等配達多ク且又文字トシテ難解」との理由で協議会(九月十五日)を通らず、「産物(水産)ノ豊富ナルト将来ノ繁栄ヲ意味シ」て「栄浦《サカエウラ》」と決定された。[58]

一九四〇年六月一日告示の茅部郡鹿部村の協議会(四月十日)では、原案の「本別」が十勝支庁管内の本別町本別と同一であるとして道庁出張員が改称を迫った。[59] 開村以来の字名で従来不便はなかったことを挙げて村側が一致して反対し、原案通りとなったが、道庁による介入の厳しさのほどがうかがわれよう。

一九三九年二月二十五日告示の上川郡上川村では、当初案に唯一あったアイヌ語音訳名「真勲別《マクンベツ》」に対し、協議会以前の打合せ段階で道庁拓殖部が「難解ニシテ他ニ同一字名多数アリ」として再考を求め「菊水《キクスイ》」に変更された。[60] 地形にちなむことが多く、同一・類似のものが多いアイヌ語地名の特徴が仇になった形である。

第二に、新字名からはアイヌ語を排除することが望ましいという強い意識が、その後も改正作業の過程でしばしば影響を及ぼした。一九四〇年十一月十日告示の上川郡愛別村の場合、村長は従来の字名のほとんどが「旧土人語」であることの問題点として、他町村に同じ字名が多いことによる紛らわしさなどと並んで、「今日文化ノ進運著シキ時代ニ於テ如斯土語ヲ使用スルハ、児童教育上ヨリスルモ或ハ村民ノ愛郷精神ヲ涵養スル上ニ於テモ極メテ遺憾ノ点多々アリ」と述べている。[61] アイヌ語地名を「文化ノ進運」や「愛郷精神」に反するもの、つまりは非文化的・野蛮であり、望ましい郷土の特色とは相容れないものであるという意識が露わである。新字名選定過程で、当初案の「狩府《カリフ》」が「旭山《アサヒヤマ》」に改められたのにもこうした意識が反映しているのではないか。村役場作成の書類では、「狩府」は旧字名「狩布」に由来し、「四面山嶽密林ニ覆ハレタル奥地ニシテ狩猟地気分濃厚ナルヲ表ス」と説明されているが、アイヌ語地名由来である。結局一二の新字名のうちアイヌ語に由来するのは、村名と同一で国鉄愛別駅の所在地でもある「愛別《アイベツ》」と、旧字名「伏古愛別」に由来する「伏古《フシコ》」だけだった。「伏古」については「土人語ナレトモ部落挙テ此ノ名ニ親シミ深キ故ニ保存ヲ望ム」という事情があった。[62] 言わば、アイヌ語由来地名を排除しようとする者が掲げる「村民ノ愛郷精神」によってアイヌ語由来地名が辛うじて抹消を免れているのは、皮肉であり、興味深くもある。

第三は、アイヌ語由来の地名に対するこのような地元の「愛着」の中身の問題である。町村における新字名の選定過程において、それぞれの地域に居住するアイヌ民族がどのような意見をもち、影響を与えたのかは重要な点であるが、道庁文書や目にした範囲の新聞記事などからは特に読み取ることができておらず、今後の調査が必要である。一方、現段階でも明らかなのは、この時期には各地の和人住民が馴れ親しんだアイヌ語地名の抹消に抵抗感を示すことが時に見られたことである。その土地に移住し、生活を積み重ねてきた歳月の長さが、地名への愛着につながっているのだろう。道南部以外でも、その土地で生まれ育った和人の割合がかなり増えていた時期である。佐上の言葉を借りて、やや大仰に言えば、アイヌ語由来地名を「郷土愛」の重要な拠り所とする和人住民が増えてきたのだということもできよう。とは言え、和人住民のこうした愛着が、アイヌ語の地名の由来や意味に対する深い理解や共感に根ざしている場合は、多くはないのではないだろうか。いずれにしても、アイヌ語由来地名の存続を支えた地元の事情は、複雑であり、地域によっても異なっていたろう。

その複雑さを感じさせるのは、例えば次のような史料である。

一九四一年一月二十一日告示の中川郡中川村では、新字名「歌内《ウタナイ》」について「アイヌ語ノウトナイヨリ転訛シタルモノナルモ朗ラカニ内ヲ整ヘルノ意ナリ」、同年三月一日告示の穂別村では、新字名「仁和《ニワ》」について「部落民ハ何事モ和ヲ以テ進ムベク仁和トナス」とそれぞれ由来を説明している(63)。後者は明記していないが、アイヌ語由来の旧大字「似湾《ニワン》」の一部をとって漢字を当てたものであろう。両者とも、アイヌ語地名に由来した地名であり、漢字の意味に引きつけてもとの意味を無視し、日本語の世界に適合する意味に読換えを行っている。役所内の作文という面もある史料であるが、アイヌ語由来の地名が残ればアイヌ語やアイヌ民族をより尊重しているのだと直ちに考えるような理解は危ういのだということを強調しておきたい。

おわりに

北海道のアイヌ語地名を漢字表記に置き換えるべきだとの主張は、北海道の内国化とともに現実のものとなった。漢字表記への転換は、行政上の不便さを理由とするものもあったが、内国化したならば地名の漢字表記は当然とする意識が、幕末・開拓使期には支配層を中心にかなり浸透していたと思われる。彼らには、漢字表記の方法として、古代の例に範を求めつつ、好字二字を当てはめようとする傾向が強かった。アイヌ語地名の音を、漢字に、しかも二字に収めるにはかなりの無理があり、漢字化の際にはもとの音の変容や切捨て、ないしは無理な読みを想定したものが多かった。様々な弊害をもたらす難読地名への対策は、開拓使以降の官庁にとっても課題となった。

行政地名に関しては、漢字表記への転換には、郡名・村名・字名によって時期の差が認められる。郡名は一八六九年の郡の設置時点に全道一律であり、村名は開拓使期の一八七五年頃までには全道で転換が完了した。字名については、これらと並行して漢字表記されることもあったようだが、道庁は難読地名対策の一環として一八九〇年には仮名表記を指示した。だが、和人移住者を主な担い手とする地域社会の「団結心」や土地への愛着の養成を重視する道庁は、一九一〇年頃には字名や自然地名を漢字表記に改める姿勢に転じた。アイヌ語地名の排除につながる、移民の故地や「開拓」の歴史などにちなむ町村名の公認は、これと通い合う政策課題から出たものと思われる。

一九二〇年代末からの字地番整理事業において道庁は、字名からのアイヌ語排除を意識的に進めた。それを経つつも「生き残った」行政地名上のアイヌ語地名は、多くの場合、もとの音や意味を激しく変容させられ切り捨てられながら、日本語地名としての「違和感」が少ないものとして選別されたものである。移住から時を重ねた和人住民から、アイヌ語地名に対する愛着を示す動きが見られたのは(それを例えば和人とアイヌ文化の共生などと称して安易に礼賛すべきではない)この時期に特徴的な点である。

今日に至るアイヌ語地名の後退・消失の歴史は、自ずと「成った」ものではなく、かなりの程度において時々の官庁の政策が「為した」ものであると言える。また、本章では十分に踏み込めなかったが、そうした官庁の政策の陰には、社会の側の支持もあったろう。アイヌ民族を含めた地域社会のアイヌ語地名への対し方については、今後よりきめ細やかな考察を重ねたいところである。

アイヌ語地名の改変の歴史が、単に地名の起源を探索するうえで必要な知識としてではなく、それ自体検討するに値する課題であることを、幾分なりとも示し得ていることを願いつつ稿を閉じる。

（1）　山田秀三『アイヌ語地名の輪郭』草風館、一九九五年、三九―四八頁など。

（2）　山田秀三『アイヌ語地名の研究』第三巻、草風館、一九八三年、二四二頁など。
（3）　児島恭子「アイヌ語地名の政治学」『日本歴史地名大系歴史地名通信』五〇、二〇〇五年、平凡社、一一―一七頁（『日本歴史地名大系50　分類索引』平凡社、二〇〇五年の附録）は、普通名詞としての性格が強かった土地に対するアイヌの呼称が、「アイヌ語地名」としての地位を与えられる過程について、原理的な考察をしている。
（4）　以下は、谷澤尚一「アイヌ語地名考証の系列」『くさのかぜ』第十四号、草風館、一九八四年、一―二頁（永田方正『〈初版〉北海道蝦夷語地名解』に挟込み）、および佐々木利和「アイヌ語地名資料集成について」山田秀三監修・佐々木利和編『アイヌ語地名資料集成』草風館、一九八八年、四八九―五一一頁を参考にした。
（5）　向山源太夫『丙辰剰綴』上、大蔵省編纂『日本財政経済史料』巻十、財政経済学会、一九二三年、九四頁。
（6）　谷本晃久・木田歩・山崎幸治「「蝦夷志料」引用書目誌稿」『史流』第四十一号、二〇〇四年、一―三五頁。
（7）　北海道大学附属図書館北方資料室所蔵の複写（旧記八四五）による。原本は筑波大学附属図書館所蔵。
（8）　古代日本における地名の漢字表記の歴史について、乾善彦「音読みの地名・訓読みの地名」吉田金彦・糸井通浩編『日本地名学を学ぶ人のために』世界思想社、二〇〇四年、二一三―二二六頁が参考になる。日本における地名学の現状を反映してか、同書収録の論考は玉石混交の感が深い。
（9）　海保嶺夫『幕藩制国家と北海道』三一書房、一九七八年、二四三頁ほか。
（10）　前掲山田監修・佐々木編『アイヌ語地名資料集成』一一〇―一二八頁。
（11）　前田も「蝦夷地名真字相定候ニ付奉伺候書付」で「古例ニ准拠仕候而少々旧称ニ違且俗通ニ遠く相見得候共唯今／公儀より被為定置候者後日ニ者内地之名之如く見覚読馴聊差支有之間敷奉存候」と記している。
（12）　『開拓使事業報告』第壱編、大蔵省、一八八五年（〈復刻版〉北海道出版企画センター、一九八一年）二二八―二六〇頁。
（13）　札幌本庁管内でこの両年の間に二字から三字へ変更された唯一の例は、苫小牧村とされた苫細村である。「苫小牧」の表記の成立については、遠藤龍彦「古文書あれこれ　開拓使が決めた「苫小牧」」『赤れんが』第十八号、北海道立文書館、一九九四年一月、一〇―一一頁。
（14）　一八七四年十二月七日付、十二ノ九号、松本十郎大判官より折田平内宛、「北海全道国郡村等名称改正ノ件」『本庁往復七共七冊　明治七年』開拓使根室支庁庶務課（簿書一一三五、一三件目）ほか。以下、史料名の後に括弧書きで「簿書」として示すのは、北海道立文書館所蔵簿書の簿書番号と件番号である。松本は同内容を本庁管内各出張所にも達している（「北海道国

郡村市港湾等ノ名称取調ノ件」『本庁各局達　明治七年』開拓使札幌本庁庶務局(簿書〇八九六、九六件目))。

(15)　一八七五年五月二十五日付、十九号、根室支庁民事課より正副戸長宛、「国郡村名等総テ本字ニ改換ノ件」『人民布達　明治八年』開拓使根室支庁庶務課(簿書一四七二、一六件目)。

(16)「東地親領ノ四郡ノ地名ニ漢字使用方ノ件」『幌泉往復　附浦川・様似　明治四辛未年』開拓使札幌開拓使庁庶務掛(簿書〇三〇二、一七件目)。例えば、「二雁別」(ニカンベツ)、「近呼」(チカヨップ)「植古丹」(ウエンコタン)、「笛舞」(ブイマップ)など。

(17)「徳川新従二位、従二位両家支配広尾、当縁海岸地名取調伺ノ件」、「徳川従二位支配所当縁郡関ノ地名文字取替ノ件」『北海道出張各藩諸家往復　弐』開拓使札幌開拓使庁庶務掛(簿書A四／二一六、一二・一五件目)。例えば、「ビタヾヌンケ」を「鐚多貫」(ビタタヌキ)、「ヲモチクワツカ」を「園竹若」(ヲンチクワカ)、「チカプシウシ」を「千冠」(チカツプ)、「ルベシベ」を「類薬」(ルイシベ)、「ヲリコマナイ」を「居駒」(ヲリコマ)などと改める。

(18)「厚田郡村小名認様調ノ件」『浜益・厚田往復留　明治三年午七月』小樽仮役所庶務掛(簿書〇一七九、一〇九件目)。「聚冨」(シユツフ)、「後厚狩」(シリアツカリ)、「冨羅泊」(フラトマリ)、「押綾路古津」(ヲシヨロコツ)、「良棟泊」(ラム子トマリ)など。

(19)「勇払千歳両郡村名土人方言ヲ文字ニ引直ノ件」『管内諸達　第一号』開拓使札幌本庁勇払出張所(簿書〇六九〇、一四件目)。

(20)　扇谷昌康「集落地名の漢字表記化資料――明治初期の千歳郡・勇払郡」『北海道の文化』第七十一号、一九九九年、六六―七五頁。

(21)　山田秀三『北海道の地名』北海道新聞社、一九八四年、三三一頁。

(22)　なお、〈pet〉を「ベツ」や「ヘツ」と表記することで音節末子音に母音が添加されるなど、仮名表記に伴う音の変化の問題も重要であるが、本章では踏み込んでいない。

(23)　一八七九年一月十六日付、東京書記官より札幌・函館書記官宛、「北海道各地名ニ平易ノ文字使用ノ件」『開拓使公文録　札函往復　明治十二年』開拓使東京出張所(簿書五九〇五、四件目)ほか。「是迄区々ニ相認来候」の部分は、無原則な漢字表記への転換を指すのか、同一地名にしばしば異なる表記が用いられたことを指すのか、解釈に迷う。

(24)「内訓」『函館新聞』一八九〇年八月十五日付。

(25)　知里真志保『アイヌ語入門』楡書房、一九五六年(〈復刻版〉北海道出版企画センター、一九八五年)一〇四―一一〇頁が、永田方正『北海道蝦夷語地名解』北海道庁、一八九一年の難点を批判するなかで、解として漢字二、三文字のみを記している例を引いて、地名中の単語を無視したものが多いことを具体的に指摘していることを思えば、安易な意訳地名の採用によって切り捨てられるものについて考えを及ぼすべきであろう。なお、一見些末なことだが、第五項が意訳の方を先に記しているのは気になる点である。永田方正によるアイヌ語地名解の研究蓄積が、この内訓における意訳重視と関係している可能性がある。永田は旭川・滝川・砂川・沼貝などこの時期の意訳漢字地名の命名者とされており(前掲山田『北海道の地名』六六頁など)、少なくとも結果的には、永田の研究成果は道庁の実際的な課題に直接応える面をもった。

(26)　同一の文章を掲載した『北海道毎日新聞』一八九〇年三月二日付記事の冒頭に掲げられた、永田方正から「阿部大人」(阿部宇之八)宛の書簡(二月二十八日付)中に、この文章が「昨年神保技師と相謀りコンニヤク版に摺りて回文に出し」たもので、求める人が多くて応じ兼ねたため、岡田方幾の勧めにより新聞社雑報欄への掲載を依頼することにした、とある。

(27)　「あいぬ会」『北海道毎日新聞』一八九〇年二月二十六日付。

(28)　切替英雄「金田一以前の明治期アイヌ語研究――神保小虎のアイヌ語への関心」『アイヌ文化の形成と変容』文部省科学研究費補助金(総合研究B)研究成果報告書、名古屋大学大学院人間情報学研究科、一九九六年、七一―七九頁。

(29)　山田秀三氏は、明治期の地図作製者が永田方正の表記法の影響を多く受けていたこと、永田に特徴的な音節末子音〈-s〉を仮名で「ーシュ」もしくは「ーシュ」とする表記法が、仮名表記を通したアイヌ語地名の変容の原因になったことを指摘している(『アイヌ語地名の研究』第二巻、二一・五六・二九一頁、第三巻、二七四頁など)。『北海道蝦夷語地名解』を見ると、「例言」ではローマ字表記の〈-sh〉を仮名表記では小字で「ーシュ」とするとしながら、本文では「ーシュ」とするものがかなりの割合ある(この点、前掲知里『アイヌ語入門』九六―九九頁を参照)。同じく「例言」に従えば「ーッ」とすべき〈-t〉を「ーッ」としたり、〈-n〉について「ーン」と「ーン」が混在しているのを見れば、永田のなかで整理がついていなかったとも考えられるが、主要な理由は、これらの文字を小字で示す表記に植字工が馴染めず、校正作業も行き届かなかったことがあるのではないか。神保小虎による同書の書評には「活版所の誤り、「かな」使ヒト〔ママ〕「ローマ」字の音と齟齬せる所亦た処々に発見し得たり、然れとも是れも亦通常の読者には感ぜざる所なり」とある(「北海道に関する永田方正氏の新著を評す」『北海道毎日新聞』一八九一年十月二十四・二十五・二十六日付)。

(30)　『角川日本地名辞典一　北海道』角川書店、一九八七年による。

(31)　以下、「土語改正ノ件」『明治四十四年　雑件』浜益村役場(北海道立文書館所蔵マイクロフィルム、F二／一五六二、二八件目)による。
(32)　「本道の諮問案に対する北海道農会の答申」『殖民公報』第五十二号、北海道庁、一九一〇年一月〈復刻版〉一光社、一九八五年)一五―一九頁。答申中、地名についての言及はない。あるいは全国的な動向として、上からの地方組織化として理解される日露戦後の地方改良運動との関わりがあるのかも知れない。
(33)　「字地番整理ニ関スル件」『昭和六年末開地売払(三三)　昭和五年土地整理(一)　昭和四年字界並ニ地番(六)　昭和三年未墾地開発資金借入(二)』北海道庁拓殖部殖民課、北海道立文書館所蔵(A七―一／二八一五、一件目)。以下、字界地番整理事業に関する道庁文書は、いずれも北海道立文書館所蔵。
(34)　「字名改称並ニ地番変更ニ関スル件」『字界並ニ地番(一)　昭和十年』北海道庁拓殖部殖民課(A七―一／三四二六、五件目)。
(35)　実施町村数は『北海道庁公報』掲載の告示を集計した。一九四二年度までの概要は、「北海道第二期拓殖計画実施概要」『新北海道史』第八巻史料二、北海道、一九七二年、六九九―七〇二頁を参照。市町村数は前掲『角川日本地名辞典一　北海道』下巻、一二八八―一三一五頁による。
(36)　「字地番改正ニ関スル件」『字界並ニ地番(一)　昭和八年』北海道庁拓殖部殖民課(A七―一／三四二一、二件目)。
(37)　「(彙報)本道に於ける市町村名及字名の整理改称に就いて」『北海道庁公報』第九一四号、一九三六年二月八日、一一―一三頁。
(38)　「佐念頃」などアイヌ語地名の語呂合せによる猥褻な戯れ歌について、前掲山田『アイヌ語地名の輪郭』一七五―一八四頁。
(39)　台湾における地方制度改正については傅奕銘「戦前台湾における地方制度2」『現代台湾研究』第二十二号、二〇〇一年、九〇―一〇九頁を参照。この点について、北村嘉恵氏のご教示を得た。
(40)　「アイヌ地名の／改称を断行／道庁が調査に着手」『十勝毎日新聞』一九三三年八月二十三日付。
(41)　一九三六年四月十八日付子殖第一一七三号『北海道庁公報』第九七一号、一九三六年四月十八日。
(42)　一九四〇年四月十日付辰拓地一七七四号『北海道庁公報』第二一五九号、一九四〇年四月十日。
(43)　「字名改称並ニ地番変更ニ関スル件」『字界並ニ地番(三)　昭和十四年』北海道庁拓殖部拓地課(A七―一／三四三四、四件目)。

(44) 狩太村の事例は、一九三七年三月二十八日北海道庁告示第三五一号、「字名改称並ニ地番変更ニ関スル件」『字界並ニ地番(二) 昭和十二年』北海道庁拓殖部殖民課(A七―一/三四二八、三件目)。幌別村の事例は、北海道庁告示第三四二号、「字地番改正ニ関スル件」『字界並ニ地番(一) 昭和九年』同(A七―一/三四二三、一件目)。前掲知里『アイヌ語入門』三四―三四頁は、このカルルスを例に地名の来歴を調べずに地名解釈をすることの危険を戒めている。

(45) 利別村の事例は、一九三三年八月三日北海道庁告示第一一六六号、「字地番改正ニ関スル件」前掲『字界並ニ地番(一) 昭和八年』(A七―一/三四二二、五件目)。

(46) 静内町の事例は、一九三四年五月十五日北海道庁告示第六八七号、「字地番改正ニ関スル件」前掲『字界並ニ地番(一) 昭和九年』(A七―一/三四二三、三件目)。

(47) 一九三五年四月六日付亥殖第一九〇〇号、拓殖部長より各支庁長宛、『北海道庁公報』第六六三号、一九三五年四月七日。

(48) 一九三八年四月三日付寅殖第一五九九号、拓殖部長より各支庁長宛、『北海道庁公報』第一五六〇号、一九三八年四月三日、一三頁。

(49) 苫前村の事例は、一九三八年十一月一日北海道庁告示第一三九〇号、「字名改称並ニ地番整理ニ関スル件」『字界並ニ地番(二) 昭和十三年』北海道庁拓殖部拓地課(A七―一/三四三一、七件目)。

(50) 幌別村の事例は註(43)を参照。角田村の事例は、一九三五年七月三十日北海道庁告示第一一七〇号「字名改称並ニ地番変更ニ関スル件」『字界並ニ地番(二) 昭和十年』北海道庁拓殖部殖民課(A七―一/三四二五、六件目)。

(51) 東旭川村の事例は、一九三六年十二月九日北海道庁告示第一三五六号、「字名改称並ニ地番変更ニ関スル件」『字界並ニ地番(二) 昭和十一年』北海道庁拓殖部殖民課(A七―一/三四二七、三件目)。

(52) 一九四〇年六月十一日開催の利尻郡鬼脇村の協議会では、腹案中の「小田泊《ヲダドマリ》」について「アイヌ語ヲダトマリヲ漢字ニ当嵌メタルモノニシテ別段意味ナキ」(傍線原文)として、海岸近くに「大沼」があるのに注目し「沼浦《ヌマウラ》」と改めたのも、同じくアイヌ語地名の歴史性を無視したものである。鬼脇村の事例は、一九四〇年八月五日北海道庁告示第一一三三号、「字名改称地番整理ニ関スル件」『字地番整理(一) 昭和十五年』北海道庁拓殖部拓地課(A七―一/三四三六、四件目)。

(53) 門別村の事例は、一九三六年八月二十五日北海道庁告示第九八〇号、「字名改称並ニ地番変更ニ関スル件」前掲『字界並ニ地番(一) 昭和十年』(A七―一/三四二六、二件目)。

(54)　中頓別村の事例は、一九三八年三月二十五日北海道庁告示第三六五号、「字名改称並ニ地番変更ニ関スル件」前掲『字界並ニ地番(二)　昭和十三年』(A七―一/三四三一、三件目)。「兵安」は旧字名「ペーチャン」を改称したものである。

(55)　喜茂別村の事例は、一九三八年九月十日北海道庁告示第一一五八号、「字名改称並ニ地番変更ニ関スル件」前掲『字界並ニ地番(一)　昭和十三年』(A七―一/三四三一、五件目)。

(56)　鴛泊村の事例は、一九三六年十一月二十五日北海道庁告示第一二九一号、「鴛泊村字地番改正ノ件」前掲『字界並ニ地番(一)　昭和十二年』(A七―一/三四二八、五件目)。

(57)　荻伏村の事例は、一九三八年三月二十六日北海道庁告示第二十六号、「字名改称並ニ地番変更ニ関スル件」前掲『字界並ニ地番(一)　昭和十三年』(A七―一/三四三一、一件目)。

(58)　常呂村の事例は、一九四一年十月二十五日北海道庁告示第一五〇〇号、「常呂村字名改称地番整理ニ関スル件」『字地番整理(二)　昭和十六年』北海道庁拓殖部拓地課(A七―一/三四三九、一〇件目)。

(59)　鹿部村の事例は、一九四〇年六月一日北海道庁告示第八九〇号、「字名改称地番整理ニ関スル件」『字地番整理(一)　昭和十五年』(A七―一/三四三六、五件目)。

(60)　上川村の事例は、一九三九年二月二十五日北海道庁告示第一九五号「字名改称並ニ地番変更ニ関スル件」『字界並ニ地番(一)　昭和十四年』北海道庁拓殖部拓地課(A七―一/三四三三、三件目)。

(61)　愛別村の事例は、一九四〇年十一月十日北海道庁告示第一八一〇号「愛別村字名改称地番整理変更ニ関スル件」『字地番整理(二)　昭和十五年』北海道庁拓殖部拓地課(A七―一/三四三七、二件目)。引用は、一九四〇年一月十二日付、愛別村長原多市より道庁長官戸塚九一郎宛「字名改称並地番整理許可申請」。

(62)　引用は「改称字名及保存字名ノ起源」同前所収。

(63)　中川村の事例は、一九四一年一月二十一日北海道庁告示第七十一号、「中川村字名改称地番整理ニ関スル件」『字地番整理(一)　昭和十六年』(A七―一/三四三八、二件目)。穂別村の事例は、一九四一年三月一日北海道庁告示第二五一号、「穂別村字名改称地番整理ニ関スル件」前掲『字地番整理(二)　昭和十六年』(A七―一/三四三九、三件目)。

II 「北海道アイヌ協会」と「全道アイヌ青年大会」

はじめに

一九三〇年十一月五日、雑誌『蝦夷の光』創刊号が発行された(1)。その奥付によると、編輯人は北海道庁学務部社会課属の喜多章明、発行所は「北海アイヌ協会」である。この雑誌は翌年三月一日付で第二号が、同年八月一日付で第三号が、いずれも「道」の一字を加えた「北海道アイヌ協会」の名で発行されて中断し、第四号は一九三三年一月二十日刊行の喜多章明著『蝦夷地民話　えかしは語る』の巻末四葉に「附録」という変則的な形で送り出された。

この雑誌と「アイヌ協会」は全道規模のアイヌ民族の組織として前例がなく、特に『蝦夷の光』は一九三〇年代初めのアイヌ民族の思潮を伝える貴重な史料であることから注目を集め、文章を読み込む試みが重ねられてきた。特に最近では、テッサ・モーリス＝鈴木氏が深くかつ多面的な分析を行っていて、学ぶところが大きい(2)。その一方で、「北海(道)アイヌ協会」なる組織の創立経過や実態に関する具体的な事実については、一九二七年五月八日に帯広で創立された「十勝アイヌ旭明社」を母体としていること、寄稿者には十勝在住者が目立って多いが一定程度の地域的広がりをもっていること、アイヌ自身の自主的な生活改善運動であるが行政側がアイヌ民族の運動を組織化し運動範囲の限定を図ったと考えられること、などが指摘されるくらいで、さして理解は深まってこなかった。(3)『蝦夷の光』は「北海(道)アイヌ協会の機関誌」と当然のように位置づけられてきたが、これは実態とよく見合っているのだろうか。

喜多章明は一九六八年刊行の『えぞ民族社団旭明社五十年史』(以下『旭明社五十年史』)のなかで、「協会」の創立の経緯について、次のように記している。(4)

一九三〇年三月十日に帯広町十勝公会堂で開催された「十勝旧土人代表者協議会」において「北海道旧土人保護法」(以下「保護法」)の改正運動開始を決議し、改正の要旨を道庁学務部長に提出した。しかし「旧土人小学校」(「保護法」第九条により国費で設置された学校)廃止に関しては、社会課と担当の学務課の間に論争があり決着を見なかった。

そこへ主管課の竹谷源太郎社会課長が「提唱者は十勝旧土人のみの要請であるが、此の問題は全道旧土人の問題であるから、全道内部落旧土人代表者の意見を聴かなければならぬ」と言い出した。

そこで昭和五年七月十八日旭明社主催の下に札幌市北一条西十八丁目堯祐幼稚園に、全道旧土人の代表者を召集し「旧土人大会」を開催した。集まつた全道の代表者は百三十名、勿論反対を唱うる者がある筈がなく、改正法律案を提げて当局に要請することを全員一致で決議した。然して大会は今後此の運動を促進する必要上、運動母体を結成することになり、直に全道アイヌを網羅したる「北海道アイヌ協会」を結成すべく議題に供し、万場拍手のうちに本協会は誕生した。

貝澤正氏は喜多章明の文章を集めた『アイヌ沿革誌』(一九八七年刊)に寄せた「序」で「北海道アイヌ協会」

設立過程についてのこの記述に強い疑問を投げかけた。(5) 私は以前、貝澤氏のこの問いかけに刺激されたこともあって、「北海道アイヌ協会」の創立過程について喜多の証言を裏付けようと新聞その他の史料に当たった結果、かえってこの「旧土人大会」の開催自体に疑問をもつようになり、いくつかの機会にそれを指摘した。(6) 松本尚志氏はまた、喜多の『旭明社五十年史』中のいくつかの虚構を具体的に論証するなかで、同様の指摘をしている。(7) 喜多の記述に虚偽があるのは分かった。それならば事実はどうだったのか、が次に問題となる。

本章では「北海(道)アイヌ協会」なる組織と、これに密接に関連する一九三一年八月二日に札幌で開催された「全道アイヌ青年大会」について、現段階で可能な範囲で事実の整理を行い、その輪郭を浮彫りにしてみたい。言論の内容にはあまり踏み込まず、人脈や組織の形態を明らかにすることに重点を置いて叙述する。

ここで喜多の回想の性格についてあらかじめ多少指摘しておく。一般に回想録には著者自身の主観が混じりやすく、事実を探るための素材とするには慎重さが必要であるが、特に喜多の回想には事実と執筆時点での主観的な思込みとを峻別しようと努める態度が著しく欠けており、事実の歪曲や虚偽がしばしば混入している。虚偽の一例を挙げると、喜多は一九三七年の「保護法」改正について記述するなかで、議会を傍聴していた一行が改正案通過後に伊勢神宮に参拝した際、「伏根弘三翁の令嬢シン子」が「参加者から各々述懐を聞いて」詠んだ「保護法の成立の感懐を詠う詩」なるものを紹介している。(8) しかし、彼女が一九二九年春に死去したことは、喜多自身が『蝦夷の光』創刊号で報じているし、八連目に登場する「余市町違星北斗君の感懐」なども違星が一九二九年一月に死去している事実から見て不自然であり、さらに『旭明社五十年史』掲載の写真その他の関係史料を見ても一行に女性が加わっていた形跡がないなど、喜多の記述が事実に反することを示す材料は多い。(9) 「アイヌ協会」創立過程の記述も、彼自身が関与して実現した「保護法」改正を前提に、それに収斂するようにそれ以前の事実を、時には加工を交えつつまとめた気配が濃い。

先回りして言えば、このように思込みの先走りを自らに許す喜多の性癖は、回想録執筆の際の姿勢だけではなく、回想の対象となった時期の彼の行動にも強く現れており、一九三〇年代の組織化のあり方がアイヌ民族の主体性を置き去りにするものとなった主な原因の一つとなっている。

第一節　一九二〇年代の模索

一　向井山雄の構想(一九二五年)

一九二〇年代にはアイヌ民族のなかに、集落の単位を超えて相互の連携を図る様々な動きがあった[10]。そのなかでも全道規模の会合の開催を具体的に模索したものは、遅くとも一九二五年頃にはあった。この年四月に刊行されたアイヌ伝道団の機関誌『ウタリグス』第五巻第四号の「御相談」と題した文章で、向井山雄が次のように記している[11]。向井山雄(一八九〇年生、有珠出身)は、立教大学神学部に進み聖公会神学院を卒業したという、当時のアイヌ民族のなかでは突出した高学歴をもつ人物で、アイヌ伝道団の中心人物の一人である。

過日北海道庁社会課事務官(社会課長)山本(秋広)氏に社会課主催にてウタリ大会を開催して頂くやう皆様の御賛成を得て御願ひを致しましたが、山本事務官は此の事に御賛成なさらないので非常に残念に思ひました。山本さんの御話ではウタリが必要と認めるならば御自由に開いてもよいと申して居りました。

> 大会の主意は道庁はどんな目的でウタリに対して居るか、或はウタリにどんなことを要求して居るか、又は〔ママ〕アイヌ保護法はどの程度まで撤〔徹〕底せしむるか、と云ふやうな問題やウタリが協議した上でウタリがどんな風に取扱つて頂きたいか、又何を道庁に御願ひするか、今後に於ける方針、計画等をたて道庁の承認を得たいと云ふ意味でウタリ大会を開催して頂きたかつたのでした。
>
> 　けれどもそれは出来得ませんでした事を甚だ残念に思つて居ります、どうかして此のウタリ大会を開いて各地方の御方の御意見を承り又ウタリとしての将来をも計画し、又今迄余りに不統一であり協力一致を欠いて居つた一人種としての連絡統一を得、常に一致協力が出来得るやうに計りたいと願つて居ります。斯る意味にてウタリ大会を全道各地方の代表者を何処か適当なヶ処を撰定し集合して頂き僅か壱万五千のウタリと其の子女の生活向上と教育方面の百年の計を立て〔ママ〕見たいと思ひますが、如何でありませう。

　全道各地の代表者を集めた「ウタリ大会」開催の要望は、向井個人の構想にとどまらず、「皆様」の賛成を得たものである。掲載誌の性格を考えると「皆様」とは、範囲は不明だがアイヌ伝道団の構成員を指すものであろう。会合の趣旨については、道庁の側からアイヌ政策の方針などを聴くという側面と、「ウタリ」のなかでの協議をしたうえで道庁に要望をするという側面の両面があった。特に後者に関しては、短期的に政策に影響を与えるだけではなく、各地の代表者らの協議によって「一人種」としての「連絡統一」と「一致協力」を図るという、アイヌ民族相互の連携と連帯への強い意欲が見られることが重要である。

　向井は具体的な課題として、特に子女の生活向上と教育問題に重点を置き、これに続く文章では各地域ないし全道の共有財産を利用して「中等学校」を建設し、子女の教養を図ることを提起する。さらに保導委員の「実際的な働き」や「保護法」についての問題点を協議すべき課題として列挙する。

会合開催を実現しようとした向井が、行政当局者に働きかけたのはなぜなのだろう。彼の考える開催目的が、政策の説明とそれへの意見の反映という、官庁と接点をもつことを必然とするものであったことがその一つの理由として挙げられる。もう一つ、『ウタリグス』発行によって培われてきた人のつながりの範囲だけでは、全道各地の代表者を集めるために必要な連絡経路や影響力をもち得ていなかったこともあるのではないだろうか。

道庁社会課は、自主的な会合の開催は容認したものの、開催を主導することには否定的だった。一九二〇年代初め、道庁はアイヌ民族に対する施策の見直しを行い、「土人病院」の開設や「土人保導委員」の創設、「互助組合」の設置などを打ち出していた(12)。しかし、この時期、道庁が意見を求めたのは支庁や市町村役場の担当者レベルにとどまり、アイヌ民族自身の意見を直接聴く機会を設けることはなかった。

この時期に自主的な力によって全道的な組織を形成できなかったことが、後述するように一九三〇年代の組織化に歪みを生じさせることを許したと言えなくもない。しかしアイヌ民族自身の力不足を指摘するだけでは一面的な評価に終わってしまう。そもそも大規模な会合を開き、組織を形成し維持するためには、資金や人脈などの面で十分な下地が必要であり、アイヌ民族の場合、明治期以来の開拓政策による生活破壊の広がりに加えて、北海道が広いために密な連絡や往き来が簡単ではなかったこともあって、そうした準備を整えるには厳しい環境に置かれていた。

むしろ、向井が事の経過や自分の考えを伝え、読者らがそれを受け止めて情報や問題意識を共有化する場が存在していたことの意味を評価することが大切だろう。もとより限界はあるにしても、キリスト教信仰という非政治的なつながりを仲立ちにした『ウタリグス』は、地域や性・世代の多様性を保ったアイヌ民族相互の意見交流の場として、この時代貴重な役割を果し、一九三〇年代の組織化を支える一つの基盤になる。

二 十勝アイヌ旭明社

(1) 創立と組織の性格

本章の主題にとって、「十勝アイヌ旭明社」について検討しておくことは不可欠であるが、創立経過などを詳しくたどる準備がないので、ここではその特徴をいくつか挙げるにとどめる。

第一に、綱領の第一項に「本社ハ戊申詔書並ニ精神作興ニ関スル詔書ヲ奉体シテ国民精神ノ涵養並ニ生活改善ヲ図ルヲ以テ目的トス」とあることが端的に物語るように、この組織の基本的な性格は国民教化と生活改善にある。[13]

第二に、組織化の過程においては、一九二〇年代初めから各町村で行われた互助組合の活動を母体にした面が強かった。互助組合は「保護法」による下付地所有者を組合員、町村長を組合長とする組織で、組合員の互選により若干名の評議員を置き、実務に当たる書記には役場の吏員が就いた。アイヌ民族の自主性を一定程度保証する形をとるが、実質的には町村役場が下付地の賃貸借を管理するものである。

十勝では一九二三年三月から翌年六月にかけて、本別・音更・帯広・芽室・幕別・川合(のち、池田)の各町村に互助組合が設立された。[14] 当時の新聞を見ると、河西支庁は各組合による下付地賃貸契約の管理を指導・統制し、互助組合長会議や担当者の会議をアイヌ「保護」行政の協議の場として機能させていった様子がうかがわれる。[15]支庁および各互助組合は、下付地賃貸借の管理や自作者への農業指導など農業に関する活動のほか、衛生や貯蓄に関する講演会など範囲を広げた教化活動を行っていく。

喜多章明は、一九二二年九月に帯広町役場書記となって伏古互助組合の活動に関わり、一九二五年六月には河西支庁第一課社会係主任に転じてアイヌ「保護」行政を担当し、町村を超えた指導・教化に関与する。[16] 一九二七年一月三十日から二月十日までの間に五回にわたって『小樽新聞』に掲載された喜多の「旧土人の指導と互助組合の使命」という文章は、主に和人を読者として想定し、アイヌ民族の現状に関する重大な問題として精神の萎縮を指摘し、「独立独歩の社会人たらしめ勤倹を奨めては治産の無風を涵養して健全たる国民たらしめる」ことを目指すべきだと述べる。この文章で喜多が主に問題にしているのが、政治制度や経済の問題ではなく、アイヌ民族の精神のあり方であったことは重要である。喜多が恐らく一官吏の職責として求められる以上に旭明社に没入していった一因には、彼が旭明社にそうした問題意識を実現する教化機関としての意味を認めていたことがあったのだろう。

旭明社の創立準備から一九三〇年九月までの活動状況を知るための史料として、吉田菊太郎資料のなかの『昭和二年　事務日誌』(以下『事務日誌』)と表題を記した綴りは非常に貴重である。[17] これによれば、旭明社創立を前に喜多は音更・帯広・芽室・幕別・池田・本別の各互助組合の評議員に「旭明社創立方ノ召集状」を発している。[18] 評議員は互助組合の経営に組合員を代表して参加するという面と、官庁によるアイヌ集落の掌握を媒介するという両面をもった存在である。発会式に出席した一九名のアイヌ民族のうち、一九二四年当時に互助組合の評議員に名前を連ねているのは九名である。[19] 三年ほどの時間差があるので改選されている可能性があるが、評議員以外の出席者がいることはほぼ間違いなく、喜多の「召集状」は評議員を介して各集落の成員に発会式への出席を呼びかける趣旨のものだったと考えられる。

旭明社の綱領第二項は、同社を同人組織とし、同人は「独定〔立〕ノ生計者ニシテ相当学力識見アルアイヌタルコト」(圏点原文)とし、但書で「指導教化上必要アルトキハ和人ヲ加入スルコトヲ得」とした。[20] この但書により喜多は庶務幹事の役職に就く。恐らく但書自体が喜多の加入の道を確保するために設けられたものだろう。

旭明社創立に当たっては官吏である喜多という人物が深く関わり、彼の役職と密接に関係する連絡経路が使用されており、官庁がアイヌ民族の自主性の上に立って教化活動を行おうとした色彩が濃いことは否定できない。だが、以上のように記すからといって、旭明社の創立に参加したアイヌ民族が受身だったというのではない。新聞報道には幕別の山川広吉が創立を主唱したとしているものがあること、議長に就いた伏根弘三の挨拶に、生活改善による社会的地位の向上を目指す思いがにじんでいること、同人の条件に「アイヌ」を明示するか否かをめぐって議論があったことなどに、[21]参加者の自主性と真剣さがうかがわれる。

(2) 初期の活動

旭明社創立後の主な活動内容については年表に譲る(表付2-1)。初期の活動のうち、一九二九年六月に伏古・本別・幕別・音更・芽室・池田のアイヌ代表者二〇名が喜多の引率で日高などの「優良部落」(『十勝毎日新聞』五月三十一日付)を視察しているのは、教化活動を目的としたものだろうが、地域を超えた人のつながりを生み出す可能性があり注目しておきたい。

一九三〇年四月には旭明社に重要な転機が訪れた。四月十日付で喜多が道庁学務部社会課に転任したのである。[22]喜多はこの札幌転勤後も旭明社の活動に大きな影響力をもつが、吉田菊太郎の果す役割がこの頃から大きくなっていった。『事務日誌』は一九二九年八月十日の記載までが喜多の筆跡で、次の一九三〇年一月五日の記載以降は吉田菊太郎と思われる別の人物の筆跡である。吉田は旭明社に創立当時から参加し、一九二九年七月設立の「白人古潭矯風会」の会長として、住宅の和風化を始めとする集落における生活改善の活動を中心になって進めていた。[23]一九二七年二月に深酒して自家を焼いた失敗から禁酒を決意した個人史をもち、精神修養や勤倹を重視する彼の志向は、喜多が旭明社で目指すものと重なるものがあった。

表付 2-1　旭明社の活動関連年表

年月日	事　　　柄
1918. 8.19	「十勝旧土人聯合自治矯風会」発会式(十勝公会堂にて)
1920.12	アイヌ伝道団『ウタリグス』創刊
1922. 4.16	道庁，第二次「旧土人児童教育規程」を廃止
1923. 4. 1	伏古互助組合創立総会(日新小学校にて)
1924. 7.29	「互助組合設立ニ関スル件」(道庁訓令)
1927. 5. 8	十勝アイヌ旭明社創立(十勝公会堂にて)
1927. 9.15	喜多章明著『十勝アイヌのあしあとゝこの後のみち』刊行(十勝アイヌ旭明社発行)
1929. 6. 3	伏古・本別・幕別・音更・芽室・池田のアイヌ代表者 20 名，日高などの道内「優良部落」視察(道庁河西支庁喜多社会係主任引率)
1929. 7. 8	白人古潭矯風会創立(吉田菊太郎会長)
1929. 8.10	旭明社総会(午後 1 時より，帯広町姉妹高等女学校にて)で帯広町南 16 条 9 丁目に「アイヌ会館」建設を決議
1930. 4.10	喜多章明，河西支庁から道庁学務部社会課に転任
1930. 7. 6	吉田菊太郎，札幌で喜多章明に会い，「保護法」の改正すべき点を話し合う。夜行にて旭川へ
1930. 7. 7	吉田菊太郎，旭川近文の川上コヌサ・栗山国四郎・内浦宗二郎と会う
1930. 8.13	『十勝毎日新聞』，26 日に「道会議事堂」で「全道アイヌ大会」開催を予告
1930. 9. 7	十勝公会堂にて旭明社弁論大会開催。喜多提出の「北海アイヌ協会」への変更を見送り。弁論会後茶話会
1930.11. 5	『蝦夷の光』創刊号刊行(北海アイヌ協会発行)
1931. 3. 1	『蝦夷の光』第 2 号刊行(北海道アイヌ協会発行)
1931. 4.10	バチェラー八重子著『若きウタリに』刊行(竹柏会発行)
1931. 6.26	喜多章明，「北海道アイヌ協会」の事務所および教会堂建築用地として札幌郡藻岩村大字円山村の土地売払いを出願
1931. 7.13	バチェラー学園，財団法人認可
1931. 8. 1	『蝦夷の光』第 3 号刊行(北海道アイヌ協会発行)
1931. 8. 2	札幌市堯祐幼稚園にて「全道アイヌ青年大会」開催
1931. 8. 4	「全道アイヌ青年大会」の出席者代表，道庁を訪れ陳情
1932. 8.30	チン青年団団誌『ウタリ乃光リ』創刊
1933. 2.10	喜多章明著『蝦夷地民話　えかしは語る』(北海道アイヌ協会発行)の附録として『蝦夷の光』第 4 号刊行
1933. 1.20	『ウタリ之友』創刊
1934. 1. 2	静内町高静小学校にて「更生同志会」(森竹竹市会長)の発会式
1934. 2.11	森竹竹市，「全道ウタリに諮る」を起草し，全道に配布(反応ほとんどなし)
1934. 3.23	「旭川市旧土人保護地処分法」公布
1935. 7.10	道庁学務部社会課主催で「旧土人保護施設改善座談会」開催(札幌グランドホテルにて)
1936. 8.20	喜多章明著『あいぬ民話蝦夷秘帖』刊行(北海道アイヌ協会発行)
1937. 3.31	改正「北海道旧土人保護法」公布(7 月 1 日施行)

出典）森竹竹市『レラコラチ　森竹竹市遺稿集』（えぞや，1972年），河野本道編『対アイヌ政策法規類集』（北海道出版企画センター，1981年），仁多見巌『異境の使徒――英人ジョン・バチラー伝』（北海道新聞社，1991年），北海道ウタリ協会編集・発行『アイヌ史　北海道アイヌ協会／北海道ウタリ協会活動史編』（北海道出版企画センター，1994年），小川正人・山田伸一編『アイヌ民族　近代の記録』（草風館，1998年），幕別町蝦夷文化考古館文書資料調査委員会編『吉田菊太郎資料目録II　文書資料編』（幕別町教育委員会，1998年），『庁員辞令簿　自大正十一年至昭和十八年』（北海道庁十勝支庁，北海道立文書館所蔵，請求番号A7-2/1000），『北海道国有未開地処分法完結文書』（同前所蔵，請求番号A7-2/Bイシ190），『十勝毎日新聞』『小樽新聞』

ところで、「はじめに」で触れた『旭明社五十年史』の記述では、一九三〇年三月十日に十勝公会堂で開催された「十勝アイヌ代表者会議」が、「保護法」改正運動の開始を決議したものとして重要な転機に位置づけられていた。同書はその時のものとして写真を二枚掲載しているが、うち一枚は『蝦夷の光』創刊号に同年三月十五日に十勝公会堂で開催された「十勝アイヌ旭明社第七回定期総会の光景」として掲載されており、こちらの方が信用できそうである[24]。日新尋常小学校校長吉田巌の日記には、三月十五日の部分に「本日午后一時より、旭明社々旗入魂式挙行」とあり（吉田巌は欠席[25]）、また二枚の写真ともに旭明社の旗が強調気味に写っていることからも、『旭明社五十年史』の記述はこの会合を「取り違えた」ものと見てよいだろう。今のところこの会合の様子を具体的に示す史料を見出せておらず、「保護法」改正運動に関する決議の有無について断定はできない。しかし同書がこの時の協議により決定したかのように記述する「改正の趣旨」は、後に実現する改正の内容そのものであって、一九三〇年時点のものでないのは明らかである[26]。同書に頻出する事実のすり替え方の特徴を念頭に置くと、決議自体が事実ではないとしても不思議ではない。

第二節　「北海道アイヌ協会」の「創立」

一　一九三〇年夏の動き

一九三〇年の夏は『旭明社五十年史』が「旧土人大会」において「北海道アイヌ協会」の創立が決議されたとしている時期である。ここでは喜多の記述をいったん横に置いて、その他の史料から実際の経過をたどることにする（部分的に松本氏の叙述と重複する）。

七月五日付『東京日日新聞』北海道樺太版は「アイヌ大会／保護改善に一万六千人を集む」という見出しで次のように報じた。

> 道庁社会課では、アイヌ民族保護改善のたさ〔め〕、五町歩給与地を十町歩に引上げ、所有権譲渡の制限を許可となす等、数十項に亘り改正、八月中旬、一万六千の土人を道庁に集め道庁案を提出する土人大会で、隔意なき意見を聴き決定すると

『小樽新聞』七月二十日付の記事も、道庁社会課で「保護法」改正案が固まり、「旧土人全般の意向を参酌する必要をみとめ、旧土人大会を開催、各地の代表者を集め意見を聴取するはずで、会期は八月下旬、札幌市に最初

の旧土人大会を開くと」と報じた。(27) さらに『十勝毎日新聞』八月十三日付は「全道アイヌ大会は廿六日道会議事堂で開かれる予定だが」と具体的な日時と会場を記し、土地所有権制限の緩和と「特種《〔ママ〕》学校」の廃止を内容とする「保護法」改正案を「近く審議会を開き審査の上大会にかける」と報じた。(28)

松本氏も記すように、吉田巌の日記にも次のような関連する記述がある。(29)

〔七月二十二日〕
午后連意《〔零時〕》半頃、小野保次君来校。…八月末旧土人を札幌に召集、保護法案改正につき意見を求むとかいふことが如何との報告協議あり、余は無意義無謀のことを痛論す。

〔八月十五日〕
この緊縮不景気の今日、何を苦しんで出もせぬ旅費をしぼり出させて、所謂北海道旧土人大会とやら、大びらをきった大それたどんなかりあつめをして虚勢をあふるとは、極態も残暑にのぼせたのではあるまいか。とに角狂人か馬鹿ならねば出来ぬ芸当だとうんざりする。

以上からは、道庁社会課が一九三〇年七月頃に「保護法」改正案の成案を固め、全道のアイヌ民族の意見を聴取する目的で八月末に代表者を札幌に集めて「大会」を開催することを計画したものと考えられる。恐らく日時は八月二十六日、会場は道会議事堂とする予定が立てられた。吉田巌の日記は、彼が「大会」開催に浮ついたものを感じて批判的だったことを示すとともに、道庁に大会参加者の旅費を支出する準備がなかったことを示唆する点で興味深い。

「保護法」改正案の作成については、『北海タイムス』同年七月二十五日付が道庁内で大体の成案を得たとし、土地所有権制限の緩和と「土人学校」の廃止をその具体的な内容として報じ、[30] 九月までに各紙は法案の策定状況を報じている。『旭明社五十年史』が「大会」開催のきっかけとして「特設アイヌ学校」廃止についての学務課と社会課の意見対立を挙げていたのは、『北海タイムス』九月六日付掲載の改正案と一九三一年十一月二日に道庁長官が内務省に具申した改正案の要綱には「特設アイヌ学校」廃止が含まれていないことに照らすと、開催計画が浮上した事情を幾分かは伝えているかも知れない。

しかし、八月下旬に「大会」が開催された形跡はない。吉田菊太郎の「日誌」には、七月五日の夜行で札幌に向かい、翌日喜多と会って「旧土人保護法改正すべき点等について話し合」ったことが記されていて、七月中に札幌で「大会」が開かれた様子はなく、彼が改正内容に関する議論に加わっていることが分かるものの、七日には旭川の近文で川上コヌサ・栗山国四郎・内浦宗二郎と会ったことが記され、八月については九・十・十五・二十九日の分の記載があるが、出札の形跡は見出せない。[31] むしろ、『十勝毎日新聞』一九三一年二月十八日付には「昨年開催の予定であつた『アイヌ大会』は種々の関係で実現をみなかつたが」とあって、開催が計画倒れに終わったことを伝える。[32] 開催中止の理由は不明だが、計画が余りに急で無理があったことが関係しているのではないだろうか。

二　「北海アイヌ協会」への改称問題

一九三〇年九月七日、帯広町の十勝公会堂で旭明社主催の弁論大会が開催された。弁論の具体的な内容は不明だが、『事務日誌』によれば演題と論者は次の通りである。[33]

青年禁酒ヲ望ム	帯広	古川忠四郎
勤倹	池田	山内精一
質素	音更	早川政太郎
農村振興	幕別	長谷川紋蔵
自覚	美幌	貫塩喜蔵
所感	幕別	高橋勝次郎
酒	帯広	伏根弘三
講演	社長	喜多章明
所感	音更	永久保励逸
団結	幕別	吉田菊太郎

このうち永久保励逸は当時、音更村の開進尋常小学校の校長兼訓導であった[34]。

それぞれの演題には、禁酒・勤倹など生活改善や精神修養を主な課題とする、旭明社の性格が表れていよう。論者たちにとってこれらの課題に取り組むことは、アイヌ民族が置かれた経済・社会状況の改善を目指す具体的な努力にほかならなかったろう。生活改善には国家による地域支配を下から支えるという性格があり、特にアイヌ民族の場合は生活の近代化への努力が和人への「同化」と密着する形でなされがちであるという問題がある。一方で、吉田菊太郎の演題「団結」が暗示するように、「我々アイヌは」「我々アイヌも」という語り方で自分たちの向上なり地域社会や国家への貢献・参加なりを論じることで、アイヌとしてのまとまりの意識を培うことをも促していったのではないだろうか。

弁論会の後、喜多が提案した「十勝アイヌ旭明社」から「北海アイヌ協会」への改称について協議を行った。『事務日誌』から関係部分のみを引く。(35)

一、協議事項

一、名称ノ改正ノ件　　喜多章明氏

北海アイヌ協会ト改ムトノ原案ニ対シ、吉田幹事長ハ慎重研究スル必要アレバ委員ヲ挙ゲテ協議スベシト述べ、万場〔満〕一致委員ヲ左ノ通リ指名セリ。

吉田菊太郎、伏根弘三、沼田大作、早川政太郎、高橋勝次郎、山西吉哉、萩原茂仁咲〔ママ〕

弁論会后右協議シ、結局従来通リ「十勝アイヌ旭明社」ノ名称ヲ支持スルコトニセリ。

「十勝アイヌ旭明社」と「北海アイヌ協会」の二つの名称には、前者が地域を十勝に限定しているのに対して、後者は全道を範囲とする組織であるとの印象を与える点で質的な違いがある。喜多が改称を提案した理由を直接示す史料は見出せないものの、道庁本庁に移って全道規模でのアイヌ「保護」行政を担当するようになった喜多が、全道規模のアイヌ民族の教化機関の結成を構想し、旭明社の改称と組織拡大によってそれを実現しようとしたと考えていいだろう。提案の取扱いは幹事長である吉田菊太郎の主導により、七名の委員による協議に委ねられ、協議によって改称の見送りを決定した。見送り決定の理由としては、組織の実態と乖離した名称への戸惑いや性急な組織拡大に対する危惧、といったものがあったのではないだろうか。

決定の結果と並んで重要なのは決定までの過程である。旭明社は喜多個人が前面に出ることが多く、彼の専断を予想しがちであるが、ここでは喜多の提案を代表者の協議という手続きを経て否決しているのであり、アイヌ民族の主体的な意思を反映する組織運営が見られる。

もう一つ注目すべきは、創立時には庶務幹事だったはずの喜多章明の肩書が「社長」となり、吉田菊太郎の肩書が「幹事長」となっていることである。組織の改編に関わる史料は見出せていないが、『事務日誌』の同年八月七日の項には「社長ヨリ九月上旬本社弁論会開催ノ旨通知アリ」との記述があり(36)、遅くともこの時期には喜多が「社長」を名乗っていたことを伝える。これらの肩書の変化は、喜多の影響力の増大と組織のリーダーとしての吉田菊太郎の浮上を印象づけるものである。

三 『蝦夷の光』創刊

『蝦夷の光』創刊号の刊行は、この弁論大会からわずか二ヶ月後の十一月五日であるから、この時点で最低でも刊行の構想くらいはあったのではないかと思われる。それに関わる史料をあえて挙げれば、この年一月五日の旭明社懇談会での決議事項のなかに、「アイヌ伝記の発行の件」として「一、一町村ヨリ原稿ヲ三月廿五日マデ送附ノ事／但シ成可《〔ママ〕》アイヌの歴史及将来ニ対《〔ママ〕》の理想／一、出版費ハ原稿製案《〔ママ〕》の上改めて協議する事」とあるのが(37)、これによって集まった原稿が出版された形跡がないこと、『蝦夷の光』に掲載されたアイヌ民族の文章の多くが現状と将来を見据えたものであることを考えると、何らかの関係があるかも知れない。

本章の課題と関わる最大の問題は、創刊号の発行所として名がある「北海アイヌ協会」なる組織がどのような経緯で「創立」されたのかである。貝澤正氏が引っかかりを覚えたように、創刊号には協会の創立に関わる記述がまったくなく、いかにも不自然である。そもそも「アイヌ協会」の名が見えるのは、創刊号では表紙・扉・奥付のほかは、目次の喜多の肩書に「北海アイヌ協会長」とあり、見返しに掲載された三人の顔写真に「会長／伏根弘三氏」「本会顧問／喜多章明氏」「本会同人／池田高島土人自覚組合長／山西吉哉氏」というキャプションを付してある部分のみである。(38) 組織にとってごく重要な事項である役職者の記載について、喜多の役職が一定せず、喜多と伏根の双方が会長となっている混乱ぶりは、一体どうしたことだろう。一方で「釧路国支庁管内アイヌ代表」小信小太郎の「同族の喚起を促す」という文章が「本誌は今回吾等民族の親和融合てふ、重大なる使命を帯びて北海道の中心、札幌市より突然と現はれた」と述べ、「後志支庁管内アイヌ代表」違星梅太郎のその表題も「蝦夷の光」誕生を祝ふ」という文章が「今回アイヌ族相互の修養の為に、雑誌「蝦夷の光」が発刊せられた事は、我が同族発展の為に慶賀に堪えぬ」と述べるように、雑誌への期待感を寄稿者らが共有しているのと比較すると、(39)「アイヌ協会」なる組織の存在感は異様なまでに希薄である。

九月七日の否決後、改めて旭明社の改称が提案され決定されたのだろうか。創刊号の目次に掲載された吉田菊太郎の肩書は「十勝アイヌ旭明社幹事長」であり、その後も「十勝アイヌ旭明社」の名前は『蝦夷の光』誌上に頻出するから、これはあり得ない。

それでは旭明社と別の組織として「アイヌ協会」創立が決議されたのだろうか。私の答えは「否」である。『旭明社五十年史』が述べるような一三〇人もの規模の会合での決定がなかったのはもちろん、何らかの組織的な手続きを経て創立が決定された事実はなかったろう。その事実を示す史料が存在しないことは、決定的な根拠とはならないにしろ、当時の新聞報道の密度を考えると消極的な根拠としていいだろう。より積極的な根拠としては、一九三一年六月二十六日付で喜多が札幌郡藻岩村大字円山村の国有未開地の売払いを出願した書類がある。長くなるが未紹介史料なので、願書と理由書・事業計画書を引いておく。(40)

国有未開地売払願

札幌郡藻岩村大字円山村
一、国有未開地四畝弐拾弐歩
右北海道〔国有〕未開地処分法第二条及施行規則第六条ニ依リ相当代価ヲ以テ売払相成度、戸籍謄本及理由書相添、此段相願候也
昭和六年六月二十六日
本籍北海道河西郡帯広町南十六条九丁目
現住所　札幌市南一条西十八丁目
喜多章明〔印〕
石狩支庁長　殿

理由書

拙者儀、昭和二年五月八日、本道アイヌ族教化指導ノタメ北海道アイヌ協会ナル教化団体ヲ組織シ、爾来同族ノ指導教化ニ努メ来リ候処、幸ヒニシテ基礎漸ク革マリ、会務歳ヲ逐フテ進展シ、茲ニ事務所及教会堂ノ設立ヲ必要トスルニ立至リ候ニ付テハ、本土地ノ売払ヲ受ケ之カ敷地ニ充用致度候間、右ノ趣旨特〔ママ〕ト御洞察ノ上特別ノ御詮議ヲ以テ売払相成候様致度、此段相願候也

建物建築工事事業計画書
一、木造亜鉛葺二階建一棟

階下　三十三坪五合
階上　二十坪
此工費二千百四十円也
一、当該敷地ハ低地且ツ湿地ニ付、約三尺高ノ地盛リヲ為サヾルベカラズ。此表土代金及運搬賃共、坪当リ
八円トシ、差当リ百坪分金八百円也
一、昭和六年九月十五日着手
同　年十一月十日竣功
右之通リ候也
昭和六年　月　日
喜多章明(印)
右

この史料は直接には、喜多が「アイヌ協会」の事務所と教化活動を行うための「教会堂」を建設する計画をもっていたことを示すものである。この土地は電車通りに沿い、市街化が及びつつある地域に属し、喜多の自宅ともほど遠からぬところに位置する。この土地には他に四名が売払いを出願し、石狩支庁が喜多への売払いを適当と判断して十月十六日付で決定した。売払い価格は一〇五七円(一坪七円)で成功期間は一年間であったが、結局は不成功に終わり取り消されたようである。(41) 先に引用した事業計画書では建物の工費二一四〇円と整地の工費八〇〇円を見込んでおり、計画失敗の最大の原因は資金不足だったのではないかと思われる。なお、この史料に記載された喜多の住所が、創刊号から第三号までの『蝦夷の光』奥付に「協会」の住所として掲載されたものと

同一である点、確認しておく意味があろう。

本章の論旨に関わって注目すべきは、「理由書」中の「昭和二年五月八日、本道アイヌ族教化指導ノタメ北海道アイヌ協会ナル教化団体ヲ組織シ」の部分である。一九二七年五月八日は言うまでもなく十勝アイヌ旭明社の創立の日であり、ここで喜多は旭明社と「アイヌ協会」を同一のものとして扱っているのである。ここから『蝦夷の光』創刊以前の「アイヌ協会」創立を想定することはかなり難しい。また、「理由書」に自らが「アイヌ協会」を組織したのだという喜多の意識が垣間見られることにも注目しておきたい。

要するに、喜多とその周辺のごく一部で「アイヌ協会」結成について合意を見たくらいのことはあったかも知れないが、全道規模の組織を連想させる「北海」ないし「北海道」という語を冠するにふさわしい程度の広い範囲の合意を経て、「アイヌ協会」の創立が決定されたとは考えられないのである。喜多は教化を目的とする雑誌の刊行を実行する段になって、旭明社で改称を否決された「北海アイヌ協会」の名称を用いたのだと考えておくのが、実態に近い理解だろう。

したがって「アイヌ協会」には、喜多個人が主宰する私的な組織という性格が最初からつきまとっていた。と同時に、道庁社会課属という喜多の公的な立場から、この組織と『蝦夷の光』には官製色が必然的について回ったのである。

第二号では奥付の「編輯兼発行人」は吉田菊太郎に替わり、目次の吉田の肩書に「北海道アイヌ協会主幹」の文字が見え、「編輯後記」には「編輯の一切は十勝幕別の、同族青年吉田君が総べてを背負つて起つ事になりました」とあって[42]、吉田がこの時期「アイヌ協会」と『蝦夷の光』の中心部分に参加しているようである。なお、第二号からの「主幹」という肩書の登場や「北海道アイヌ協会」への「改称」の経緯を示す史料は見当たらない。

第三節　「全道アイヌ青年大会」

一　概　要

一九三一年八月二日、札幌の堯祐幼稚園で初めての全道規模のアイヌ民族の会合が開催された。本章の表題では仮に「全道アイヌ青年大会」としたが、実はこの会合の名称・主催者・参加人数などの基本的な事実が明らかになっていない。ここでは、諸史料からそうした事実の整理を試みる。

(1)　開催までの経緯と主催者

この会合の開催計画をうかがわせる最も早い史料は、『十勝毎日新聞』一九三一年二月十八日付の記事である。[43]

（札幌支局）昨年開催の予定であつた「アイヌ大会」は、種々の関係で実現をみなかつたが、アイヌ有志をはじめ各関係者を以て組織されてゐる北海道アイヌ協会では、今夏札幌市において懇談会の名称の下に全道のアイヌの代表者を集めて大会を開き、アイヌの与論なるものを一般に呼びかくべく目下計画を進めてゐる。開催時日は近く決定をみる筈である。

同年三月一日発行の『蝦夷の光』第二号「編輯後記」は、「同族青年諸氏が、多年要望されてゐる、全道アイヌ有志の懇談会は、今夏札幌市で開く計画であります。どうぞ元気で御来会を願ひます」と予告し、同年八月一日発行の『蝦夷の光』第三号は巻末の「各地近況」欄で次のように予告する。[44]

昨年以来ウタリーが待ち望んでゐた全道ウタリーの懇談会は、愈々来る八月二日午前八時から札幌市堯祐幼稚園に於て開かれる事になつた。全道のウタリーが一堂に集つて意見を交換し、親睦を図り将来相提携して進歩向上の道を辿らうとする事は最も意義のある事である。ウタリーは昨年本誌が生れて以来誌上に依つて意見を交換して来たが、親しく膝を交へて話をする事は是れが始めてゞある。恐らくは本道開闢以来の事であらう。本会の此企てが如何なる成果を収め、又将来ウタリーの向上の上に如何なる影響を齎すか、夫れは実に刮目して見るべきものがあるだらう。本会は既に宣言せる通りウタリーと共に歩み、ウタリーと共に楽みウタリーと共に悲みて、将来ウタリー向上の先導たらん事を期するものである。今回の開催も帰する処其具体化に過ぎない。願くば東西相呼応して本会に参会し、協力一致克く其有終の美を収めん事を。

これらの史料はいずれも、会合の名称を「懇談会」とし、「北海道アイヌ協会」の関係者らが会合の主催者ないし主催者にごく近い存在であると印象づけ、前年夏に実現しなかった「大会」開催計画を引き継ぐものと位置づけている点で共通している。

目的については、喜多の回想で密接に関連づけられていた「保護法」改正案策定との関係は少なくとも前面には現れておらず、『蝦夷の光』が誌上で行ってきたと言える「意見を交換し、親睦を図り将来相提携して進歩向上の道を辿らうとする事」を、直接顔を突き合わせた場でより密に行おうとする趣旨が読み取れる。この「編輯後記」の著者が喜多と吉田のいずれかは不明であるが、「進歩向上」を喜多の立場から言えば、生活改善を実現し「独立独歩の社会人」や「健全たる国民」と化することなのは確かだろう。

会場となった堯祐幼稚園は一九二九年十一月に本願寺派堯祐寺（大通西一六丁目）が開設したものである。[45]開催目的について『東京日日新聞』八月四日付は、バチェラー学園の財団法人認可祝いとバチェラー夫人慰問としているが、これはこの直前七月にジョン・バチェラーの経営するバチェラー学園が財団法人の認可を受けたことを諸紙が報じたことに引きずられた誤りだろう。[46]

この会合の主催者について、『小樽新聞』七月二十八日付、[47]『北海タイムス』八月四月付、[48]『東京朝日新聞』北海樺太版八月四日付は、[49]いずれもジョン・バチェラーとし、会合出席の印象を記した貝澤藤蔵『アイヌの叫び』中の「附録・アイヌ大会に就て」もバチェラーの「肝入りで催されました」とする。[50]喜多は一九三三年一月の「蝦夷の光　第四号」中の「ウタリー大会を評す」と題した文章では、「昨夏本会及ジョンバチラー氏共催の下に、札幌市に於て開催」としている。[51]バチェラーが開催に当たって果した役割は大きく、名義上の主催者であった可能性もあるが、そのことがバチェラー単独の主導を意味しないことを強調しておきたい。

そもそもバチェラーは一九二三年四月からは北海道庁社会課の嘱託として年一五〇〇円を受け、「北海道土人教育事務」の一端を担うことを期待される立場にあった。[52]一九二八年四月十五日の旭明社主催の講演会でバチェラーが喜多とともに講師を務めていることにも、[53]両者の密接な関係が表れている。また、『小樽新聞』七月二十八日付の記事は、協議事項の提案者としてバチェラーと並んで吉田菊太郎の名前を挙げ、さらに竹谷道庁社会課長の出席を予告している。吉田はバチェラーに近い『ウタリグス』の寄稿者ではなく、旭明社や『蝦夷の光』の中心人物である。道庁の社会事業行政の担当者と『蝦夷の光』の発行に関わる人脈が開催への動きに密接に関わっているのである。

一方で、『蝦夷の光』第二号の「編輯後記」が「同族青年諸氏が、多年要望されてゐる」としていたのは、前述した一九二五年の向井山雄の文章を思い起しただけでも決して誇張ではない。貝澤藤蔵『アイヌの叫び』が記す発言者らの「熱と力の籠つた正義の叫び」の陰には、全道規模の連携に向けた前々からの期待と意欲があったはずである。

要するに、一九三一年八月二日の会合は、相互の意見交流を通しての連携の強化と「保護法」を機軸とした諸政策に対する意見の反映を強く望むアイヌ民族の熱意を背景に、アイヌ民族の教化と組織化を図ろうとする道庁社会事業当局者、およびその一端を担う立場にもあった社会事業家ジョン・バチェラーの主導によって開催されたものであったと言えよう。

(2) 名称

会合の名称については、上記の『蝦夷の光』第二・三号などの「懇談会」以外に、『小樽新聞』七月二十八日付が「旧土人大会」、八月四日と五日付が「旧土人青年大会」[54]、『北海タイムス』八月四日付が「北海道アイヌ青年大会」、『東京日日新聞』北海道樺太版八月四日付が「北海道アイヌ青年懇談会」、同五日付が「北海道アイヌ青年懇談大会」[55]、『東京朝日新聞』北海樺太版八月四日付が「全道アイヌ青年懇談会」、『報知新聞』北海道樺太版八月三日付が「ウタリー懇談会」、森竹竹市の「全道ウタリに諮る」が「全道ウタリ大会」[56]、貝澤藤蔵の『アイヌの叫び』が「第一回の全道アイヌ青年大会」などとばらばらである。実際にはどのような名称が用いられたのかは、当時のアイヌ民族の自意識のあり方やこの会合の性格に関わる重要な問題であるが、仮に会合の名前に「アイヌ」とあっても報道などでは「旧土人」や「ウタリー」に置き換えられることが大いにあり得ること、史料上は「青年」を含む名称が多く、次の(3)で述べるように発言者には二十・三十代の人物が少なくないことを指摘できるにとどまる。

⑶　参　加　者

参加者数については、『東京日日新聞』北海道樺太版八月四日付に「六百余名」とあるのは過大であり、『小樽新聞』八月四日付が「全道から集つた青年七十一名」、『北海タイムス』同日付が「伏根広三〔弘〕氏外七十一名」、『東京朝日新聞』北海樺太版同日付が「アイヌ青年七十八名」、貝澤藤蔵『アイヌの叫び』が「ウタリ(同族)中最も智識ある男女七十有余名」とするあたりが事実に近いだろう。

諸史料から推測できた参加者は、表付2-2の通りである。後述する四日の陳情書連署者(本節三参照)については、断定することはできないが出席の可能性は高いだろう。仮にこれを含めて考えると、十勝・釧路・日高・胆振・北見・旭川市の各地域からの出席者がいることになる。人数の偏りは予想されるにしろ、旭明社の参加者や『蝦夷の光』『ウタリグス』の執筆者を上回る地域的な広がりは、「全道」と称しておかしくない程度の範囲に達していると言えよう。特に旭川市の砂澤市太郎の名前は、彼が一九二六年十一月に他の近文のアイヌ青年とともに「解平社」を結成し日本農民党に参加するなど、労農運動と接触をもち、当時のアイヌ民族のなかでは先鋭化していた存在であることを考えると注目すべきである[57]。

また、女性の参加者がいたらしいことも重要である。先に引いた『アイヌの叫び』以外にも、『報知新聞』北海道樺太版八月三日付に「中にはメノコ(娘)数名」との記述がある。この頃アイヌ民族の女性が社会的発言の場に登場する場合は、『ウタリグス』に寄稿する金成マツやバチェラー八重子のように、キリスト教に関わる活動を基礎とすることが多かった。出席した女性が誰かを直接伝える史料は見当たらないが、『報知新聞』北海道樺太版がこの「大会」直後に連載した「アイヌ民族先覚者物語」に紹介されたバチェラー八重子が出席していた可

能性は高く、他に千歳出身の水本佐美子らバチェラー学園の寄宿生たちが出席していたのではないかと考えられる。(58)

なお、バチェラーに事前に申し込めば、参加者のうち女性はバチェラー宅での無料宿泊を、男性は北四条西七丁目の「道農会クラブ」で一泊八〇銭での宿泊を斡旋する旨が報じられている(『小樽新聞』七月二十八日付)。前者についてはバチェラーの自宅ではなく、アイヌ子女の寄宿舎であったバチェラー学園を利用したのかも知れ

表付 2-2　推定される参加者

国	市町村	氏　　名
十勝	帯広	古川忠四郎・伏根弘三*
	幕別	吉田菊太郎・吉田捨太郎・広瀬徳一郎・長谷川紋蔵・池田秀吉・酒井菊次・安東嘉四郎
	本別	萩原茂仁崎
	池田	山内精二
	芽室	小畑次郎*
	音更	早川政太郎
釧路	白糠	葦名惣太郎*
	厚岸	三田嶺作*
日高	浦河	小川佐助*
	平取	平村幸雄・貝澤正
	門別	森竹竹市・鍋澤為之助*
	荻伏	浦河清*
	静内	原島袖三*
胆振	伊達	向井山雄・バチェラー八重子
	鵡川	大川原徳右衛門*
	千歳	水本佐美子
後志	余市	違星梅太郎
石狩	旭川	川村才登*・砂澤市太郎*
北見	美幌	貫塩喜蔵*・丸山武雄*
	網走	鍋澤一心*・鍋澤徳市*・大西石蔵*・平村一*

註）1. 『小樽新聞』7月28日・8月4日付，『北海タイムス』8月4日付，『東京日日新聞』北海道樺太版8月5日付，『報知新聞』北海道樺太版8月5日付，野村義一『アイヌ民族を生きる』草風館，1996年，『ウタリ之友』創刊号，1933年1月などによる

2. 違星梅太郎とバチェラー八重子は『報知新聞』北海道樺太版8月6日・23日付に紹介されていることからの推定

3. *『北海タイムス』8月4日付が道庁への陳情者として報じた者

4. 幕別については，吉田菊太郎資料中の「昭和六年八月札幌神社において矯風会役員」と説明を付した写真から推定。写真中の人物の同定は吉田多嬉子氏のご教示による。この写真には他に3名写っているが誰かは不明

ない。

旅費の負担や参加呼びかけの方法についてはよく分からないが、地元を出発する前に村長に呼ばれて「特設アイヌ学校」の廃止に反対するように言われたという貝澤正の証言は、町村役場を介した参加呼びかけもなされた可能性を示唆する。(59)

二　日程と議論の内容

(1) 日　程

会合は午前八時から、バチェラーの司会で開催された。『小樽新聞』七月二十八日付が竹谷社会課長の「臨席講演」を予告し、『東京朝日新聞』北海樺太版八月四日付が最初に「君ヶ代の合唱」があったと記載しているが、いずれも他の史料によって確認することはできていない。竹谷課長が出席したことは大いにあり得るし、挨拶に立つくらいのことはあったかも知れないが、「講演」という言葉から連想されるほど長時間話したとは考えられない。

『東京朝日新聞』と『東京日日新聞』の北海(道)樺太版八月四日付は、ともに午前と午後の日程を区別して報じている。すなわち午前の日程をともに「懇談会」と呼び、午後の日程を前者が「アイヌ大会」、後者が「協議会」としている。会合の日程は、予定されていた発言者による意見発表の時間と、協議の時間とに大きく分けられていたのではないかと思われる。

会合は午後二時半には終了し、中島公園を主会場に開催中の「国産振興北海道拓殖博覧会」を見学する予定だったが、実際の閉会は午後三時になり(博覧会を見学したか否かは不明)、五時からは予定通りバチェラー夫妻の招待により豊平館での晩餐会に出席した。[60] この時が初めてのナイフとフォークによる食事で戸惑った者がいたというのは、一挿話として興味深い。[61]

⑵ 意見発表

意見発表者の名前とその内容は新聞報道から推測する以外ない。各紙の記事を比較するため表付2-3を作成した。

『小樽新聞』七月二十八日付が掲載した発言予定者六名のうち、四名は十勝アイヌ旭明社の中心メンバー、向井は『ウタリグス』の主要執筆者で『蝦夷の光』創刊号からの寄稿者でもある。

実際の意見発表者はこの記事の予告とは異なるようである。各紙に多少の相違があるが、小川佐助(一九〇五年生、浦河)・森竹竹市(一九〇二年生、白老出身・門別在住)・古川忠四郎(一九一〇年生、帯広)・伏根弘三(一八七七年生、帯広)・貫塩喜蔵(一九〇八年生、白糠出身・美幌在住)・早川政太郎(一八九八年生、音更)・向井山雄(一八九〇年生、伊達)が意見発表をし、吉田菊太郎(一八九六年生、幕別)・川村才登(一八九八年生、旭川)その他がさらに発言に立ったというところだろう。[62] 年齢的には伏根が五十代前半、向井が四十代初めである以外は、二十代と三十代前半の者が目立つ。また、古川・早川・貫塩・伏根・吉田が前述した前年九月七日の旭明社の弁論大会でも壇上に立っている点、および十勝アイヌ旭明社の旗が演壇の傍らに据えてある点に、[63] この会合における旭明社の人脈の強さをうかがわせる。小川は『蝦夷の光』第三号に「浦河支部長」の肩書で執筆しており、同誌の寄稿者中では数少ない日高在住者だった。あるいは十勝人脈への偏りを避けるために小川を発表者に加える配慮がなされたのかも知れない。

全体的な発言の傾向としては、貝澤藤蔵『アイヌの叫び』が「社会に向つてと云ふより眠れるウタリに伝ふ覚

表付 2-3　意見発表者と演題

	小樽新聞 7月28日付	北海タイムス 8月4日付	小樽新聞 8月4日付	東京日日新聞 8月5日付	報知新聞 8月5日付
小川佐助(浦河)		1　理想建設に	1	1	(1)
森竹竹市(門別)		2　所感	2	4	(2)
古川忠四郎(帯広)		3　所感	3		(8)
伏根弘三(帯広)	2	4　所感	4	2	(4)
貫塩喜蔵(美幌)		5　生きる民	5	6	(6)
早川政太郎(音更)		6　土人学校廃止について	6	7	(7)
向井山雄(伊達)	6	7　所感	7	3	(3)
吉田菊太郎(幕別)	1				(5)
萩原茂仁崎(本別)	3				
小畑二郎(芽室)	4				
葦名惣太郎(白糠)	5				
川村才登(旭川)				5	

註）1.『東京日日新聞』と『報知新聞』は北海道樺太版
2. 数字は記事中の掲載順
3. 人名中の明らかな誤字は訂正した

醒の暁鐘と云ふ様なものです」と記すように[64]、民族内部への自己覚醒と努力の訴えが大きな比重を占めたようである。各紙の報道にも、森竹が侮蔑視される原因として「ウタリ自身の自覚」の不足を挙げ、雑誌・新聞を読んで「時世」の変遷に目を注ぐべきことを訴えた、伏根がアイヌ民族が「滅び行く」原因として酒を挙げ、まず「禁酒して自己の完成をはかれ」と主張した、貫塩・早川・古川が「アイヌの自覚を叫んだ」などと見える[65]。

と同時に、「保護法」や政策の問題点に踏み込んだ発言も決して少なくなかった。『小樽新聞』八月四日付は意見発表の内容を総括的に紹介して、「いづれも土人学校廃止、混合教育希望、初等教育の整備、実力養成等を力説、小川佐助君〔の〕土地五町歩制限の不可論、向井山雄君の保護法についての感想、共有財産合同論等注意を惹いた外、伏根浩二〔ママ〕君の熱心な禁酒論等いづれも同族向上の燃える様な熱論を吐いて」とする。ここからは小川が「保護法」改正による下付上限面積の拡大を主張し、向井が恐らく教育資金に充てる目的で各地の共有財産（本書第八章参照）を合同することを主張したことがうかがえる。

『東京日日新聞』北海道樺太版八月五日付にも小川・向井・森竹の言葉として「特設アイヌ学校」の廃止に言及があり、「特設アイヌ学校」に凝縮的に表れた分離教育への批判と、教育による生活向上への期待には強いものがあったと見られる。一方、小川が奨学資金制度による上級学校進学者への補助よりも初等教育の徹底を重視すべきだと主張したのは[66]、向井の構想を意識しつつ反論を試みたものと思われ、同じく教育問題を重視していても具体策では意見の相違があって、議論となったようだ。

なお『報知新聞』北海道樺太版八月五日付は、向井が「ひがむな、我々は立派な日本民族だ、同じ陛下の赤子だ、国民の義務を果たせば、そこに国民としての権利が生ずる」と述べたとしている。国民としての義務を果すことで権利主張の根拠を強めようとする姿勢が読み取れる。向井や他の参加者たちが、アイヌであることと「日本国民」ないしは「日本民族」であることとを、どのように整理していたのかは重要な問題であるが、新聞記事には記者の予断も多くあろうから、これを主な素材に踏み込んだ議論をするのは避け、その検討は別の機会に譲る。

(3) 協議

「協議事項」としてバチェラー提出の「ビー会設立の件」と吉田菊太郎提出の「修養団設立に関する件」が、「諮問案」として「農漁村に適切なる副業」が、用意されていた(『小樽新聞』七月二十八日付)。「ビー会」については、『北海タイムス』八月四日付が「B倶楽部」の名称で紹介し「Bは蜂を意味し勤労を標榜する」と註記している以上のことは分からない。あえて推測すれば、アイヌ民族自身に勤労の精神を植えつけて自主的な生活改善を図らせようとするものだったろう。

各紙は協議に入ると議論が沸騰したことを「論議百出」「同志の間にすら激論がかはされた」などと伝えて

いる。[67]十勝から参加した山内精二が一年半ほど後に記した文章に「「全道ウタリ有志大会」に某氏が　教育の弊害を説き　ウタリに教育を与へざるべき事を　論じて居た」とあり、[68]議論の焦点の一つは教育問題だったと推測される。結局、「先づバチラー氏の提唱するビー倶楽部設立の議を諮つたがこれは少数否決となり、農漁山村の副業問題は時間の都合で上議に至らず、アイヌ協会の支部を全道に設置する件(八ヶ所新設)のみ可決」したという(『小樽新聞』八月四日付)。

バチェラーの提案に反対意見が多数を占めたのは、後述するように政策改善の陳情書の提出が決議されたこと(本書四四四―四四六頁参照)を考え合せると、バチェラーひいては喜多に代表される教化重視の考え方と、参加したアイヌ民族がこの会合に期待したものとの間に隔たりがあったためだろう。[69]

ここで問題なのは「アイヌ協会の支部」八ヶ所の新設という記述である。これについては『北海タイムス』八月四日付に「現在十箇所のアイヌ協会支部を十八箇所に増設することを可決」、『東京朝日新聞』北海樺太版同日付に「アイヌ民族向上の徹底を計るためアイヌ協会支部を全道主要部落十八ヶ所に設置することになり」、『報知新聞』北海道樺太版同日付に「北海道ウタリー協会では全道各地の十八ヶ所に支部を開設した」とあって、既設の一〇支部に加えて八支部を新設する趣旨の決議がなされたのは確かのようである。

これ以外に「北海道アイヌ協会」の「支部」の存在を伝える史料は、『蝦夷の光』第三号の執筆者の肩書だけである。創刊号では執筆者の肩書は「～禁酒会長」「～支庁管内アイヌ代表」「～国アイヌ代表」などとあるのみであり、第二号では地名のみ、あるいは「釧路白糠コタン代表」などと記すのみであった。以上からごく「素直」に考えると、第二号発行と第三号発行の間、すなわち三月一日から八月一日までの間に支部の設置がなされたことになる。しかし第三号にその事実の紹介はなく、設置手続きとしてはせいぜい事務局と各地の少数の人物の合意があった程度ではないかと思われる。

表付2‐4は「大会」の決議に見える一八支部がどの町村であるかを推測するために作成したものである。左の欄の◎を記したのは『蝦夷の光』第三号に支部名が記されているもので、これらが「大会」時点で既設と見なされた一〇支部に含まれると見られる。第二号に「同人」として掲載された者、「青年大会」での発言者、出席が濃厚な八月四日の陳情書連署者の所属町村を拾うと計二〇市町村になり、これらの市町村に支部設置の可能性がある。ただし、一支部の範囲が複数の町村にわたる形態のものがあることを想定しておくべきだろう。

表付 2-4 「北海道アイヌ協会」支部の設置地

	市町村名	『蝦夷の光』第3号に支部名掲載	『蝦夷の光』第2号に同人掲載	東京日日新聞8月5日付掲載発言者	1931年8月4日陳情書連署者
十勝	帯広	◎	○	○	○
	幕別	◎	○		
	本別	◎	○		
	池田	◎	○		
	芽室	◎			○
	士幌		○		
	音更			○	
釧路	白糠	◎	○		
	厚岸		○		○
日高	浦河	◎	○	○	○
	平取		○		
	門別			○	○
	荻伏				○
	静内				○
胆振	伊達		○	○	
	鵡川				○
後志	余市		○		
石狩	旭川				○
北見	美幌			○	○
	網走				○

註）1. 『東京日日新聞』8月5日付は北海道樺太版
2. 陳情書連署者は『北海タイムス』8月4日付が道庁への陳情者として報じた者

ところで、支部設置の決議と、『小樽新聞』七月二十八日付が報じた吉田菊太郎提出の「協議事項」である「修養団設立に関する件」とはどう関係しているのだろうか。大胆に推測すれば、事の経過は次のようなものだったのではないだろうか。『蝦夷の光』の発行に深く関与していた吉田および喜多は、まっとうな設立の手続きを欠き組織としての実態が乏しい状態にあった「北海道アイヌ協会」を、この「大会」を機会に実態ある組織にすることを企図した。すでにあたかも全道組織であるかのように「北海道アイヌ協会」の名前が一人歩きしていたことと整合性をとるため、新しい組織の設立提案をすることは見送り、支部新設の提案とした。参加者たちの多くは既成の「アイヌ協会」について設立に主体的に参加したという意識はなかったものの、全道的な連携を求める気持は強く、全員が支部新設提案に賛成した。

『旭明社五十年史』の記述は、この時の曖昧な「追認」の事実を『蝦夷の光』創刊以前にもってきたうえで、その内容を「創立の決定」に置き換え、「北海道アイヌ協会」が全道のアイヌ民族の意志によって発足したかのように事実を改変してしまったものと考えられる。

三　陳情書の提出

一日おいて四日には、大会参加者の代表者らが道庁長官宛の七項目の陳情書を携えて道庁を訪れ、内務部長と西田社会課主事に面会した。

陳情書提出についてはいくつかの新聞が報じるなかで、八月五日付の『北海タイムス』と『小樽新聞』が各項目と陳情理由の要約を掲載しており[70]、その内容を知るのに最も有用である。陳情書自体は未見だが、これらの記事のように七項目を列記し、それぞれの理由を付記した形式のものであったろう。『北海タイムス』は訪問者を一六名とし、その顔触れとして一七名の氏名を掲載するのに対し、『小樽新聞』は訪問者を「小川佐助、伏根弘三の両君外五六の代表」とし、陳情書の内容を箇条書きした末尾に「右署名人小川佐助外十六名」としている。『北海タイムス』掲載の一七名は連署者の氏名で、訪問者については『小樽新聞』の方がより事実に近いのかも知れない。

二つの記事とも陳情内容は二日の「大会」における決議事項だとし、また『東京朝日新聞』北海樺太版八月四日付は二日の会合について報じるなかで「道庁当局に対してアイヌ(ママ)保護法の改正を要望することゝし」と記しており、そうした決議がなされたのは確かのようである。

陳情はアイヌ「保護」政策の問題点をごく具体的に指摘し、「保護法」の改正を含め諸施策の改善を要求するものとなっている。多少言葉を補って、以下にその各項の概要を示す(番号は上記新聞記事中の掲載順を示す)。

まず「保護法」第一条による土地下付について、①条文上の上限一万五〇〇〇坪よりもはるかに少ない面積の下付しかなされていない現状に対し、法改正により上限を三万坪に拡大することと「経過的な措置」として一万五〇〇〇坪の下付を徹底すること、②「保護法」以前からのアイヌ民族の耕作地で、政策上官有地にとどめられた土地が、「保護法施行細則」が下付対象を「未開地」に限定する文言である故に下付が妨げられている現状に対し、「施行細則」を改正すること、[71]③「保護法」第二条が相続による以外の下付地譲渡を禁止するため次男以下への譲渡もできないという弊害について、法を改正すること、が挙げられている。

「大会」での発言で大きな比重を占めた教育問題に関しては、④「特設アイヌ学校」を廃止(「保護法」第九条の廃止)し、その経費を自作農維持補助金に転用すること、⑤アイヌ民族の共有財産中の教育資金を高等小学校の授業料と中等教育の奨学資金に充当すること、の二点である。

さらに、⑥「保護法」が補助の対象とする産業が農業のみだった問題に関して、漁業者をも対象とするよう法を改正すること、⑦無償のため有名無実であった「土人保導委員」を有給かつ専任とすること、であった。

内容的には、②と③について確認できない以外は、八月二日の発言として新聞紙上に見られた論点が並んでおり、協議の内容を集約したものと考えてよさそうである。陳情書の文面が二日の「大会」の場で作られたか、「大会」閉会後に改めて協議がもたれたのかは不明である。三日に何が行われていたのかを示す史料は見出せておらず、この日に陳情の準備をしていた可能性もあろう。代表者として名が見える一七名のなかに、「大会」開催の中心近くにいたと思われる吉田菊太郎ら幕別の人物がいないなど、十勝関係者の存在感の薄さは、「大会」と陳情の関係を考えるうえで注目しておくべきだろう。

また、陳情を実施する構想が「大会」の場で生まれたと考えるよりも、そうした構想をもちおよその項目を事前に整理して「大会」に臨んだ者がいたと想定する方が自然ではないだろうか。『蝦夷の光』誌上だけを見ても、事前に複数の者が連絡を取り合って議論をするようなアイヌ民族相互のつながりがすでに形成されていたのは間違いない。これに関連して、この陳情に喜多ないし道庁社会課がどう関与していたか(関与していなかったか)は重要な問題であるが、この点は一九三七年に実現した「保護法」改正までの過程におけるこの陳情の位置づけとともに、今後の課題とするほかない。

アイヌ民族のなかから「保護法」や制度の改正を求めて行政当局に働きかけた事例はこれ以前にもあるが、この陳情書は全道規模の統一した意思表明の形をとった点で画期的なものであった。

第四節　その後

一　『蝦夷の光』の中断

支部新設が決議されたとは言え、「北海道アイヌ協会」は『蝦夷の光』の刊行以外に実質的な活動は行っていなかったのではないかと思われる。

その『蝦夷の光』は第三号を最後に刊行を中断してしまう。その理由について喜多は、一九三三年一月の「附録 蝦夷の光第四号」のなかで「昨年（一九三二年）は凶作やら水害やらの厄を受けて遂に休刊するの已むなきに至つた」と述べ、「消えたるにあらず休止――否、延びんとする緊縮なり。時と人と金を得ば燦たる光を放たん、乞ふ時機を俟て」とする。[72] 自然災害による全道的な経済状況の悪化は止むを得ないものとしても、組織の運営や雑誌の編集・発行の基本的な要素である「人」と「金」の欠如は、「協会」の組織自体や第三号までの編集・発行のあり方にその根が内在していたと考えられる。

まず「人」について。第二号の「編輯後記」は第三号への見通しを述べて編集への吉田菊太郎の参加を記す一方で、事務はなお札幌の「北海道アイヌ協会」（喜多の自宅）で執っているとして、原稿その他の通信の宛先も変更しておらず、[73] 喜多が一貫して編集実務のかなりの部分を担っていたのは疑いない。そのことは、喜多の余裕なり情熱なりが減退すると、直ちに発行が滞ることを意味しよう。

喜多の執筆量は、頁数で見ると第三号までの総量の半分近くに達している。寄稿者を確保できないがための苦肉の策という面がまったくないとは言わないが、第二号の扉中央に自らの顔写真を掲げることに端的に見られるような自己顕示欲の強さや、文章の語り口につきまとう指導者意識が反映した結果という面がむしろ強かっただろう。

喜多による「アイヌ協会」私物化の傾向は、一九三〇年八月の「大会」の決議で「アイヌ協会」が「公認」された後、かえって極まっていった。一九三三年一月の『蝦夷地民話 えかしは語る』、一九三四年三月の『北海道アイヌ保護沿革史』、一九三六年八月の『あいぬ民話蝦夷秘帖』といった喜多の単著が、「北海道アイヌ協会発行」として世に出ている。『北海道アイヌ保護沿革史』を別にすると、政策にも教化にも関係ない、喜多個人の趣味に属すると言ってよい著作である。

次に「金」について。『蝦夷の光』の刊行費はどのように調達されていたのだろうか。創刊号の奥付に「定価金五十銭」とあり[74]、第二号の「編輯後記」に資金の必要性を述べて購読者募集への協力を訴え、「本誌は、同族の自主的機関でありますから、社会にある様に寄附を募集する様な事は、成る丈け之を避けて、アイヌ自体の手に依つてのみ、経営を続けて行きたいと思ひます」として、三〇銭で五〇〇人が購読すると「らく〳〵経営されて行きます」と記している[75]。以上の記述によれば、刊行は購読料のみに依拠しようとしていたと理解できる。一方、刊行部数については、吉田菊太郎の一九三一年二月二十七日の「日誌」に「蝦夷の光六百部完成」とあるのが現在知り得る唯一の記録である[76]。

全般的には当時のアイヌ民族の生活は余裕があるものとは言い難く、五〇〇人もの購読者を確保するのは容易なこととは思えない。その困難を克服して刊行を継続するためには、『蝦夷の光』を「自分たちの雑誌」と思って購読者の獲得に努力する人を一人でも多く確保することが不可欠である。「アイヌ協会」の運営や『蝦夷の光』の編集・発行のあり方には、そうした意識を培うことを妨げる要素が余りに多かったことは指摘しておかなければならない。

二　歴史的な意味

喜多は一九三一年八月二日の「大会」での議論について、発言が「真実の衷情」を離れて上滑りがちであること、意見が多岐に分かれ「互譲協和の精神」に乏しいことを挙げて批判的に評している[77]。

確かに熱意を帯びた議論の結果、予定の協議事項を処理できずに終わった。しかし、初めての全道規模の会合であることなどを考えると、多少の議論の混乱はやむを得ないと言うべきだろう。むしろ私は喜多の評価とは逆に、多様な意見が表明され、最終的には多数決という手続きで全体の意思の確認がなされていることに、この会合の歴史的な重要性があると考える。「保護法」改正の実現が近づきつつある一九三五年七月十日に道庁が開催した「旧土人保護施設改善座談会」が、アイヌ民族からの出席者は道庁が人選したであろう「旧土人代表者」に限られ、他の発言者の意見への賛否の表明も多少はあるが、基本的には意見の表明とその聴取の場であったのと対比すると、その意味はより際立つ。(78)

その一方で、こうした会合が継続的に開催されたか否かもまた問われねばならない。

一九三一年八月二十八日付の『東京朝日新聞』北海樺太版は「アイヌ青年ウタリ」の見出しで次のように報じた。

過日第一回の懇談会を開いてアイヌの向上と自覚を絶叫し、一大センセーションを巻起したアイヌの青年ウタリは、これを機会に来年五月、十勝旭明社満五周年記念式当日、十勝において全道ウタリ大会を開き、功労者表彰を行ふ外、本年以上ウタリ向上の気焔を揚ぐる事になつた

例によって喜多の関与の可能性について留意しておく必要があるが、「大会」の直後には継続して相互連携の場をもとうという計画が、旭明社に集う十勝のアイヌ民族を中心に立てられていたのだろう。しかし、この計画は実現しなかったようである。

十五年戦争の期間に照応するかのように、全道規模のアイヌ民族の会合が再び実現したのは、一九四六年二月二十四日に静内町公会堂で開催された社団法人北海道アイヌ協会の創立総会であった。しかし、それまでの間に

も相互の連携と組織化への熱意と努力が消えてしまったわけではない。

一九三四年の新春、静内にいた森竹竹市を近文の川村兼登と白老の貝澤藤蔵が訪問し、夜を徹して激論を交わした。森竹はその議論に基づき、「全道ウタリに諮る」と題したパンフレットを作成し全道に配布した[79]。彼は一九三一年の「全道ウタリ大会」と「ウタリー唯一の機関誌『蝦夷の光』」に言及しつつ、その後相互の消息を伝え合い意見を発表する場がなくなっていることを惜しみ、「ウタリー」の連携の必要性を訴えて、「各地の状況(人事の動静、各種問題の真相其の他)を一箇所に集め、蝦夷の光の様な高尚なものでなくとも、騰〔謄〕写版刷にでもして、成るべく無料で全道ウタリーに配付する様な機関を設置しては如何か」と提案する。

森竹がアイヌ民族の連携を希求するときに、遠くない過去に存在した『蝦夷の光』と「大会」を思い描き、時にはそれをなぞり、時にはその欠点を見据えて、自分たちの力に見合った形にそれを作り変えて、具体的な組織や刊行物を構想していることに注目したい。社会運動においては、仮に短期的な成果が乏しい集会や刊行物であったとしても、その前例をもったことの意味は大きく、『蝦夷の光』と「大会」は言わば残像として生き続けているのである。

おわりに

以上論じてきて、「北海(道)アイヌ協会」という組織と「全道アイヌ青年大会」という会合の輪郭をどの程度浮彫りにできただろうか。

一つの重要な課題であった「アイヌ協会」の創立過程については、喜多章明が道庁本庁への転勤を機として『蝦夷の光』の刊行を実現する際に、組織的な手続きを経ずに登場させたものであると結論づけた。組織としての実態が乏しく、アイヌ民族の主体性を十分に糾合しないという「アイヌ協会」の性格は、登場の経緯自体から必然的にもたらされたものである。こうした性格はその後も消えることはなく、組織の維持と発展を阻む大きな要因となった。「アイヌ協会」が全道的なアイヌ民族の意志に基づいた組織になった時があったとすれば、一九三一年八月二日の「全道アイヌ青年大会」での支部増設の決議の時であり、それは既成事実の曖昧な追認という形をとっていた。また、十勝アイヌ旭明社の人脈や活動の蓄積が『蝦夷の光』の前提になり、性格的にも引き継いでいる面があるが、両者は組織として直接に連続しているものではなかった。

『蝦夷の光』がアイヌ民族の貴重な意見交流の場であったことを評価するにしても、発行母体である組織の性格やその歪みについてはきちんと理解しておくべきだろう。

一九二〇年代には、相互の連携と政策への意見反映を求めるアイヌ民族の強い熱意が存在した。そうした熱意を背景に喜多やジョン・バチェラーの主導で開催された一九三一年八月の「全道アイヌ青年大会」では、発言者らはアイヌ自身の自己覚醒を訴えるとともに、「保護法」自体や諸政策の問題点を具体的に議論し、意見を集約して陳情という行為によってそれを表明し実現を目指した。この「大会」は、歴史上実現したアイヌ民族の全道的な連携という意味では、この時期の一つの頂点にあると言っていいだろう。なお、『ウタリグス』に見られるキリスト教を仲立ちとしたつながりが、この時期の連携を可能にした土壌の一つにあることに注目しておきたい。

今後の課題を三点挙げておく。

第一に、未解明な基礎的事実を固める作業を引き続き進めることである。文献資料の探索に加え、聞取り調査の余地もまだあると思われる。実際「青年大会」参加者について情報提供を受けながら生かせなかったものがあった。

第二に、政策史との関わりをより丁寧に追うことである。十勝アイヌ旭明社と「北海(道)アイヌ協会」には喜多章明という人物の深い関与が見られた。喜多の個性がこれらの組織の性格にかなりの影響を与えているのは間違いないが、喜多の行動を北海道庁という行政機構の政策の問題としてどう理解するかが重要だろう。また、「保護法」改正問題についてアイヌ民族のなかからの批判と行政側の対応との関係を具体的に明らかにする必要がある。

第三に、「生活改善」や「教化」がこの時代のアイヌ民族にとってもっていた意味については、表面的な捉え方しかできていない。近代におけるアイヌ民族の主張が国家や「日本」と明快に対立する形でなされることはごく少なかっただけに、この点をどう理解できるかは重要な課題である。

（1）北海道ウタリ協会編・発行『アイヌ史　北海道アイヌ協会／北海道ウタリ協会活動史編』北海道出版企画センター、一九九四年が復刻版を収める。以下『蝦夷の光』からの引用はこの復刻版の掲載頁を示す。
（2）テッサ・モーリス＝鈴木（大川正彦訳）「他者性への道――二〇世紀日本におけるアイヌとアイデンティティ・ポリティクス」『みすず』四四三・四四四号、一九九八年二・三月。のち、『辺境から眺める――アイヌが経験する近代』みすず書房、二〇〇〇年、一五七―一九七頁。
（3）榎森進『アイヌ民族の歴史』草風館、二〇〇七年、四七四―四七六頁、同「『蝦夷の光』解説」前掲『アイヌ史　北海道アイヌ協会／北海道ウタリ協会活動史編』一二―一六頁など。
（4）喜多章明編『えぞ民族社団旭明社五十年史』十勝旭明社、一九六八年、二二―二七頁。喜多章明『アイヌ沿革誌――北海道旧土人保護法をめぐって』北海道出版企画センター、一九八七年、一〇六―一七三頁にも収録。
（5）貝澤正「序」前掲喜多『アイヌ沿革誌』一―四頁。
（6）小川正人・山田伸一編『アイヌ民族　近代の記録』草風館、一九九八年の「解題」（六〇七―六〇八頁）など。
（7）松本尚志「「十勝旭明社」その虚像と実像――捏造された『旭明社五十年史』」『トカプチ』第十二号、十勝文化会議郷土史研究部会、一九九九年、二八―三五頁。松本氏の指摘のうち旭明社の創立時期が、喜多が前掲『旭明社五十年史』（『アイヌ沿革誌』一一〇―一一一頁)に記す一九二二年十月八日ではなく、一九二七年五月八日であることについては、小川正人『近代アイヌ教育制度史研究』北海道大学図書刊行会、一九九七年、三三〇頁がすでに考察を加えている。

(8) 喜多章明「旧土人保護法とともに五十年」『アイヌ沿革誌』二一九―二二三頁(初出は『コタンの痕跡――アイヌ人権史の一断面』旭川人権擁護委員連合会、一九七一年、三六七―四三六頁)。

(9) 例えば「旧土人代表が/お伊勢詣り」『十勝毎日新聞』一九三七年三月九日付は、全道より一〇名の代表者が伊勢神宮参拝の予定で、十勝からは吉田菊太郎(幕別)、小畑二郎(芽室)、田村吉郎(帯広)、小《〔ママ〕》西忠太郎(池田)、澤井初太郎(本別)が選ばれたと報じる。河野本道『アイヌ史/概説』北海道出版企画センター、一九九六年、一四二―一四五頁が、この詩から直接に当時のアイヌ民族の意識を論じているのは明らかに不適切である。何よりこの詩は内容的に見ても、当時のアイヌ民族の文章が帯びていた「翳り」や「揺れ」を完全に欠いており、喜多自身の作になるものと推測して間違いあるまい。また、村井紀氏がバチェラー八重子『若きウタリへ』〈岩波現代文庫版〉岩波書店、二〇〇三年に寄せた「解題」(一六二―一六九頁)のなかで、喜多が『北の光』創刊号、社団法人北海道アイヌ協会、一九四八年に「喜多紅洋作詩」として掲載し、のち、前掲「旧土人保護法とともに五十年」に八重子作と明示して掲載した長詩を、喜多の手がある程度加えられている可能性を指摘しつつも八重子作と推測しているのも、同様に基本的な史料批判を欠いていると言わざるを得ない。

(10) 前掲小川『近代アイヌ教育制度史研究』三〇七―三一五頁。

(11) 原史料のルビは略した。前掲小川・山田編『アイヌ民族 近代の記録』一二四頁。同書は『ウタリグス』の抄録と解題を収録。

(12) 前掲榎森『アイヌ民族の歴史』四六五―四六九頁、前掲小川『近代アイヌ教育制度史研究』二六五―二六七頁など。

(13) 綱領の引用は喜多章明『十勝アイヌのあしあとゝこの後のみち』十勝アイヌ旭明社、一九二七年、九頁による。旭明社のこうした性格については、前掲榎森「『蝦夷の光』解説」がすでに指摘している。なお、一九一八年八月十九日には中村要吉や伏根弘三を中心に「弊風」の「矯正」、自治の精神の涵養、教育衛生の改善、農業の振興などを目的とした「十勝旧土人聯合自治矯風会」が発足しており(『小樽新聞』一九一八年八月八日付など)、十勝におけるこうした組織の活動と旭明社との関係は今後検討すべき重要な課題である。

(14) 本書第八章第二節三を参照。

(15) 各紙に多数の関連記事がある。小川正人・山田伸一編「十勝毎日新聞(一九二〇―一九三九年)掲載アイヌ関係記事――目録と紹介」『帯広百年記念館紀要』第十九・二十号、二〇〇一・二〇〇二年などを参照。
(16)『庁員辞令簿　自大正十一年至昭和十八年』北海道庁十勝支庁、北海道立文書館所蔵（A七―二／一〇〇〇）。
(17) 現在、幕別町ふるさと館所蔵。幕別町蝦夷文化考古館文書資料調査委員会編『吉田菊太郎資料目録II　文書資料編』幕別町教育委員会、一九九八年、一四二―一四八頁に翻刻を収録。
(18) 前掲『吉田菊太郎資料目録II　文書資料編』一四八頁。
(19) 同前、および『土人互助組合設立ニ関スル書類綴』北海道庁河西支庁、北海道立文書館所蔵（A七―二／三三〇）。
(20) 前掲喜多『十勝アイヌのあしあとゝこの後のみち』九頁。
(21)「聖旨を奉戴してアイヌ同族結合運動／十勝の千三百名旭明社創設／堂々たるその綱領」『東京朝日新聞』北海樺太版一九二七年五月十日付、「十勝アイヌの痛烈なる叫び／一千三百名結社して／旭明社を組織し起つ」『北海タイムス』一九二七年五月十日付。後者は綱領第二項をめぐる議論について原案の「土人たる」を「者たる」に修正するか否かの議論として報じ、榎森「『蝦夷の光』解題」はこれと前掲喜多『十勝アイヌのあしあとゝこの後のみち』掲載の綱領を対比して喜多が同書執筆時に「アイヌたる」に訂正した可能性を指摘している。この議論については前掲小川『近代アイヌ教育制度史研究』三〇九―三一〇頁も言及している。
(22) 前掲『庁員辞令簿　自大正十一年至昭和十八年』。道庁学務部が河西支庁長に喜多の転勤について承諾を求めた文書には、喜多について支庁において「多年社会事務に当り錬達の士にて極めて適任」とし、アイヌ「保護」行政への言及はない（『庁員進退身分　昭和五年』北海道庁河西支庁、北海道立文書館所蔵（A七―二／九九八））。
(23) 吉田菊太郎については、前掲『吉田菊太郎資料目録II　文書資料編』の「解説」、山田伸一「吉田菊太郎と蝦夷文化考古館」『とどまつ』（(社)北海道開拓記念館・開拓の村文化振興会会報）No.14（通巻三十七号）、一九九八年三月、二八―三一頁を参照。
(24) 前掲喜多『旭明社五十年史』口絵、二三頁（前掲『アイヌ沿革誌』では一〇八・一三一頁）、前掲『アイヌ史　北海道アイヌ協会／北海道ウタリ協会活動史編』二一頁。他の史料と照合すると『旭明社五十年史』の写真キャプションには信用が置けないことが明らかである。例えば、二一頁に「昭和三年八月五日開催の禁酒運動講演会記念」として掲載する写真を、『十勝社会事業』十勝社会事業協会、一九二九年では「本年五月二十七日の伏古々潭に於ける本社（旭明社）講演会の光景」とし、三三頁に「給与地確保運動の尖端に起ち激励する喜多旭明社長（昭和二二年七月二〇日）」として掲載する写真は、前掲『吉田菊太郎資料目録II 文書資料編』七九頁によれば、一九五九年十二月六日の蝦夷文化考古館の落成式の際の写真である(被写体の内容からもこちらが正しいと推測できる)。

(25) 井上寿・吉田ヨシ子編『吉田巌日記 第十五』〈帯広叢書第三十四巻〉帯広市教育委員会、一九九四年、七八頁。前掲松本「「十勝旭明社」その虚像と実像」は、喜多の記述は三月十日に開催の伏古互助組合総会とすり替えたものであるとしているが、「すり替え」というより偶然の一致と見るべきだろう。

(26) 一例のみ挙げれば、不良住宅の改善目標について「昭和十二年より十五ヶ年に、千八百戸を改築する予定であった」前掲『旭明社五十年史』二六頁とあるのは、一九三〇年時点の決議として奇妙である。

(27) 同様の趣旨の報道は、「旧土人の意見聴取/八月札幌に大会開く」『小樽新聞』一九三〇年七月二十四日付、「北海漫談」『報知新聞』北海道樺太版一九三〇年八月十三日付などに見える。

(28) 「和人の学校に通はせて/特殊校を廃止/来る廿六日道会議事堂で/全道アイヌ大会を開く」『十勝毎日新聞』一九三〇年八月十三日付。「旧土人には乞食はない/アイヌ大会を開き/大に向上策を講じたい」『東京日日新聞』北海道樺太版一九三〇年八月十日付はこれと同一の文章である。

(29) 前掲『吉田巌日記 第十五』九九・一〇四頁。

(30) 以下、改正案に関する報道や改正内容の比較については、前掲小川『近代アイヌ教育制度史研究』三五一—三五四頁に依拠している。

(31) 前掲『吉田菊太郎資料目録II 文書資料編』一四〇頁。

(32) 「懇談会の名称の下に/全道愛奴大会/今夏札幌に開催する」『十勝毎日新聞』一九三一年二月十八日付。

(33) 前掲『吉田菊太郎資料目録II 文書資料編』一四二頁。

(34) 小川正人「音更(開進)尋常小学校関係資料」『北海道立アイヌ民族文化研究センター研究紀要』第五号、一九九九年、一三五—一五二頁。

(35) 前掲『吉田菊太郎資料目録II 文書資料編』一四二頁。

(36) 同前、一四四頁。

(37) 同前、一四五—一四六頁。

(38) 前掲『アイヌ史 北海道アイヌ協会/北海道ウタリ協会活動史編』二〇・二二頁。

(39) 同前、三〇―三二・四五頁。
(40) 『北海道国有未開地処分法完結文書 売払』北海道庁石狩支庁、北海道立文書館所蔵(A七―二 Bイシ/一九〇、二七件目)より。他に戸籍謄本・図面・『蝦夷の光』第二号が合綴されている。
(41) 同前綴り中の「法第二条未開地売払処分伺」の書類に「失効」とスタンプが捺してある。
(42) 前掲『アイヌ史 北海道アイヌ協会/北海道ウタリ協会活動史編』六六・一一七・一一八頁。
(43) 「懇談会の名称の下に/全道愛奴大会/今夏札幌に開催する」『十勝毎日新聞』一九三一年二月十八日付。
(44) 前掲『アイヌ史 北海道アイヌ協会/北海道ウタリ協会活動史編』一一七・一六八頁。
(45) 『新札幌市史』第四巻、札幌市教育委員会、一九九七年、九一〇―九一一頁。喜多旧蔵書類(社団法人北海道アイヌ協会所蔵)中の一九三〇年三月の堯祐幼稚園卒園者名簿(電子複写)に喜多の娘の名があり、会場決定に喜多の個人的な人脈が関係したことを示唆する。
(46) 「バチラー学園のお祝ひ」『東京日日新聞』一九三一年八月四日付。バチェラー学園の設立と財団法人化については「昭和戦前期のアイヌ民族と札幌」前掲『新札幌市史』第四巻、七〇六―七一〇頁(竹ヶ原幸朗『竹ヶ原幸朗研究集成第二巻 近代北海道史をとらえなおす』社会評論社、二〇一〇年、二五四―二六七頁所収)、仁多見巌『異境の使徒――英人ジョン・バチラー伝』北海道新聞社、一九九一年、一七八―一八七頁を参照。
(47) 「堯祐寺幼稚園に/旧土人大会/八月二日午前八時から開く/豊平館晩餐会に」『小樽新聞』七月二十八日付。前掲小川・山田編『アイヌ民族 近代の記録』二八〇頁に収録。
(48) 「司会者の提案を/片ツ端から否決/バチラー博士たぢ〳〵/アイヌ青年大会」『北海タイムス』一九三一年八月四日付。
(49) 「若きアイヌは叫ぶ/全道十八ヶ所に支部を設け/保護法の改正運動」『東京朝日新聞』北海樺太版一九三一年八月四日付。前掲小川・山田編『アイヌ民族 近代の記録』二七九頁に収録。
(50) 前掲小川・山田編『アイヌ民族 近代の記録』三八八―三八九頁所収。『アイヌの叫び』については小川正人氏による同書の「解題」(六一〇頁)を参照のこと。
(51) 前掲『アイヌ史 北海道アイヌ協会/北海道ウタリ協会活動史編』一七六頁。
(52) 前掲仁多見『異境の使徒』一六九―一七一頁。
(53) 前掲『吉田菊太郎資料目録II 文書資料編』一四六頁。

(54) 「旧土人の青年達が／同族向上策を説く／差別的土人学校の廃止や／貸附地制限の不可を叫ぶ／バ博士主宰の催し」『小樽新聞』一九三一年八月四日付、「旧土人の保護を叫び／道庁へ陳情に出る／青年大会出席の代表者」同八月五日付。後者は前掲小川・山田編『アイヌ民族　近代の記録』二八〇―二八一頁に収録。

(55) 八月四日付は前掲。「アイヌの声／彼等の代表は叫ぶ／現在の差別待遇」『東京日日新聞』北海道樺太版八月五日付。前掲小川・山田編『アイヌ民族　近代の記録』二七七―二七八頁に収録。

(56) 森竹竹市『レラコラチ　森竹竹市遺稿集』えぞや、一九七二年、六八―七一頁。

(57) 「解平社」については、竹ヶ原幸朗「「解平社」創立と近文アイヌ給与予定地問題」永井秀夫編『近代日本と北海道――「開拓」をめぐる虚像と実像』河出書房新社、一九九八年、四〇〇―四三一頁（前掲『竹ヶ原幸朗研究集成第二巻』二七〇―三一三頁所収）を参照。前掲榎森『アイヌ民族の歴史』四七六頁と小川『近代アイヌ教育制度史研究』三一二頁が、「北海道アイヌ協会」の活動に土地問題をめぐって道庁との対立関係にあった旭川近文のアイヌ民族の参加がないとしているのは、『蝦夷の光』には該当するが「青年大会」については当たらないのではないか。

(58) 「アイヌ民族先覚者物語(1)／一万五千の同族に／情熱と愛を賭けつゝ／時には罵笑や反逆にも耐へる／バチラー・八重子夫人」『報知新聞』北海道樺太版一九三一年八月六日付。水本佐美子らバチェラー学園寄宿の女性の出席について、野村義一『アイヌ民族を生きる』草風館、一九九六年所収の貝澤正との対談（一三三頁）が強く示唆する。

(59) 前掲野村『アイヌ民族を生きる』一三三頁。あるいは、公安当局から役場に情報提供があったと考える方が自然か。説得の理由は、国費で経営されている「特設アイヌ学校」の廃止により町村の財政負担が増えることにあった。この問題については前掲小川『近代アイヌ教育制度史研究』三四五―三四六頁を参照。

(60) 前掲『小樽新聞』一九三一年七月二十八日付、同八月四日付など。

(61) 前掲貝澤「序」、前掲野村『アイヌ民族を生きる』一三三頁。

(62) 『東京日日新聞』北海道樺太版一九三一年八月五日付は参加者の発言を最も詳しく掲載しているが、記事中に「この会に全道各地から集つたかれ等に社会に呼びかけんとする意見を聞く」とあって、会衆に対する発言そのものではなく、記者の取材への回答を記録したものである可能性がある。以下の叙述でもこの点を考慮した。

(63) 『報知新聞』北海道樺太版一九三一年八月五日付掲載の写真による。

(64) 前掲小川・山田編『アイヌ民族　近代の記録』三八八頁。

(65)『報知新聞』北海道樺太版一九三一年八月五日付、前掲『小樽新聞』同年八月四日付による。
(66) 小川の発言は直接には『東京日日新聞』北海道樺太版一九三一年八月五日付によった。『東京朝日新聞』北海樺太版一九三一年八月四日付にも、誰を指すかは記していないが「中等教育よりまづ初等教育の徹底を計れと絶叫するもの」と見え、小川がこうした主張をしたことは間違いあるまい。
(67) 引用は『北海タイムス』一九三一年八月四日付と『報知新聞』北海道樺太版同年八月五日付による。
(68) 山内精二「ウタリに対する希望」『ウタリ之友』創刊号、一九三三年一月、前掲小川・山田編『アイヌ民族　近代の記録』一七一―一七四頁所収。
(69) この時の決議内容に関して、前掲小川『近代アイヌ教育制度史研究』三五六頁が、道庁や社会事業家の主導ではなく自分たちで活動を進めようという参加者らの意欲の表れとしているのは当たっていよう。
(70) 前掲『小樽新聞』一九三一年八月五日付、「アイヌ青年大会／代表当局に陳情／保護施設改善を要望」『北海タイムス』同日付夕刊。
(71) 一九一九年四月に虻田・有珠・弁辺などのアイヌを代表して明石四郎・津屋栄・佐茂菊蔵の三名が道庁を訪れ、俵長官にこの問題その他について陳情している(「旧土人代表者陳情／長官に会見して」『小樽新聞』一九一九年四月十三日付)。他にこの問題に関しては、河野常吉「旧土人の土地に就て」『道民』第十四巻第八号、一九二九年、三三―三六頁、石村義典『評伝河野常吉』私家版、一九九八年、三六五―三七六頁を参照。本書二三七―二三八頁でも多少触れた。
(72) 前掲『アイヌ史　北海道アイヌ協会／北海道ウタリ協会活動史編』一七三・一七七頁。
(73) 同前、一一七頁。
(74) 同前、六〇頁。
(75) 同前、一一七頁。
(76) 前掲『吉田菊太郎資料目録II　文書資料編』一三九頁。
(77) 喜多章明「ウタリー大会を評す」『蝦夷の光』第四号、前掲『アイヌ史　北海道アイヌ協会／北海道ウタリ協会活動史編』一七六頁所収。
(78)「旧土人保護施設改善座談会」『北海道社会事業』第四十二号、一九三五年十月、二―七〇頁、前掲小川・山田編『アイヌ民族　近代の記録』二八二―三四七頁所収。同書の「解題」(六〇八―六〇九頁)も参照。

(79) 前掲『レラコラチ　森竹竹市遺稿集』六八―七一頁。

結びにかえて

本書に込めた問題意識や到達点について、アイヌ史・アイヌ政策史についての私の関心と研究の展開という角度から述べることで結びとしたい。

本書につながる研究上の私の出発点は、後志地方余市出身でアイヌの歌人として知られる違星北斗(一九〇一～二九年)の伝記的研究にある。(1)彼の書いたものに向き合い、読み解こうと試みたものの、アイヌ語や「伝統的」な生活習慣をどう保持もしくはそれとどう距離を置こうとするのか、「日本」や「日本人」にどう対峙するのかといった尺度で評価するかのような叙述から抜け出せず、自分に強い不満を覚えた。違星ばかりではなく、付論二からも垣間見られるように一九二〇～三〇年代のアイヌ民族の言説には、教育の機会や土地取得の権利といった、自らの生活に直接関わる様々な要求が登場するのだが、その背景となる歴史上の事実については、先行する研究によりかかってぼんやりとした像しか描けず、「開拓使以降の諸政策によって生活基盤を根底から破壊された」とか「北海道旧土人保護法という差別的な法律」などという言葉を振り回すばかりだった。

その頃ある人からもらった「彼らにとっての課題が何だったのかを考えるべきではないか」という言葉は、私の思いに形を与え、本書の根底に響き続けているとも言える。「同化」だけに注目した問いの設定では、射程が短い歴史理解にしかならないのではないか、という思いもこれにつながる。どんな制度が地域において実際にどう運用されて日常の生活にどんな影響を与えていたのか、手応えをもって捉えることなしに、アイヌ史・アイヌ政策史の深まりはあり得ない。

そして、まず取り組むべき課題に据えたのは、「北海道旧土人保護法」の核とも言える農耕目的の土地下付について、歴史的前提と運用実態を明らかにすることだった(2)。

これについては、いくつもの問題点が従来も指摘されていたものの、ごく概括的であるか、個別事例に依拠した理解にとどまっていた。本書では公文書を中心とした史料の検討によって、地域差も視野に入れながらその実態をより具体的に明らかにした。十勝地方では土地下付の範囲が法の制定以前からアイヌ民族に「確保」された土地に基本的には限定され、和人への土地処分を既成事実とした範囲内で実施されていた(第五章)、法の運用上における最大の問題とも言うべき農耕不能・不適地下付についての道庁の対応は、場当たり的であり、本質的な清算はなされることがないまま経過してしまった(第六章)、といった論証は、制度と政策を評価する際の重要な材料を提供するだろう。また、「保護法」の運用が「北海道国有未開地処分法」の運用に呑み込まれがちだった事実は、実態から見た「保護法」にとって基本的な問題である。

こうした検討を通して浮上して来たのは、近代日本のアイヌ政策を考えようとするとき、「北海道旧土人保護法」がアイヌ民族の「保護」策として十分だったか否かと問うのは、問題設定の仕方として適切ではないのではないか、という疑問である。

「保護法」以前からのアイヌ民族の所有地についてまで所有権を制限した同法第二条第三項への注目を通して、「保護法」がアイヌ民族には財産管理能力がないことを「宣言」し、制度上は民族による適用の権利に違いはないはずの「北海道国有未開地処分法」からアイヌ民族を排除する機能を読み取り(第七章)、十勝アイヌの共有財産管理の経過を検証することを通して、「保護法」の制度的な枠組み自体が、共有財産に対するアイヌ民族の関与を排除し、道庁による管理が恣意的なものに流れることを許す構造にあったとの認識に達した(第八章)。「北海道旧土人保護法」、ひいては近代アイヌ政策史の本質的な問題は、諸政策が「優勝者」による「劣敗者」の「保護」という枠組みで行われたことのなかにあるという理解が、現段階での私の一つの到達点だと言える。

第一部は、直接には開拓使・三県期を中心とした狩猟と河川でのサケ漁について問うものであるが、私の問題意識においては「保護法」の前提となった社会状況がどのようなものだったのか、そうした社会状況がどのように作り出されたのかを問うものでもある。

シカ猟規制（第一・二章）と千歳川流域のサケ漁規制（第四章）についての検討からは、勧業政策を強力に推進するなかで生物資源の管理を行おうと開拓使・札幌県が打ち出した諸規制が、アイヌ民族によるこれらの野生生物の利用について、従来の権利を根底から否定し、歴史上の大きな断絶を与えたという基本性格が明らかである。毒矢猟禁止に際しての銃の貸与や、サケの種川法や人工孵化法実施に際して労働の見返りとしての産卵後のサケ給与といった配慮は見られるものの、この基本性格に変わりはない。

急激な社会変化のなかで、各地のアイヌ民族が自分たちの権利を主張し、生活を切り開いて行こうとする動きは、毒矢猟禁止に対する延期歎願のように政策の基本に変更を迫る形のほか、銃の受容や「有害鳥獣獲殺手当」（第三章）の受給出願のように新しい制度や社会環境に積極的に適応しようとする形、さらには一方的に「密漁」とされたサケ漁の継続といった様々な形で見られた。ともすれば対応は受身にならざるを得ず、狩猟活動の前提となるシカの急減が端的に示すように、アイヌ民族が迫られた選択は著しく困難な条件下にあった。それにしても、「保護法」による農耕不能・不適地下付について代替地下付を求める動きや共有財産の利用方法に対する働きかけなど、本書の対象全般にわたるあらゆる場面においてアイヌ民族の奮闘が見てとれることを、改めて確認しておきたい。

私自身の当面の課題として、本書第一部と第二部の間、すなわち一八八〇年代から「保護法」制定頃までの時期における農耕をめぐる問題に焦点を当てて、史料をたどってみたいと考えている。本書中でも多少触れたように、農耕は近代北海道に生きたアイヌ民族にとって重要な生計上の選択肢の一つであったと考えられるとともに、勧農への著しい偏向が近代日本のアイヌ政策の大きな特徴であるからである。これまで同様、直接史料に取り組み、制度と地域における実態を探究することに徹したい。

(1) 違星北斗については、『違星北斗遺稿　コタン』(新版)草風館、一九九五年を参照。

(2) 海岸部における漁業の変遷は、本書で触れなかった重要な問題の一つである。これに関する最近の研究として、瀧澤正「明治初年におけるアイヌの昆布業――日高地方様似郡の例にみる」『北大史学』第四十八号、二〇〇八年、三九―六八頁、同「明治初年アイヌ昆布漁家の「経営」と「家計」」『北海道・東北史研究』第五号、二〇〇九年、三一―二二頁を参照。

あとがき

いつの頃からか、史料を探索し、歴史上の事実を整理して報告する一次生産者でありたい、それが長い目では自分の社会的な責任を果すことになるはずだと思い定めてきた。

だからと言って、本書に収めた論文が同時代の社会状況と無関係に成ったとはもちろん言えない。一九八〇年代のアイヌ民族による権利回復を求める動きの高まりが私に届き、自分の知らない歴史への関心をかき立てたのは確かだ。野生生物と人間との関わりという切り口は、研究室で得たのではなく、私が現実の社会を歩き回って出合い、考えるなかで自然と抱くようになったものに違いない。

同時代の動きが研究課題を直接突きつけてきたこともあった。

一九九七年の「北海道旧土人保護法」廃止に際して、同法の下での北海道庁長官と北海道知事による共有財産管理のあり方が適切だったかを問う声がアイヌ民族のなかから上がり、管理の実態はどうだったのか、それを明らかにする史料はないのかといった質問が私にも多く寄せられた。どうまとめるべきか見通しがないまま文章化に乗り出すことにはかなりのためらいがあったが、井上勝生さんに強く促されて第八章の初出論文を書いた。無理をして書き進むことを通して問題の構図が徐々に見えて来る思いがしたのは、とても貴重な経験だった。

誰かが言った「シリョウ採集民」という呼び名を気に入り、密かな誇りとともにその一人であると自認している。本書を送り出すに当たって何よりも、北海道立文書館をはじめとして、北海道立図書館、北海道大学附属図書館、市立函館図書館(現函館市中央図書館)、幕別町蝦夷文化考古館、幕別町ふるさと館、十勝毎日新聞社資料室、帯広百年記念館、北海道大学北方生物圏フィールド科学センター植物園、北海道開拓記念館、北海道立アイヌ民族文化研究センター、秋田県立公文書館、岩手県総務部文書庫、岩手県立図書館、宮城県立公文書館、福島県歴史資料館、国立公文書館、外務省外交史料館など、お世話になった多くの史料所蔵機関とそこで働く人たちに対して、深い感謝を述べたい。大量の史料を整理して保存し、目録などの整備を進めて利用しやすさを高め、閲覧の窓口で文献や史料の案内をする人たちの仕事の積重ねの上に本書はある。

残念ながら、社会的にはこうした仕事の重要性への認知度はまだまだ低く、昨今の厳しい経済状況のなかにあって縮小や切捨ての圧力にさらされる場面にもしばしば接する。本書のなかに何か見るべきものがあるとすれば、ある史料が存在したからこそ明らかにできた事実、いくつかの史料どうしの関連が分かったからこそ見えてきた歴史的関係といったもの抜きにはあり得ない。本書刊行には、多くの史料が沈黙のうちに抱いている計り知れない豊かさを伝え、史料(資料)保存という仕事とそれに関わる人たちの大切さを訴えたいという思いを込めてもいる。

ところで、もっと目立つ(権威のある?)場に書いたらどうかと時には揶揄を交えて言われながら、私は研究成果を主に自分の勤め先である北海道開拓記念館の刊行物に発表してきた。論を繰り広げるよりも事実の整理に重点を置いた仕事を少しずつ重ねて行きたいという思いに向いた場だったということが、一つにはある。開拓記念館は、実質的には北海道立の総合歴史博物館なのだから、その刊行物は北海道の歴史や文化に関心をもつ人にとっての必見の書であってほしい、基礎的な仕事を載せ続けることで、そうした姿に少しでも近づくことに自らも資したい、と願う。また、「北海道の開拓を記念する」という歴史観に批判的な立場で書く文章をこの場に掲載することが、この歴史観に対する内側からの批判という意味をもつことを意識してもきた。

むろん、批判の先に、具体的に何をどう展示するのか、歴史をどう語るのかを実際に自ら示すところまで行かなければ仕方がない。この先も、これが私の日々の課題だ。現在、「北海道開拓記念館」という館名を数年のうちに変更することが、北海道の政策上、既定路線となった。看板の掛替えに終わるのか、歴史の見方や内容の転換ができるのか、北海道も、館も、そこで働く者も真価が問われている。

博物館に勤務しながら研究を進めてきたことは、本書の色々なところに反映しているだろう。もともと関心をもって史料を集めていたテーマについて、書き始めるきっかけを館内でもらったものもある。仕掛け弓の模型を使ってその仕組みなどを紹介する体験学習室で、開拓使による禁止について何も触れていないのを物足りなく思ったことが第一章に、展示場で近世の地図を見ていたある来観者の方に「アイヌ語地名はいつ漢字で書かれるようになったのか？」と質問されたと解説員から聞いたことが付論Ｉにつながった。オオカミ・ヒグマ・カラスを取り上げた第三章は、史料を見ていて「これは展示になる」と思って調べを進めたのが基になった。展示会をともに企画した同僚との会話を通して教えられたことや、見やすい図表作りへの全面的な助力の成果を、第三章では使わせてもらっている。

博物館でもできる研究ではつまらない。自然科学を含め広い分野にわたる専門研究者がおり、文書だけではなく様々な実物資料を所蔵する機関にいるという環境をさらに生かし、博物館だからこそできる研究を目指したいと思う。

千歳川流域について書いた第四章は、千歳アイヌ語教室で話す機会をもらったことが出発点だった。自分たちの歴史を知りたいという思いに直接向き合ったときの緊張した感覚の記憶は、私にとってとても大切なものだ。

大学での学問にさっぱり適応できなかった時期から今に至るまで、私の研究に意見を述べてくれた方、史料や文献について教えてくれた方、様々な形で支えてくれた方は、すでに亡くなられた幾人もの方を含めて、あまりに多い。感謝とともに胸に刻み、ここで名前を挙げることは控えたい。

書きためたものを本にする時があれば北海道発でと思っていた。前田次郎さんはその思いに呼応するかのように声をかけて下さり、最後の論文が完成した後、著者自身の想定を超えて停滞を重ねた原稿整理や校正を導いて下さった。感謝したい。

最後に、私事にわたるが、大いに心配しながらもここまで見守ってくれた両親と、日々を支えてくれている伴侶、松里道子に感謝を記すことをおゆるしいただきたい。

二〇一〇年十二月

江別市大麻の自宅にて
山田伸一

〈付　記〉

本書には、文部科学省科学研究費補助金(二〇〇一～〇二、〇三～〇四、〇五～〇七年度)の成果を一部使用している。

初出一覧

本書掲載に際して、誤りを訂正したほか、内容についても加筆を行った。

第一章　「開拓使による狩猟規制とアイヌ民族――毒矢猟の禁止を中心に」『北海道開拓記念館研究紀要』第二十九号、二〇〇一年

第二章　「「北海道鹿猟規則」施行後のアイヌ民族のシカ猟」同前、第三十四号、二〇〇六年

第三章　「オオカミ・ヒグマ・カラス――明治期北海道における「有害鳥獣獲殺手当」をめぐって」『北海道開拓記念館調査報告』第四十一号、二〇〇二年

第四章　「千歳川のサケ漁規制とアイヌ民族」『北海道開拓記念館研究紀要』第三十二号、二〇〇四年

第五章　「十勝における北海道旧土人保護法による土地下付」同前、第二十五号、一九九七年

第六章　「「北海道旧土人保護法」による下付地の没収――第三条の適用実態について」同前、第二十七号、一九九九年

第七章　「「北海道旧土人保護法」による既所有地の所有権制限――第二条第三項の適用事例」同前、第三十一号、二〇〇三年

第八章　「「北海道旧土人保護法」による十勝アイヌの共有財産管理」同前、第三十号、二〇〇二年

付論Ⅰ　「アイヌ語地名の近現代史に関するノート」同前、第三十三号、二〇〇五年

付論Ⅱ　「「北海道アイヌ協会」と「全道アイヌ青年大会」」『北海道立アイヌ民族文化研究センター研究紀要』第六号、二〇〇〇年

山田伸一（やまだ しんいち）

1968年　秋田市生まれ
1992年　京都大学文学部卒業
1995年　北海道大学大学院文学研究科修士課程（日本史）修了
1996年　北海道開拓記念館に学芸員として勤務し，現在に至る
共編書　『アイヌ民族 近代の記録』草風館，1998年

近代北海道とアイヌ民族――狩猟規制と土地問題

2011年5月10日　第1刷発行

著　者　山田伸一
発行者　吉田克己

発行所　北海道大学出版会
札幌市北区北9条西8丁目 北海道大学構内（〒060-0809）
Tel. 011（747）2308・Fax. 011（736）8605・http://www.hup.gr.jp

アイワード／石田製本

ISBN978-4-8329-6744-1

事項索引

＊北海道の地名の読みは歴史的な変化が多く，一律に示すのは難しい。ここで付したのはあくまでも便宜的なものである（一部本文中と異なるものもある）。

ア 行

カ　行

サ　行

タ　行

ナ　行

ハ　行

マ　行

ヤ　行

ラ　行

ワ　行

人名索引

＊アイヌ名に万葉仮名風に漢字を当てはめてあるものについては，一字に一音を当てて読み，配列した。

ア 行

カ 行

サ　行

タ　行

ナ　行

ハ　行

マ　行

ヤ　行

ラ・ワ　行